浙江省社科基金项目（10HZCS04YB）研究成果
浙江省科技计划项目（2010C25021）研究成果
浙江海洋学院学术著作出版基金资助

浙江港口物流可持续发展研究

彭 勃 王晓慧 著

海洋出版社

2013 年·北京

图书在版编目（CIP）数据

浙江港口物流可持续发展研究／彭勃，王晓慧著.
— 北京：海洋出版社，2013.6
ISBN 978 - 7 - 5027 - 8613 - 7

Ⅰ．①浙…　Ⅱ．①彭…②王…　Ⅲ．①港口 - 物流 -
可持续性发展 - 研究 - 浙江省　Ⅳ．①U695．2

中国版本图书馆 CIP 数据核字（2013）第 151751 号

责任编辑：白　燕　杨传霞
责任印制：赵麟苏

海洋出版社 出版发行

http：//www.oceanpress.com.cn
北京市海淀区大慧寺路 8 号　邮编：100081
北京华正印刷有限公司印刷　新华书店北京发行所经销
2013 年 6 月第 1 版　2013 年 6 月第 1 次印刷
开本：787 mm×1092 mm　1/16　印张：23.25
字数：510 千字　定价：70.00 元
发行部：62132549　邮购部：68038093　专著中心：62113110
海洋版图书印、装错误可随时退换

前　言

　　物流是经济发展的基础产业，加快现代物流产业的发展，对于优化资源配置，提高区域经济发展质量以及竞争力水平具有重要作用。国家"十一五"规划纲要明确提出"大力发展现代物流业"，中央和地方政府相继建立了推进现代物流业发展的综合协调机制，出台了支持现代物流业发展的规划和政策。港口是国际物流的集散中心，是综合运输体系的重要组成部分，与其他运输方式有着密切联系。据资料显示，国际物流量的90%以上是由海运完成的。港口作为海运的起点和终点，是大量货物的集散点。当需要对货物进行运输、仓储、加工、分拨、包装、信息处理等一系列物流增值服务时，选择在港口这一货物集散点进行，最能取得规模经济效益。

　　浙江省是中国经济较为发达省份之一，区域面积相对较小，人口密度大，能源和生产资料相对短缺，经济和社会的发展过程中，对能源、原材料从省外输入、工业品向省外输出的需求大。由于自身能源、原材料资源短缺，必须依靠进口，因此港口发挥着对经济和社会极其重要的支撑和保障作用。首先，由于浙江港口区位优势突出，海运资源丰富，沿海港口现代物流的发展有利于降低全省物流成本、节约社会资源和提高经济质量。其次，沿海港口是浙江省沿海产业带的发源地，是浙江省发展外向型经济、融入全球经济的前沿阵地，港口发展现代物流，已成为完善投资环境的重要方面，也成为与国际贸易接轨的必要条件。最后，浙江省正处于第二个经济与社会的发展战略机遇期，富民强省的前提是用科学发展观指导并实现全省经济的跨越式发展，沿海港口正是浙江战略资源的最大优势之一，凭借沿海港口的优势，发展现代物流业正当其时。因此，沿海港口发展现代物流，可以促进综合运输体系的发展，更可以发挥浙江省丰富的水运资源优势，优化水路运输系统，从而实现浙江省水运强省的战略目标。

　　但是，从目前情况看，浙江港口群总体上仍处于第一代港口功能水平，即"装卸＋运输＋仓储"，仅有部分港口拥有加工、配送、贸易等增值物流功能。港口物流业与临港工业、旅游业、港航服务业等产业的融合度不高，浙江港口资源的优势、港口的效益还未得到充分发挥，仍然存在港口物流服务功能单一、港口物流环节衔接不畅、港口物流相关经营主体信息系统平台不能实时对接、港口物流中心综合协调水平低等问题。浙江港口吞吐量的快速增长与港口对浙江社会经济的贡献度之间的联系程度尚不够密切，对本地经济社会发展的带动作用不强。

由此可见，在浙江省大力发展海洋经济、实行"港航强省"的战略和全国大力发展服务业的双重背景下，运用港口物流、供应链、区域经济与产业集群、港口区位势、港口物流绩效评价等理论，基于横向、纵向一体化相结合的空间集聚新模式，提出浙江港口物流产业化增进对策，有助于促进多式联运的发展，有助于信息化和经营、管理、决策水平的提高，有助于拓展港口功能、发掘新的利润源、扩大港口影响力、提高港口竞争力，彻底改变当前浙江省港口群仍以第一代港口为主的现状，实现向第二代、第三代，甚至第四代港口的跨越式发展。

本书得到浙江省科技厅 2010 年软科学基金、浙江省 2010 年哲学社会科学规划基金和浙江海洋学院学术著作出版基金资助，在此表示衷心的感谢！

全书分为九章。

第一章为港口物流发展的理论实践审视。主要界定了港口物流的内涵，探讨了典型港口物流的发展模式，分析了我国港口物流发展现状，阐述了我国港口及运输系统布局，展望了我国港口物流发展趋势，并拓展了港口物流理论。

第二章为浙江港口物流产业对于综合竞争力提升的贡献模式。主要分析了浙江港口发展与综合竞争力提升关联效应的动态特征，深入探讨了浙江港口发展与综合竞争力提升动态关联效应演化的成因机制，并提出了集群式港口物流供应链柔性化运作机制对城市综合竞争力的贡献模式。

第三章为浙江港口区位势及其增长机制。主要提出以区位分析作为制定港口物流发展战略的理论基础，建立了浙江港口区位势的分析模型，并应用模型分析了舟山港、宁波港和上海港的区位势。

第四章为浙江港口物流产业竞合态势。主要基于对上海港、宁波—舟山港集装箱运输合作竞争的博弈分析，探讨了上海港、宁波—舟山港集装箱运输合作发展的对策，研究了供应链战略合作伙伴关系下浙江港口物流企业对客户的定价模型，并对供应链战略合作伙伴关系下浙江港口物流企业服务定价模型进行了实证分析。

第五章为浙江港口物流产业发展模式。主要梳理了港口物流发展模式理论，对港口物流发展模式进行了比较和选择，论证了浙江港口物流产业发展模式，并探讨了舟山国际物流岛的功能定位及发展模式。

第六章为浙江港口物流产业运行效率。主要基于 DEA 模型对浙江沿海规模以上港口物流效率进行了测度评价，并分析了浙江省港口物流发展面临的新形势以及浙江省港口物流未来发展趋势。

第七章为浙江港口物流企业财务评价。本章首先以浙江港口物流上市公司作为研究对象，采用 AHP 层次分析法，以盈利能力、偿债能力以及发展能力作为评价指标，对企业绩效评价进行实证研究。其次，定量描述了浙江港口物流上市公司杠杆系数，并通过分析经营杠杆系数数据，揭示了浙江港口物流上市公司的行业属性，总结得出了浙江港口物流上市公司的经营理念。

第八章为浙江港口物流信息化建设构想。主要阐述了港口物流信息化的技术基础，提出了港口物流信息化建设目标规划、总体结构以及港口物流信息系统一站式服务的模式，分析了舟山市港口信息化建设现状，预测了舟山市港口物流信息化发展态势，并设计了舟山市港口物流信息系统总体结构。

第九章为浙江港口物流产业化增进对策。从国际视野、战略高度，系统分析、研讨浙江港口物流产业的发展路径，提出了推进浙江港口物流产业化发展的措施，既有助于浙江港口物流产业发展上一个新台阶，成为全国港口物流发展的战略高地，更有助于浙江港口物流产业的协同、高效推进及港口物流产业的转型升级。

作　者

2013 年 2 月 24 日于舟山

目　录

第一章
港口物流发展的理论实践审视

伴随着 21 世纪经济全球化和区域化进程的加速，港口面临着提供增值服务和拓展功能的新历史使命。作为国际运输的枢纽接口和国际经贸的支撑平台，港口参与经济腹域资源要素配置综合物流配送的作用正在凸显出来，具有海陆两大辐射面的港口不仅已成为链接世界性与区域性生产贸易和消费的中心纽带，而且开始成为主动策划和积极参与上述经济活动的操作基地。

浙江位于长江三角洲南部，是我国沿海经济发达地区和外向型经济发展活跃地区。浙江具备长江三角洲最丰富的深水港资源，港口不仅是本省经济发展和对外开放的重要依托，也是长江三角洲和长江沿线地区物资转运的重要枢纽。基于客户服务及物流、资金流、信息流"三流合一"的思想，结合港口物流内涵、产业特性对浙江港口物流发展的理论实践等问题进行研究，对进一步加快发展沿海港口，有效利用港口资源，促使港口在更广领域、更深层次参与全球经济合作与竞争，促进"海洋经济强省"建设和区域经济社会发展，具有重要的现实意义。

第一节　港口物流理论及认识

随着经济全球化和国际分工专业化趋势的不断增强，我国对外贸易的飞速发展引致了对交通和物流更广泛的需求，由此激增的国际贸易货运量中通过海上运输完成的占 90% 以上。沿海港口作为全球综合运输网络的重要节点，为顺应世界船舶大型化和集装箱化的发展趋势，功能也在不断拓展延伸。发展和完善现代港口物流，已成为了各大港口企业建设的目标和重点，在惠及企业自身的同时，对港口腹地的制造业、贸易和经济发展起到了巨大的推动作用。

港口物流属于生产性服务业，通过运输、储存、装卸、搬运、包装、流通加工、配送、信息处理等一系列流程，为其他各行业提供基础性服务，支撑着经济的发展；同时，港口物流的各个环节涉及国民经济的多个方面，是一个跨部门、跨行业、跨地区的综合性服务性产业，具有极强的产业联动和经济带动效应，发挥着"增长极"的作用。

研究港口物流产业，首先要理解和把握物流以及港口物流的内涵。对于物流以及港口物流的内涵，虽然国内众多专家、学者通过长期的理论研究和实践考察，分别从不同角度进行了界定，但港口物流产业作为一个较新的领域是随着港口物流实践的发展而不断发展的，因而对港口物流的理解和认识也是在不断地深入和完善。

一、物流的理论界定

物流一词起源于第二次世界大战期间美国的军事应用，日本将其定义为物流。"二战"以后，物流在企业界得到应用和发展，因此出现了"物资管理"、"配送工程"、"企业后勤"、"市场供应"、"物流管理"等词语来描述物流的内涵。目前，对于物流的定义有很多种，学界较为普遍认可的是联合国物流委员会对物流的阐释。联合国物流委员会根据物流发展的现状，对物流提出了全新的界定，即：物流是为了满足消费者需要而进行的从起点到终点的原材料、中间过程库存、最终产品和相关信息有效流动和储存计划、实现和控制管理的过程。欧洲物流协会（European Logistics Association，ELA）在1994年发表的《物流术语》（Terminology in Logistics）中定义的物流为：物流是一个在系统内对人员或商品的运输、安排及与此相关的支持活动的计划、执行与控制，以达到特定的目的。

结合物流未来发展方向及我国物流发展现状，我国出台的《中华人民共和国国家标准物流术语》，其中也给出了物流的定义，即：物流就是物品从供应地向接收地的实体的移动过程中，将运输、储存、装卸、搬运、包装、加工、配送、信息处理等过程的功能有机整合和优化管理从而满足物主要求的过程。根据实际需要，物流将运输、储存、装卸、搬运、包装、流通加工、配送、回收、信息处理等基本功能实施有机结合。

（一）现代物流的特征

现代物流是在传统物流的基础上发展起来的，通常认为，现代物流与传统物流的根本区别在于：现代物流强调系统整体优化，即以现代信息技术为基础，对物流系统内运输、包装、搬运、装卸、流通加工、配送、存储等各个子系统进行优化整合，因此出现诸如核心业务管理协调、供应链一体化管理、全程物流等理念；现代物流一定有完善的物流信息系统和信息网络的支持，其决策、运作过程与管理都离不开信息系统的支撑；现代物流应该具有先进的物流科学技术。现代物流正成为全球经济发展的一个重要热点和新的经济增长点，并已成为一个国家或地区经济综合实力的重要标志之一。现代物流因与现代经济发展、交通及信息技术进步的紧密结合，在国民经济中的地位不断提高。从物流发达国家的经验分析，现代物流发展主要呈现以下特征。

1. 物流发展是经济发展水平的直接反映

经济的全球化，使得地区间与国家间经济的交往与依存日益密切，大批跨国经营的大型企业和集团的全球化发展目标的实施，使物流的组织打破了地区和国家的界限，在一个开放的大系统、大格局中运作，呈现出全球化、网络化和标准化特征。与此同时，依托现代先进信息手段和交通运输手段，如 EDI、国际集装箱多式联运等，物流服务趋于使用统一的技术标准和装备。

2. 物流发展与科技进步紧密相关

计算机及网络技术的突飞猛进，使物流企业可以在更大的范围内组织和管理物流活动，并提高物流经营与管理的效率，物流企业与生产企业、商业企业之间的联系更加紧密，物流管理方法和手段更加成熟，适应不同物流服务对象和企业生产经营特点的物流管理方法相继出现。如"零库存"、"及时供货"和"供应链管理"等。

3. 物流具有更大的国民经济意义

物流服务的广泛采用，使物流相关行业得以相互衔接、协调发展，加之物流总体规模的扩大，使得物流的产业化程度提高，物流活动已超出其自身范围，对国民经济其他产业具有更广、更大的波及作用，逐渐形成很高的国民经济价值。不仅仅是物流业本身产值正在日益增加，进一步提高了其在国民经济中的地位和作用，而且，物流业还带动了其他众多产业的增值和就业的增长，大大提高了对国民经济的贡献率。

（二）现代物流的发展趋势

现代物流业在发达国家已进入成熟阶段，进一步的发展主要着力于内涵的拓展、过程的延伸、覆盖面的扩大以及管理的专业化、标准化和信息化，呈现以下发展趋势。

1. 服务范围不断扩大，效率不断提高

物流服务范围的扩大缘自企业生产、经营方式改变和对效率、效益提高的要求。现代大型企业已实现或朝着原料采购、生产加工、产品销售"三地分离"的方向发展。为获取更廉价的原材料、实现最低加工成本、获得最佳销售利润，"三地分离"的趋势愈来愈明显，这就使物流活动的范围以超常速度拓展；与此同时，现代科技在交通运输领域、信息领域大规模应用，极大地提高了物资转移过程的沟通能力与信息交流能力。一方面支持了物流范围的不断拓展，另一方面使物流活动的效率越

来越高。最初的物流服务只解决运输问题，后来逐步将装卸、搬运、仓储、保管乃至报关、通关、保险、商检、卫检、动植检、中转、保税等业务吸纳进来，把商品流通的全过程作为一个完整的领域进行统筹考虑。近年来，由于信息技术的发展和比较成本优势的驱动，产品异地加工、装配、包装、标志、分拨、配送、销售、转让等增值服务，也逐渐涵盖进来。

2. 物流服务的功能不断增加，创造价值的领域不断丰富

物流与运输的关系密切。早期物流的服务功能较单一，一般只解决运输问题。到了 20 世纪 80 年代及 90 年代初期，物流服务虽然逐步将搬运装卸、仓储、通关、保险等纳入进来，但还是围绕运输而展开的。20 世纪 90 年代中期以来，计算机和网络技术发展很快，物流活动开始与现代信息技术融合，其功能呈现不断增加的趋势，逐渐出现了产品的异地简单加工、组装、包装和标志印刷等流通加工功能，以及配送、代销、分拨等以物流中心（配送中心）为依托的新功能；由于功能的不断增加，货物流与商流、信息流、资金流融为一体，创造的价值不断丰富，不仅继续创造着与运输直接相关的价值，而且还创造着与生产、流通相关的增值价值。

物流服务的过程经历了"港—港"、"门—门"和"货架—货架"等几个阶段，其过程在逐步延伸，可以将产品从生产线终端送到消费者手中。后来，由于生产企业需要实行"即时供货（JIT）"和"零库存（ZI）"以加速资金与物资的周转利用，物流业将生产以前的采购也包括在自己的服务范围之内，使服务过程向前延伸。此外，环保法规的日益严格，消费后的废弃物处理和回收利用，对某些物资来说，也是需要考虑的问题，从而使物流服务过程向消费后延伸。

3. 专业化物流服务的范围与规模不断扩大

现代物流服务的发展，是从提供相对较少服务项目的短期合作的传统物流服务，向提供综合服务及着眼长期伙伴型关系的现代第三方物流服务方向发展的渐进过程。在这个过程中，物流服务的专业化和客户服务的个性化愈来愈得到加强。现代物流企业与传统运输企业的不同之处在于，物流服务企业在货物的实际移动过程中并不是一个独立的参与者，而是代表发货人或收货人来执行，以期实现物流运营的专业化、科学化，并使物流企业与物流需求者之间建立更紧密、有效的联系。因此，随着第三方物流商的服务内容与服务模式的日趋完善，专业化物流服务的范围与规模将不断扩大。

因此，越来越多当前与潜在的物流需求者意识到，可以依靠现代第三方物流提供的专家和知识获得竞争优势。据我国仓储协会近期对我国部分工商企业的一项调查，在 90 多家被调查的企业中，将全部物流业务委托给第三方办理的占 26.96%，部分物流业务委托给第三方的占 58.90%。随着对现代物流认识的不断加深，我国工商企业必将摒弃"大而全、小而全"的经营方式，转而依靠第三方的物流服务。

二、港口发展的历史沿革

港口是位于江河湖海具有一定设施和条件，供船舶进行作业及在恶劣气候条件下靠泊、旅客上下、货物装卸、生活资料供应等作业的地方。按其所在地理位置分为海港、河港、湖港和水库港。传统而言，港口就是用来接送旅客和装卸货物的，因而其功能属于运输范畴。经过长期的发展，现代港口具有了更为丰富的内容：港口成为了各种交通方式，包括航空、公路、铁路、河运、海运甚至管道汇集的重要枢纽；港口是构成港口的构筑物、各种建筑物、设备如码头、外堤、航道、起重机械、交通线路、港池、仓库等的复杂综合体；港口是港口城市的不可或缺的组成部分。港口对港口城市的基础设施建设和经济职能的形成起着非常重要的作用。港口不再仅仅是装卸货物的转运地，而且成为货物的分拨中心和综合的物流平台。

随着港口经济的不断发展，港口也经历了许多发展过程，但是没有一种权威机构来区分这种发展过程，直到 1992 年，联合国贸易发展委员会在《港口的发展和改善港口的现代化管理和组织原则》的研究报告中把港口的发展分为第一代、第二代和第三代，20 世纪 90 年代后港口向第四代发展。

第一代港口是传统港口，形成于 19 世纪初，直到 20 世纪 50 年代。第一代港口属于航运中转型，其功能是水运货物的转运、临时储存、发货等。第一代港口与城市的对外商品交易紧密联系。港口着重其在件杂货装卸、运输方面的功能。

第二代港口起于 20 世纪 50 年代至 80 年代。港口增加了工业功能，装卸业务开始为临港工业服务，并形成了部分专为临海工业服务的港区及工业港，港口对城市经济 GDP 的贡献十分明显。此阶段是港口规模扩大最快的时期，码头专业化、深水化进展明显，但装卸仍是港口的主业，港口的散货作业比重增加，且散货成为有些港口的主要货种。港口地区形成了自己独立的工业区，港口除与运输、贸易的关系十分密切外，港区工业在国民经济中的比重明显加大，港口为工业服务的功能十分突出。

第三代港口形成于 20 世纪 80 年代以后，此时集装箱运输逐步成熟，港口成为各种运输方式的联运中心。许多港口以发展集装运输为重点，力争吸引国际中转货成为国际或地区性枢纽港，此阶段集装箱吞吐量已成为港口发展水平的重要标志。港口的信息中心地位确立，此阶段的港口设施发展特点之一是集装箱码头的大型化。第三代港口虽然成为各种运输方式的交汇中心，但只是联运中心，大多数港口还不是物流中心。货物装卸、储存、分运仍是港口的主体功能。

随着全球经济一体化进程的加快，现代化港口的发展已经不仅仅只局限于进行贸易和物流活动，在这一背景下，第四代港口的概念在 1999 年被联合国贸易发展委员会首次提出，其定义如下：第四代港口的特征主要表现在不同港口之间，虽然空间上分离，但却由相同的运营商或者由统一的港口管理机构来管理。第四代港口在已有的基础上，不断努力拓展综合物流的服务功能，除了国际多式联运的枢纽功能外，还扮演区域或国际性的商贸中心、金融中心、信息中心的角色，对城市、区域经济的贡献极大。

以上港口发展的不同阶段，即第一代港口到第四代港口，是根据港口的发展进程作出的相对划分。需要指出的是，港口的发展与区域经济振兴和社会进步相关联，港口发展虽然有其自身的规律，但是各港口的特点和作用存在差异，所以也不是所有港口都亦步亦趋、按部就班，按照同样的历程发展，而是要在所处的经济社会环境下，走有特色的道路，特别是要寻找新的经济增长点和发展空间，实现跨越式发展。四代港口模型如表 1-1 所示。

表 1-1 港口功能演进及差异

	第一代港口	第二代港口	第三代港口	第四代港口
发展时期	1960 年后	1960 年后	1980 年后	1990 年后
主要货种	大宗货物	大宗散货和杂货	大宗货物和件杂货	集装箱货物
发展策略	传统的海陆运输方式的转换点	运输、工业和商业中心	商业、整合性运输和物流中心	港航联盟和港际联盟
业务范围	货物装卸	货物装卸、更换包装和产业活动	货物装卸、更换包装、产业活动、货物配送、信息配送和物流活动	货物装卸、更换包装、产业活动、货物配送、信息配送、物流活动和港际联盟
组织特性	独立活动	港口和直接使用者联系密切，但很少参与港口区域外的活动，城市关系松散	参与不同运输方式，港市整合为一体	采取地主港的经营模式，实行民营化管理
生产特征	提供低附加值的货物流通服务	提供货物流通和更换包装的基础性服务，附加值高	提供货物和信息的流通和配送等高附加值的多样化服务	兼具枢纽港和转运港的双重角色，提供整合性物流服务
决定因素	劳动力和资本	资本	专业知识和技术	决策、管理、推广和培训

由表 1-1 中信息可知，第四代港口除了拥有第三代港口的功能外，还实行民营化管理，突出港口与物流活动的互动，并且实行港航联盟和港际联盟，利用决策、管理、推广和培训等方式来决定成败。也正是港口的这个发展过程，使得港口物流的高端化趋势越来越明显。

三、港口物流的内涵

进入 21 世纪，在全球经济快速发展的同时，全球的货运量也在快速地增长。国际货运量的 90% 由海运承担，使得港口在现代物流体系中变得越来越重要。在这一背景下，港口的活动又增加了金融、工贸、信息和多式联运，开始向着综合物流中心的方向发展。正是港口的这种发展模式，使其服务功能变得越来越强，服务范围变得越来越广，因此也形成了它所特有的物流系统。

（一）港口物流相关研究综述

港口物流一词是近年才出现的，但对港口物流相关理论的研究却很多，关于港口物流相关理论的研究主要集中在港口物流的定义和内涵、港口物流的发展优化、国际港口物流发展趋势三个方面。

1. 港口物流的定义和内涵方面

聂琦（2002）、李华（2003）等研究了港口与物流的关系，认为港口是物流链中不可或缺的一环，港口在进行物流活动，为物流提供服务的同时，也在一定程度上自我发展，可以说是一种新的发展机会。庄倩玮、王健（2005）认为货物、信息、产业、服务和贸易等多种形式都在港口集聚，以此来发展成为一个综合的物流基地。吴峰（2006）在通过了解国内外一些现代化港口的发展经验之后，把港口物流的运作模式分为了六类。汪长江（2010）认为港口物流是以港口作为现代物流过程中的一个无可替代的重要节点和服务平台，以促进区域性经济发展为中心，以建立货物中心、配送中心、物流信息加工和商品交易中心为目的，利用港口集运输、仓储、装卸搬运、代理、包装、加工、配送、信息处理、多式联运等为一体的特长，形成以港口物流原理、港口物流实务与港口物流技术为核心的内容架构，发挥由点（港口）到线（陆路、水路运输）、面（港口腹地及周边区域）的区域物流活动的辐射优势，形成完整的供应链，为用户提供多功能、一体化的综合物流活动；港口物流从体系上来说，其内容框架结构由港口物流理论、港口物流实务与港口物流技术构成，其内涵逻辑结构由点（港口）、线（水、陆、空运输及其多式联运）和面（港口腹地及相关区域经济）构成。

2. 港口企业应该通过何种方式来促进港口物流的发展方面

徐金伟（2004）认为港口企业用来促进港口物流发展的方法有三种，分别是资本运营、服务整合和供应链联合。宋炳良（2006）认为港口企业应该相互合作，共同发展，各企业之间应该进行良性竞争。真虹（1999）研究了港口企业进行物流活动中，进行物流优化的方法；黄娟（2005）研究了通过对集装箱配送的优化来减少港口企业的配送成本，提高集装箱配送的效率。张帆（2006）通过分析影响物流运作效率的各种因素，得出提高物流运作效率的方法，以便于港口企业的发展。

3. 国际港口物流发展趋势方面

刘伟、王学锋（2004）研究了自由贸易区政策对建设国际枢纽港的促进和推动作用；樊思远、徐梅（2006）分析了国际物流的发展趋势和我国在国际物流发展中所存在的问题，并以此提出我国发展国际物流的对策。李南（2006）指出港口实施放松规制和民营化管理，对我国东北亚国际物流系统地位的提升有很大的促进作用。

（二）港口物流的发展视角

从港口发展的不同阶段来看，传统意义上的港口最重要的特征是货流的汇集地和货运作业的集中地。在现代物流的概念下，港口则是物流链或者整个供应链的重要节点，港口物流则是多种物资、交通运输、服务资源的集合，或者说，港口物流是货流即"物"流、信息流、资金流的汇集地，是各种物流作业的集中地，是多种物流设施和服务功能的集合。

传统的港口物流主要提供仓储、装卸和转运的服务，但是随着现代物流的发展，港口物流的外延和内涵正在发生深刻的变化。港口的功能一代比一代强，港口之间的竞争已经由以货物吞吐能力为主转向现代物流能力的竞争。评价一个港口是否具有竞争力，关键在于看其物流是否有竞争力。现代港口物流的目的是建立配送中心、物流信息中心、商品交易中心和货运中心，把仓储、运输、装卸搬运、代理、配送、包装加工、信息处理等环节有机结合，形成一个完整的物流供应链，为用户提供一体化、多功能的综合物流服务。由此，建设现代港口，大力发展港口物流，成为各国各地区积极参与经济全球化的重要手段。

现代港口物流具有系统化、多功能化、信息化、柔性化、标准化、专业化、国际化等特点。一方面，港口物流从粗放型增长方式发展到集约阶段，把过去的商品经由仓储、运输、批发以及零售点的多层次的流通途径，简化为现在的由港口集成服务到用户的服务模式，港口物流的功能向多功能化方向发展，逐步形成一体化的物流中心，推动了产销分工专业化，提高了港口的服务功能，从而提高了地区的整体生产力和经济效益。此外，制造出能满足用户不同需要的产品称为物流作业的柔性化。当港口物流向消费和生产两头延伸时，其内涵有了新的内容，从原本运输、仓储单一功能扩展为运输、仓储、配送、装卸、包装、流通和加工等多种功能，而且这些功能并不是单一的叠加，而是通过合理规划、统筹协调，形成物流的有机系统，来控制整个商品的流动，以达到成本最小或利益最大目的的同时满足不断提高的用户需求，从而更加高效地服务于社会经济活动。全球经济的一体化趋势要求生产要素与商品在全球范围内高速流动，而且电子数据交换技术的不断发展与国际互联网技术的广泛应用也促使了产品流动更加容易和迅速，物流效率不断提高。另一方面，世界经济一体化、国际贸易全球化趋势使港口作为国际贸易结点的作用更加突出。多数大的港口主要从事国际物流服务，如配送中心对进口商品进行代理报关业务、储存、搬运、配送以及必要的流通加工过程到送交消费者手中实现系统的服务。而且，港口物流的国际性要求在物流过程中实现标准化。在信息处理、商品包装、装卸搬运、流通加工等过程中采用国际统一标准，以便参与到物质经济循环和全球物流大系统中。港口物流还具有其他物流系统所不具备的物流增值服务功能，如提供货代、船代、报关、报检等服务。最后，激烈的市场竞争加快了港口物流的专业细分化趋势。部分制造型企业为了把企业的发展重心集中在企业核心竞争力上，把物流外包给社会成为了一种趋势，这在相当程度上促使了港口物流的专业化。

（三）港口物流的诠释

1. 港口物流阐释

一般来讲，港口物流是指以港口作为一个从事货物装卸、搬运、储存以及加工的场所，由此形成的复杂的物流系统。港口物流一般包括线路、节点（腹地企业、物流节点、仓库、海关查验区等）、货物、流向四大基本要素，如图 1－1 所示。从纵向看，港口物流涉及运输、储存、装卸、搬运、包装、流通加工、配送、信息处理以及为以上多个环节提供装备和配套服务的诸多领域；从横向看，港口物流服务涉及国民经济的许多方面，是一个跨行业、跨部门、跨地区的基础性产业，具有强大的经济渗透力和带动效应。

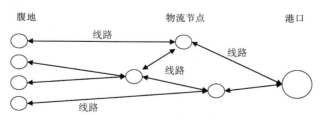

图 1－1　港口物流系统要素示意图

港口物流可以把港口地区作为物流过程的一个重要节点，并且依托此节点形成的服务平台进行以港区及辐射地域为服务对象的现代物流活动。港口物流还能利用自身的口岸优势，以先进的硬件软件环境为依托，强化中心港口城市对港口周边物流活动辐射能力，突出港口配货、存货、集货等特长，以优化港口资源整合为目标，以信息技术为支撑，以临港产业为基础，发展具有涵盖物流产业链所有环节特点的港口综合服务体系。港口物流是特殊形态下的综合物流体系，是作为物流过程中的一个无可替代的重要节点，完成整个供应链物流系统中基本的物流服务和衍生的增值服务。

因此，港口物流既是现代物流服务链中的一个重要节点，也是发展综合物流的核心，还是发展网络运输的技术装备和载体。

港口物流具有运输、中转功能，装卸搬运功能，仓储功能，加工、包装、分拣功能，配送功能，信息处理功能，保税性质的口岸功能和其他服务功能（如接待船舶，船舶技术供应，燃料、淡水、一切船用必需品、船员的食品供应，集装箱的冲洗，引航，航次修理，天气恶劣时船舶的隐避、海难的救助等）等基本功能。同时，港口物流还是多种运输方式的交汇点、运输网络的枢纽，物流节点，物流链上的货物、信息、资金的集散中心，各种生产要素的最佳结合点，面向国内国际市场的窗口，增值服务基地和资源配置中心。港口物流能够带动地区经济，促进临港工业以及其他相关产业发展。

经济的发展必然要求港口向物流方向发展。港口现有的腹地、基础设施、集疏运系统、经营服务网络为发展物流提供了良好的基础。港口从货物、人员的集散地向物流节点、物流枢纽的发展是必然的，也是可行的。传统的港口企业也可以从装卸企业向综合运输服务企业，甚至物流经营人的方向发展。

2. 解读港口物流

根据港口的区位优势和功能特点，可从"宏观"和"微观"两个层面解读港口物流。

宏观层面是指口岸物流，是港口作为对外门户和窗口，作为国际供应链中的一个节点，为国际供应链客户降低成本、提高效率而具备的各种软件、硬件环境以及功能的集合。口岸物流表现在：口岸进出口货物尤其是集装箱货物吞吐量；国际国内航线航班分布与密度；各种运输方式形成的集疏运网络；物流园区、物流中心、配送中心等设施；口岸信息网络；口岸协调工作机制和工作流程；各类物流企业的聚集；金融、保险等服务业；口岸保税区、临港工业区等与港口的联动关系；口岸物流市场环境等。

微观层面指港口企业的物流服务，港口企业可以采用多种方式开展物流服务，主要有两种方式：一种方式是传统的港务公司通过自主经营或与其他物流企业的合作等途径，依托装卸、仓储、中转等业务拓展其他物流业务；另一种方式是港口企业为其他物流企业提供良好的场地、通信、水电供应等条件，搭建物流运作平台，吸引其他物流企业进驻，以此提高港口货物流量，强化港口企业的主营业务。港口企业物流除了物流服务内容以外，还包括为了实现物流服务的设施设备、信息系统、服务网络等软硬件条件。

随着对外贸易的往来频繁，港口运输迅速发展，港口物流逐渐发展成为一种新兴产业，对全球经济、区域经济和城市经济发展起着巨大推动作用。港口作为海陆运输的转换点，是重要的物流节点，自然成为物流活动的集聚地。港口城市成为现代物流产业发展的理想区位，港口物流迅速发展为一种重要的物流形态，在此设立仓储、配送和流通加工企业，可以减少物流时间、降低物流费用。而港口生产的特点是为货物流动、物流全程提供全方位、高增值的服务。为了增强港口的竞争力，现代港口都在积极寻求构建港口物流链，港口城市利用自身的口岸优势，以先进的软硬件环境为依托，强化其对港口周边物流活动的辐射能力，突出港口集货、存货、配货服务功能，依托临港产业，以信息技术为支撑，以优化港口资源整合为目标，发展具有涵盖物流链所有环节的港口物流服务体系。

另外，港口物流产业空间是以港口物流的高效益与高效率移动的服务方式和产业组织模式为特征的产业集聚空间，根据区位类型不同，港口物流产业空间分为四种类型：一是位于港口生产作业区的港内型物流产业空间；二是位于港口附近的临港型物流产业空间；三是位于港区外围的边缘型物流产业空间；四是位于港口外部的腹地型物流产业空间。

（四）港口物流发展趋势

随着世界经济一体化和贸易自由化进程的不断加快，港口物流的内涵和外延正在逐步扩大。在此背景下，港口物流的功能和特点也发生了许多变化，朝着集装箱化、船舶大型化、自动化、高端化和标准化方向发展。

1. 港口物流集装箱化

集装箱作为海上运输的一种大型装货容器，在海运中发挥着不可或缺的作用。它可以节约包装费用、提高货运质量、降低运输成本，最为重要的是，它可以实现标准化，以此来形成特有的物流系统。正是由于集装箱的问世，世界运输格局发生了根本改变，集装箱的作用估计不低于因特网，如果说因特网是加快了信息的传递，那集装箱则是大大地加快了货物在全球范围内的传递。

近年来，随着港口物流的蓬勃发展，港口物流的集装箱化趋势越来越明显，最能体现这一点的就是集装箱吞吐量，集装箱吞吐量是指港口一段时间内进口和出口集装箱数量的总和。1999—2011年我国集装箱吞吐量如表1-2所示。

表1-2　1999—2011年我国集装箱吞吐量

年份	集装箱吞吐量（万标准箱）	年份	集装箱吞吐量（万标准箱）
1999	1 732.85	2006	9 361
2000	2 263.25	2007	11 474
2001	2 665.50	2008	12 635
2002	3 721	2009	12 100
2003	4 867	2010	14 500
2004	6 180	2011	16 231
2005	7 564		

数据来源：中国港口年鉴2012。

由表1-2中数据可知，近10年来，我国集装箱吞吐量持续增加。因此，港口物流集装箱化趋势必定会成为港口物流发展的主要趋势之一。

2. 港口物流船舶大型化

在1965年之后的10年时间里面，不少航运公司迫于航运竞争的压力，为了获求在竞争中的优势，在船舶构造方面趋向于大型化。船舶大型化在拉动了货运需求增长的同时还使得海运处于不败之地。随着港口物流的集装箱化和集装箱标准化体系的建立，全球集装箱运输网络正在慢慢成形。近年来，全球经济快速发展，全球的货运量持续增加，而目前的船舶运输量已经明显跟不上货物的增加量，因此建造大型船舶势在必行。

当然，船舶大型化在节省了运输成本的同时也给港口带来了一系列的问题。例如，港口的水深不能满足大型船舶，港口堆场的空间不足，吊机的效率太低以及进行港口活动所带来的环境污染等问题。

3. 港口物流自动化

随着区域性、国际性航运中心的逐步建立，港口功能向着多元化的方向发展，其主要特点是为了适应经济发展的需要，港口开始转向以物流为主要方向，凭借物流的基本流程，向多功能、自动化、信息化的现代物流功能中心方向发展。最近几年，由于全球经济的快速发展，计算机的普及和自动化技术的快速发展，港口物流技术也相应地有了显著提高。近年来，众多港口开展新业务、实现增值服务、延伸产业链的重要手段就是物流信息化。在 2010 年举行的物流信息化论坛上，有专业物流人士指出，"物流资源难以整合"的局面，可以通过发展和完善以信息化为主要特征的第四方物流来打破，为此，诸多港口纷纷打造第四方物流，设立港口物流电子商务平台，通过与第四方物流的对接来实现物流信息化的快速发展。

而目前国内外的大港口用来提升公共信息服务能力的方法是进一步强化电子口岸和大力建设第四方物流信息平台项目。依靠电子口岸平台，使得港口和通关监管单位信息共享，以此来提高港口的服务水平。

4. 港口物流高端化

港口是国家实行改革开放政策的一大重点，并且还是公路、铁路等运输方式的交汇点。正是由于港口的这种重要性，使得跟港口相关的贸易、加工等相关服务企业在港口集聚，促进城市经济的快速发展。在这一背景下，港口城市纷纷把港口视为发展重点，发布许多港口政策，并且申请保税区，以此来促进当地经济的发展。正是因为港口在港口城市经济发展中的重要性，港口物流向着高端化的方向发展，其主要表现在现代化港口向第四代港口发展。

5. 港口物流过程标准化

正所谓没有规矩，不成方圆，在现实社会中，需要各种政策、法律，也需要标准，此标准用来衡量好坏。而在港口物流的不断发展中，逐渐地也形成了一个标准，此标准贯通整个物流系统，物流整个过程都实行这一标准。通过这一标准，使得物流系统的设施、机械装备有章可循，逐渐与国际接轨，并以此来提高物流运作效率。在国际上，与物流相关的两个标准体系是 ISO 和 EAN. UCC。

现如今，经济的快速发展要求科学技术跟上它的脚步，在这一背景下，与之相关的一些产业也随之发展迅速，最具代表性的就是信息技术、电子商务、电子数据和供应链等产业，而这些产业在国际物流业上有很多的应用。因此，国际物流业也快速地发展着。在国际物流业飞速发展的同时，各国的竞争也相当激烈，提高物流运作效率和效益成为了提高竞争力的主要手段，而物流系统的标准化和规范化能提高物流运作效率，因此各国开始在集装箱规格、EDI 技术、法律环境、管理方法上采用统一标准，使之与国际接轨，提高物流运作效率，在各国竞争中立于不败之地。正是由于港口物流过程的标准化和规范化，在提高物流运作效率的同时，也让物流过程变得更有秩序。因此，这也将是未来港口物流的发展趋势之一。

（五）港口物流发展的影响因素

1. 世界经济和国际贸易对港口物流的影响

港口作为世界经济和国际贸易链上的重要环节，港口货物的吞吐量的增长与贸易增长密切相关。世界贸易的90%以上是通过海上运输完成的，我国对外贸易的85%以上的货物是通过海运完成的，海运必须有港口物流作保证。尤其近几年来外贸增长迅猛，反过来又带动了港口集装箱运输的大幅度增加和港口物流的迅猛发展。简而言之，港口物流与国际贸易相辅相成，国际贸易的增长带动港口物流的繁荣，港口物流水平的提高反过来又促进了国际贸易的增长。境外港口也十分重视现代港口物流的发展，大力加强基础设施建设。为吸引更多的货源，一些港口进行了较大规模的投资，建设集装箱、滚装、石油等专用码头，增加仓储设施、拓宽航道，以及专用铁路等。比如纽约、东京等港口浚深航道从而能够停靠新型船舶，鹿特丹港修建输油管道满足炼油中心的要求，建立全自动化集装箱码头来满足建设海陆公司的要求。新加坡港务局建设了四个物流园区，其中一个设在港区内。香港在港区建立高层的储运大楼，如香港国际物流中心、海陆公司的储运大楼等设施。台湾的高雄港则投资建设了国际物流园区为适应现代港口物流的发展。港口地区为建设港口物流所建设的大量基础设施，不仅满足了港口物流的发展要求，而且促进了当地的建筑业、工业等相关产业的发展。世界各国港口物流发展的事实证明，港口物流发展为世界贸易的发展提供了切实的保证。

世界经济的发展是国际海运和港口物流业发展的基础。一般来说，世界经济发展与港口经营的变化方向是相同的。世界经济的发展变化趋势对港口物流业的发展趋势与特点起着重要的影响；世界经济一体化带来了海上运输和世界贸易的货物周转需求增加，跨国公司的发展直接推动了全球综合物流服务方式与集装箱运输发展。需要注意的是，近洋运输与集装箱支线运输将成为全球集装箱运输产业发展的主要利润增长点。从世界各个地区经济的发展趋势看，各个地区经济发展促使地区对外贸易增长，这样必然带来地区间港口航运需求的上升；近年来，亚太地区的经济发展保持了快速增长的态势，世界经济的重心也正逐步向亚太地区转移，从而导致了亚太地区对外贸易的繁荣。这也成为了我国港口物流业发展的一个重要国际经济环境。

2. 国内经济对港口物流的影响

国内经济对港口物流发展的影响主要表现在以下几个方面。

第一，国内宏观经济对港口物流业的影响。国民经济发展速度直接影响到港口企业的预期，因而推动进出口业务的持续增长，从而促进了港口物流业的增长。国民经济的发展速度与港口生产的增长息息相关，因此说港口是国民经济运行的"晴雨表"。

第二，国民经济的总体布局调整对港口物流的影响。沿海以及沿江两大经济圈的划分，西部大开发战略，振兴东北老工业基地等国家经济总体布局政策的调整，都推动了各个经济区域对港口运输业的需求和经济发展。

第三，产业结构的调整对港口物流的影响。我国正处于工业化、城市化、信息化高速发展的过程当中，产业结构调整可以直接对运输市场的货源结构和数量以及运输方式产生影响。第二产业是经济增长的支柱产业和主要产业，加工制造业的发展会导致以制成品为主的集装箱运输需求的迅猛增长。

第四，消费战略和投资结构的调整对港口物流的影响。在拉动内需战略的带动下，轿车工业、住宅建筑业等都会对港口物流产生新的运输需求。国家的消费战略和投资结构的调整变化直接影响对港口的需求。比如对港口周边基础设施的水利能源交通基地的建设和投资等经济活动，都可以促进港口进出口物资的增长。

（六）港口物流的产业特性

港口物流产业主要包括以港口装卸运输功能为主的装卸主业，以及与港口装卸主业有着紧密联系的海运业、集疏运业、仓储业，即通常所指的各类货运中心、配送中心、物流信息中心和商品交易中心。

港口物流产业有着特定的地理空间，它围绕着港口分布，且在业务上依托港口，离开港口它就失去了存在的意义；港口物流产业集群是一群有着专业化分工和合作，并与物流活动相关的企业和单位构成的生产服务系统。包括综合物流服务商、单项物流功能服务提供商、专门化的物流分供商、提供基础性服务的公司或部门、物流需求方。

作为一个对港口城市相关产业发展联动性极强的产业，港口物流产业不仅成为各产业部门中经济增长方式转变的主要手段和途径，而且业已成为港口物流活动中新的经济增长点，同时也是港口经济由粗放型向集约型转变的重要标志。具体来说，港口物流产业有以下特性。

1. 对临港产业及部门物流资源的整合性

就临港产业组织个体而言，从降低流通成本、交易成本及减少流通环节的角度出发，客观环境迫切需要有一个专业化的港口物流产业群体，其发展水平必须达到一定的阶段，建立起一个无形的港口物流平台，为社会、临港产业及企业提供"中间服务"，满足其不断增长的专业化"港口物流服务需求"，在社会环境的孕育下，逐步诞生出社会化、市场化和专业化的港口物流产业。因此港口物流产业的产生与发展是建立在与临港各产业部门资源整合的基础上，通过共享基础设施、配套服务设施和综合服务，减少分散布局所需的额外投资，克服单个企业在公共资源方面的不经济现象，并利用地理接近性而节省相互间物质和信息流交易费用，将较为零散的港口物流资源进行重组与整合，并向临港产业各部门提供具有个性化、差异化、标准化的港口物流服务。

2. 行业壁垒的相对坚固性

港口物流产业的社会职能，以高效化的物流活动推动和影响国民经济各产业部门的发展进程和发展水平。港口物流产业作为全社会的"后勤"服务部门，所发挥的社会职能是其他产业部门无法替代的。尽管传统的港口物流部门存在着社会职能过于单一并被人为地划分为运输产业、仓储保管业、流通加工业、包装业等状况，从其产业及组织的社会经济地位来看，也是依附于流通产业部门中的。而现代港口产业则借助于先进的科学技术、管理方法、网络技术、信息系统、运筹管理、系统工程等大量技术与手段，投入相配套的港口物流设施、设备及资金，因而该产业具有知识、技术和资金密集型极高的属性。显而易见，港口物流产业中行业壁垒像一道无形的屏障，成为在产业发展过程中对新进入者的障碍，同时也是港口物流产业升级中优胜劣汰的关键要素。

3. 港口物流产业的社会化和市场化属性

根据社会经济发展的普遍规律，衡量产业发展是否具有社会化和市场化特性，很大程度上取决于该产业市场竞争的激烈程度和状况、产业部门内组织化程度的高低，能否产生规模经济效益。港口物流产业在我国虽然刚刚进入高速发展阶段，但已经涌现出一大批专业港口物流企业和组织，承担着专业化的社会职能，产业内部的企业既竞争又联合，促使港口物流服务功能逐步完善，整体服务水平迅速提高，推动物流企业与生产、商贸企业互动发展，促进供应链各环节有机结合，极大地加快了社会产品的流通速度。因此港口物流产业的社会化和市场化程度越来越高，将成为其发展的主要特性之一。

随着经济一体化进程迅速渗入全球经济的各个角落，港口面对的国际国内市场环境与形势日趋复杂，港口在不同层次水平的竞争中面临着日益巨大的压力。一方面，在社会、经济、政治等因素的驱动下，行业增长和产品创新速度加快，客户、技术和产品多样化，产业全球化，经济集团不断增长而拥有权具有不确定性，这一系列变化促使港口成本和效率发生变化；另一方面，作为供应链中的重要节点，随着供应链环境因素变化带来的竞争方式改变，港口服务功能、空间范围、经营管理模式也在发生变化，港口服务功能由装卸、仓储转变为拆卸、包装、加工、配送、交易、研发、展示；服务空间范围由港口区域转变为周边区域、全国甚至全球；港口的经营管理由外延模式向内涵发展转变，由粗放式向集约化转变，由只重视货物吞吐量向培育物流产业链转变，港口之间的竞争也已转变为港口物流供应链之间的竞争。

港口网络化以及港口区域和内陆网络的一体化，促进了非连续性腹地的形成，国内港口凭借"无水港"建设，纷纷向其他港口的直接腹地实施"蛙跳式"侵入，形成距离较远的岛屿式腹地，由于内陆场站在功能上形成对其他港口的侵入，导致港口之间腹地之争进入白热化。面对日趋激烈的市场竞争环境，港口物流企业只有一方面遵循基于客户服务思想从满足客户的需要出发，以提供满足客户需要的产品或服务作为企业的义务，以客户满意作为企业经营的目的；另一方面依靠物流系统资源的整合和先进技术的应用，完成物流、资金流及信息流的"三流合一"以提高供应链及其服务能力的协同化、集约化；迅速提升总体服务水平，积极地应对竞争。

港口物流企业基于客户服务思想的核心是企业全部的经营活动都要从满足客户的需要出发，以提供满足客户需要的产品或服务作为企业的义务，以客户满意作为企业经营的目的。通过加强客户关系管理，吸引、培养大批忠诚客户，与客户间建立长期稳定的关系，以形成企业独特的资源优势和竞争优势。这种资源优势很难被其他企业复制或夺走，从而使港口物流企业拥有稳定的市场。正是由于这一特性，客户服务思想越来越成为新经济时代港口腹地竞争取胜的法宝。

港口物流企业基于客户服务思想的重点是通过优化企业组织体系，不断改进与客户关系相关的全部业务流程，最终实现电子化、自动化运营目标。这一理念能否成功实施，最关键的是企业的信息收集和处理能力。现代信息技术的高速发展，特别是数据库、数据仓库、数据挖掘技术在港口物流领域的运用，使港口物流企业与客户之间的零距离接触成为可能。

港口物流企业通过分析、控制港口物流信息流，来管理和控制物流、商流和资金流并实现"三流合一"；通过有效开发利用信息资源，建设先进的信息基础设施，提高港口物流运作的自动化程度和港口物流决策的水平，达到合理配置港口物流资源、降低港口物流成本、提高港口物流服务水平的目的。

四、港口物流理论拓展

随着全球进入供应链时代，越来越多的港口由传统"纵向一体化"管理模式转向"横向一体化"管理模式，港口与港口之间的关系已转变为港口物流供应链与港口物流供应链之间的关系。由于市场竞争的日趋激烈及经营环境的动荡、多变，港口物流供应链经常面临不确定性风险并异常脆弱，加之市场需求的多样性决定了港口物流供应链必须具备满足客户非标准、个性化物流服务要求的能力。因此，构建反应敏捷、链条夯实的供应链柔性运作机制对浙江港口物流业来说是一个刻不容缓的任务。

（一）基于产业集群模式的港口物流供应链柔性运作机制理论体系

1. 产业集群、港口物流产业集群及港口物流园区理论

国外学者对产业集群的研究始于19世纪末，马歇尔（1890）总结了企业区位集聚的原因，并提出了外部规模经济理论；韦伯在20世纪初总结了集聚的重要性，并把集聚引入区位因子的视野；20世纪90年代迈克尔·波特从企业竞争的角度研究了企业集群，并提出了分析产业集群的计量模型。

对于产业集群现象，我国学者也给予了高度关注。梁小萌（2001）认为：一方面，产业集聚使企业实现内部规模经济，增强了竞争优势，有助于实现内部扩张；另一方面，集聚在同一区域的企业，出于对同一产业链的依存而紧密联系、分工协作，有助于实现外部扩张。

顾亚竹（2008）指出：产业集群是一种相关的产业活动在地理上或特定地点的集中现象，是在某一特定领域内互相联系的、在地理位置上集中的公司和机构集合。

国际上第一个提出港口产业集群并将集群理论引入港口产业分析的专家是比利时安特卫普大学的Haezendonck E教授。她将港口产业集群定义为一系列从事于港口相关服务的相互独立的企业，聚集在同一港口区域，并且采用几乎相同的竞争战略，以获得相对于集群外部的联合竞争优势。

国内学者周昌林对港口物流产业集群的界定是：指聚集在港口附近区域并依托港口，以第三方物流企业为核心，在业务上有着分工和合作的物流企业及相关单位所形成的产业组织形式和经济社会现象。

本研究认为港口物流产业集群是指港口将众多第三方物流企业吸引在其附近区域，通过物流企业的集聚实现港口物流服务的专业化和互补性，在发挥集群整体优势的同时获取相对于集群外部的规模经济优势，并推动物流资源社会化的进程。

港口物流产业集群提供的服务可以分为三个层次：第一层次，是初级层次，只向客户提供中转、仓储、配送和分拨等基本服务；第二层次，除提供第一层次的服务外还可以参与订货处理和采购，提供货物市场价格、货运信息等；第三层次，主要提供全程港口物流策划和港口物流链服务。

港口物流产业集群集聚的空间构成了港口物流园区，港口物流园区包含了能够提供多元化物流服务的港口物流服务商集群。港口物流园区通过港口物流服务商将运输、仓储、配送加工、信息咨询等物流增值服务功能集中布局，集群发展，以专业化、规模化服务，有效地降低采购成本，极大地提高人员和港口物流设备、设施的利用率，从而减少企业物流支出，全面满足港口业、临港工业、商贸企业的第三方、第四方物流需求，提高经济效益。

港口物流园区具有集约化、信息化、协同化及一体化等特征，竞争优势明显的物流园区是现代港口物流产业集群的良好表现形式。通过构建港口物流园区，可以促进外部经济效益互补，从而产生产业集群效果。

2. 港口供应链及供应链柔性理论

理论界对供应链的研究主要集中于制造型企业供应链管理，尤其重视围绕核心企业的网链关系研究，而涉及服务型企业服务供应链特别是港口柔性供应链的比较少。

俞宏生（2008）提出了港口服务型供应链的概念，他认为港口服务供应链就是以港口企业（港务集团公司）为核心成员，将各类物流服务供应商（包括仓储、装卸、报关、运输、流通加工、配送以及金融、商业服务等企业）和客户（付货人和船公司等）以及相关政府监管机构（港口管理、海关、海事、检验检疫、边防公安等口岸机关）有效地整合而组成的序列，以提供"一站式"物流服务，把适当的物品，在适当的时间，送达适当的地点，同时实现系统成本最小化。

李宁（2008）提出了港口物流服务供应链模式体系模型图，并提出了新模式的适用条件、注意的几个问题及港口供应链模式的发展趋势。

对于柔性的研究最先是以制造企业为对象。随着企业之间的竞争逐渐演变为供应链之间的竞争，供应链的整体柔性也相应成为柔性研究的重点。

Slack（1987）曾指出，供应链对顾客提出的需求所作出的反应能力就是供应链柔性。Sabri 和 Beamon（2000）认为供应链柔性可以用生产柔性和分销柔性进行测度。

国内有关供应链柔性研究的文献在近几年来有所增多，比较有代表性的学者是马士华、张云波等人。马士华等（2000）指出，对于需方而言，供应链柔性代表了对未来变化的预期；而对于供方而言，它是对自身所能承受的需求波动的估计。

张云波（2003）认为供应链柔性是指供应链具有一种属性，它在合作伙伴核心能力有机集成的基础上，在软、硬件系统上所具备的一种灵活应对外部环境变化的竞争能力。

综观国内外现有对港口物流及港口供应链问题的研究，能够密切跟踪港口物流发展趋势，运用"产业集群"理论，对港口物流供应链进行系统研究的并不多见，能够借鉴"制造企业柔性"理论，深层次分析港口物流供应链柔性运作的内在规律，进而从供应链运作理念、结构以及运行流程三个方面构建港口物流供应链柔性运作机制的更为鲜见。

3. 基于产业集群模式的港口物流供应链柔性化运作机制的涵义

结合前述的产业集群、港口物流产业集群、港口物流园区、港口供应链和供应链柔性的基础理论及港口自身特点，本研究认为集群式港口物流供应链柔性化运作机制是指以信息技术为手段，以港口、船公司为核心企业，凭借协同的管理方式、并行的运作流程、网络化的组织结构而拥有灵活应对外部环境变化的柔性竞争能力，将港口物流园区中集中布局、集群发展的上下游各类物流服务供应商（包括装卸、加工、运输、仓储、报关、配送，甚至金融、商业服务等企业）和客户（包括发货人和付货人等）以及相关政府监管机构（港口管理、海关、海事、检验检疫、边防公安等口岸机关）通过信息流、物流、资金流在整个链上的顺畅流动有效地结合为一体并实现整体成本的最小化，以良好的港口物流服务满足顾客需求日益多样化的运行模式。

集群式港口物流供应链竞争能力的强弱，除了取决于供应链是否具有可靠性、稳定性、集成性、协调性等因素之外，在很大程度上还取决于供应链是否具有柔性。为了促进港口物流的发展，应从供应链运作理念、结构和运行流程等方面积极、有效地构建和完善集群式港口物流供应链的柔性运作机制。

（二）集群式港口物流供应链柔性运作理念

作为一种新型的经营与运作模式，集群式港口物流供应链以其夯实的网络结构、对市场需求迅捷的反应速度增加了供应链的柔性并提高物流全过程的效率。作为一种管理思想，传统供应链的理念已难以适应集群式港口物流供应链实践。本研究认为集群式港口物流供应链的港口、船公司及上下游各类物流服务供应商等均应树立以下柔性物流经营运作思想。

1. 系统思想

根据系统原理，系统的整体属性不仅取决于各组成要素的属性，而且取决于各要素之间的联系方式。所以，集群式港口物流供应链的物流服务功能节点企业要树立起全局观念，准确把握自己的定位，积极培育核心竞争力，取得企业之间超越组织界限的集成和整合，保持整个供应链的竞争优势，达到多赢的局面，使整个供应链系统得以生存并不断发展。

2. 共生思想

在集群式港口物流供应链下，不同的物流服务功能节点企业之间已构成了利益共同体，并认识到只有提高供应链的整体绩效才能实现自身利益最大化。因此，供应链上各物流服务功能节点企业更应重视专业分工与相互协作，提升自身的核心竞争力。另外，相对良好的合作、共生关系也更有利于供应链功能节点企业之间"求大同、存小异"，制定长远的战略发展规划。

3. 顾客服务思想

集群式港口物流供应链管理以实现顾客价值作为供应链中的所有参与者共同的绩效目标，以多层次网络结构、并行协同运行流程体现柔性竞争能力的同时，更加把客户与港口物流商的合作关系引向纵深。在港口物流系统运行时，把服务的思想融合到整个供应链中，客户服务理念贯穿整个集群式港口物流供应链操作环节。

（三）集群式港口物流供应链柔性结构

集群式港口物流供应链与制造型供应链不同，无制造加工环节，它以港口和船公司为核心，以相当规模的腹地国际贸易为支撑，集合金融、贸易、法律、咨询、政策、仓储、运输、科研、培训等各种服务方式，通过供应链网络节点物流企业的职能分工、合作与协调，充分利用物流、资金流、信息流提高港口物流的整体效率，进而带动贸易量和物流量的增加。集群式港口物流供应链包括核心层、支撑层、附加层三部分。

1. 核心层

核心层由港口和实力强大的船运公司构成。一个港口要成为具有国际影响力的枢纽港，必须通过拓展所提供海运服务的业态领域和区域宽度从而集聚要素、开拓市场、提升影响并在某些领域构筑自身的特色。现代港口凭借着区位优势、腹地发达的经济、四通八达的集疏运条件，成为地区对外交往的重要口岸、各类物资的重要集散地；依托发达的集疏运网络，成为汇集干线铁路、公路、内河、海运、管道等多种运输通道的重要枢纽。港口以其强大的物流服务、信息集成实力，在整个供应链上具有绝对的集成优势，以其为核心可以实现供应链较好的运作，提高供应链的竞争力。因此，港口在集群式港口物流柔性供应链中位于核心层。

实力强大船运公司的"高进入壁垒"及航线运营垄断性使其在整个供应链上具有较明显的竞争优势。随着港航动态联盟的形成，拥有强大实力的船运公司通过资本运作不断加深对港口的影响力，实现自身利益最大化的同时加快了港航一体化进程。这一类船运公司在港口物流服务供应链中占有重要的地位，与港口共同带动了仓储业、配送业、陆上交通运输业、包装加工业、船舶修造业、信息服务业、商贸业、金融保险业、房地产业、旅游业、宾馆餐饮业的发展，并且呈现向上游和下游客户延伸趋势，已成为"依托港口优势、支持港口发展"的港口物流供应链重要节点，在集群式港口物流柔性供应链中位于核心层。

一个港口和若干个实力强大船运公司构成的动态联盟结构，有利于实现供应链核心企业间的合作和优势互补。在强调从整个供应链的角度综合考虑问题的同时，实现利益各方的"共赢"，使得整个供应链应对环境不确定性的能力增强，提升了供应链的柔性。

核心层中的港口和若干个实力强大船运公司之间合作和竞争的动态博弈既能够维系港口物流供应链网络竞争力的持续，又能够防止核心层动态协调反应滞后性的发生，并进一步促进两者的紧密合作，因为对港口物流供应链整体而言，两者任何一方缺位，供应链就会形成发展"瓶颈"，直接制约供应链网络的柔性流畅运行。

2. 支撑层

支撑层由汇集了货运代理、船舶代理、贸易商、批发零售商、包装企业、运输公司等配套服务机构的港口物流园区构成。

港口物流园区是港口物流业随着社会经济发展到一定阶段的必然产物，其形成和发展有着深刻的内在必然性。从港口物流节点体系的发展历史来看，港口物流园区的形成就是港口物流节点体系的演变结果。首先是发展成港口物流中心的雏形，随着港口物流中心的成熟和完善，港口物流业务的聚集，功能的增加，服务对象的扩展，逐渐演变成港口物流园区。

（1）内在因素

港口物流园区形成的最本质内在需求是市场竞争与规模经济、范围经济等多重力量造成的集群效应，港口物流企业在集群效应的吸引下入驻港口物流园区是港口物流园区形成的内在动力。形成港口物流园区的这种内在集聚效应使港口物流园区在物流系统发展中具有多方面优势，如成本降低、互补效益等。这些优势将促使港口物流园区良性发展，而使传统的港口物流系统形式如分散的传统仓库、货运场站和港口物流中心的业务量不断下降，进一步增强港口物流节点的集中化趋势，实现港口物流节点空间布局结构的优化。

（2）外在条件

主要有港口企业生产经营与管理方式的变革、消费结构发生的变化、技术尤其是信息和交通技术的发展使得港口物流基础平台日趋完善、新的交易方式的出现、政府的重视支持等，都是港口物流园区形成与发展极其重要的外在因素。

这两方面的作用为港口物流园区的发展演化提供了强大的动力机制，即"市场需求驱动"、"产业关联驱动"、"外部经济驱动"、"比较优势驱动"等。

通过加强对现代港口物流园区的建设，能够提供更便捷、更合理、更有特色的全方位港口物流服务，吸纳国内外更广泛的港口、航运界及生产、流通领域的企业参与物流园区发展，增强港口物流企业的配套增值能力，提高港口物流产业的整体服务水准，在现代信息技术平台上，运用现代组织和管理方式，延伸港口物流产业链，拓展港口物流业务新的市场和空间，为港口物流产业的发展带来大量商机。

港口物流园区的功能应着眼整个供应链环节，上下游的相关物流业务被吸引到园区内，港口物流园区通过参与客户企业销售计划、库存计划、订货计划、生产计划等整个生产经营过程，发挥资源和规模优势，整合运作，加强各物流环节的衔接和协调运作，促进供应链的信息化和网络化，集货物流、信息流、资金流和人才流于一体。

位于支撑层的港口物流园区对核心层的港口和船公司的支撑作用是不可缺少的，它能够统一集中物流业务，分类运作、规模经营服务项目，具有提供港口物流服务的综合性、规模性和一体化性质。没有园区内物流配套服务企业的集群协同运作，港口、船运公司难以高效快速地满足船舶、货物的周转要求，更难以形成自身的核心竞争力。港口、船运公司通过与园区内第三方物流企业的合作实现对单个物流服务功能的采购，从而构建一体化的港口物流服务供应链。港口企业、航运企业、物流园区与供应、制造、销售商合作，组成了一个高效率的物流联盟，通过对企业间物流功能、环节进行有机地整合，将有助于物流交易过程中企业的沟通，加强企业之间的合作，从而减少企业搜寻物流交易信息费用，降低各种履约的风险。同时，这一物流联盟也将促进区域内交通运输业、商贸业、金融业、信息业和旅游等多种产业的发展，成为新的经济增长点。

港口物流园区集聚完整的物流功能，在集群式港口物流供应链港口物流园区相邻两个物流功能模块及同一物流功能模块相邻两个节点（港口物流服务商）之间存在着供需关系，随着供应链的延伸，港口物流园区中特色鲜明、实力强大的物流功能模块以及模块内节点会逐渐成长为次级乃至三级核心企业，促使原有的供应链呈放射状成长，不断分化成若干个子供应链，使供应链表现出明显的多层次性。客户与核心企业之间、核心企业与物流服务供应商之间、物流服务供应商与物流服务供应商的供应商之间组成具有动态合作和契约化特征的层层分布的网络结构。这种多层次结构增加了供应链管理的难度，但同时也降低了供应链某一节点断裂导致供应链整体断裂的风险，有利于提升供应链的柔性。

港口物流园区包括按运输、仓储、货代、流通加工、配送、包装、船代等功能划分的若干物流功能模块集群，单个物流功能模块是多个具有同一服务功能的港口物流服务商以团队形式组成的集合。不同物流功能模块之间以契约或非契约的形式结成动态联盟，可以便捷地实施"横向一体化"的港口物流服务。港口物流园区中的物流功能模块能够为客户提供：港口进出口贸易—港口国内运输服务—JIT 配送—港口保税物流服务—港口仓储，堆场服务—港口物流金融、港口物流地产服务—其他港口物流服务（反向港口物流，售后零部件物流）等全程"一站式"港口物流服务。

3. 附加层

附加层由相关政府监管机构、行业协会等构成。港口管理、海关、海事、检验检疫、税收、边防公安等口岸机关和行业协会等顺应分工和协作的要求，在市场机制的主导作用下，为集群式港口物流供应链提供各种协作和帮助，与核心层、支撑层黏合和渗透形成一个具有强大生命力的有向的网络系统。

附加层能够协助供应链提升物流集散、货物存储、分拨配送、国际物流服务、市场交易、信息管理、服务咨询和增值性服务等功能，协同供应链核心层、支撑层提供"一站式"港口物流服务，把适当的物品，在适当的时间，送达适当的地点，同时实现供应链成本整体最小化。

集群式港口物流供应链柔性结构模型如图1-2所示。

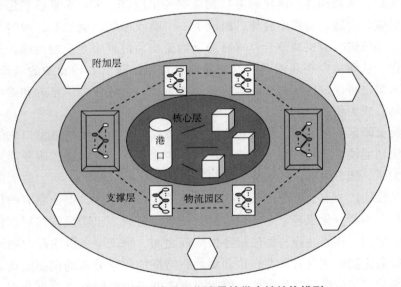

图1-2　集群式港口物流柔性供应链结构模型

注：□物流服务功能模块；▢物流服务功能核心模块；⬭船运公司；○口岸服务单位；⬭港口物流服务核心企业；⬭港口物流服务企业

该模型从系统的角度反映了集群式港口物流供应链的柔性结构特点。从结构模型可以看到，集群式港口物流供应链是由核心层、支撑层及附加层中所有加盟的港口物流服务商、相关政府监管机构所组成的网链结构，每个港口物流服务商就是一个节点，节点与节点之间是一种供需关系。

（四）集群式港口物流供应链并行流程

港口物流业面临的是一个技术迅猛发展、物流服务项目频繁更新、顾客需求不断变化的市场，市场的不确定性、环境的多变性，要求整个供应链各功能节点及时掌握多变化、多样化、个性化的市场需求信息，减少响应时间、提高灵活性。快速的信息传递不仅能减少信息流转时间，也必然推动物流的快捷运送，从而减少物资的流转时间。另外，整个流程体系响应速度的提高还有利于供应链各流程节点之间建立长期的合作伙伴关系，达成共担风险、共同获利的联盟。

然而传统的港口物流供应链运行流程是一种串行流程（如图1-3所示），其特点是物料从发货人→货运代理→陆上运输→港口→船运代理→船公司→收货人串联进行，供应链各个功能节点只是与其上下游节点进行信息交流，不相邻功能节点之间信息流相互隔断。

图1-3 港口物流供应链串行流程

注：——表示实物流；- - -表示信息流

串行流程中，各个环节依序串联进行，实物流、信息流在前一节点完成物流服务功能后才开始进入下一个节点，各节点信息交流不同步，导致后续的物流功能节点处于等待状态，信息的获得较为迟缓，不能直接或间接面向最终客户提供服务，造成整个港口物流供应链运行周期的拖延，不能满足多变化、多样化、个性化的市场需求。可见，串行流程已经不适应客户需求不断变化的新环境，港口物流供应链运行流程的再造势在必行。

集群式港口物流供应链柔性并行流程是相对于传统串行流程而言的，其特点之一是信息流并行。

核心层的港口、船运公司能够在服务形成的最初阶段就集成包括客户在内的供应链各功能节点信息设计一体化的港口物流服务陆路运输计划、港口装卸计划、港口仓储计划、港口配送计划、水路运输计划、其他计划等。设计的作业计划可以是所有物流服务里的一项基本服务，也可以是几种基本物流服务打包的服务。港口、船运公司通过港口物流信息平台将作业计划同步传输给供应链的运输、仓储、装卸搬运、代理、包装加工、配送等各个物流环节，供应链各功能节点彼此间也可同步相互交换信息。多环节功能节点信息的双向同步传递，使得后续环节可以依据前面环节的运行情况提前做好各种准备工作，在前面环节物流服务功能未完成之前就提前进入运行状态，从而极大地改善了串行流程中信息获取迟缓的状况，提高了信息收集的效率，减少全程物流时间和物流费用，最大限度地提升供应链的反应速度、增加供应链的柔性，并更好地满足多变化、多样化、个性化的市场需求。同时，并行的作业计划安排能有效降低因缺乏系统安排而导致的供求不一致以及资源浪费现象。

其特点之二是实物流经过集群式港口物流供应链功能节点的路径并行。

从实物流角度而言，无论是并行还是串行方式，流体总是相继通过港口物流供应链各相关功能节点。在产业集群模式下，港口物流园区的供应链各相关功能节点由于集聚了众多功能型物流公司而转换成功能模块，实物流通过功能模块有多个物流公司提供服务可供选择，即港口物流供应链为了完成其任务，实现其功能就有了多条通道，这既可以提高港口物流供应链的灵捷性，又能够降低串行流程无法回避的某个节点企业产生危机并且严重影响到下游企业正常运作导致整个供应链中断的风险，使得供应链具有了明显的柔性。集群式港口物流供应链并行流程如图 1－4 所示。

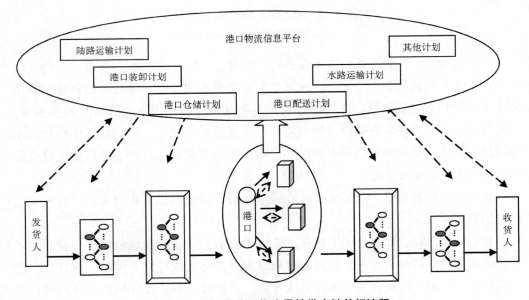

图 1－4　集群式港口物流柔性供应链并行流程

在并行流程模式下，港口物流信息平台作为供应链柔性运行的重要支撑，它以海运、港口为切入点，以供、需双方需求为信息源头，将港口物流链上的各节点通过网络联接起来，数据一次性输入，信息全程不落地，实现信息的同步交换，担负着对整个供应链信息的存储、收集与发送的任务。港口物流信息平台使供应链上的每个企业都能掌握实时需求信息，从而共同采取行动，及时调整、及时响应不可预测事件和顾客日益多样化的需求，增强港口物流供应链对市场、环境不确定性的适应能力，提高供应链的反应速度。

但是港口物流信息平台并非独立运营的实体企业，只能由供应链上的节点作为投资主体并在其管理下运行，因此，确定港口物流信息平台的投资、管理主体是保障供应链柔性并行流程稳定、高效运作的关键。本研究认为，对港口物流信息平台的投资、管理可由供应链的核心企业承担，原因如下。

首先，集群式港口物流供应链是由多个不同类型的物流服务公司及相关的口岸管理机构构成，供应链节点组成的跨度大，结构比一般供应链的结构模式更为复杂。在供应链功能节点中，只有居于核心层港口、船运公司有非常强的物流服务项目操作能力，可以根据客户物流服务要求定制一体化解决方案，供应链上所开展的各项业务也是以核心层企业的业务为主展开，港口、船运公司能够直接面向最终客户提供产品或服务。而且港口、船运公司无法因外部竞争条件和自身收益的变化而脱离供应链，因此由核心企业投资、管理可以保证港口物流信息平台稳定运行。

其次，并行流程模式下，港口物流、资金流、信息流的"三流合一"会极大地提高港口物流的整体效率，进而带动贸易量和物流量的增加。在港口物流供应链中受益最多、最直接的是核心企业，所以核心企业具有投资建设和管理港口物流信息平台的利益驱动力。

目前，对港口物流的研究已成为理论界研究的热点和重点问题，而对港口物流供应链柔性尤其是基于产业集群模式的港口物流供应链柔性运作机制的研究却刚刚起步。本研究借鉴供应链理论研究的现有成果，在综合产业集群、港口物流产业集群、港口物流园区、港口供应链和柔性供应链的基础理论及港口自身特点的基础上提出了基于产业集群模式的港口物流供应链柔性概念；从运作理念、结构和运行方式三个角度阐述了集群式港口物流供应链的柔性运作机制；认为集群式港口物流柔性供应链既不同于传统的以制造企业为核心的制造型供应链，也不同于一般的以港口为核心的港口供应链，港口、船运公司以其港口物流集成能力将主导供应链而成为核心企业；供应链的柔性化运作理念、多层次网状结构、信息流的绝对并行、实体流的相对并行等提升了集群式港口物流供应链的柔性生存能力，港口物流信息平台建设是保障供应链柔性并行流程稳定、高效运作的关键。由于对基于产业集群模式的港口物流供应链柔性运作机制的研究属于理论界的研究难点，本研究仅是对港口物流供应链柔性理论体系的初步尝试，尚未涉及集群式港口物流柔性供应链的更多层面，意在抛砖引玉、引起学界对港口物流供应链柔性运作理论研究的关注，有关集群式港口物流供应链柔性运作机制的更多的有价值结果还有待深入、全面地研究。

第二节 国外港口物流发展检视

美国、欧洲和日本一些发达国家物流业的发展已有较长历史，在世界上居于领先水平。由于有巨大的经济规模、开放的经济体系、充分发育的市场为依托，物流业已成为国民经济的重要支柱产业。

美国的物流业，尤其是第三方物流业高度发达。物流业规模达9 000亿美元，占美国国内生产总值（GDP）的10.7%，在国民经济中发挥着日益重要的作用。目前美国将近75%的制造商和供应商使用或正在考虑使用第三方物流服务。

日本物流业发展速度之快、规模之大，现代化程度之高及惊人的物流效率为世界瞩目。日本近20年来主要制造业的物流成本占销售额的比例由1975年的10.16%下降到1999年的8.09%。而宏观的物流成本，占日本GDP的比例由1991年的10.6%下降到1997年的9.6%，比美国的10.7%还要低。

欧洲的物流服务业也很发达。欧盟国家的运输、中转和仓储业的营业额达3 000多亿欧元，出现了一大批物流企业，其中欧洲的十大物流供应商，有德国的邮政集团、铁路股份公司、丹麦的马士基、法国的国营铁路GEODIS集团、英国的铁行渣华等，最大的公司营业额高达100多亿欧元，它们提供的服务多种多样，从运输到综合物流服务，从仓储到物流软件供应，无所不包。

发达国家在物流业的发展进程中，传统的运输业、仓储业，如航运公司、港埠企业、货代企业、公路运输企业、货运站等都为适应物流发展的要求，纷纷进军物流行业。港口作为物流系统中的重要节点，一些大型港口在传统的货物集散中心的基础上，为物流企业提供服务设施和条件，延伸服务功能，成为国际港口发展的大趋势。世界各港特别是欧洲港口，正积极在港区或港区附近归整土地，建设各类库场和配送设施，以期引进物流企业或参与经营物流业务。

国外港口十分重视现代物流的发展，大力加强基础设施建设。为吸引更多的货源，一些港口进行了较大规模的投资，建设集装箱、石油、滚装等专用码头，浚深拓宽航道，增加仓储设施以及专用铁路等。如鹿特丹港为炼油中心修建输油管道，为海陆公司建立全自动化集装箱码头；南安普敦、纽约、奥克兰、汉堡、东京等港口为停靠新型船舶而浚深航道，歌德堡港为汽车工业进行专业化服务而建立新的滚装码头等等。

港口物流的发展促进了服务功能的完善，带来了更多的转运货源，促进了临港工业的发展，兴旺了港口城市金融、保险、代理、旅游、餐饮等服务业，深化了港口与国际贸易的一体化发展。港口功能和设施的完善，增强了港口城市的辐射功能，提升了港口城市的地位，并为港口城市成为国家或地区的经济中心创造了有利条件。

一、国外港口物流发展的主要阶段

伴随着港口从第一代港口向第三代港口的发展，国外港口物流大致经历了传统物流阶段、配送物流阶段、综合物流阶段，而今进入到港口供应链物流阶段。

1. 传统物流阶段

20 世纪 40 年代以来，物流逐渐得到人们的认识和重视，直至 70 年代末，港口一直被认为是纯粹的"运输中心"，主要功能是"运输 + 转运 + 储存"，港口物流处于传统物流阶段。

2. 配送物流阶段

20 世纪 80 年代至 90 年代初，电子数据交换（EDI）、准时制生产（JIT）、配送计划，以及其他物流技术的不断涌现和应用发展，为物流管理提供了强有力的技术支持和保障。与此同时，集装箱运输的高速发展和集装箱运输船舶的大型化对港口的生产能力和效率提出新的要求，国际贸易的发展也带来了对国际配送的需求，许多大型跨国公司纷纷在各大港口建立"配送中心"，港口物流的发展也逐渐步入集"运输 + 转运 + 储存 + 装拆箱 + 仓储管理 + 加工"功能于一体的配送物流阶段。

3. 综合物流阶段

20 世纪 90 年代中后期，电子商务发展如火如荼，带来了交易方式的变革，使物流向信息化并进一步向网络化方向发展。此外，专家系统和决策支持系统的推广使物流管理更加趋于智能化。这些都使现代物流上升到了前所未有的重要地位，现代港口逐渐发展成为集商品流、信息流、资金流、人才流于一体的重要物流中心，港口物流进入综合物流发展阶段。

4. 港口供应链物流阶段

进入 21 世纪以来，现代信息技术和现代物流的发展步入一个全新的阶段，全球物流、共同配送成为物流发展的重要趋势，港口除了继续发挥货物的转运功能外，还主动参与和组织与现代物流有关的各个物流环节的业务活动及其彼此之间的衔接与协调，成为全球国际贸易和运输体系中的主要基地，港口物流正积极谋求融入全球供应链，以进一步增强港口竞争力，从而进入港口供应链物流阶段。

二、国外港口物流的发展趋势

世界港口的发展经历了从"运输中心"、"运输中心 + 服务中心"向"国际物流中心"的转变，世界经济一体化和贸易自由化进程的加快，使港口物流的内涵和外延不断拓展，逐步形成全球化物流。全球物流、共同配送、智能化管理成为物流发展的重要趋势。港口物流不仅在加强经济贸易与合作中承担衔接与协调的功能，而且在国际分工和产业升级方面发挥着重要作用，其发展趋势主要表现在以下 5 个方面。

1. 国际化

国际物流是港口物流产业发展的重要特征。所谓国际化，一是指多数港口物流服务对象国际化。港口作为一国对外开放的重要窗口，是货物进出的主要通道。国际物流是由发货、报关、国际运输、目的地报关、送货等环节组成的跨国物流活动，并涉及商检、金融、保险等相关的支撑服务。二是指港口物流企业的国际化。港口城市和沿海地区是各国外资企业分布最为集中的地区，外商当地国家投资项目多为面向出口的劳动密集型产业，或者是跨国公司生产链条的一部分。各国外资企业大多被纳入到国际生产体系和国际营销网络之中，它们的运作产生大量的国际物流量，连带引入与之配套的物流公司，带来大量的先进技术和管理经验，也引进了广泛的物流伙伴关系网络。

2. 专业化

专业化是国外港口物流产业发展的明确趋向之一，港口物流企业结合所在港口基础条件、临港产业布局及腹地经济特点，对其物流服务进行准确定位，通过细化分工、进一步提升物流服务的专业化水平，来满足客户不断增长的多样化物流需求，以更好地发挥和体现港口物流发展的优势。如，荷兰的鹿特丹港以新航道为主轴，港池多采用挖入式，排列于主航道两侧，按功能分设干散货、集装箱、滚装船、液体货及原油等专用和多用码头，提供高效的专业物流服务。

3. 柔性化

港口物流的柔性化发展趋势是指物流企业根据用户（货主和承运人）的个性化需求，及时有效地处理多货种、小批量、多票数、短周期的综合物流活动。如，新加坡港物流服务形式多样，能够为客户提供多样化的柔性服务和增值服务，包括物流信息化支持、供应链解决方案、客户集装箱管理等。

4. 合作化

港口物流服务是一个庞大的系统工程，加强与港口腹地及其他港口的合作与联动，建立港口物流战略联盟，是提升港口物流服务水平和竞争力的重要趋向。积极推进港口运营商的运作模式，尤其是引入跨国性的港口投资商与运营商，对推进港口经营与管理的国际化和现代化进程发挥着重要作用。如，美国的洛杉矶港围绕着物流的特定服务，与生产企业建立许多物流联盟，把供需双方联系起来，以提供有效的物流服务。其联盟呈日益扩大之势，大大超越了传统业务范围，甚至扩展到国家政府组织。

5. 信息化

信息化是港口物流发展的重要特征。信息技术如电子数据转换技术、国际互联网等技术在港口物流中的应用，将使港口物流效率不断提高，产品在更广泛的区域内流动更加容易和迅速。信息的畅通有利于促进港口物流各环节的协调运作、缩短船舶在港非生产性停泊时间、减少货损货差、提高服务质量、避免人工控制系统可能造成的疏忽等。先进信息技术的广泛应用将成为港口物流发展的内在要求和必然趋势。

三、典型港口物流的发展模式

随着港口物流的发展，世界港口已经形成了各具特色的港口物流发展模式，世界港口物流发展的主要模式有以下 3 种。

1. 建立"配送园区"、"分拨中心"等物流设施

荷兰的鹿特丹在提供物流设施方面处于世界领先地位；比利时的安特卫普则将投资对象主要集中在港口设施，投入大批土地用于各项配送设施的基本建设；法国的勒哈佛尔、马赛，西班牙的巴塞罗那，美国的诸多港口，意大利的热那亚等都兴建了物流中心或物流园区，新加坡在 20 世纪 90 年代建成了东南亚商品销售分配中心。

2. 拓展装卸主业以外的相关产业，特别是延伸内陆运输

鹿特丹参与铁路等内陆集疏运以及内陆码头建设；汉堡港在波茨格铁路公司拥有 40%的股份，还和匈牙利铁路公司等合资经营集装箱快邮公司和内陆货运站；有的港口在港区内建立木材加工企业或参加欧洲环境技术中心的回收利用项目等。

3. 合资组建第三方物流企业

如新加坡港务有限公司与中国招商集团共同组建"招商新加坡港务物流有限公司"，提供全程物流服务，从库场管理到配送，并在中国各地组建了几个地区性配送中心。

世界各港口进军物流业的主要目标在于，增强竞争能力，保护已有业务，巩固和扩大现有货源，挖掘新货源。港埠企业的主业仍然是货物装卸，同时兼为物流企业提供设施，吸引其在港口或临近地区落户；港口在提升主业的同时，积极从事非装卸领域的业务，港埠企业以合资或合营方式，经营储存、加工、包装、配送服务或内陆运输业务，也可以与其他企业合资建立第三方物流公司，提供全程物流服务，将港口传统业务拓展到现代物流业务。

四、鹿特丹港、汉堡港和釜山港的物流发展概况

（一）鹿特丹港

鹿特丹港位于莱茵河和马斯河入海的三角洲，是荷兰和欧盟的货物集散中心，有"欧洲门户"之称。鹿特丹港的港区面积 105 平方千米，水域面积 34.4 平方千米，工业用地 51 平方千米，港口及工业区横跨长度达 40 千米，共有 7 个港区，可以停靠从内河驳船到 50 万吨级的特大油轮等各类船舶。鹿特丹港货物吞吐量的 80% 来自于国外而不是荷兰，大量的货物在港口通过一流的内陆运输网进行中转，在 48 小时内可运抵欧盟各成员国。

1. 政府统一规划、建设和管理，企业自主经营

鹿特丹港的日常经营和管理工作由鹿特丹港务公司负责，该部门的前身是 1932 年成立的鹿特丹市港口管理局（RMPM）。根据荷兰《公司管理规定》条款，鹿特丹港务公司具有独立法人地位，鹿特丹市政府持有其全部股份。港务公司领导层由总经理、各职能部门主管、部门经理和监督委员会共同组成，承担公司一切管理责任。

鹿特丹港由政府统一规划、建设和管理，同时鼓励企业自主经营。港区基础设施归鹿特丹市政府所有，鹿特丹港务公司对港区内的土地、码头、航道和其他设施统一开发，建设港口和工业园区，实施高效、安全、便捷的运输管理。港务公司以租赁的方式将港口设施交由私营企业经营，企业只需投资码头上的机械设备、库场和其他配套设施。这与汉堡港实行的"地主港"型的管理模式基本一致。

2. 以水运为主的集疏运体系

鹿特丹港的基础设施和配套设施完备，港口集疏运顺畅，使货物能实现门到门运输。在水路集疏运方面，通过莱茵河及其他内河航道，利用驳船将数量庞大的货物运往荷兰上游及德国、比利时、法国、瑞士和奥地利等目的地，具有运量大、成本效益比高、有利环保等优势。铁路系统每天有几十列火车抵达或离开鹿特丹港，以适应远距离的内陆运输。此外，还有连接欧洲 100 多个港口的近海/支线定期航

班，其高密度的航班替代了部分公路运输。鹿特丹港还建立了庞大的地下管道网络，把大量的石油及其产品输往西欧各国。鹿特丹港的集疏运体系中，水路运输的作用十分突出。其主要原因，除了鹿特丹港位于欧洲主要河流莱茵河与马斯河的河口交汇处、水路交通自然条件好外，更多的还在于该港对于水路集疏运系统的重视。

3. 以信息化提高港口物流运作效率

鹿特丹港的信息化建设促进了港口物流的发展，EDI 服务系统除了传统的信息传送外，其子系统国际运输信息系统"INTIS"已成功推广了"电子商务网络"。

INTIS 系统是荷兰为满足贸易和运输需求而开发的 EDI 服务系统，始建于 1985 年，最初是由荷兰的几个港口和运输公司联合开发的，包括鹿特丹港务公司、荷兰 PTT 电信公司和一些私营公司等，建设成本约 1 000 万美元。现在，INTIS 能为用户提供一套覆盖杂货运输基本流程的完整的 EDI 标准信息。INTIS 的入网连接费仅为 56.7 美元，使用费取决于上网时间和通过该系统的信息流量。所有贸易和运输环节中的用户都可以很容易地登录 INTIS 网络，目前，与鹿特丹港有业务往来的公司基本都使用 INTIS 网络。通过这一信息化的系统平台，及时共享港口信息，并实现无纸化管理流程，极大地提高了物流运作的效率。

4. 港口物流园区规模大，专业化程度高

鹿特丹港在货物码头和联运设施附近大力规划建设物流园区，先后建成了 3 个港口物流园区。其中，Eemhsven 物流中心面积 50 万平方米，主要提供木材、钢材等大宗货物的储存和配送服务；Botlek 物流中心面积 87 万平方米，是石油、化工产品专业配送中心；Maasvlaskte 物流园区，面积达 125 万平方米。此外，在鹿特丹港 Maasvlaskte 二期扩建项目中，还规划了 55 公顷土地用于配套的物流活动。

这些物流园区均建有与码头连接的专用运输通道，具有物流运作的必要设备，采用最先进的信息技术，为客户提供增值服务以及海关的现场办公服务。其主要功能有拆装箱、仓储、再包装、组装、贴标、分拣、测试、报关、集装箱堆存修理以及向欧洲各收货点配送等。依托这些物流园区的建设，从 20 世纪 90 年代以来，鹿特丹港的物流服务取得了长足的发展。

5. 临港工业发展迅速，物流发展基础支撑好

鹿特丹港结合鹿特丹市整体布局和经济发展战略，科学规划并重点发展了临港工业园区，拥有一条包括炼油、石油化工、船舶修造、港口机械、食品等部门的临海沿河工业带。临港工业已成为鹿特丹港口经济的重要组成部分，约有 50% 的增加值来自临港工业。

鹿特丹港是炼油和化工工业的重要基地，港区拥有 4 个世界级的精炼厂、30 多

个化学品和石化企业、4个工业煤气制造商，全球著名的壳牌、埃索、科威特石油公司都在鹿特丹港落户。食品工业是另一个在港区集聚的产业，食品公司的贸易、存储、加工以及运输等都集中在港区，如联合利华、可口可乐等。目前，鹿特丹已成为一个典型的港城一体化的国际城市，拥有大约3 500家国际贸易公司。

6. 开放式港口物流政策，为企业提供便利条件

鹿特丹港作为重要的国际贸易中心和工业基地，在港区内实行"比自由港还自由"的政策。鹿特丹港通过保税仓库和货物分拨配送中心提供储运和再加工服务，提高货物的附加值。由于港区拥有完善的海关设施、优惠的税收政策，因此，保税仓库区域内企业在海关允许下可进行任何层次的加工。海关可以提供24小时通关服务（周日除外）、先存储后报关、以公司账册管理及存货数据取代海关查验，企业可以选择适合的通关程序，运作十分便利。

（二）汉堡港

汉堡港地处欧洲东西、南北两大贸易线的交汇点，由于其毗邻欧洲主要市场，且有纵深的腹地，因此成为该地区最佳的货物配送和物流集散点之一，其港口面积73.99平方千米，是欧洲仅次于鹿特丹港的第二大港。作为近年来北欧地区货运量增长最迅速的港口，汉堡港目前已发展成为德国、波罗的海地区、东欧、俄罗斯地区各类进出口货物的主要运输枢纽和物流中心。此外，汉堡港设有16.2平方千米的自由港区，经营转口贸易，特别是对斯堪的纳维亚半岛和中欧地区各国货物的转口贸易。

1. 重视港城协调，合理布局港口物流

汉堡港在发展规划中重视港口与城市的协调发展、港口的可持续发展和港口资源合理配置等问题，并且利用法律手段保证规划的权威性和执行性。在对港口进行规划的过程中，需要经过当地议会的集体讨论和表决，而作为与港口建设有关的各个利益体都要选取代表参与讨论。只有在各方利益得到平衡的条件下，规划才得以最终确定，并受到法律保护。港口在建设过程中需要严格执行规划，管理部门也不得以行政权力进行干预，从而保证了港口建设的顺利进行。

目前，汉堡港的港区规划主要分布在易北河隧道以西，在西部港区建设或改造深水码头，以适应船舶大型化的需求，目的是不影响易北河的老隧道（隧道处航道深度约12.5米，限制大型船舶通行）的正常运行。随着经济的不断发展，汉堡港所在的易北河北岸要建设现代化的商业区，因此，港区将基本集中于易北河南岸。同时，为了实现资源的优化，东部港区改造为物流服务设施、城市功能区等场所，以适应城市发展的需求。

2. 以"地主港"模式进行管理

汉堡港实行"地主港"管理模式。其日常管理由德国汉堡州的经济和劳工事务部负责，所有作业都由私人公司商业运作，这些经营者向汉堡州政府租用土地。码头租用者要同时支付给政府两笔租金，即土地租用费和码头岸壁租用费。州政府还制定了港口土地租金、岸壁租金、港口使用费、引航费等标准。汉堡港的所有基础设施建设和维修费用均由州政府支付，每年用于港口的预算由州议会批准。港口收入包括各种使费、租费和税金，全部纳入州政府财政。汉堡港是一个鼓励港内不同公司相互竞争的港口，无论是集装箱码头或其他货种的装卸公司，还是货运代理公司或提供各种服务的其他公司，都是可以自由竞争的。

3. 发达、均衡的集疏运体系，保障港口物流顺畅

汉堡港的集疏运系统相当发达，公路、铁路、水路运输均衡发展。通过铁路可以直接到达东欧、南欧等地；发达的内河水路运输与德国境内丰富的水网及欧洲内河航道网相连，内河集装箱和散货运输便捷；发达的沿海支线运输则可以连接波罗的海沿岸国家和英伦三岛。

汉堡港是欧洲最大的集装箱铁路转运地。铁路运输占据汉堡港集疏运货物总量的30%，长途货物的进出港量中铁路占据了超过70%的份额。目前，每天都有大约190列国际和国内集装箱列车进出汉堡港。除了集装箱码头建有多式联运枢纽之外，汉堡还在比尔菲尔德区拥有一个德国最大和最现代化的转运火车站。

在公路方面，汉堡的城市道路网与城际公路网相连，通过城际公路网络，将汉堡港与附近地区的经济中心高效地连接在一起。港区内公路网长度达170千米，连接港口所有码头。在沿海货物运输上，汉堡港利用支线船来保证干线船的效率，目前汉堡港45%的吞吐量由支线船运输。除了卡车和铁路运输之外，内河航运已成为汉堡港的大宗、危险货物和集装箱货物内陆运输的主要方式，由于内河运输相比铁路和公路运输有明显的成本优势，通过内河大宗货物的运输更加方便经济，更减少了陆路运输量，有利于港口集疏运系统的畅通。

4. 现代化集装箱码头提高了装卸效率，降低了物流成本

近年来，汉堡港的集装箱吞吐量增长率在欧洲地区名列第一。在汉堡港，吞吐能力大、现代化程度高的4个集装箱码头公司年吞吐能力达到900万标准箱，可以为每年超过5 000余艘，包括超巴拿马型集装箱船舶在内的各类船舶提供装卸服务，集装箱码头装卸吊车装卸效率可以达到每天2 400标准箱。汉堡港集装箱吞吐量变化趋势见图1-5。

在汉堡港，现代化程度最高的集装箱码头当属CTA（Container Terminal Altenw-

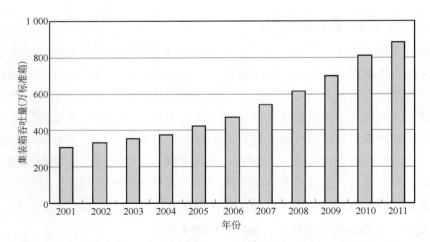

图1-5　2001—2011年汉堡港集装箱吞吐量变化趋势

erder），由 HHLA 公司控股经营。CTA 码头采用了最先进的装卸设备和货物管理系统，不仅具有高效的装卸能力，而且所有作业均符合最新的国际安全标准。码头拥有先进的双小车装卸桥，港区陆上堆场作业采用的自动导向车既能确保最高装卸效率，又能维持最低运营成本。火车、卡车和支线集装箱船都可以安全快捷地将集装箱直接运到 CTA 码头或者将到港的集装箱疏运出港。由于装卸速度快，集疏运系统衔接紧密、高效通畅，大大缩短了船舶的靠港时间和货物堆存时间，为货主节约了大量物流成本。

5. 设立自由港为港口物流提供最大限度的便捷

汉堡自由港依托汉堡港建立，由一条被称为"关界围墙"的金属栅栏与其他港区隔开，进出自由港的陆上通道关卡有 25 个，海路通道关卡有 2 个，汉堡自由港是世界上规模较大的自由经济区之一，面积约 16.2 平方千米，拥有 180 多万平方米的储存区，建有 160 万平方米的集装箱中心，并设有铁路转运站。

汉堡自由港可以开展货物转船、储存、流通以及船舶建造等业务，享有多项优惠政策，如：① 船只从海上进入或驶往海外无需向海关结关，船舶航行时只需要在船上挂一面"关旗"，就可以不受海关的任何干涉；② 凡进出或转运货物在自由港装卸、转船和储存不受海关的任何限制，货物进出不要求立即申报查验，甚至 45 天内转口的货物无需记录，货物储存的时间也不受限制；③ 货物只有从自由港输入欧盟时才需要向海关结关，交纳关税和其他进口税，汉堡自由港容许非临管性质货物通过，只要能提供有关单证证明，海关就可以给予区别管理，视同在欧盟境内另一口岸已完成进入欧盟手续，到汉堡港只是为了完成物流流程。汉堡自由港主要优惠政策见表 1-3。

表 1-3 汉堡自由港的主要优惠政策

项目	海关操作	条件
船只进出港	无需结关	只需悬挂海关旗帜
货物在港装卸、转船和储存	不受海关限制，不要求立即申报，转口货物45天内无需记录，货物储存时间不受限制	无
货物由自由港输入欧盟	结关、交纳关税、进口税	无
非临管性质货物	区别管理，视同在欧盟境内另一口岸已完成进入欧盟手续	提供有关单证证明

汉堡自由港对进出的船只和货物给予最大限度的自由、提供自由和便捷的管理措施，贯穿于从货物卸船、运输、再装运的整个过程，这种自由和便捷程度，在世界上所有的自由港和自由贸易区中都是少见的。由此也产生了积极的作用，汉堡自由港转口贸易带动了金融、保险等第三产业的发展，使汉堡成为德国的金融中心之一，自由港与城市的功能得到互相促进。

（三）釜山港

釜山港位于朝鲜半岛的东南端，位于世界三大主干航线上，有着极佳的位置优势。作为韩国的第一大贸易港也是太平洋地区通往欧亚大陆的门户港口，釜山港海岸线长179千米。面对近年来上海港集装箱吞吐量的飞速增长，釜山港单纯靠竞争集装箱吞吐量已不太现实，因而及时调整了策略，积极开发以中国为对象的"背后物流中心"等高增值服务，以实现把釜山港建成东北亚国际航运及物流中心的目标。

1. 扩大港口管理当局的自主管理权限

韩国国会通过了港口管理修订法案，并于2007年4月生效。该法案的实施，允许釜山港务局扩大其经营业务范围，水域管理权将从中央政府转移到港务局，还可对外国港口的发展与建设进行投资，其自主管理权的范围得到了扩大。

2. 提供优惠政策和资金支持

韩国政府制定了一些优惠政策和扶持措施，对加快港口设施建设、吸引班轮挂靠、推进物流发展都非常有利，为釜山港建成东北亚地区的国际航运中心和物流中心起到了巨大的推动作用。

（1）税收优惠政策

韩国政府制定了改善全国物流环境的5年发展计划。韩国对外商投资企业实行优惠措施，前 7 年免征营业税和收入所得税，接下来的 3 年只收取正常纳税额的50%；前 5 年免征注册税和财产税，后 5 年仅征收正常纳税额的 50%。

（2）港口实行低收费政策

釜山港借助低廉收费政策吸引船运公司挂靠，其收费不到神户和香港的一半。釜山港区远东装卸公会标出的码头装卸费为每标准箱 80 美元，而神户港是 235 美元，香港港是 265 美元，上海外高桥约 100 美元。

（3）为物流公司提供资金支持

针对釜山港及其新港跨国物流公司，在项目起步阶段面临经济负担过重问题，釜山港务局与韩国技术保障基金会签订了一份备忘录，其目的是在资金借贷方面积极支持物流公司。

（4）积极开展招商引资

釜山港务局表示，新港周围共有 33.3 万平方米配送园区提供给第三方物流公司，如在新港区内经营物流业务，将会给各公司以低廉的租金和各种税收优惠。

3. 港口集疏运网络发展迅速

韩国的集装箱运输虽然起步较晚，但是发展速度很快，全国已建立起完备的集装箱运输体系。从汉城到釜山的集装箱，除公路运输外，铁路运输业占很大比重。汉城—釜山集装箱铁路运输，每日往返 4 次，25～30 个车皮组成一列专车，每节车皮装 2 个约 6 米的集装箱，每天单向运输能力为 200～240 标准箱。

4. 加快信息化进程，助推港口物流发展

韩国政府在提高港口信息化方面采取了多项措施，并投入巨资。目前，釜山港成功实现了以无线射频识别（RFID）系统为基础的"Ubiquitous"港建设，该系统可以及时掌握货物移动路径，迅速安排装备和车辆，从而有望提高程序效率（44%）和港口生产效率（20%），每年为港口生产能力新增 840 亿韩元的收益。不仅如此，釜山港还建设了釜山数字物流系统，该系统融合了东北亚港口信息，使釜山港物流辐射范围得以扩大。

5. 建立港口物流园区，促进区域物流合作

为了保障釜山新港顺利运营，紧靠集装箱枢纽港，建设了便捷的铁路和公路网络，利用港口的仓储、堆场等基础设施和集装箱码头，形成一个难以分离的自由贸易园区。建设的物流园区占地 120 万平方米，内设自由贸易区和自由经济区，并实施一系列优惠措施。如取消集装箱进出港税，对使用港口的航运公司采取积分制，积分达到一定标准时可以给予现金或打折优惠，区内中转货物深加工、物流配送等业务的费用低廉等。这有助于加强韩国港口与中国港口和日本港口的物流合作，最大程度地吸引海内外客户。

五、国外港口物流发展启示

国外主要港口凭借其自身的区位和资源优势，大力推进以高科技手段、现代化管理为支撑的港口物流体系，取得巨大成功，其发展模式已成为世界港口业未来发展的风向标。鹿特丹港、汉堡港和釜山港等典型港口在港口物流发展方面所积累的丰富经验，可为我国港口物流发展提供一定的借鉴。

1. 统筹考虑，科学规划，严格执行

国外典型港口在进行建设之前，充分考虑了港口的发展需求，以及岸线、陆域、各种集疏运方式、物流设施、环境保护、生态平衡等多种因素，系统地制定港口规划，也就是针对港口未来的发展和定位，对港区规划不仅仅考虑岸线规划，而且统筹全港区和后方陆域的规划，并以法案形式维护规划的严肃性。港口建设必须按照规划分步实施，规划受法律保护，不会因其他因素随意改变。在实施规划的过程中，不仅要实现码头前方装卸作业的现代化，还要将其与堆存及后方的物流系统紧密衔接，同时对港区采取严格的环境保护措施等。

2. 推进"地主港模式"，发挥物流企业积极性

所谓地主港模式，就是指由政府委托特许经营机构代表政府拥有港区及后方一定范围的土地、岸线及基础设施的产权，对该范围内的土地、岸线、航道等进行统一开发，并以租赁方式把码头基础设施出租给港口装卸企业或物流企业经营，特许经营机构收取一定租金，用于港口建设滚动发展，实行产权和经营权分离的港口运作模式。

这种模式将港口看做公共基础设施，水下部分由政府承担建设责任，初始投资大、回收期长，但社会效益突出；而对于水上有经营收益的业务——货物装卸、存储、物流服务等则完全由私营公司来经营。这种投资经营模式充分发挥了地方政府建设管理港口和企业经营港口业务的积极性。中央政府、地方政府对港口公共基础设施投资范围界定明确、职责清晰；同时，港口企业又有充分的自主经营权，既提高了经营收益，又有利于减轻政府财政压力。国外港口的发展经验表明，采取地主港的模式不仅可以提高投资回报率，也能最大限度地发挥土地等资源的利用效率，既符合国家利益，又适应市场经济规律。

3. 实行开放式的港口物流政策

国外典型港口在发展港口物流的过程中，始终将自身作为整个物流供应链的节点融入到系统中，把提高采购、生产、销售等各个环节之间的运作效率作为港口物流发展的重点，奉行开放式发展的战略。各国在港口的发展过程中，很重视港口作为外贸发展特殊区域的功能，不断调整港口物流发展政策。以港口为核心，或建设自由港，或在其周边地区建设保税区和保税仓库，发展与外贸相关的物流增值服务。汉堡港是实行自由港政策的典型，而鹿特丹港虽然不是自由港，也积极借鉴自由港自由便利的本质，以先进的自动化技术和信息技术手段来提高效率。

4. 港口向"区域物流中心"转变

联合国贸易与发展会议在《第三代港口市场和挑战》的报告中强调指出："港口作为海运转接其他运输方式的必要过渡点的作用正逐渐减弱，而作为组织外贸的战略要点的作用则日益增强，成为综合运输链中的一个主要环节，是有关区域经济和产业发展的支柱，是国家贸易的物流总站。"可见港口已经由传统的"运输中心"转变为"国际物流中心"。在这一过程中，各国港口根据自身的地理位置优势、所处的经济环境特点，运用现代物流理念，通过有计划、有目标的发展，形成一个以港口所在区域及广泛辐射地域为服务范围的综合物流网络。

5. 构建发达的集疏运体系

在港口集疏运系统的发展过程中，国外典型港口摆脱了传统的"地理距离"观念，转而强调"经济运距"的理念，以运输成本和时间为基本要素，考虑港口与经济腹地间的集疏运通道的选择和建设，尽可能发挥港口在物流供应链中的枢纽功能，有效缩短港口与腹地间的经济运距。在港口规划和建设中，综合考虑了港口后方集疏运系统的顺畅衔接；在运输组织中，将公路、铁路和水路运输网络作为一个整体考虑，最大限度地提高运输效率。

鹿特丹港、汉堡港等港口除拥有发达的公路集疏运网络外，还十分注重港口铁路的开发建设，都将港口铁路作为港口功能向内陆延伸的重要途径；同时也充分挖掘和创造水运集疏运条件，既提高了资源利用效率，又有效解决了港口集疏运通道和能力不足问题，对环境保护也有重要意义。

6. 建立港口物流信息平台

在国外，现代港口物流业已经呈现信息化和网络化发展趋势，信息技术和互联网技术在港口货物的装卸、储运和运输等系统中得到广泛运用，形成了纵横交错、四通八达的港口物流信息网。港口信息化的发展促进了经营规模化、物流系统化，极大地降低了物流成本。欧洲港口管理者已经提出"港口是'虚拟物流链'控制中心"的理念，强调港口物流必须建立在港口物流信息平台的基础上，形成发达的高速"虚拟供应链"，提高物流信息的搜集、处理和服务能力，缩短物流信息采集与交换时间；大力发展电子商务，提供电子订舱、网上报关、报检、许可证申请、结算、缴（退）税、虚拟银行等网上服务；依托"虚拟链"建设服务于全球的"虚拟港"，扩大港口的腹地范围，通过"虚拟链"，使港口物流供应链上任何一环都能达到资源、信息共享，从而实现总体功能最优化的物流服务目标。

7. 整合资源、建立联盟，提升物流服务水平

优化与整合现有港口资源。首先，要加强港口基础设施的技术改造，完善港口集疏运设施，优化作业流程，提高设备利用率，扩大港口通过能力，缩短船舶在港停留时间；其次，要加强包括集装箱码头等级、装卸能力、码头堆场容量、航道水深等在内的港口基础设施建设，为物流服务供应商提供大型现代化仓库，为客户创造"零仓储"的信息化条件等。德国的汉堡和不来梅两港具有共同腹地，原为竞争对手。巨大的市场压力和欧洲北部鹿特丹、安特卫普、费利克斯托等港口的激烈竞争，促使两港开始讨论建立联盟，以联盟体的形式增强对其他港口的竞争力。

坚持港口发展与腹地经济发展相结合。港口经济活动涉及的经济领域广泛，关联产业众多，国外港口物流发展中，都十分重视以港口物流为基础的临港工业发展。一方面港口物流能为产业发展提供专业高效的物流服务，增强地区产业发展竞争力，进而带动整个区域经济的发展，实现港兴城兴；另一方面腹地工业和城市的发展繁荣又会进一步促进产业集聚和港口发展及经营效益的提高。

满足客户的柔性化需求。港口发展现代物流的一个趋势在于港口物流服务的柔性化，这种柔性化的港口物流以顾客的个性化需求为中心，在标准化流程的基础上，留下柔性化运作空间，可以极大地提高港口在同一区域内的物流经营竞争力。

第三节　我国港口物流发展透视

我国海岸线长达 18 000 多千米，港口的发展具有良好的自然条件。经过 50 多年的建设，我国港口已初步形成码头种类齐全、布局日趋合理的总体格局。

近十几年，我国港口投入比较多，基础设施建设快，科技含量和管理水平迅速提升，吞吐量快速增长。中国港口特别是沿海港口发展迅猛，逐步走向现代化的第三代港口，即综合物流中心。

我国国民经济和外贸的高速增长，拉动了对港口吞吐量的需求，港口生产形势喜人。根据交通运输部的统计数据，我国主要港口货物吞吐量从 2001 年到 2011 年的年均增长速度为 9% 左右，沿海、内河主要港口均较过去有较大幅度的增加。在全球货物吞吐量排名前 10 的大港口中，中国稳占 8 席，上海港继续保持全球第一大港的位置。货物吞吐量超过亿吨的港口由 2010 年的 16 个上升到 2011 年的 20 个，厦门、湛江、湖州、江阴四港首次进入亿吨大港行列。中国共有9个港口进入全球20大集装箱港口行列，其中，内地港口7个。无论是年吞吐量，还是吞吐量增长速度，沿海港口都要远高于内河港口，占据了绝对优势。全国吞吐量前8名的港口都是海港。

在经济贸易快速增长的带动下，2011年我国港口集装箱吞吐量达到1.635亿标准箱，比2010年增长11.9%，实现预期增长，其中，上海港集装箱吞吐量突破3 000万标准箱，稳居全球首位。2011年我国港口月度集装箱吞吐量同比增长率整体呈现前高后低的态势，主要原因是全年经济贸易发展前高后低，加之2010年11月我国港口集装箱吞吐量基数较大，导致2011年11月港口集装箱吞吐量同比增长率下降。此外，从近年来我国港口集装箱吞吐量的实际增长水平来看，加入世界贸易组织对我国港口集装箱运输的拉动效果正逐步消失。

在国内投资快速增长、空箱调运量上升、装箱率提高等因素的推动下，2011年1—10月我国内贸航线集装箱吞吐量大幅增长23%。此外，由于集装箱航运市场低迷引发航线重组，加之水路集疏运优势日益显现，2011年内支航线得到快速发展，集装箱吞吐量同样增长23%。内贸航线和内支航线集装箱吞吐量的快速增长是推动2011年我国港口集装箱吞吐量保持2位数增长的主要因素。

从外贸航线来看，虽然2011年1—10月我国外贸进出口总额同比增长24.3%，但同期外贸航线集装箱吞吐量仅增长6.4%，其中欧美航线集装箱吞吐量仅增长3.0%~4.0%，与外贸进出口总额的快速增长态势形成鲜明对比。2011年外贸航线月度集装箱吞吐量于7月达到高峰，此后连续环比下降，11月同比下降3.0%，估计全年外贸航线集装箱吞吐量增长5.5%。导致外贸航线集装箱吞吐量增幅与外贸进出口总额增幅明显背离的主要原因如下：① 受通货膨胀影响，2011年以来我国外贸价格指数总体保持10%的增长率，实际贸易增长率应在14%左右，与我国外贸海运适箱货量的增幅一致；② 2011年我国一般贸易出口首次超过加工贸易出口，使得集装箱的平均载质量增长；③ 外贸滚装货快速增长，在一定程度上分流传统适箱货；④ 2011年我国外贸进口增长率高于出口增长率5个百分点，进口重箱增长较快，导致空箱调运比重下降，从而抑制外贸航线集装箱吞吐量增长。

2011年是我国外贸多元化继续取得进展的一年，在与传统贸易伙伴的贸易快速增长的同时，我国与东盟、拉丁美洲、非洲和大洋洲的贸易比重进一步提高，直接拉动外贸航线结构调整：美国、欧洲、日本、韩国、新加坡、台湾地区和香港地区等传统航线的集装箱吞吐量增长率低于平均水平近3个百分点；非传统航线的集装箱吞吐量则增长约12%，继续成为我国外贸航线结构调整的亮点。

虽然我国部分沿海港口的技术装备和管理水平总体上已接近世界先进水平，内河港口达到发达国家 20 世纪 80 年代水平。但目前中国港口与国外先进港口相比仍存在不少差距。表现在：全国港口发展不平衡，内河港口的落后面貌还未得到根本改变，码头建设与市场需求尚不适应；港口集装箱化率不高，最高仅 60%，与世界级国际集装箱枢纽港 90% 以上的集装箱化率相比，差距还很大；港口综合运输能力、服务水平、增值服务量有待提高；港口的能力结构不合理，中小型散杂货码头在我国港口码头总数中占绝大多数，万吨以上的大型码头仅占 2% 左右，集装箱码头的建设除在沿海一些港口发展较快外，总体上还处于起步阶段。

一、我国港口及运输系统布局

根据不同地区的经济发展状况及特点、区域内港口现状、港口间运输关系和主要货类运输的经济合理性，将全国沿海港口划分为环渤海、长江三角洲、东南沿海、珠江三角洲和西南沿海 5 个港口群体，强化群体内综合性、大型港口的主体作用，形成煤炭、石油、铁矿石、集装箱、粮食、商品汽车、陆岛滚装和旅客运输 8 个运输系统的布局。

（一）环渤海地区港口群体

环渤海地区港口群体由辽宁、津冀和山东沿海港口群组成，服务于我国北方沿海和内陆地区的社会经济发展。

1. 辽宁沿海港口群

辽宁沿海港口群以大连东北亚国际航运中心和营口港为主，包括丹东、锦州等港口，主要服务于东北三省和内蒙古东部地区。辽宁沿海以大连、营口港为主布局大型、专业化的石油（特别是原油及其储备）、液化天然气、铁矿石和粮食等大宗散货的中转储运设施，相应布局锦州等港口；以大连港为主布局集装箱干线港，相应布局营口、锦州、丹东等支线或喂给港口；以大连港为主布局陆岛滚装、旅客运输、商品汽车中转储运等设施。

2. 津冀沿海港口群

津冀沿海港口群以天津北方国际航运中心和秦皇岛港为主，包括唐山、黄骅等港口，主要服务于京津、华北及其西向延伸的部分地区。津冀沿海港口以秦皇岛、天津、黄骅、唐山等港口为主布局专业化煤炭装船港；以秦皇岛、天津、唐山等港口为主布局大型、专业化的石油（特别是原油及其储备）、天然气、铁矿石和粮食等大宗散货的中转储运设施；以天津港为主布局集装箱干线港，相应布局秦皇岛、黄骅、唐山港等支线或喂给港口；以天津港为主布局旅客运输及商品汽车中转储运等设施。

3. 山东沿海港口群

山东沿海港口群以青岛、烟台、日照及威海等港口组成，主要服务于山东半岛及其西向延伸的部分地区。山东沿海以青岛、日照港为主布局专业化煤炭装船港，相应布局烟台等港口；以青岛、日照、烟台港为主布局大型、专业化的石油（特别是原油及其储备）、天然气、铁矿石和粮食等大宗散货的中转储运设施，相应布局威海等港口；以青岛港为主布局集装箱干线港，相应布局烟台、日照、威海等支线或喂给港口；以青岛、烟台、威海港为主布局陆岛滚装、旅客运输设施。环渤海地区港口群体组织架构如表1-4所示。

表1-4　环渤海地区港口群体组织架构

环渤海地区港口群	服务区域	港口	运输系统
辽宁沿海港口群 以大连东北亚国际航运中心和营口港为主，包括丹东、锦州等港口	服务于我国东北三省和内蒙古东部地区，振兴东北老工业基地的重要基础设施之一	以大连、营口港为主，相应布局锦州等港口	布局大型、专业化石油（特别是原油及其储备）、液化天然气、铁矿石和粮食等大宗散货的中转储运设施
		以大连港为主布局集装箱干线港，相应布局营口、锦州、丹东等支线或喂给港口	组成集装箱运输系统
		以大连港为主	布局陆岛滚装、旅客运输、商品汽车中转储运等设施
津冀沿海港口群 以天津北方国际航运中心和秦皇岛港为主，包括唐山（含曹妃甸港区）、黄骅等港口	服务于京津、华北及其西后延伸的部分地区	以秦皇岛、天津、黄骅、唐山等港口为主	布局专业化煤炭装船港
		以秦皇岛、天津、唐山等港口为主	布局大型、专业化的石油（特别是原油及其储备）、天然气、铁矿石和粮食等大宗散货的中转储运设施
		以天津港为主布局集装箱干线港，相应布局秦皇岛、黄骅、唐山港等支线或喂给港口	组成集装箱运输系统
		以天津港为主	布局旅客运输及商品汽车中转储运等设施

环渤海地区港口群	服务区域	港口	运输系统
山东沿海港口群 以青岛、烟台、日照港为主，包括威海等港口	服务于山东半岛及其西向延伸的部分地区	以青岛港、日照港为主，相应布局烟台（龙口）等港口	布局专业化煤炭装船港
		以青岛、日照、烟台港为主，相应布局威海等港口	布局大型、专业化的石油（特别是原油及储备）、天然气、铁矿石和粮食等大宗散货的中转储运设施
		以青岛港为主，布局集装箱干线港，相应布局烟台、日照、威海等支线或喂给港口	组成集装箱运输系统
		以青岛、烟台、威海港为主	布局陆岛滚装、旅客运输设施

资料来源：我国沿海港口布局规划、中国港口年鉴。

由此可见，环渤海地区是我国能源运输的重要口岸、腹地冶金和石化产业发展的重要保障。该地区90％以上的外贸物资运输需要通过港口来完成，在外贸运输中的作用和地位举足轻重。

环渤海地区是我国水上客货运输十分繁忙的地区之一，集中分布着我国能源输出的重要港口。从北到南相继在丹东、大连、营口、锦州、唐山、天津、烟台、青岛等毗邻港口的地方成立的一批经济技术开发区和保税区，成为吸引投资的重要窗口，促进了区域经济和城市的发展。

环渤海地区是海峡间、陆岛间海上运输通道的桥头堡。客货滚装运输是该地物资和人员往来的最主要和最普遍的方式之一。大连、天津、青岛三大沿海港口群的服务范围相对独立，各区域中心港口作用突出。受腹地经济、产业结构的影响，环渤海地区七大港口服务市场存在明显差别。

（二）长江三角洲地区港口群体

长江三角洲地区港口群依托上海国际航运中心，以连云港、上海、宁波港为主，充分发挥舟山、温州、南京、镇江、南通、苏州等沿海和长江下游港口的作用，服务于长江三角洲以及长江沿线地区的经济社会发展。

长江三角洲地区港口群集装箱运输布局以上海、宁波、苏州港为干线港，包括南京、南通、镇江等长江下游港口共同组成的上海国际航运中心集装箱运输系统，相应布局连云港、嘉兴、温州、台州等支线和喂给港口；进口石油、天然气接卸中转储运系统以上海、南通、宁波、舟山港为主，相应布局南京等港口；进口铁矿石中转运输系统以连云港、宁波、舟山港为主，相应布局上海、苏州、南通、镇江、南京等港口；煤炭接卸及转运系统以连云港为主布局煤炭装船港和由该地区公用码头、能源等企业自用码头共同组成；粮食中转储运系统以上海、南通、连云港、舟山和嘉兴等港口组成；以上海、南京等港口布局商品汽车运输系统，以宁波、舟山、温州等港口为主布局陆岛滚装运输系统；以上海港为主布局国内、外旅客中转及邮轮运输设施。根据地区经济发展需要，在连云港港适当布局进口原油接卸设施。长江三角洲地区港口群体组织架构如表1-5所示。

表1-5 长江三角洲地区港口群体组织架构

长江三角洲地区港口群	服务区域	港口	运输系统
以连云港、上海、宁波港为主，包括舟山、温州、南京、镇江、南通、苏州等沿海和长江下游港口	依托上海国际航运中心经济、贸易、金融、信息、运输、口岸、服务、管理等优势，服务于我国长江三角洲以及长江沿线地区的经济社会发展	以上海、宁波、苏州港为主，包括南京、南通、镇江等长江中下游沿江港口，以及连云港、嘉兴、温州、台州等支线和喂给港口	共同组成上海国际航运中心集装箱运输系统
		以上海、南通、宁波、舟山港为主，相应布局南京等港口	布局进口石油、天然气接卸中转储运系统
		以连云港、宁波、舟山港为主，以及上海、苏州、南通、镇江、南京等港口	布局进口铁矿石中转运输系统
		以连云港港为主	布局煤炭接卸及转运系统
		上海、南通、连云港、舟山和嘉兴等长江三角洲地区其他港口	共同组成粮食中转储运系统
		上海、南京等港口	布局商品汽车运输系统
		以宁波、舟山、温州等港口为主	布局陆岛滚装运输系统
		以上海港为主	布局国内外旅客中转级油轮运输设施
		连云港港	适当布局进口原油、铁矿石接卸设施

资料来源：长三角港口布局规划及各港口规划。

长三角地区属钢铁、石化、能源、建材等产业的密集带，区内冶金、电力、石油化工等企业每年需由区外调进大量生产所需的能源物资；同时纺织、化工、机械制造、服装等一大批加工产品需销往世界各地，"两头在外"的态势决定了区域港口在促进本地区经济发展和对外开放中发挥着重要作用。长三角港口群是区域经济发展的重要依托，在能源、原材料、外贸运输中发挥了不可替代的作用，带动了沿海、沿江地区外向型经济发展。

长三角地区港口投资渠道、建设经营主体多元化，加快了港口建设步伐和功能拓展，在国民经济和对外贸易中发挥了重要作用。

（三）东南沿海地区港口群体

东南沿海地区港口群以厦门、福州港为主，包括泉州、莆田、漳州等港口，服务于福建省和江西等内陆省份部分地区的经济社会发展和对台"三通"的需要。

福建沿海地区港口群煤炭专业化接卸设施布局以沿海大型电厂建设为主；进口石油、天然气接卸储运系统以泉州港为主；集装箱运输系统布局以厦门港为干线港，相应布局福州、泉州、莆田、漳州等支线港；粮食中转储运设施布局由福州、厦门和莆田等港口组成；布局宁德、福州、厦门、泉州、莆田、漳州等港口的陆岛滚装运输系统；以厦门港为主布局国内、外旅客中转运输设施。东南沿海地区港口群体组织架构如表1-6所示。

表1-6　东南沿海地区港口群体组织架构

东南沿海地区港口群	服务区域	港口	运输系统
由福建沿海地区港口组成。以厦门、福州港为主，包括泉州、莆田、漳州等港口	服务于福建省和江西省等内陆省部分地区的经济社会发展和对台"三通"的需要	以沿海大型电厂码头为主	组成煤炭专业化接卸设施
		以泉州港为主	布局进口石油、天然气接卸储运系统
		以厦门港为干线港，福州、泉州、莆田、漳州等主线港	布局集装箱运输系统
		福州、厦门和莆田等港口	布局粮食中转储运设施
		宁德、福州、厦门、泉州、莆田、漳州等港口	布局陆岛滚装运输系统
		以厦门港为主	布局国内外旅客中转运输设施

资料来源：我国沿海港口布局规划、中国港口年鉴。

东南沿海地区是我国经济发达地区，对台贸易活跃。福州、厦门两港不仅是我国发展综合运输的重要港口，也是我国大陆对台实现"三通"的主要口岸，已形成了以厦门港为干线港，以福州、泉州、漳州为支线港的集装箱运输体系，建成了泉州湄洲湾原油接卸港。

（四）珠江三角洲地区港口群体

珠江三角洲地区港口群由粤东和珠江三角洲地区港口组成。该地区港口群依托香港经济、贸易、金融、信息和国际航运中心的优势，在巩固香港国际航运中心地位的同时，以广州、深圳、珠海、汕头港为主，相应发展汕尾、惠州、虎门、茂名、阳江等港口，服务于华南、西南部分地区，加强广东省和内陆地区与港澳地区的交流。

该地区煤炭接卸及转运系统由广州等港口的公用码头和电力企业自用码头共同组成；集装箱运输系统以深圳、广州港为干线港，汕头、惠州、虎门、珠海、中山、阳江、茂名等为支线或喂给港组成；进口石油、天然气接卸中转储运系统由广州、深圳、珠海、惠州、茂名、虎门港等港口组成；进口铁矿石中转运输系统以广州、珠海港为主；以广州、深圳港等其他港口组成的粮食中转储运系统；以广州港为主布局商品汽车运输系统；以深圳、广州、珠海等港口为主布局国内外旅客中转及邮轮运输设施。珠江三角洲地区港口群体组织架构如表1-7所示。

表1-7 珠江三角洲地区港口群体组织架构

珠江三角洲地区港口群	服务区域	港口	运输系统
由粤东和珠江三角洲地区港口组成。以广州、深圳、珠海、汕头港为主，包括汕尾、惠州、虎门、茂名、阳江等港口	在巩固香港国际航运中心地位的同时，形成与香港港口优势互补、分工合作、公平竞争、共同发展的局面，服务华南和西南部分地区，加强广东省、内地与港澳地区的交流	广州等港口的公用码头和电力企业自用码头	共同组成煤炭接卸及转运系统
		以深圳、广州港为干线港，由汕头、惠州、虎门、珠海、中山、阳江、茂名等为支线喂给港	组成集装箱运输系统
		广州、深圳、珠海、惠州、茂名、虎门港等港口	组成港口石油、天然气接卸中转储运系统
		以广州、珠海港为主	布局进口铁矿石中转运输系统
		广州、深圳港等珠江三角洲地区其他港口	组成粮食中转储运系统
		以广州港为主	布局商品运输系统
		以深圳、广州、珠海等港口为主	布局国内外旅客中转及油轮运输设施

资料来源：我国沿海港口布局规划、中国港口年鉴。

珠江三角洲地区沿海港口货物吞吐量持续快速增长，港口专业化水平显著提高；中部沿海港口密集，主体地位突出；已成为广东省以及华中、西南地区能源、原材料和外贸物资运输的主要枢纽。珠江三角洲地区集装箱运输的高速发展，为腹地加工贸易、现代加工制造基地的发展创造了条件。

汕头、深圳、广州、珠海、湛江五个综合性大港主导作用明显。已形成与广大腹地综合运输主要通道的良好衔接，主导了地区沿海港口发展的格局。香港在区域外贸集装箱运输中发挥核心作用，粤港两地港口优势互补、共同发展。目前，珠三角地区沿海主要集装箱码头均为合资码头，煤炭、原油、成品油等码头主要以企业投资建设为主，港口建设经营主体多元化，市场对港口资源配置的基础性作用逐渐显现。

（五）西南沿海地区港口群体

西南沿海地区港口群由粤西、广西沿海和海南省的港口组成。该地区港口的布局以湛江、防城、海口港为主，相应发展北海、钦州、洋浦、八所、三亚等港口，服务于西部地区开发，为海南省扩大与岛外的物资交流提供运输保障。

该地区港口集装箱运输系统布局以湛江、防城、海口及北海、钦州、洋浦、三亚等港口组成集装箱支线或喂给港；进口石油、天然气中转储运系统由湛江、海口、洋浦、广西沿海等港口组成；进出口矿石中转运输系统由湛江、防城和八所等港口组成；由湛江、防城等港口组成粮食中转储运系统；以湛江、海口、三亚等港口为主布局国内外旅客中转及邮轮运输设施。西南沿海地区港口群体组织架构如表1-8所示。

表1-8 西南沿海地区港口群体组织架构

西南沿海地区港口群	服务区域	港口	运输系统
由粤西、广西沿海和海南省的港口组成。以湛江、防城、海口港为主，包括钦州、北海、洋浦八所、三亚等港口	服务于西部地区开发，并为海南省扩大与岛外的人员、物资交流提供运输保障	湛江、防城、海口、北海、钦州、洋浦、三亚等港口	布局集装箱支线或喂给港
		湛江、海口、洋浦、广西沿海等港口	布局进口石油、天然气中转储运系统
		湛江、防城、八所等港口	布局进出口矿石中转运输系统
		湛江、防城等港口	布局粮食中转储运系统
		以湛江、海口、三亚等港口为主	布局国内外旅客中转及邮轮运输设施

资料来源：我国沿海港口布局规划、中国港口年鉴。

西南沿海地区腹地资源较为丰富，与其他地区相比经济发展程度不高。我国西部大开发政策的实施，使得这一地区的港口日显重要。作为西南地区出海通道，港口具有沟通腹地资源与市场的桥梁作用，现已形成东部依托湛江，西部依托防城，南部立足海口、洋浦的布局形态。

（六）运输系统

全国沿海港口布局规划实施后，在区域分布上将形成环渤海、长江三角洲、东南沿海、珠江三角洲、西南沿海5个规模化、集约化、现代化的港口群体。港口群内起重要作用的综合性、大型港口的主体地位更加突出，增强为腹地经济服务的能力。港口群内部和港口群之间港口分工合理、优势互补、相互协作、竞争有序。在主要货类的运输上，将形成系统配套、能力充分、物流成本低的8大运输系统。

（1）由北方沿海的秦皇岛港、唐山港（含曹妃甸港区）、天津港、黄骅港、青岛港、日照港、连云港港七大装船港，华东、华南等沿海地区电力企业的专用卸船码头和公用卸船设施组成的煤炭运输系统。

（2）依托石化企业布点，专业化的、以20万～30万吨级为主导的石油卸船码头和中、小型油气中转码头相匹配的石油运输系统。

（3）临近钢铁企业布点，专业化的、以20万～30万吨级为主导的铁矿石卸船泊位和二程接卸、中转设施匹配的铁矿石运输系统。

（4）以大连、天津、青岛、上海、宁波、苏州、厦门、深圳、广州九大干线港为主，相应发展沿海支线和喂给港的集装箱运输系统。

（5）与国家粮食流通、储备、物流通道配套的，专业化运营、集约化的粮食运输系统。

（6）依托汽车产业布局和内、外贸汽车进、出口口岸，专业化、便捷的商品汽车运输及物流系统。

（7）在满足岛屿出行要求的前提下，适应沿海岛屿社会经济发展要求的陆岛滚装运输系统。

（8）以人为本、安全、舒适、便捷的旅客运输系统。

全国沿海港口布局总体上贯彻了适应经济、区域协调、突出重点、综合运输、资源节约的布局原则和思路，形成的五大港口群体能基本适应区域经济协调发展和全面建设小康社会及现代化建设的要求，突出了港口群内综合性、大型港口的重点作用，采用系统化布局理念形成的与国计民生密切相关的八大运输系统，也是衔接和促进国家综合运输体系发展和完善的重要体现，规模化、专业化、集约化、效益优先的港口发展方向将引领港口节约资源、提高资源利用率，促进港口可持续发展。

布局方案还为港口发展留有一定的空间，可以适应国家生产力和结构进一步调整的需要。

在全国沿海港口布局规划指导下，沿海港口将逐步形成布局合理、层次分明、功能明确、节约资源、安全环保、便捷高效、衔接协调、市场有序的水路客、货运输系统，辐射、服务面覆盖全国，明显提升我国沿海港口的综合竞争力，基本适应国家经济、社会、贸易、国防等发展的需要。

二、我国港口物流发展现状

目前，我国一些港口已制定了发展物流业、整合港口资源、培育新的经济增长点的战略目标。港口所在城市也决定把物流业培育成新兴支柱产业，以带动城市和地区经济腾飞。我国沿海大部分港口仍然只进行传统的货物装卸和存储活动，也有一些港口，如上海、深圳及天津等都意识到了传统港口向综合物流中心转化的大趋势，正在积极规划建设港口物流基地。如天津港建立了天津国际物流分拨中心、深圳港建立了物流中心。同时我国许多港口还开辟了保税区（如上海外高桥、天津塘沽、大连、深圳福田、深圳盐田等保税区），进行加工贸易、仓储等物流活动。

（一）天津港

天津市作为北方最大的外贸口岸，具有发展现代物流的良好基础条件。天津市委政府高度重视物流业的发展，把现代物流列为该市五大支柱产业之一，近几年来，天津一直积极组织、参与天津港口、铁路、航道等重要交通基础设施的规划建设，并取得了丰硕的成果。

1. 天津港保税区

天津港保税区是 1991 年 5 月 12 日经国务院批准建立的。位于天津港港区内，紧邻集装箱码头和东突堤码头，四号公路以北，东环路以东，东堤路以西，北靠京津塘高速公路延伸段。规划面积 7.1 平方千米。是采用国际通行的做法，充分发挥港口和保税区的优势，享受国家赋予的最优惠政策，在海关监管下的综合性对外开放的特定经济区域，是具有中国特色的自由贸易区。

天津港保税区坚持以国际贸易为导向、以物流为基础、以仓储加工为依托的方针，主要开展国际贸易、出口加工、保税仓储以及与上述主体功能密切相关的运输、包装、整理、货运代理、房地产等业务。

保税区面对我国加入世贸组织和国内外激烈竞争的新形势，把握物流产业发展趋势，积极构筑物流服务平台，重点引进国际知名物流公司，提高保税区物流的集约化水平。经过多年的发展，天津港保税区已经成为汽车及机车零配件、钢材、工程机械、化工原料、石油及制品、电子元器件等产品的分拨配送基地和以第三方物流为主的国际物流中心。

2. 天津港散货物流中心

天津港散货物流中心的建设是天津市政府实现"把天津建设成为现代化港口城市和北方重要经济中心"战略目标的重大举措。对开发南疆港区、强化港口功能具有战略意义，是天津港建设的重要组成部分。

天津港散货物流中心占地 12 平方千米，其中，商贸区 1.56 平方千米，煤炭作业区占地 6 平方千米，矿石、油品储存区占地 4.94 平方千米。散货物流中心邻近规划中的津沽二线，与外部衔接十分方便，中心的给排水、电力、通信等配套设施已经比较完备。

天津港南疆散货物流中心服务范围包括散货的存储、加工；散装货物的长廊输送及水路、陆路运输的货运代理；散货信息服务和散货交易，为客户提供必要的信息；环境保护等。

该散货物流中心采取统一规划、合理布局、滚动开发、分期实施的原则进行开发建设。首期进行煤炭作业区建设。到目前为止，该中心累计完成投资 14 亿元，形成了 6.92 平方千米焦炭、煤炭货场；完成了区域内道路、铁路系统及水、电、绿化等基础设施建设，大宗散货的年吞吐能力达到 2 000 万吨以上；10 千米长的煤炭、焦炭曲线长廊胶带机及其配套工艺系统建设已进入收尾阶段，投资经营环境日趋完善。

据了解，2010 年，散货物流中心将以 1 平方千米矿石分拨中心项目为起点，启动南扩区 14.8 平方千米的开发。到 2012 年，完成全部基础设施的开发建设，形成占地 26.8 平方千米设施完善、功能齐全，集仓储、加工、贸易为一体的大宗散货物流基地。

目前，天津港南疆散货物流中心已迎来中化、晋华等 69 家物流企业进驻，散货物流中心招商引资、生产运营呈现出快速发展的态势。

（二）上海港

1. 上海外高桥保税区

上海外高桥保税区是 1990 年 6 月经国务院批准设立的全国第一个规模最大、启动最早的保税区，集自由贸易、出口加工、物流仓储及保税商品展示交易等多种经济功能于一体。外高桥保税区位于上海东北端，濒临长江口，处于中国黄金水道——长江与东海岸线的交汇点，距虹桥国际机场 40 分钟车程；距浦东国际机场 20 分钟车程；距上海火车站 35 分钟车程；距地铁 2 号线浦东终点站 20 分钟车程；

距人民广场 30 分钟车程。

经过十几年的开发建设，外高桥已初步形成以现代物流产业为核心的大贸易、大流量、大市场的区域经济发展格局。目前，外高桥拥有仓储物流分拨企业 500 多家，仓储面积超过 80 万平方米，为建设现代国际物流园区奠定了基础。此外，外高桥聚集了近 4 000 多家中外客商，从事国际转口贸易、进出口贸易、出口加工等业务，它们需要一个高效运转的货运物流服务系统。这为外高桥做大现代物流业提供了源源不断的客户群。我国加入 WTO 后，关税水平进一步下降，保税区作为港区连结内陆干线的枢纽地位进一步凸显，区外的货物经外高桥港口进出口的数量也会大幅增加，这为外高桥发展现代物流业带来了新的契机。

外高桥保税区分拨中心有以下几种类型。

（1）商品分拨

它以传统意义上的仓储操作为特征，定时定量向客户网供应商品，成为连锁商店、超市的配送中心。

（2）零部件分拨

其主要功能是为跨国公司在中国和亚洲地区所设立的合资、独资企业及专业维修、供应部门提供零配件，成为其母公司亚太集散中心的一个环节。零部件的分拨是上海外高桥保税区分拨中心的主业，70% 以上的分拨中心从事零部件的分拨。

（3）产成品分拨

根据客户对系统产品的要求，在保税区组装后向客户供应，这种方式把销售服务更深化一步，更受客户欢迎。海关对这类分拨方式的管理分为保税货物管理和非保税货物管理，对保税货物可先通关纳税，再实施组装，为配送中心提供了便利。

（4）成套设备销售、展示

这是一种对大型设备或设备的售后服务等在区内的演示和对客户的培训，并及时提供维修配件和服务。这种业务充分利用保税区进口货物保税、自用设备免税的特点，开设长期、不闭幕的展示会和培训班，有力地促进销售，实现跨国公司对潜在客户和市场的培育，也是外商十分欢迎的一种投资方式。

2. 上海港浦东集装箱物流有限公司

上海港浦东集装箱物流有限公司于 2001 年 1 月 18 日注册登记，是上海港务局控股的上海集装箱股份有限公司所属的专业现代化物流服务企业。

公司地处上海浦东新区东海之滨。上海外环线、杨高快速道、浦东北路交汇于此。从公司物流中心到外高桥港区码头快捷便利，同时借助外环隧道进入浦东、浦西、市区都极为方便，交通四通八达。

该物流转运中心所使用的信息管理系统全部采用智能化、网络化的应用技术，具有先进性、可靠性和扩充性。同时可利用上海信息港资源优势通过 EDI 和 Internet 等先进的技术手段进行各类信息交换，具备了国内一流的现代化办公和管理的工作环境。物流转运中心长期进驻海关和国家检验检疫局等政府部门，并配备相关查验、检疫设施、设备，可及时、方便地为客户提供各类进出口货物的海关查验、三检查验等服务。

可为客户提供集装箱运输服务、国际海运集装箱出口集拼服务、货物保税仓储服务、货物商业性简单加工服务、货物分拣、货物快速配送服务、集装箱/货物实时信息查询服务、为客户量身定做各类第三方物流服务。

（三）深圳港

深圳市政府 2002 年 10 月印发的《关于加快发展深圳现代物流业的若干意见》中明确指出：重点建设包括前海湾、盐田、机场、笋岗、平湖、龙华在内的六大物流园区和扶持一批大型现代物流企业。将现代物流业列为深圳市未来发展的三大支柱产业之一。

深圳六大物流园区中有两个物流园区（西部港和盐田港）是在深圳港口腹地，直接为港口服务的国际物流园区。深圳物流园区的建设，将直接改变深圳港口的单一转运功能，使港口向综合国际物流节点的功能转化。

1. 盐田港保税区

盐田港保税区于 1996 年 9 月经国务院批准设立，位于深圳经济特区东部，与香港新界隔海相望，在我国四大国际中转港之一（盐田港）港区内。规划面积为 0.92 平方千米，两区以全封闭高架桥相连，与盐田国际集装箱码头设有专用封闭通道，"港区一体"，地理位置极为优越。疏港铁路、公路与京九、京广铁路、广深、深汕高速公路相接，优越的地理环境和便捷的运输条件为保税区的物流畅通全世界和中国各地创造了条件。

盐田港保税区结合本身独特的地理优势，开展以物流为基础，发展转口贸易和仓储业务，同时开展保税生产资料市场、出口加工、进出口业务以及与上述主要功能密切相关的商品展示、改装、分类、混合、简单商业加工、货运代理、银行和保险等业务。盐田港保税区按照滚动发展，分步实施的原则，进行开发建设。目前，已有我国香港、台湾和美国等到保税区来投资，仓储面积达到 4 万多平方米。

经过多年的发展，盐田港保税区的物流效益显著，有效地促进了港口物流业的发展，起了一定的带头示范作用。

2. 前海湾物流园区

前海湾物流园区作为深圳六大物流园区之一，被确定为复合枢纽型港口物流园区。前海湾物流园区依托西部港区、深港西部通道和平南铁路，重点发展港口及陆路散杂货集散、集装箱中转、加工、转运和配送，形成与现代物流业相关的货运交易、代理、信息、管理、保险、金融等服务功能，建设成为现代的复合枢纽型港口物流园区。

前海湾物流园区与深圳其他物流园区相比，更具有得天独厚的"海、陆、空、铁"全方位交通网络覆盖的区位优势，多种运输方式和运输干线在此汇集。海：紧靠深圳西部港群（与妈湾港仅一路之隔，南接赤湾港及蛇口港）和未来的大铲港，是珠江口地区海海联运、水陆中转的理想港区，也是外贸出口最繁忙的地区；陆：妈湾大道、月亮湾大道直接连接深圳及其周边的主要交通干道——广深高速、深汕高速、北环大道、滨海大道以及深南大道，并可直接与2005年建成的深港西部通道相接；空：距离深圳国际机场几千米；铁：平南铁路穿越其中，并设有一个编组站，可与广深、京九、京广和广梅汕铁路相通。

三、我国港口物流发展趋势

按照全球物流发展的要求，我国现代港口在全球综合运输体系中的地位和作用正在发生变化。现代港口日益成为全球综合物流网络的重要节点，其服务功能将更为广泛，将朝着全方位的增值服务方向发展，逐步发展成为促进经济发展和服务于国际贸易的综合物流中心。

同时，现代运输技术和经营方式的改变也对港口的发展提出了更高的要求。现代运输技术和经营方式的改变主要是指国际运输进入了综合物流时代。现代运输技术和经营方式的发展对现代港口在硬件如港口规模、航道水深、码头基础设施建设等方面提出了更高的要求，同时对港口软件如装卸工艺与效率、信息技术、经营管理等方面也提出了全新的要求，使我国现代港口的发展出现了以下趋势。

（一）现代港口的大型化、深水化和集装箱化

随着国际集装箱多式联运的开展，货物运输的集装箱化程度越来越高，世界各国也将其主要注意力放到集装箱港口的发展上。港口发展的集装箱化主要表现在，集装箱吞吐量已经成为衡量港口作用和地位的主要标志。目前，环球航线上的国际集装箱班轮已经向第五、第六代发展，船舶大型化趋势对现代港口航道和泊位水深更是提出了高要求。为适应现代运输技术的发展，尤其是船舶大型化对港口自然条件和设备要求的提高，大力加强港口建设，扩大港口规模，加深泊位水位，是当前

港口发展的显著特点，我国开展了新一轮的集装箱港口投资热潮，纷纷兴建适合大型船舶挂靠的深水码头。

（二）现代港口物流服务的高科技化和信息化

现代高科技在港口的应用极大地提高了港口的运作效率，具体表现为运输方式的现代化，港口装卸工艺的合理化，装卸机械设备的自动化、电气化以及管理手段的现代化。而港口信息网络化是提高物流服务效率的重要手段，我国越来越多的港口也开始注重采用 EDI、GPS、ERP 等信息技术和管理技术，通过它可以更好地促进各方面的信息交流与合作，提高物流服务效率和质量。

（三）现代港口向物流服务中心转化

进入全球综合物流时代后，现代港口应拓展服务功能，朝着全方位的物流增值服务的方向发展，成为商品流、资金流、技术流、信息流与人才流汇聚的中心。

为了巩固和提高港口在综合物流网络中的地位和作用，一个现代化港口必须集物流服务中心、商务中心、信息与通信中心和人员服务中心为一体。因此，我国各大港口纷纷致力于成为综合物流和信息中心。

第二章
浙江港口物流产业对于综合竞争力
提升的贡献模式

伴随着经济日益全球化，区域经济一体化和对外开放程度的日益提高，世界经济逐渐成为一个整体，要求在全球范围内配置资源，由此带来的对外贸易也越来越频繁。对外贸易的发展，又大大提高了对货物综合运输的要求。而港口是一个国家或地区通向世界的重要桥梁，当今国际贸易货物大多数都是通过港口装卸由海运来完成的，因此港口为国家和地区经济的发展和繁荣起到了极其重要的作用。随着经济的发展，港口的功能也在不断变化，与港口相关的各项服务随之发展起来，港口也逐渐变成工业中心和物流中心。港口物流对经济产业布局以及促进地区经济增长等方面都有很大的作用。那么我们不禁要问港口物流与港口城市竞争力的关系究竟是怎样？它是通过什么样的机制对港口城市竞争力提升起作用的？为此本章结合浙江港口物流产业对于综合竞争力提升的贡献模式对两者之间的关系进行了定量分析，并对港口物流对城市经济发展的影响机制进行了深入研究。

第一节　港口与腹地互动发展的基本理论

港口的经济影响始终是理论界研究的热点问题。国外学者在港口与腹地的相互关系方面进行了大量研究且成果斐然。德国学者高兹（1934）基于总体交易费用最小化原则，针对海港与腹地之间的关系，运用韦伯工业区位论的思想和方法创立了海港区位理论。H. 麦尔（Mayer，1957）率先研究了港口之间的陆向腹地竞争机理。而后，威根德和 E. H. 德雷等通过对劳动力费用、铁路连通性、港口可进入性和用地可得性等因素分析，对港口之间的海向腹地竞争进行了探讨。巴尔克（Barke，1986）、海耶斯（Hayuth，1981）、库比和里德（Kuby & Reid，1992）、诺特波姆（Notteboom，1997）、麦克卡拉（McCalla，1999）和拉哥（Lago，2001）等针对不同腹地对象构建了港口时空发展的一般模式。

国内很多学者对此也做了一些卓有成效的研究。吴传均、高小真以我国北方若干海港城市为实证对象，以动力结构的演变为切入点，分析了海港城市的一般成长模式以及动力结构演变与城市互动发展的关联效应。1984 年陈航在《海港形成发展与布局的经济地理基础》一文中运用实证分析的方法研究了影响港口发展的区域背景及经济环境。曹有挥则主要以长江沿岸港口体系为标本，研究内河港口体系以及沿江集装箱港口的规模组合与空间结构的地域差异特征、成因动机等及演化规律等。丁井国、钟昌标选取宁波、杭州、温州 3 个腹地城市为样本，以集装箱吞吐量和直接腹地综合工业总产值两个指标来研究港口与腹地经济的关系。梁双波等运用灰色关联分析法，通过计算港城关联发展的均值关联度，对近 10 年南京港城关联发展效应进行了定量测度，认为产业结构的变动、港口功能的演变、周围港口的激烈竞争以及港口管理体制和国际贸易的发展是导致南京港城关联度强、弱动态转换的主要因素。

总体看来，前人研究普遍侧重于港口与腹地经济之间的互动关系，定性研究相对较多，而定量分析则显得较为薄弱。从系统综合的视角、运用灰色关联分析法对港口发展与综合竞争力提升动态关联效应所作的研究较为鲜见。

伴随着 21 世纪经济全球化和区域化进程的加速，作为国际贸易桥梁的港口其功能发生了根本性转变。如何放大港口对综合竞争力的促进、提升效应已成为一个迫切需要研究的课题。本研究以浙江港口为研究对象，把港口、腹地区域作为完整的地域系统，运用与灰色关联分析法对浙江港口与综合竞争力动态关联程度进行测算，并根据计算结果对浙江港口与综合竞争力动态关联效应进行分析。

第二节 浙江港口发展与综合竞争力提升关联效应的动态特征

一、浙江港口与综合竞争力关联体系构建

综合竞争力是在结合区域经济竞争力和城市竞争力相关理论基础上引申出的一个概念。所谓综合竞争力，是指一个省域在经济总量、经济结构、管理能力等多个因素综合作用下，依据自身区位特点，在全国甚至全球范围内对资源的吸引力、对市场的争夺力和对周边地区的辐射力、带动力。通常情况下，省域资源的配置优化，吸引资源、争夺市场和辐射、带动周边地区的能力强，这样的省域经济表现为与其他省市相比能吸引更多的人才流、物流并辐射更大的市场空间，也就有可能比其他省的经济发展要快，我国改革开放以来的实践已充分证明了这一点。

中国经济全球化进程中，企业—城市和省域—国家作为微观经济领域、中观经济领域以及宏观经济领域的重要主体，对各自层面的资源、市场的争夺与日俱增。特别是处于企业与国家之间的省际区域，作为微观经济单元和宏观经济组织的纽带，

省际区域的发展水平无论对地方企业还是整个国家经济社会发展都起着至关重要的作用，以省际区域为单元的竞争正在登上国际舞台并席卷全球。各省域都在试图从各自的资源能力出发，不断挖掘和培养地方核心竞争力，调整和制定省际发展战略，以期在新经济的社会背景下实现最有利的战略争夺。由此对于省域综合经济竞争力的理论研究引起了专家学者的广泛重视。

在众多的区域和城市竞争力研究理论中，本研究认为北京国际城市发展研究院（IUD）提出的"城市价值链模型"理论更好地诠释了区域和城市整体价值和竞争力的构成要素以及形成过程。IUD 连玉明教授结合 IMD 的国际竞争力理论和波特的产业竞争力理论，提出"城市价值链模型"理论，认为"城市竞争力是一个国家的城市在全球经济一体化背景下，与其他城市比较，在要素流动过程中抗衡甚至超越现实的和潜在的竞争对手，以实现城市价值所具有的各种竞争优势的系统合力"。"城市价值链模型"以竞争理论和价值链理论为基础，将城市的资源配置过程描述成一个价值链，强调城市竞争力系统是一个复杂的城市价值链模型，其本质是建立高度区域一体化的全球资源配置机制和城市形态演化模式，来提高城市的战略决策和资源整合能力，进而提升城市竞争力。城市价值链模型如图 2－1 所示。

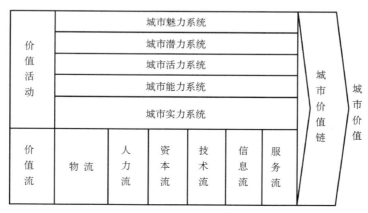

图 2－1　IUD 城市价值链模型

从这一城市价值链结构中不难看出，价值流是价值活动的重要基础，是支撑价值活动的必备要素，而在价值流构成因素中又以物流要素最重要，是构成价值流的源头要素。因此在港口省市物流产业中占据重要地位的港口物流业对省际腹地区域价值提升作用可想而知。这也为本研究进行港口发展与浙江综合竞争力关联作用分析提供了理论基础。

为了评价沿海港口与综合竞争力的关联度，需建立港口物流能力评价指标。从世界范围来说港口能够满足货物运输的要求，从而带动相关产业和促进贸易的发展。

港口吞吐量反映了一个港口的总的生产能力，因此港口的发展特别是港口物流的发展对经济增长所起的作用，在一定程度上可以通过港口吞吐量的发展水平反映出来。因此选取港口吞吐量作为港口物流能力的评价指标。

由于省域经济总体是由该省范围内的各城市经济汇总组成，因此本研究参考IUD的城市竞争力评价指标系统，将综合竞争力系统构建为由4个一级系统、14个二级要素和14个具有代表性的三级指标构成的评价体系。"4个竞争力子系统"分别为实力系统、能力系统、活力系统、潜力系统。实力系统主要是对省域经济、社会和可持续发展等方面实力的全面评价，反映省域规模、结构、基础功能和可持续发展的状况等，揭示出省域的经济水平和竞争地位；能力系统是指能够提升省域综合经济地位和水平的核心能力，包括集聚、辐射、流通、增长等方面，揭示出省域发展的动力、速度和强度等方面的水平；活力系统反映省域经济的活跃程度，包括企业活跃度、创新环境等方面，揭示各要素和资源的活跃性、创新性；潜力系统是指省域经济资源利用效率和资源的开发能力，包括资源效率和社会成本等方面，揭示省域经济发展过程中对有限资源的挖掘程度和运用效果。沿海港口与综合竞争力关联体系如图2-2所示。

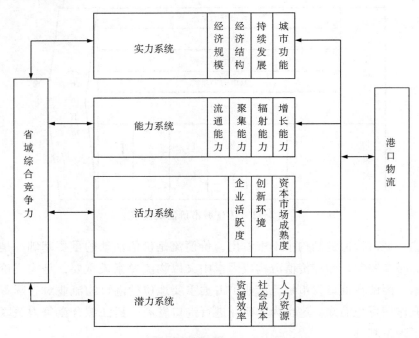

图2-2　港口与省域综合竞争力关联体系

考虑指标数据的可获得性、合理性、表现出来的特征以及近年来国家统计部门统计指标的变化，选择14个二级要素和14个代表性指标，构建完整的省域城市综合竞争力指标评价体系表，如表2-1所示。

表2-1　省域经济综合竞争力指标评价体系表

总指标	一级系统	二级要素	三级指标
省域经济综合竞争力	实力系统	产业结构	按新行业分的第三产业占GDP的比重
		经济规模	GDP
		持续发展	能源生产弹性系数
		城市功能	人均日生活用水量
	能力系统	聚集能力	进口贸易额
		流通能力	货运周转量
		辐射能力	出口总额
		增长能力	GDP增长率
	活力系统	企业活跃度	企业景气度指数
		创新环境	规模以上高新技术产业工业增加值占GDP比重
		资本市场成熟度	新增上市公司数量
	潜力系统	资源效率	GDP增幅与能源消耗增幅比值
		社会成本	规模以上工业企业营运指数
		人力资源	人才资源增幅与从业人员增幅比值

定量研究港口吞吐量对省域城市综合竞争力的影响，是研究总量之间的数量关系，因此我们主要是通过研究港口吞吐量和城市综合竞争力之间的关系来研究港口对城市综合竞争力的贡献的。

二、基于模糊层次分析法的浙江综合竞争力指标体系影响程度分析

省域综合竞争力评价指标体系是一个多层次、多指标的复合体系，在这个复合体系中，各层次、各指标的相对重要性各不相同。因此需要结合沿海省份的经济发展特征以及浙江省竞争力构成因素之间的相对重要程度，运用AHP分析法，对递阶层次结构的评价指标进行权重计算，然后再进行层次间的指标总排序，最终确定所有指标因素相对于总指标的权重。

以"省域综合竞争力"作为决策层要素，以省域价值活动的各个环节如实力系统、能力系统、活力系统和潜力系统等作为准则层要素，以省域价值流相应的平台

和条件（基础平台、操作平台、服务平台）作为方案层要素，向浙江省港航管理局、舟山市港务局等3个单位的有关专家进行了问卷调查，要求对浙江综合竞争力指标体系的每个指标进行赋值。在此基础上结合浙江省经济发展现状和特征进行评判、计算得出浙江省综合竞争力准则层和方案层指标权重，如表2－2、表2－3所示。

表2－2　省域城市综合竞争力准则层指标权重

	实力系统	能力系统	活力系统	潜力系统	W_i
实力系统	1.000 0	1.491 8	2.225 5	2.718 3	0.397 1
能力系统	0.670 3	1.000 0	1.822 1	2.225 5	0.294 2
活力系统	0.449 3	0.548 8	1.000 0	1.221 4	0.169 7
潜力系统	0.367 9	0.449 3	0.818 7	1.000 0	0.139 0

判断矩阵一致性比例：0.001 9；对总目标的权重：1.000 0；λ_{max}：4.005 0

表2－3　省域城市综合竞争力方案层指标权重

序号	方案层要素	权重	序号	方案层要素	权重
1	经济规模	0.168 3	8	辐射能力	0.060 8
2	产业结构	0.118 6	9	增长能力	0.049 8
3	流通能力	0.105 4	10	创新环境	0.046 6
4	企业活跃度	0.084 9	11	社会成本	0.039 4
5	持续发展	0.079 5	12	资本市场成熟度	0.038 2
6	聚集能力	0.078 1	13	人力资源	0.036 8
7	资源效率	0.062 8	14	城市功能	0.030 7

由表2－3看出，流通能力排在第3位，说明省域综合竞争力对流通能力的依赖程度较高，原因在于流通能力不仅是省域经济集聚能力和辐射能力的综合体现，而且对降低社会成本、提高资源效率，增加企业活跃度，改善城市功能都有着极其重要的影响。

三、浙江港口发展与综合竞争力提升关联度分析

（一）灰色系统建模及关联度计算

通过灰色系统建模，确定港口流通能力与省域城市竞争力重要因素的关联度及其变化趋势，进而揭示浙江省港口物流业与全省城市竞争力的关联程度。

对上述各项指标选取 2001—2010 年期间的数据，通过对各项指标进行无量纲化处理，计算得出 10 年来浙江省港口物流和省域竞争力评价指标的基础数据，并据此计算其关联度。

1. 确定参考数列和比较数列

港口物流业与省域竞争力的关联系统是一个非线性、高阶次、多回路的复杂系统，港口物流的发展能够解决腹地省市经济因素流动的瓶颈问题，腹地经济的繁荣又可以支撑港口物流的扩张，两者相辅相成，单纯从任何角度确定参考数列和比较数列都不科学，因此我们选择无固定母序列矩阵，即依次将各组数据作为母序列，其余为子序列，试计算关联矩阵。

（1）建立反映系统行为特征的数据序列作为参考数列（母序列）：

$$X_0 = \{X_0(k) \mid k = 1, 2, \cdots, n\} = (X_0(1), X_0(2), \cdots, X_0(n))$$

其中，k 表示时刻，且 $n = 10$ 年。

（2）建立影响系统行为的数据序列作为比较数列（子序列）：

$$X_i = \{X_i(k) \mid k = 1, 2, \cdots, n\} = (X_i(1), X_i(2), \cdots, X_i(n)) \qquad i = 1, 2, \cdots, m$$

其中，k 表示时刻，且 $n = 10$ 年。

则有

$$\zeta_i(k) = \frac{\min\limits_{i} \min\limits_{k} \mid X_0(k) - X_i(k) \mid + \rho \max\limits_{i} \max\limits_{k} \mid X_0(k) - X_i(k) \mid}{\mid X_0(k) - X_i(k) \mid + \rho \max\limits_{i} \max\limits_{k} \mid X_0(k) - X_i(k) \mid}$$

为比较数列 X_i 对参考数列 X_0 在 k 时刻的关联系数。其中，$\rho \in [0, +\infty)$ 为分辨系数。一般来讲，分辨系数 $\rho \in [0, 1]$，我们选取分辨率系数为 0.5。

（3）各序列间关联度系数计算模型：

$$r_i = \frac{1}{n} \sum_{k=1}^{n} \zeta_i(k)$$

为比较数列 X_i 对参考数列 X_0 的关联度。

（4）港口物流与各子系统及综合竞争力关联度计算模型：

$$r = \sum_{i=1}^{n} w_i \cdot r_i$$

2. 对计算结果的设定

根据以往经验，对关联度计算结果作如下设定：当 $0 < r(i) \leq 0.4$，序列间的关联程度为弱，当 $0.4 < r(t) \leq 0.75$ 时，关联程度为中等，当 $0.75 < r(t) \leq 0.9$ 时，关联发展程度为较强，当 $0.9 < r(t) \leq 1$ 时，关联发展程度为极强。

3. 计算港口物流与各子系统及综合竞争力动态关联度并排序

利用2001—2010年《浙江统计年鉴》、《中国港口年鉴》获取港口物流通过能力、综合竞争力等相关指标的原始资料数据并对数据进行均值化处理后，计算参考数列与比较数列的灰色关联度 r_i，同时根据灰色关联度模型计算得出港口物流与全省综合竞争力及其子系统之间各年关联度系数，该系数反映它们之间关联程度的动态变化过程，据此对所得关联度排序，如表2-4所示。

表2-4 浙江港口各年综合竞争力及其子系统之间关联度系数

年份	能力系统	实力系统	活力系统	潜力系统	综合竞争力
2001	0.948 6	0.846 2	0.675 7	0.753 7	0.836 9
2002	0.900 9	0.726 8	0.782 8	0.671 0	0.776 3
2003	0.881 5	0.804 1	0.802 6	0.628 1	0.796 8
2004	0.894 4	0.877 4	0.846 4	0.668 3	0.842 6
2005	0.983 5	0.877 2	0.759 9	0.710 3	0.863 9
2006	0.916 7	0.836 8	0.784 1	0.729 0	0.834 7
2007	0.824 2	0.789 1	0.823 7	0.708 4	0.790 6
2008	0.830 1	0.783 4	0.587 8	0.553 1	0.730 9
2009	0.694 1	0.748 0	0.616 1	0.564 9	0.682 7
2010	0.933 5	0.829 0	0.519 1	0.623 0	0.781 7
均值	0.880 8	0.811 8	0.719 2	0.679 3	0.796 7

4. 关联系数离散程度分析

利用SPSS软件通过对表2-4中港口流通能力与各因子之间各年关联度系数进行统计分析和统计描述，可以揭示各年度关联系数变化幅度及稳定性，如表2-5所示。

表2-5 浙江港口流通能力与各因子之间各年关联度系数的统计分析

指标	能力系统	实力系统	潜力系统	活力系统	综合竞争力
均值	0.880 750	0.811 800	0.719 230	0.679 290	0.796 740
均值误差	0.025 912 4	0.016 111 2	0.030 812 7	0.023 519 0	0.017 998 3
标准差	0.081 942 1	0.050 948 0	0.097 438 3	0.074 373 5	0.056 915 6
方差	0.007	0.003	0.009	0.006	0.003
偏度	-1.316	-0.300	-0.443	-0.100	-0.792

指标	能力系统	实力系统	潜力系统	活力系统	综合竞争力
偏度误差	0.687	0.687	0.687	0.687	0.687
峰度	2.306	−0.829	−1.595	−1.294	0.390
峰度误差	1.334	1.334	1.334	1.334	1.334
最小值	0.694 1	0.726 8	0.582 0	0.567 4	0.682 6
最大值	0.983 5	0.877 4	0.843 2	0.773 4	0.871 0
变异系数（%）	9.3	6.28	13.55	10.94	7.14

（二）关联度计算结果评价

1. 关联度总体水平较高

由表 2 - 5 可看出，港口物流与能力系统、实力系统关联度较强，均值分别为 0.880 8、0.811 8，排名分别第一、第二位；与潜力系统、活力系统联度中等，均值分别为 0.719 2、0.679 3，排名分别为第三、第四位；与全省综合竞争力关联度为 0.796 7，处于中等水平。

根据上述计算（表 2 - 5）结果，结合浙江港口发展实际，可以梳理出导致港口与全省综合竞争力及其四大子系统关联度高低不同变化的一些主要线索。

对能力系统而言，港口作为区域交通运输的中间环节担负着地区经济建设过程中所需资源、要素、产品在地理空间上由外向内转移以及向本地区以外转移的任务，是货物向内向腹地和海向腹地传输的枢纽，因此与货物周转量以及进出口贸易额有着密切关系，导致港口物流与能力系统总体上关联度较强。

对实力系统而言，港口物流本身是经济实体的一部分，所创造的增加值被计入全省经济总值，同时由于港口物流属于交通运输服务行业，其增加值在增加经济规模总量的同时，也增加了第三产业中服务行业增加值的份额，从而提高了第三产业在经济总量中的比例，影响着产业结构，因此港口物流与实力系统总体上呈现较强关联度。

对潜力系统和活力系统而言，港口物流并未直接与其产生经济关联，而是通过改善本省的流通、聚集和辐射能力，增强全省整体经济实力，进而提高生产经营要素的使用效率，激发省际区域内各类经济实体的活跃度，导致港口与潜力系统和活力系统产生一定的间接关联，因此港口与潜力系统和活力系统关联度总体上保持中等水平。而港口与全省综合竞争力的关联度则是由上述四大子系统共同作用产生的。

2. 关联度存在波动性

变异系数反映了总体均值不等的各子系统关联度的离散程度。表 2 - 5 中的
"变异系数"表明，港口物流与能力系统、实力系统关联度的离散程度低于 10%，
其关联关系比较稳定；与潜力系统、活力系统关联度的离散程度高于 10%，它们之
间的关联关系稳定性相对较差。而港口物流与全省综合竞争力关联度的变异系数为
7.14%，说明它们之间关联度离散程度相对较低，关联关系比较稳定。港口物流与
全省综合竞争力动态关联度趋势如图 2 - 3 所示。

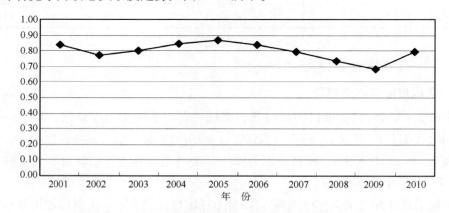

图 2 - 3 浙江港口物流与综合竞争力动态关联度趋势

动态关联度波动的原因是浙江综合竞争力主要影响因素如经济规模、进出口贸
易总额、货物周转量在 2001—2010 年期间呈现出两个不同的发展阶段：即 2001—
2005 年期间处于高速发展阶段，其中，GDP 年增幅为 24%，进出口额年增幅 57%，
货物周转量年增幅 37%，这些主要指标平均年增幅 39%，而同期港口吞吐量年增幅
32%，发展水平比较接近，因此港口与全省综合竞争力在此期间关联度较高；
2005—2009 年期间全省综合竞争力主要因素由于经济运行渐进稳定期，特别是 2007
年以后出现的国际金融危机冲击下导致浙江省进出口额出现下滑，发展速度趋缓，
GDP 年增幅为 17%，进出口额年增幅 19%，货物周转量年增幅 16%，平均年增幅
17.6%，增长速度下降 55%，而同期港口吞吐量年增幅 24%，增长速度下降 25%，
二者在发展速度上出现一定程度的偏离，使得这期间港口与全省竞争力关联度逐年
下降，2009 年达到最低点；2010 年以后，在国家宏观经济政策的调控和刺激下，全
省经济出现复苏态势，上述主要指标出现快速增长，恢复到原来的发展速度，与港
口发展速度重新出现一致趋势，关联度也在 2010 年出现加强态势。竞争力主要影响
因素增长幅度变化见表 2 - 6。

表 2-6　浙江竞争力主要影响因素增长幅度变化

影响因素	2001 年	2005 年	2009 年	2001—2005 年年均增幅	2005—2009 年年均增幅
港口吞吐量（万吨）	23 040	52 591	102 416	32%	24%
GDP（万亿元）	6 898	13 417	22 990	24%	17%
进出口总额（万美元）	3 279 969	10 739 123	18 773 488	57%	19%
货物周转量（亿吨千米）	1 372	3 417	5 659	37%	16%

数据来源：浙江统计年鉴。

第三节　浙江港口发展与综合竞争力提升动态关联效应演化的成因机制

结合上述图、表中港口与综合竞争力关联的主要方面及各指标间的关联程度，本书将影响其演化的主要成因机制归纳为以下几点。

一、港口集群化的演变

港口大宗散货吞吐量、集装箱吞吐量和外贸货物比重等指标与所在区域经济发展水平、经济总量、产业结构密切相关已被很多学者研究证明。浙江近年来通过不断整合港口岸线资源，优化港口布局，以推动港口深度参与国际、国内航运市场运作并促进港口群的可持续发展。浙江港口已经呈现出集群化发展的态势，成为承担社会物流的主要集散地，其辐射范围在全国港口城市中最为广泛，不仅涉及本省腹地，还辐射到长江流域的其他六省二市，特别是作为进出口物流的主要载体，在国际贸易货物运输中占有主导地位，由此也为促进浙江省物流行业乃至整个浙江省经济的发展作出巨大贡献。可以说，浙江经济的快速发展得益于 10 年来对港口功能的重新定位、对港口物流的持续开发和利用，以及省内港口集群化模式的运作。目前，浙江已基本形成以宁波—舟山港为核心，嘉兴港和温州港、台州港为两翼的港口体系，2010 年宁波—舟山港货物吞吐量达 6.3 亿吨，集装箱吞吐量达 1 315 万标准箱，分别位居全国海港第 1 位和第 3 位。优越的港口条件为浙江省物流业特别是大宗商品物流和国际集装箱物流发展奠定了坚实的基础。浙江港口集群化发展态势是港口与综合竞争力表现出较强关联程度的主要因素。

二、港口物流需求结构的变动

浙江港口不仅直接服务于本省的经济发展和对外贸易，同时以其深水港资源服务于长江沿线上海、江苏、安徽、江西、湖南、湖北等省市的物资转运。与此相对应，浙江港口物流的需求也分为临港工业发展派生的物流需求、产业集聚带来的工业品输出集装箱物流需求以及为"长三角"及长江沿线地区的电力、化工、钢铁、加工等企业进行大量的原材料和产成品的运输"海进江"水水中转物流。

从长远来看，浙江港口为长江流域大宗散货"水水中转"的运输需求持续旺盛，且所占比重逐年增加，但沿海港口中转物流与浙江经济发展并不直接相关。中转物流所占比重相对递增、浙江临港工业发展以及产业集聚派生出的沿海港口物流需求所占比重相对递减的结构变动趋势，导致了浙江港口与省域竞争力关联发展效应动态变化的总趋势趋于弱化。

三、周边其他港口的激烈竞争

从目前情况看，浙江港口群除了在港口航道、深水岸线条件方面具有比较优势外，在其他方面与上海港口相比，存在严重不足。目前，江苏沿海港口也在积极争取承接上海大宗物资转移的物流需求，全力实施长江战略，直接影响浙江沿海港口对长江沿线地区大宗物资中转物流需求的辐射能力。

货流的集聚会带动港口对浙江社会经济的贡献度，进而促进综合竞争力提升，港口发展与综合竞争力提升的关联程度就强；反之，对腹地经济社会发展的带动作用就不强，港航产业的发展就会受到影响，港口发展与综合竞争力提升的关联程度就会减弱。很显然，2006年以来港口发展与综合竞争力提升动态关联效应呈现的明显弱化趋势与周边其他港口的激烈竞争有着极大的关联，港口间的激烈竞争对沿海港口与综合竞争力动态关联效应的发挥产生了不利影响。

第四节　集群式港口物流供应链柔性化运作机制
对城市综合竞争力的贡献模式

港口物流作为国民经济和贸易发展的加速器，能带动区域内其他相关产业的快速增长，形成产业集群，优化区域产业结构，是新的经济增长点。港口物流的发展所带来效益的增加，不仅体现在港口本身，而且体现在对港口城市及周边地区经济的带动作用上。它推动了港口城市和周围地区的经济发展，同时也优化了所在城市和周围地区的产业结构，促进了产业升级并最终提升了综合竞争力。从上述实证分析可以看出，浙江港口物流业对经济增长及综合竞争力提升的贡献度是较高的，并且两者之间是一种长期稳定的均衡关系。如今港口物流正向着国际化、专业化、规模化、信息化的趋势发展，依据这一发展趋势，浙江各个港口应根据自身实际，充分利用现有港口的自然条件、腹地情况及供求关系等，借鉴国内外港口物流发展的成功经验，科学合理地发展港口物流，提升其国际竞争力，为浙江经济平稳快速地发展提供更高效快捷的交通运输服务。

集群式港口物流供应链柔性运作系统以信息为平台，将核心层港航企业、支撑层综合物流园区和附加层职能部门通过信息流、物流、资金流有效地结合成一体，对省域竞争力系统中的各子系统提供支持，进而增强全省竞争力。现代的集群式港口物流供应链柔性运作系统改变了传统港口对区域经济及省域竞争力的贡献模式：服务功能由单一化到多样化、综合化；服务内容由交通枢纽到信息枢纽、资本枢纽；贡献效果由原来单行流程的低效率到现在并行流程的高效率，提高了贡献效率；服务手段由原来的无差异化服务到现在柔性定制服务等，体现了集群式港口物流供应链柔性化运作的优势。根据港口流通能力与省域经济综合竞争力的关联关系，可将港口物流对省际竞争力的总贡献分为港口物流直接贡献、港口物流间接贡献和港口物流波及贡献。集群式港口物流供应链柔性系统对省域竞争力的贡献模式如图2－4所示。

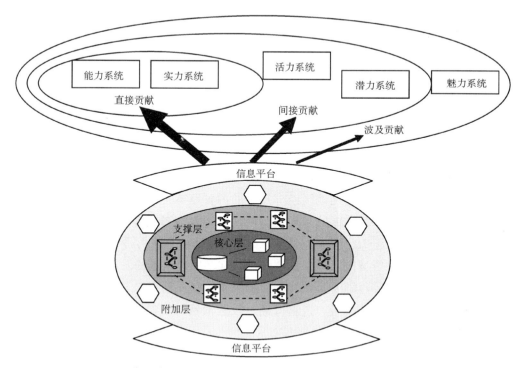

图2－4　集群式港口物流供应链柔性系统对省域竞争力的贡献模式

一、港口物流直接贡献

港口直接贡献体现为港口相关经济活动自身所产生的对省域综合竞争实力的贡献，其中包括对竞争力子系统的实力系统和能力系统的贡献。

（一）对实力系统的贡献机理

第一，提升经济规模。港口物流本身是经济实体的一部分，所创造的增加值被计入区域经济总值，而集群式港口物流供应链柔性运行由于其现代、科学、高效的三流合一系统丰富和完善了传统港口的服务功能，扩大了传统港口的服务范围，使得该系统的经营领域由原来的港口装卸生产、港口管理与建设以及港口仓储业和配送等业务拓展到远程港口信息服务、大宗商品交易以及港口金融服务等新领域，由此提高了港口物流行业对区域经济总量的贡献程度。

第二，改善产业结构。由于港口物流本身属于交通运输服务行业，集群式港口物流供应链柔性系统的增加值在增加经济规模总量的同时，也提高了第三产业中服务行业增加值的份额，从而提高了第三产业在经济总量中的比例，改善了产业结构。

第三，其他贡献。集群式港口物流供应链柔性系统可以有效改善港口区域的交通环境和地方城市功能，打破原有的运输瓶颈，为地方经济持续发展提供动力。

（二）对能力系统的贡献机理

第一，提高流通能力。港口物流是物流行业的重要组成部分，其本身物流功能的扩展和经营领域的扩张将使港口所在区域特别是本省的流通能力全面提升。

第二，增强辐射能力和聚集能力。作为区域经济交通运输枢纽，港口物流的辐射能力和聚集能力显而易见。经济层面上的集聚是指资源、要素和各种经济活动在地理空间上的集中趋势和过程，辐射则是指这些资源、要素向本地区以外地理空间的扩散和传播。集聚和辐射是地区经济发展的两种基本运动形式。集群式港口物流供应链柔性运作模式以其功能的多样化、现代化以及服务的差异化、个性化，提升了港口所在省市的吸引力，聚集大量的人才、原材料、资金、科技实力等，再通过辐射功能，将其各种资源产品对外扩散，进而推动周边地区的发展。

第三，其他贡献。伴随着集群式港口物流供应链柔性系统产值和增加值的不断提高，港口所在省市经济总量、进出口额、投资消费额以及财政收支等各项经济指标的持续增长有了保证。

二、港口物流间接贡献

港口物流间接贡献体现为由于能力系统竞争力增强作用于港口省域范围的经济

实体而产生的贡献，包括对竞争力子系统的潜力系统和活力系统的贡献。

对潜力系统和活力系统的贡献机理：港口物流能力与潜力系统和活力系统的关联度较低，但由于集群式港口物流供应链柔性运行能够直接贡献于省域竞争力的能力系统和实力系统，不但能改善本省的流通、聚集和辐射能力，而且能增强本省的整体经济实力，因此可以提高生产经营要素的使用效率，激发省际区域内各类经济实体的活跃度，对潜力系统和活力系统产生贡献。

三、港口物流波及贡献

港口物流波及贡献主要体现在对港口所在省市总体形象和影响力方面的后续波及效应。主要指港口物流对竞争力中魅力系统的贡献。

对魅力系统的贡献机理：省际区域魅力的主要功能在于利用省域文化凝聚力对外界施加强烈的影响，产生巨大的吸引力，实现品牌认知价值。魅力是多种积极因素的综合性组合，这种组合使省际区域具有潜质，对省市发展具有乘数效应。集群式港口物流供应链柔性系统是资源要素在省际区域内外双向反复流动的必然通道，也是港口省市的窗口，影响到地区形象。更重要的是，在该系统的直接贡献和间接贡献的共同作用下，省际区域综合竞争力得到有效提升，这将大大提高地区声誉和品牌价值，从而对魅力系统产生贡献。因此集群式港口物流供应链柔性系统对魅力系统所产生的波及范围广泛，且属于动态循环的贡献。

第三章
浙江港口区位势及其增长机制

本章提出以区位分析作为制定港口物流发展战略的理论基础，建立了港口区位势的分析模型，并应用模型分析了舟山港、宁波港和上海港的区位势。根据港口区位模型，要提高港口的区位势，应采取加强对腹地货源的吸引能力，优化港口和腹地之间的集疏运体系，增强港口内在竞争力的发展战略。最后以舟山港为例，提出基于港口区位论的港口物流发展战略。

第一节 区位理论

区位理论是从考虑"一定的经济活动为何会在一定的地方出现"这一基本的问题开始的。从历史角度看，以是否考虑政府因素为依据，区位理论大致可以分为古典区位理论和政府行为学派，分别从不同的角度诠释了决定区位分布的因素和机理，它们构成了区位分析的基本框架。

一、四大古典区位理论的梳理

19 世纪 20 年代至 20 世纪 30 年代是四大古典区位理论的形成时期。四大古典区位理论主要采取微观经济学的分析方法，分析生产要素价格对区位分布的影响，以及生产要素价格变动对区位变动的影响。这些理论都不考虑政府行为对区位选择的影响，隐性假设政府提供不依时间和空间变化的制度与政策。这一时期区位理论研究的学术中心主要在德国，美国和英国也出现部分研究者。

（一）农业区位论

这一理论的开创人物为德国经济学家屠能（J. H. von Th. nen，1783—1850），其代表作是 1826 年发表的《孤立国》，关键概念有：农地使用（Agricultural Land Use）、位置租金（Location Rent）等。屠能从一个假想的、地理上孤立的城市出发，分析如何决定城市外围均质土地上的作物种植，实际上是系统考虑了农业生产的区位问题。他推导出著名的"屠能圈"，对地租、位置和资源配置给出了自己的解释。他分析的目的是确定基于运输费用的最优农地使用，分析的前提假设主要有三点：一是给定价格的农产品中心市场；二是对具有独立区位的农作物给定生产方式和成本（一致的技术以及无规模经济）；三是运输成本与距离的关系为线性函数。分析工具主要使用了屠能圈和租金函数。这一理论的后续贡献者主要有 Brinkn、Aibel Loesch 和 William Alonso（1933—1999）。

（二）工业区位论

工业区位论在区位理论中影响最大。学术上公认的创始人是德国经济学家韦伯（A. Lfred Weber，1868—1958），以 1909 年发表的《纯粹区位理论》一书，确立了他继屠能之后在区位理论方面的领先地位。另一位重要代表人物是龙赫德（Wilheln Launhanlt，1885），他虽然没有创立完整的工业区位理论体系，但其提出的"龙赫德区位三角形"和《商业趋向的理论》（1872）、《工业合理区位的确定》（1882）两篇论文提供了早期工业区位理论的思想。这一理论主要概念有最优工业区位（Optimum Industrial Location）、原料指数（Material Index）、区位三角形（Location Triangle）、等差费用曲线等。下面重点介绍韦伯的工业区位思想。

韦伯提出研究工业区位是区位理论研究的中心问题。他研究的目的不是想要叙述近代资本主义社会中工业区位的具体移动情况，而是试图寻找到工业区位移动的规律，进而判明各个影响工业区位的因素及其作用大小。

他的前提假设主要有以下四个。

第一，纯理论的探讨中，假定非经济因素（例如，政策、政治制度、民族、气候、技术差别等）不起作用，只探讨影响工业区位的经济因素（他称作区位因素）。"区位因素是影响工业生产活动在甲处进行而不在乙处进行的经济因素。"

第二，把影响工业区位的经济因素（区位因素）分为两类：一类是"区域因素"，另一类是"位置因素"。其中，区域因素是影响工业分散于各个区域的因素，位置因素是促使工业集中于某几个地方的因素。同时他还区分了普通因素和特殊因素，普通因素是对一般工业都有影响的因素，如运输成本、工资、租金等。特殊因素是只对特定工业有影响的因素，如制造业需要一定湿度的空气或一定纯度的水等。由此得出他要探讨的是"区域因素"中的"普通因素"。他假定可以按照这种因素分析方法来确定工业区位，对"位置因素"则是在存在工业集中倾向的情况下才考虑的。

第三，构成区域因素的普通因素主要是成本项目，一般有 7 个：① 地价；② 厂房、机器设备和其他固定资本的费用；③ 原料动力和燃料的成本；④ 运输成本；⑤ 工资；⑥ 利息；⑦ 固定资本折旧。在上述普通因素中，他认为实际上起作用的只有第④项和第⑤项。

第四，为了考察运输成本与工资这两个因素对工业区位的影响，他还作了如下的假定：假定原料的所在地、产品的消费地点与范围是已知的；假定劳动力没有流动性；假定每一个有可能发展工业的地区有一定的劳动力供给地；假定每类工业的工资率是固定的，在这个工资率之下，劳动力可以充分供给。

根据以上前提，韦伯使用"区位三角形"和"等差费用线"作为分析工具，分析运输成本对工业区位的影响。他的结论如下。

（1）从运输成本的角度看，地方性原料的损重程度对工业的区位趋势有决定性的影响。地方性原料损重越高，原料指数越高；遍布性原料参与程度越大，原料指数越高。

（2）为了节省运输成本，工业应尽可能采用遍布性原料，如果采用遍布性原料，厂址应设在产品的销售市场。

（3）地方性原料中的纯原料的原料指数为一，这种纯原料产地不能吸引企业在那里设厂。

作为补充，韦伯还对社会环境的影响进行了分析。主要从以下 3 个因素入手。

（1）运输成本：根据运输成本这一单项因素所决定的区位与根据工资成本这一单项因素所决定的区位相距的远近。相距越近，企业越易迁移。

（2）运费率：如果运费率下降，工资成本的影响将增大；运费率上升，运输成本的影响将增大。

（3）人口密度：人口稀，各地工人劳动生产率相差不大，工资率相差不大，工资成本对区位迁移的影响很小；人口稠，各地工人劳动生产率和工资率的差距增大，工资成本对区位迁移的影响也会增大。

之所以对韦伯工业区位思想的介绍给予较大的篇幅，一方面是因为工业区位理论的影响广泛，另一方面是韦伯对区位因素的经典划分。后来许多学者都是在这个基础上来研究区位问题的。他所假定的"实际因素（例如，政策、政治制度、民族、气候、技术差别等）不起作用"的命题，就现在的时代而言，必须重新考虑。可以说，对政府因素的关注，正是由此而出。

这一理论的后续贡献者非常多，主要有帕兰德（Tor Palander）、伊萨德（Walter Lsanl）（1963）、摩西（Leon Mores）（1958）、史密斯（D. M. Smith）（1966）等，限于篇幅不再详述。

（三）中心地理论

这一理论由德国经济学家克里斯塔勒（Walter Christaller）和勒施（August Lsch）差不多在同一时期开创。主要的概念有空间界限（Spatial threshold）、商品的销售范围（Range of a good）、中心地函数（Central place functions）、地区等级系统（Hierarchical system）、空间需求曲线（Spatial demand curve）等。

克里斯塔勒（1894—1975）凭借其 1933 年发表的《德国南部的中心地原理》，创立了中心地理论（Central place theory），提出了用以说明提供不同服务的村庄和城市的等级制度为何会出现以及这种等级制度又为何因地而异的一般理论（克里斯塔勒，1998），被公认为是"有效地说明了城镇为什么存在，是什么决定了它们的发展，以及它们在地区和国家里的次序是如何排列，如何产生的一种理论"。他以韦伯区位论的静态局部均衡理论为基础，将地理学的地域性和综合性特点，同区位论学说相结合。书中对当时德国的几大城市进行了细致的实证分析和验证。他的理论后来成为城市经济学的理论来源。

勒施（1906—1945）则通过其在 1939 年发表的《经济空间秩序》（或译作《空间体系经济学》），在其相对短暂的一生中确立了他在区位理论研究中承前启后的地位。他总结了以前的区位理论，特别是吸取了克里斯塔勒中心地理论，形成了独具特点的思想理论体系，将静态的、单方面的农业区位论和工业区位论，扩展为动态的、综合的空间经济理论，不仅从理论上把研究对象扩大到区位体系、市场区、经济区、地区劳动分工、地区经济、国际贸易等广大的领域，而且涉及了区位选择、地区计划、城市规划等方面的方法论。他的最伟大的贡献"是以最概括的方式将一般均衡理论应用于空间"。

勒施用利润原则来说明区位趋势，并把利润原则同产品的销售范围联系在一起进行考察。与韦伯的理论不同，他并不认为最低运输成本在工业区位趋势中起决定作用。他既以一般均衡的角度来考察整个工业的区位问题，又从局部均衡的角度来考察一个工厂的区位问题。另外，他对经济区的分析具有理论的独创性，为以后研究产业区提供了很好的思想。他所提出的蜂窝状六边形市场区的概念被广泛使用。克里斯塔勒和勒施两个人的思想具有相承性，在他们的理论中都出现了具有等级的中心地，并由于对市场销售区的考虑，成为市场学派的代表人物。这一理论的后续贡献者主要有 E L Ullm、Brian Berry、W. Bunge Parr 和 Denike 等。

（四）空间竞争理论

这一理论由美国数理统计学家和经济学家霍特林（Harokl Hotelling）开创，他在 1929 年发表的《关于竞争的稳定性》一文中，提出了空间竞争（Spatial Competition）分析框架。这一理论主要使用的概念有空间竞争、"冰淇淋卖者模型"（Ice-cream-vendor model），需求的距离弹性/非弹性（Distance-（in）elasticity of damand）等。霍特林（1895—1973）是一位在数理统计学和经济学方面富有创造性的思想家，他所引入的双头垄断区位均衡（the stability of spatial competition for the spatial duopoly）概念，以及对"冰淇淋卖者模型"的分析，不但在区位理论体系中有重大影响，而且是分析垄断竞争理论的典范。他突破单个主体区位选择的传统分析思路，考虑在有竞争时如何选择区位，这为以后区域竞争理论的发展提供了思路。这一理论的后续贡献者主要有张伯伦（E. H. Chanberlin）（1953）、勒纳（Lemer）（1937）、史密斯（A. fanithies）（1966）、伊顿（B Q Eaton）和格里普斯（R G Lplay）（1975）、布朗（Stephen Brown）（1989）等。

为了便于综观全貌，表3-1归纳了以上四个古典区位理论的一些基本信息。

表3-1　区位理论中四大古典理论比较

理论	农业区位	工业区位	中心地	空间竞争
主要代表人物	屠能（德）阿朗索	韦伯（德）史密斯；伊萨德；摩西	克里斯塔勒（德）勒施（德）	霍特林（美）
目的	屠能：基于到市场的运输费用的最优农地使用　阿朗索：商业和居住用地的最优使用	韦伯：寻找最小运输成本区位　史密斯：利润最大化条件下的区位　摩西：投入和产出的最优组合的最优区位（允许规模经济和规模不经济以及在任何产出水平下的可替代性）	最优的市场范围	面对区位竞争时的最优反应
前提假设	屠能：给定价格的中心市场；对具有独立区位的农作物给定生产方式和成本（一致的技术以及无规模经济）；运输成本与距离的关系为线性函数　阿朗索：单一的中心都市	韦伯：给定的线性生产函数（没有替代，没有规模经济性）；给定的市场价格	克里斯塔勒：家庭的相同空间分布；家庭有均质的需求函数；运输诉讼费能被分配到单位货物	需求在空间均匀分布（价格—距离—非柔性）；一个竞争者（空间的双头垄断的生产者）；生产成本独立于区位因素

理论	农业区位	工业区位	中心地	空间竞争
供给	分散	本地	本地	本地
需求	本地	本地	分散	分散（一维）
主要分析工具	屠能： 租金函数；屠能圈 阿朗索： 租金（价格）函数	韦伯： 原料指数；等差费用线 史密斯： 空间成本曲线；可获利润率的空间边缘 Predoeh l/库西： 替代原则	阶层的原理； 门槛起槛范围（空间的损益两平点）；商品的销售范围；空间需求曲线（圆锥形）	能被解释如 2 个人的零和对策；支付矩阵；有反作用曲线的 Edgew orth 箱

二、区位理论政府行为学派的初创

20 世纪 20 年代，既是上述四大古典区位理论后两个理论的创立期，也是政府行为学派的初创时期。如果从全球范围着眼，区位理论这一研究传统有两条比较清晰的发展路线：一是英、美等西方发达国家经济学界所提出的区域经济学传统，二是苏联经济地理学中的经济区划思想。它们共同对区位理论中的政府行为作出了开创性研究。

（一）区域经济政策研究传统的开创

西方经济学家逐渐发现，一国内部有些区域经济发展良好，而另一些区域经济却相对落后。对这一问题的思考，使政府所提供的区域经济政策成为分析对象。由此，区域经济学应运而生。它考虑如何在规定的地区内通过政府的政策影响产业的区位分布，以及其他一系列提高区域经济水平的手段。这一方向以英国的登尼森和美国的胡佛为代表。英国经济学家登尼森（S R Dennison）于 1937 年在《曼彻斯特学报》发表了《工业区位理论》和《工业区位的政府统制》两篇文章，后收集于《工业区域与衰落地区》一书。他的研究与当时的经济背景有关系。由于受日本、印度等国的竞争，英国当时的棉纺中心曼彻斯特一度衰落，由此，英政府于 1928 年设立工业迁建局（Industrial Transference Board）以协助企业迁移到其他的地区。1934 年，英国国会通过了"特殊区域发展与改进法"（Special Areas Development and Improvement Act），以扶持当地的发展。这些明显的政府行为，引起了他的注意。他的文章指责韦伯只考虑技术关系，从而无法解释那些从成本来讲应迁移却没有迁移的情况。同样是 1937 年，美国经济学家埃德加·胡佛（Edgar M. Hoover）发表了一部对区域经济学影响深远的著作《区域经济学导论》。他在书中先对区域经济学下了定义，然后花了大量的篇幅总结了以各种因素支配的区位模式，之后提出了区域经济学的研究任务，提出用区域经济政策来发展区域经济，解决一些所谓的"问题区域"的经济发展和社会问题。他认为，市场或人口集中地点的形成原因，除了交通便利、水源条件、矿产、木材、渔业、盐业等资源因素，还应该考虑非经济原因如军事因素或政治因素。相对于歌尼森，胡佛的理论更为系统。孙海鸣等（2000）对这一方向作了很好的回顾。

（二）苏联的经济区划和工业布局思想

由于意识形态上的原因，苏联的区位理论与西方的区位理论在相当长一段时期内处于相对的割裂状态。西方区位理论的隐性前提是区位选择的主体是具有经济人特性的私人企业，所研究的问题是逐利企业分散的区位决策如何导致经济活动的区位分布。而在计划经济体制下，政府成为决定经济活动区位的唯一主体。因此苏联的区位理论与西方传统区位理论有非常大的区别，是一种政府完全处于支配地位的区位理论，主要研究政府在布置经济活动或者经济设施时应该遵循的原则。在这种理论中，政府成为超越其他一切因素的决定因素，它以资源的整体优化配置和国家安全需要为原则，通过指令性计划代替企业对区位的自主选择，来决定企业的空间定位和产业的空间布局。这是一种特殊的区位理论，是区位理论中政府行为学派的特殊代表。

这一传统主要的研究对象是经济区划和工业布局的优化原则和方法，它起始于列宁的工业布局计划。列宁在1918年提出《科学技术工作计划草稿》，提出了"合理地分布俄国工业，使工业接近原料产地，尽量减少原料加工、半成品加工一直到产出成品各个阶段的劳动损耗"的要求，由此引导学术界进行了大量研究。初期以克尔日扎诺斯基、加里宁等人为主，尤以 H．H．科洛夫斯基和 H．H．巴朗斯基为代表。他们对先期的经济区划和后来的工业布局做出了相当的研究。这种传统对后来的理论体系产生了很大的影响，现在世界各地都在做的区域规划和区域调整从理论上来说仍受益于这个传统。

三、区位理论的分化和政府行为学派的发展

20世纪40—80年代，区位理论的发展更多地受到新古典经济学和凯恩斯经济学的影响。区位理论的研究出现了两大变化：一是就西方传统的区位理论而言，研究的中心由德国逐渐转移到美、英等发达国家，随着新古典经济学、制度经济学、信息经济学、博弈论等理论的发展，许多学者参与了对区位问题的思考；二是政府行为学派的研究不断强盛。一方面，西方区位理论对政府因素的考虑不断

强化。50年代以后，传统的自由市场经济要引入政府干预，客观上要求学术界给出解释。区域经济政策所引起的资源配置和收入分配的变动，成为西方区位理论重点分析的对象。另一方面是新中国和其他社会主义国家的成立，其所选择的中央集权的计划经济体制，大大加强了苏联经济学家开创的经济区划和工业布局理论的研究力量，这一传统得到近乎极致的发展。由于制度框架不同，加上意识形态的影响，在相当一个时期内，这两种区位研究传统仍相对独立发展。

（一）西方区位理论的新发展

西方区位理论的新发展大致有如下几个方向：一是有关城市区位、城市空间结构和变迁的研究（陆玉麒，1998），这是在中心地理论基础上的延续。这个方向考虑的关键概念有：城市的空间结构、城市生态学和地理学、城市结构的多核理论、城市群、城市密度函数、城市联合等。二是在考虑不确定条件和信息成本下的区位问题研究，包括考虑投资风险带来的分散布局。对信息成本的考虑则修正了原来仅考虑运输成本的局限。三是在考虑规模经济和规模不经济的条件下对工厂选址和产业分布的研究。垄断竞争理论在这里提供了几个很好的区位分布模型。四是对区位行为理论的研究，包括企业行为理论、有限理性下的区位决策模型、搜寻行为与信息行为对区位选择的影响，等等。五是结构主义的考虑，包括组织地理、战略联盟、社团网络、柔性专业化、集聚等概念。六是有关组织的成长和变化的思考，包括产品生命周期与区位模式、学习型组织、孵化器和小企业的区位、增长极、新产业区（王缉慈，2001）、产业联系等概念。

（二）政府行为学派的发展

这一时期的政府行为学派如前所述分成两条线演进。西方区位理论一线的发展主要在英美国家。继歌尼森之后，英国学者对政府因素的关注一直延续，主要的代表人物有科林·克拉克：《工业区位和经济潜力》；劳斯贝（B J Loasby）：《使区位政策发生作用》；巴列·摩尔（Barry Mcore）和约翰·罗德斯（John Rhodes）：《区域经济政策和制造业厂商向发展地区的移动》。

他们通过对20世纪60年代英国区域经济政策的效应研究，认为要改变英国各地区之间收入分配格局和国内资源配置状况，政策调节是重要的；同时指出影响工业区位变动最重要的区域经济政策是：投资津贴、移民鼓励、就业补贴、教育经费增加、扩大地方市场等。

科林·克拉克主要研究政府的经济政策在加速产业区位变动中的作用。他认为自由市场机制在资源地区配置方面的作用固然重要，但被夸大。他认为国家在区位方面某种程度的干预是必不可少的，政府的干预应放在对投资和就业的刺激上，财政政策是影响区域经济的有效手段。就各地失业率不同的问题，他提出建议，认为政府应该实行地区工资税和折扣。这突破了以往西方经济学界单纯从投资税率减免和信贷条件优待方面来刺激产业迁移的做法。劳斯贝的研究主要分析政府如何影响厂商对新厂址的选择。他的研究认为：企业迁厂是逐步由近而远延伸的，这是信息和风险的影响，而且企业自发的迁移不一定符合政府的意图。而政府可以帮助它们对各个区域的比较利益有所了解，使未来的工业布局比较接近于政府的区域规划目标。另外的学者还通过分析区域经济政策效应，来探讨政府的作用应该如何衡量。这方面主要的研究者有霍华德（R S Howard）、布朗（A J Brown）、摩尔、罗德斯等人。

研究者首先对工厂的迁移进行分类：即由不发达—发达和由发达—不发达。同时将政府对区域经济的态度分为积极和消极。摩尔、罗德斯根据第二次世界大战后30年来英国的经验资料得出这样的看法：前一种企业的迁移数，无论在积极的还是消极的区域经济政策时期，基本上是不变的；后一种迁移数，在积极的区域经济政策时期很高，而在消极的区域经济政策时期，则很小。在后一类迁移中，以消极的区域经济政策时期内平均每年较不发达地区的工厂迁移数作为一个基数，那么积极的区域经济政策时期平均每年向较不发达地区的工厂迁移数大于这个基数的数目，可以反映区域经济政策起作用的强度。另外，他们还考虑到了区域经济政策起作用的时间间隔和总需求因素的影响，即政府的政策并不是马上见效，而如果总需求比较大，则能快速引起产业区位的变动。

因苏联后期的经济发展不尽如人意，而中国早期的经济体制又完全模仿苏联，故对另一路线演进的思考，可重点关注中国理论界的动向。国内学者对区位理论的研究可以说正是从上述的工业布局传统开始，从一开始就思考政府因素的影响。如果要对国内的研究进行时代的划分，应以开始引进西方区位理论尤其是西方工业区位理论为界，时间大约在20世纪80年代初，以王守安等在1982年发表的《西方工业区位理论与方法》和陈振汉、厉以宁在1982发表的合著《工业区位论》为代表。在这之前，国内的区位理论处于相对封闭的发展时期，主要接受苏联社会主义工业布局的思想。可以说，20世纪80年代以前，国内关于经济理论的研究处于一个相对的低潮，区位理论也是如此。另外，正如前文所说，计划经济体制下的工业布局研究，是在一种相对特殊的体制前提下的研究传统，限于篇幅，这里不再详述。区位理论及政府行为学派演进过程见图3-1。

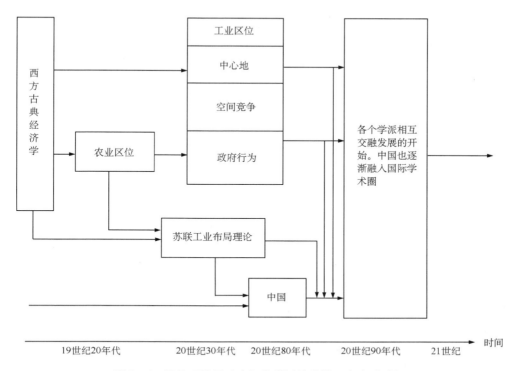

图 3 – 1 区位理论及政府行为学派演进的一个大致过程

四、小结

区位理论主要考虑"一定的经济活动为何会在一定的地方出现"这一基本的问题。古典区位理论的四大理论从各个不同的角度诠释了决定区位分布的因素和机理，奠定了区位分析的基本框架。

从要解决的问题来看，以屠能为代表的农业理论主要分析了农地使用中的次序问题，这一理论与主流经济学中的地租理论具有很大的关系，从本质上说，农业理论正是根据不同区位土地的地租差异作为分析的基础，用不同区位土地的产出与地租来共同考虑农地种植次序问题，这是一种简单的成本—收益决定法则。从分析的因素来说，主要考虑了土地成本、运输费用、作物产出以及市场需求这几个因素。主要采用了数据计算和图示等基本的分析方法。

以韦伯为代表的工业理论主要解决工业尤其是制造业的区位决定问题。韦伯细致分析了决定工业区位的因素体系，对这些因素进行了较为完整的分类和说明。从理论上说，韦伯很好地说明了工业区位的自然分布问题。他排除了大量的社会因素，从纯经济的角度进行考虑，指出运输成本、劳动力价格、原料成本是决定制造工业区位的三大基本因素，成为因素分析法的典范。在分析方法上创新性地提出和完善了区位三角形，直观而又合理。

以克里斯塔勒为代表的中心地理论，从出发点来看最主要想解决商业区位的决定问题，即不同等级市场区的区位决定问题。他通过大量的事实例证揭示了具有层次的地域中心地的形成和变动原理。然而从理论的意义上来说，他们为后来的城市经济学奠定了基础，他们的理论有效地说明了城镇为什么存在，是什么决定了它们的发展，以及它们在地区和国家里的次序是如何排列如何产生的，事实上更适于解决城市区位的决定问题。勒施的贡献更值得一提，因为从分析方法上来说，他突破了静态局部的分析方法，引入了动态整体考虑区位问题的分析方法，他们所提出的等级体系和经典的六边形网络体系为后来研究市场区和城镇体系提供了非常有效的分析思路。

以霍特林为代表的空间竞争理论则将空间决策引入了商业竞争理论，突破了商业竞争研究以价格和产量作为主要竞争手段的传统分析思路，成为一种非常重要的商业区位决定理论。同时，突破了单个主体区位选择的传统分析思路，考虑在有竞争时如何选择区位，这为以后区域竞争理论的发展提供了思路。他们所提出的空间竞争模型成为产业组织理论和博弈论中非常重要的模型，由此区位成为一个变量被纳入主流经济学的分析体系中。

但是正如前面所分析的，政府因素在这些传统的分析思路中都是缺失的，他们的贡献在于开创了区位分析的新方法，提炼出了一些分析区位问题的因素，可以用来解决自然区位分布的决定问题。然而对政府因素的关注，要等到政府行为学派出现以后才开始体现。无论是初期的西方区域经济政策分析还是后来苏联等社会主义国家所奉行的工业区划思想，一个共同点是开始考虑政府因素对企业区位选择的影响。在分析思路上，这两者是有差别的，因为它们有不同的制度前提。西方区域经济政策分析是基于已经比较成熟的市场经济体制，更多地利用政府提供的区域经济政策来影响企业的行为，进而来解决地区发展不平衡问题；而有着计划经济体制前提的社会主义国家，则更多考虑如何通过从上而下的行政命令，按照最优化的原则来实现企业或者产业在一定空间范围内的最优分布。

第二节　港口区位价值理论

港口作为现代交通综合运输链的重要节点，正在成为开发带动型区域经济竞争优势的重要来源之一。港口的发展客观上受到发展与运营环境、需求环境、生产要素环境、支持环境、机会与政府等要素的影响。对港口区位价值理论的认知，不仅要考虑港口区位、资源与能力及要素环境的改善，还应探讨港口区位价值的内涵、影响因子体系、港口能力与竞争优势、港口区位价值金字塔模型等基本问题。

一、港口区位理论简评

国外研究港口的论著分别从不同的角度对港口进行了研究，涉及港口形成与发展的区域自然条件、交通运输条件、港口区位工业化、港口与腹地相互关系、港口空间结构演化等内容。德国学者高兹（E A Kautz）于 1943 年发表了《海港区位论》，开创了港口区位理论研究的先河。高兹指出，决定海港选址区位包括运输费用、劳动费用和资本投入 3 个主要因素，它们构成了港口区位因子体系。霍伊尔（Hoyle）和平德尔（Pinder）主编的《城市港口工业化与区域发展》指出，交通一体化是港口最基本的功能，港口往往发展成为一个主要工业集聚点和重要的就业地点以及国家和地域发展的增长极点。巴顿（Patton）和摩根（Morgan）的研究表明，腹地在港口形成与发展过程中起决定性作用。国外学者对港口空间结构演化的研究主要涉及港口形成与发展的区位条件、港口与腹地、港口与陆地交通运输间的作用、港口间竞争主枢纽地位、技术进步改变区域内港口空间结构等问题，主要代表人物有塔弗（Taaffe）、莫里尔（Morrill）、古尔德（Gould）等学者。塔弗（Taaffe）等研究指出，随着交通网络的扩张与不断发展，港口与腹地的交通联系得到逐步改善，腹地货流逐步趋于集中。

国内众多学者对我国港口与区域发展进行了丰富的理论研究与实证分析，主要涉及港口区位特征、港口功能、港口与腹地经济一体化、港口物流、港口竞争力等多方面内容。比如，大连海事大学王杰教授应用圈层结构划分法和点轴法对大连国际航运中心港口——腹地范围的界定与划分进行了实证分析；中山大学城市与区域研究中心徐永健等以广州港为例，分析了现代广州港运输功能的动态变化，揭示了港口自身的发展规律及其与腹地的交互作用机制；上海理工大学区域与交通研究所董洁霜等将区位势的概念模式应用到港口区位与腹地相互关系，建立港口区位势的数学模型，定量分析港口区位发展潜力和竞争力，探讨了港口区位势的增长机制；燕山大学经济管理学院的赫连志巍、毕兰从港口一体、港口物流信息化等方面对港口核心竞争力问题进行了研究；田甜与徐邓耀实证探讨了日照港与青岛港、连云港之间的港口邻居效应。

港口区位具有特殊的地位与重要的价值。但是，目前的研究还很少涉及港口区位价值的问题。随着研究的深入，笔者发现，港口作为现代交通综合运输链的重要节点，正在成为开放带动型区域经济竞争优势的重要来源之一，不同的港口存在一种或某些区别于其他港口的能力或能力链式集合，这些能力是与港口资源相匹配的，我们称之为异质性资源。港口异质性资源是港口竞争优势及港口区位价值的根源所在。本节立足于"港口区位价值"的角度来思考港口经济发展问题，有着重要的理论意义和实践指导意义。

二、港口区位价值基本内涵及影响因子体系

"区位"源于德文的 standort，是 1882 年由 W. 高兹首次提出的。"区位"目前大多被译为英文"location"，意指某事物占有的场所，也含有"位置、布局、分布"等方面的含义。港口概念最早的定义与区位密切相关，是在水陆交界处适于船舶装卸货物的地点。借鉴众多研究成果，笔者认为，港口区位价值是指港口资源以及与该资源相匹配的能力在经济上的价值实现，反映了港口对相关资源及经济活动的吸引力和竞争力。

根据港口区位价值的定义，笔者发现：第一，港口区位价值既解释了"一定的经济活动为何会在一定地方出现"即区位选择的基本命题，同时也力图解释区位主体（即有意吸引投资的地区政府）如何改善港口环境，增强港口能力，力争使本港口成为集聚性投资行为的首选地点，港口区位价值不仅表现为一般性的物质资源和共享的基础设施，还表现为某些特有的能力或能力的集合；第二，港口区位价值是基于比较优势基础上创造的可持续发展的竞争优势，是一种高级的竞争优势，具有战略性，需要长期的投资才能培育形成。自然资源要素禀赋价值，比如，土地可开发利用性、港口通达性、码头水深、锚地和航道状况等要素价值，是港口区位价值的内生性来源。技术、制度、信息等追加要素价值是港口区位价值的外生性来源。政府及企业对追加要素的资本性投入创造并提升了港口区位价值；第三，港口区位价值不仅仅受到港口区位自身要素的影响，也取决于邻居港口、港口与城市、港口与腹地的外部性影响。

港口区位价值的创造本质上是经济活动的创造过程，表现为各种要素资源在经济空间上不断集聚、扩散、调整、匹配与适应的过程。根据该思维逻辑，本书构建了港口区位价值的影响因子体系，如图 3 – 2 所示。

图 3 – 2 港口区位价值影响因子体系

根据图 3-2 所示，港口区位价值的影响因子包括区位因子、内部因子与外部因子（分析因子如表 3-2 所示）。"关联"与"匹配"是港口区位价值影响因子体系的核心概念。所谓"匹配"的核心内涵是共享、协调与合作，意指港口资源、港口能力、港口外部环境之间的有效协同与彼此支持。所谓"关联"的核心内涵是牵连与影响，意指区位因子、内部因子与外部因子三者间彼此影响，相互加强。

表 3-2　港口区位价值要素及分析因子

要素	分析因子
生产要素（区位）环境	1. 自然资源；2. 人力资源；3. 基础设施；4. 战略优势；5. 交通网络；6. 资本资源
需求环境	1. 港口差异性定位；2. 产品或服务差异化需求
支持环境	1. 港口供应链；2. 港口发展配套服务体系；3. 软要素环境：管理、训练等
发展与竞争环境	1. 企业的生产运营方式；2. 港口发展战略
机会	1. 港口集团及港口组群的发展趋势；2. 临港加工制造业加速集聚发展；3. 区域经济快速稳定发展
政府	1. 管理制度与政策创新；2. 行政服务体系及其效能

表 3-2 及图 3-2 为研究港口区位价值问题提供了重要的研究框架。笔者认为，港口区位价值的创造易受到发展与竞争环境、需求环境、生产要素环境、支持环境、机会与政府六大要素的影响。正如前文所指出的，港口区位价值表现为若干能力的链式集合，这些能力成为港口竞争优势的重要来源。尽管通过表 3-2，已经发现影响港口能力与竞争优势的关键因素，但是我们更能觉察到形成港口能力与竞争优势的艰巨性。比如，由于相关经济行为主体的价值活动室彼此独立和相互分离，这就为港口区位链式价值活动之间的关联造成了障碍。一旦彼此相连的价值活动之间缺乏有效配合，持久的港口区位价值与竞争优势可能难以实现。产生这种障碍的关键因素可能是狭隘的部门权利与利益的博弈。因此，要实现港口区位竞争优势，对众多区位竞争优势，对众多的港口企业、政府及其他辅助机构而言需要长期不懈的努力，不仅需要优势资源与能力的积累，还需要丰富的港口管理经验、强势的港口文化及创新的制度来支撑。

三、港口区位价值创造路径与方向

本书坚持关于港口区位价值的一个重要思想：港口区位价值是港口资源与港口

内部能力、港口外部环境互相协同、匹配、支持与适应的结果。根据这一思维逻辑，本书构建了一个简单的港口区位价值金字塔模型（如图3-3所示），试图去揭示港口区位价值创造的内在实现机制，即能力决定价值的大小，能力的稳定决定价值的稳定。

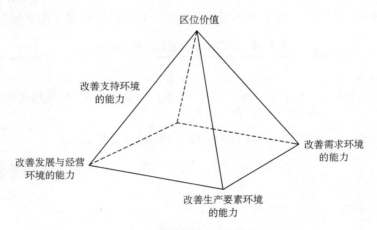

图3-3　港口区位价值金字塔模型

（一）基于改善需求环境能力的港口区位价值创造路径

港口区位价值创造的巨大拉动力来自于外部需求环境，包括港口综合物流快速发展需求、港口—腹地经济一体化需求、临港加工制造业集聚的需求、港口竞合博弈需求、港口个性化服务需求，等等。改善需求环境的一个重要途径是明确港口差异性定位。港口差异性定位的核心内涵是资源与需求的有效匹配，它特别强调基于需求差异性分析的港口发展定位。因此，枢纽港或供给港都需要做的是充分挖掘自身资源潜力，明确差异性定位，实施差异化发展战略，培养形成自身差异化的竞合优势，改善外部市场对本港口差异化服务的需求。改善需求环境的另一个重要途径是港口差异化服务，即港口能否针对性满足客户对港口差异化的需求，提供精细的作业和个性化的服务。当前，货主对港口的选择已不再是传统的主要基于港口费率的单纯考虑，而是涉及时间、经济和安全性多个层面。因此，降低转运的单位货物全程广义运输成本（综合了货币支出、时间耗用和风险承担等要素）可以大大满足货主港口选择的经济性需求。

（二）基于改善生产要素环境能力的港口区位价值创造路径

港口在发展过程中，其所拥有的某些资源优势甚至是能级比较低的，比如，港口基础设施建设滞后、港口物流业亟待加速发展、沿海生态环境脆弱。因此，各地港口首先应遵循空间均衡和生态效益两大原则，加强自然资源的科学规划与合理开发利用，提高港口承载力。其次，为适应国际海上运输专业化、大型化的发展要求，各地港口应积极寻求港口基础设施与交通运输网络共同合作建设共同盈利的双赢模式，联合多方主体共同投资建设港口物流区及疏港铁路、公路、航空综合网络，促进港口综合物流运输体系快速发展。最后，各地港口应积极谋求多方出资、共同参股、共同盈利的合作模式，多渠道解决资金问题。在集聚人才方面，港口应力求能够为来港人才培养、来港人才激励创造优越的环境，这取决于政府与企业的共同努力。

（三）基于改善企业发展与运营环境能力的港口区位价值创造路径

从该角度看，影响因子包括企业的生产运营方式及港口发展战略。随着供应链管理理论的发展和港口功能的拓展，"第四代港口"将超越原来的运输枢纽中心、装卸服务中心及"第三代港口"所提的物流中心的概念，能够提供灵活、敏捷、准时的服务功能。因此，就生产运营方式而言，各地港口运营企业应注重柔性化与敏捷化管理、精细化管理、个性化服务。就发展战略而言，"第四代港口"注重于港航联盟与港际联盟。比如，日本通过将东京湾地区包括东京港、千叶港、川崎港、横滨港、横须贺港、木更津港、船桥港在内的7个港口整合为一个分工不同的有机群体，形成一个"广义港湾"。这个构想的实施，很好地解决了东京湾内的港口竞争问题，将各港口的竞争转换成了整体合力。当前，我国港口日新月异快速发展，更应注重相邻港口的合作竞争与联盟发展，加快港口资源整合和结构整合，发挥港口群的整体优势。

（四）基于改善支持环境能力的港口区位价值创造路径

从该角度看，影响因子包括港口供应链、港口发展配套服务体系与软要素环境。有学者认为，第四代港口已经不再是单纯提供服务的平台，而成为将生产、销售和流通等资源整合配置在一起并提供个性化供应链服务的实体。因此，港口必须加快整合形成港口自身供应链体系，甚至从全球或区域产业链的战略高度来思考本港口在全球或区域供应链中的角色及定位问题，通过积极融入全球经济或区域经济，以更开放的姿态来改善港口相关支持环境。此外，包括人才教育与培训、生产作业技术创新、人文理念等在内的软要素环境也需要港口以创业者、创新者的姿态来加快创新与发展。在开放发展的港口经济中，政府的作用日益突出，必须坚持以科学发展观来规划、引领、支持港口新发展。政府的作用突出表现在提供港口发展所必需的相关支持环境方面，包括港口发展配套服务体系、制度创新、行政服务体系完善与行政效能提升、港口安全与节能减排等。

四、结论与亟待解决的问题

格让特（1991）把资源界定为生产过程的投入要素，认为能力是指完成一定的任务或活动，是一组资源具有的能量。"能力不只是资源集合或资源束，能力更是人与人之间，人与其他资源之间相互协调的复杂模式"。借鉴格让特关于资源与能力的观点，综合考虑到港口资源与能力两大关键要素，笔者将港口区位价值的内涵界定为港口资源、能力与环境相互协同、匹配、支持与适应的结果。按照这一逻辑思路，笔者对港口区位价值的影响因子进行探讨，明确指出区位因子、外部因子与内部因子三者间的关系是"匹配"与"关联"。进一步构建了港口区位价值金字塔模型，明确指出港口区位价值的创造取决于四大关键能力，即改善需求环境的能力、改善生产要素环境的能力、改善企业发展与运营环境的能力、改善支持环境的能力。

笔者在借鉴众多学者研究成果的基础上对港口区位价值的几个理论问题进行了有益的思考。尽管明确提出了以上研究结论，但是，对于港口区位价值的考量与效果评价等关键问题没有给出明确答案，主要是因为港口区位价值的创造是一个涉及资源、能力、环境、人等诸多要素相互协调、匹配、适应的复杂过程。随着关于港口经济发展的研究方法不断创新，研究成果日益丰富，相信笔者存在的困惑与研究思路、研究方法的不足会很快得到解决。

第三节　国外港口区位条件的演变及其原因探讨

港口作为综合交通运输的枢纽和客货集散地，在整个运输系统，乃至物流、资金流、人力资源流和信息流的四维网络中占据着举足轻重的地位。

以往，港口的基本功能被局限于运输。港口的核心任务就是迅速、安全、优质、廉价地将岸上的货物装载入舱，或者把船上的货物卸载上岸。然而，经过长期的演变和发展，港口已成为一个重要的经济、贸易和文化交汇点。除了运输功能外，港口还集工业功能、贸易功能和商业功能于一身。

在不断演变的国外港口系统中，各决策主体（如港口用户和港口管理局）之间的关系也经历了重大的调整。如何借鉴国外港口的管理经验，积极消除港口在区位规划和抉择方面的非一致性，以优化整个物流网络的规划和运行，这些问题值得我们认真研究。

一、国外学者对物流系统与港口区位要素的界定

现代物流服务的内容非常广泛，包括运输、仓储、配送、包装、装卸、流通、

加工以及物流信息处理等多项活动。按荷兰物流管理学者冯·克林克博士的观点，在物流服务链中，产品可以通过四个转换过程来实现增值：功能转换（增加产品功能效用）、所有者转换（所有权效用）、时间转换（时间效用）和空间转换（区位效用）。全部物流服务活动是按照某种方式来规划和组织的，旨在最大限度地满足特定市场的需求。

从空间组织来看，物流服务链包括节点和流动两项内容。其中，节点又包括通行节点（traffic node）、运输节点（transport node）和物流节点（logistics node）三种。在通行节点间，货物以同样的方式互相流动；在运输节点间，货物可在不同的运输方式间转换；而物流节点则不仅涵盖各通行节点、运输节点，而且还包含相应加工和储存等使商品增值的作业场所。节点的三分法取决于服务功能在不同程度上的聚集。显然，通行是运输系统的一部分，而运输则是物流系统的一部分。

作为最基本的运输节点，港口连接着物流网络中的海运和陆上作业两部分，其核心业务是安排货物在各种运输方式或同种运输方式之间的有效转换。当下列四大功能全部具备时，港口可以从运输节点转变或提升为物流节点：① 储存：运输间隔存放货物（时间效用）；② 集散、配送：整批货物的重组（区位效用）；③ 制造：货物的工业生产过程（功能效用）；④ 贸易：商品交易，即所有权的转移（所有权效用）。

港口系统决策主体可以确定为：港口用户、社会和港口管理局。社会和港口管理局提供港口功能赖以正常运行的基础条件。港口用户则可以分为行使功能的部门（如装卸服务及其设施制造商）和利用功能的部门（如航运公司和货运代理人）。港口的最终用户为托运人。港口的所有活动直接或间接地服务于其所属的物流系统。

在《动态社会的城市系统》一文中，另一位荷兰学者冯·登·伯格教授指出，港口对商业活动吸引力的大小取决于其获取相关区位要素的能力，即潜力。第 i 港口的潜力系数（πi）被定义为：该区域所供应的全部区位要素（$X = S, I, L, M$）按 i 与 j 两地间的广义运输成本（C_{ij}）作适当加权平均调整后的数值。区位要素由下列四要素构成：① 地址要素 S：地理位置、转运设施、空间等条件；② 投入要素 I：除生产技术和劳动力以外的要素的成本和效益；③ 劳动要素 L：生产技术和劳动力成本、适用性和素质；④ 市场要素 M：销售市场的规模、多样性以及价格弹性。各港口有其独特的区位要素，以供相应的服务功能享用。因此，不同港口能接纳不同类型的活动，并在不同的物流服务链中占据一席之地。在式（3－1）中，第 i 港对于第 b 项经济活动的吸引力（A）表示为 4 种区位要素供应量的函数关系。

$$A^b = f(S, I, L, M) \qquad (3-1)$$

$$\pi_i^s = \sum_{j=1}^{n} S_j^{-\mu C_{ij}} \qquad\qquad (3-2)$$

式（3-2）中，μ 为流动性系数，即表示经营场所的迁移倾向；C_{ij} 为 i 与 j 两地间的广义运输成本。将式（3-1）和式（3-2）合并后，第 i 港对第 b 项活动所拥有的区位吸引力可以细化为下列函数关系：

$$A_i^b = \frac{(\pi_i^S)^{d_S}(\pi_i^I)^{d_I}(\pi_i^L)^{d_L}(\pi_i^M)^{d_M}}{(\pi_b^S)^{d_S}(\pi_b^I)^{d_I}(\pi_b^L)^{d_L}(\pi_b^M)^{d_M}} \qquad\qquad (3-3)$$

式中，π_i^S 和 π_b^S 分别表示为第 i 港具有的、为第 b 项经济活动所需的地址要素（S）；d_s，d_I，d_L 和 d_M 则分别表示为第 b 项活动的有关区位要素权重。这些权重在一定程度上反映了经济要素（社会经济的组织）、技术要素（技术状况）和社会要素（社会价值）等外生变量的影响。

在寻觅最佳经营活动场所的过程中，国外港口用户一般会通过三种空间行为来实现其利润极大化的目标：变更投资、变更运输和变更区位。变更投资意味着增加或减少对港口产业的资本和人力资源投入；变更运输就是重新选择货物进出港口的运输方式和运输途径；而变更区位则表示为活动场所进驻或迁离港口的重新空间定位。

然而，在实施行政管理和制定产业政策时，港口管理局的目标无疑是增强港口区位优势促进所辖地区经济的持续稳定增长。港口业对宏观经济发展的贡献有目共睹，因为它既诱发了各种各样的国际贸易，又扮演了区域经济增长极的角色。以 2000 年的统计数据为例，鹿特丹集中了荷兰全国 35% 的船舶制造业、29% 的海运业、45% 的内河运业业以及 48% 的港口服务业。一个高效运行的港口能促进周边地区招商引资，从而提高整个区域的福利水平。除了社会效益（如提高居民收入水平，创造就业机会等）外，港口也会造成社会损失，如港口业营运所导致的环境污染和交通拥挤等负面影响，这类问题越来越受到人们的关注。

二、国外港口区位要素供求关系的新突变

在货物转运和商业活动持续增长的情况下，规模非经济性在国外港口交通运输能力、空间劳动条件和环境质量等方面逐渐凸显。交通流的增长造成道路拥挤。运作空间狭小、土地成本居高不下和劳动环境刚性等因素大大削弱了原有的区位优势（见表3-3）。

当港口行政区的区位要素不能满足相关产业的区位要素需求时，港口相关产业会在外围地区寻找新的运营空间。其结果，首先是港口用户追求空间更大的区域，但与以往相比，他们对港口的空间依存强度有所减弱；其次，随着其功能的转换和

变迁，非港口特色的区位要素的权重不断加大。

表 3 - 3　港口区位要素供需矛盾

相关区位要素		各产业区位要素需求特征					主要港口区位要素供给特征
	海运便利性	转运 iv	转运（一七）	工业	配送	贸易	
场地要素	土地成本	* * *	* *	* *	*		* * *
	执行规则灵活性	*	* * *	* *	* * *	*	*
	生活质量	* *	*	* *	* *	* * *	*
投入要素	信息/物流关键技术	* *	*	* *	* *	* *	* * *
劳动要素	劳动成本	* *	* * *	* *	* * *	*	* *
	劳动弹性	* *	* * *	*	* * *	*	*
市场要素	接近市场程度	* *	*	* *		* *	*
	多式联运	* * *	* *	* *	* *	*	* *
	高效道路网络	* *	* *	* *	* *	* *	*

注：1. 转运 iv 是指大批量货物转运（集装箱、干散货和液体散装货）；转运（一七）是指小批量货物转运（普通件杂货）。2. " * * * "表示区位要素相对富有；" * * "表示区位要素一般；" * "表示区位要素相当贫乏。

资料来源：根据相关资料编制。

　　港口系统是动态的，其功能和空间的发展可分贸易兴起、工业化和集装箱化三个阶段。从 20 世纪 60 年代起，集装箱运输技术的广泛运用又为国外港口功能区的迅速拓展提供了技术保证。由于方便货物在码头装卸、转运、储存和配送的空间机动性大大增强，因此货物配送和储存服务范围的空间边界不断向外延伸。

　　当港口行政区大于其功能区时，国外港口管理局一般预先规划和储存土地资源，合理规划港口相关产业的布局，以满足港口用户的新需求。在港口的第二个发展阶段，即工业化过程中，争取更多的土地资源既是必要的又是可行的，因为政府大力推进工业化，以增强港口对社会福利的正面影响。在港口发展的第二阶段，随着集装箱多式联运技术的推广、周边地区经济一体化以及新作业区的投资建设，港口行政区的扩大进程越来越滞后于功能区的拓展趋势（见图 3 - 4）。

　　港口用户把其经营场所限定在码头周边一定距离内的区域。每个经营场所与码头间都有不同的可承受的离港口最远的距离（d_{max}^{p}）。该距离的长短反映了某经营活动所拥有不同程度的空间便利条件，即使用港口外围区位要素得到的边际收益正好

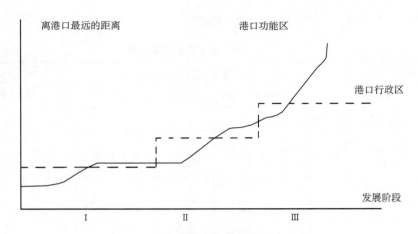

图 3-4　港口功能区和行政区的空间演变轨迹

等于该经营场所与码头之间物质往来的边际运输成本。

　　某项经营活动可承受的离港口最远的距离由其流动性系数（μ）和广义运输成本（C_{ij}）所确定。它与经营活动的资本密集度、企业劳资关系、盈利水平、存量资本的使用年限以及市场供求关系等特征有关。这些特征决定了经营活动重新进行空间定位的成本约束条件。如果港口与现有区位的替代地之间可承受的运输成本很低，那么该经营场所从港口区域迁离的倾向自然很弱。

　　全球经济竞争日益加剧，促使商品生产个性化和高附加值化。为了适应高度细分的市场需求，生产规模趋于缩小，配送作业和增值服务的场所正向靠近顾客的地区转移。外部经济环境的变迁和港口功能的转换缓解了商业活动与港口业对作业空间的争夺。总之，国外港口及相关产业至码头的最大可承受距离呈下列变化趋势：① 由于能停靠大吨位集装箱船的泊位及码头装卸设施数量有限，集装箱船舶的大型化使得港口转运功能与码头的空间联系继续得到巩固。② 信息技术的快速发展大大拓展了港口的贸易功能，加上进出口商品的广义运输成本明显降低，商业活动的空间机动性趋于增强。③ 由于集装箱多式联运技术能使集装箱货物非常便捷地运到港口外围地区，配送中心可在靠近市场的地方设立，其空间机动性大大增强。④ 随着社会个性化消费的兴起，生产规模相应缩小，其空间机动性得到增强。同时，产品的高附加值也能使企业承受更高的运输成本。

　　与原有的港口行政区相比，外围地区具备了成本低和面积大的优势，那里更适合开展配送、加工等活动，甚至比港口更靠近销售市场。就配送而言，港口区域内土地紧缺、道路拥挤和刚性劳动环境是外迁的动因。根据海耶斯（Hayuth）的论述，这些不利条件已经把集装箱货物拼装、重组业务推向内陆地区；对于贸易和物流运行控制等高级活动来说，港口相对贫乏的可居住性是迁移的主要原因之一。以鹿特丹港为例，1984 年 96% 的集装箱货物配送业务集中在港区，而到了 1994 年其比例下降到了 51%。自 20 世纪 80 年代以来，从鹿特丹迁出的货运和配送企业多于迁入和新办的企业。在 1987—1993 年期间，荷兰全国货运和配送产业就业人数增加了 12%，但鹿特丹却下降了 8%。

与此相反，转运服务功能所面临的外推力影响尚不明显。因为现有的设施在经济上还有其合理性，不易被取代，所以转运服务功能一般限定在码头前沿作业区，难以向腹地转移。例如，鹿特丹港在 1990 年和 2000 年的集装箱吞吐量分别为 410 万标准箱和 627.5 万标准箱，平均年增长率稳定在 4.3% 左右。

随着空间分散化的深入，国外港口的相关产业逐渐从港口的装卸主业中分离出来，如商品配送业务大多迁离码头前沿。非均衡的空间扩张以及港口与相关区位功能分工的细化使得以鹿特丹为代表的一些国外港口在 20 世纪 90 年代初进入了第四发展阶段——网络化时代。

第四节　浙江港口区位势及其增长机制

任何一个港口都不是孤立存在的，而是特定区域系统的一个组成单元。港口形成与发展是港口与区域系统长期交互作用的结果。港口与区域系统的长期交互作用，使得不同港口拥有不同的区位要素，同时在区域港口全体组合中占据不同位置，发挥不同功能作用。

一、区位势界定

区位势（location potential）是地理学和经济学的一个重要概念。它是借用物理学中的位势（potential，或译为潜能）概念并运用空间相互作用理论而产生的。

1687 年，牛顿在万有引力定律中证明了具有质量和空间距离的两个物体之间存在着相互作用的引力。18 世纪，拉格朗日（Lagrange）在牛顿万有引力定律的基础上提出了万有引力位势（潜能）的概念，其涵义为：三维欧式空间中某一质量的物体会在其周围产生引力场，在引力场中任意一点存在位势，引力场中的其他物体会与该质量物体产生引力，大小与两者的空间距离呈反向变化。

20 世纪 40 年代，西方学者借用物理学的"位势"概念研究区位相关问题，构建基于空间相互作用理论的区位势模式。即：空间某一地域 i 的区位势 V_i 表示为周围其他经济空间地域 j 对它施加的总影响，反映的是在一定地域范围内的区位与区域系统内不同群体间的空间相互作用的机遇或概率，其大小反映了该区位潜在发展条件，即获取相关区位要素的能力。区位势既是到空间某一地域 i 进行商业活动的投入与产出的相互比较，也是空间地域 i 对周围相关经济活动的吸引力和竞争力。

区位势通用模式数学表达式：

$$V_i = \sum_{j=1}^{n} P_j \exp(-\beta r_{ij}) \qquad i \neq j \qquad (3-4)$$

式中，V_i 即为地方的区位势，表示围绕地方 i 的 j 地区位要素供应量，一般用人口规模指标，除此之外，也可以用商品销售额、市场份额、人口集聚数量、城市经济总产值等其他替代指标；r_{ij} 为两地空间距离；β 为距离阻抗调整系数。

区位势概念模型提出后，国内外众多学者对此进行了丰富的理论研究与实证分析，在量化分析城市经济吸引力、城市间经济的关联度以及揭示经济区位分布的规律等方面产生了广泛影响。

二、浙江港口区位势概念及模型

港口作为现代物流业中心，是全球物流链的一个重要组成部分。浙江港口经济活动涉及的腹地经济领域广泛，关联产业众多。对于浙江港口而言，腹地经济的发展水平、规模以及该地区的人口密度都会直接影响港口的物流需求量；一方面港口能为腹地产业发展提供专业高效的物流服务，增强地区产业发展竞争力，进而带动整个区域经济的发展，实现港兴城兴；另一方面腹地工业和城市的发展繁荣又会进一步促进产业集聚和港口发展及经营效益的提高。世界上大多数港口城市都十分重视港口的发展，通过制定相应的发展战略，拓展港口腹地的服务范围，加强港口对腹地的物流服务能力。空间经济区位内，相邻港口之间所面临的激烈市场竞争的焦点越来越多地集中在港口对腹地货源的争夺；另外，腹地的交通运输系统也是影响港口发展的一个重要因素，港口竞争力的强弱很大程度上取决于港口对腹地运输的通达性。

笔者将经济地理学空间相互作用的区位势概念模式引用到浙江港口区位与腹地相互关系上，从区域系统整体的角度，基于港口区位因素提出浙江港口区位势概念与理论模型。浙江港口区位势可定义为：港口凭借自身区位，依托基础设施、集疏运系统、经营服务网络等港口区位因素构成的运输成本优势，形成的对腹地货物运输方面的区位吸引力及竞争力。

浙江港口区位势不仅与港口区位因素同步变化，而且决定了港口、城市、区域之间货流、业务流、信息流、人流的数量，并作用于港口城市经济和港口区域经济形成与发展以及区域港口体系空间结构布局变化等过程；港口区位势既能反映港口运输的便利程度、港口与区域交互作用的方式以及作用的机遇或概率，又能体现港口对周边区域物流活动辐射能力以及港口对整个物流系统的控制能力。

依据浙江港口区位势概念及模式，提升港口区位势的主要途径是扩大腹地范围、增加腹地货源总量以及降低单位货物运输成本。浙江港口腹地包括一港垄断及多港共有的现实腹地和未来可能有货源联系的潜在腹地，随着浙江水路、公路、铁路等运输体系的日趋完善和运输技术的快速发展，单一港口现实腹地与潜在腹地的界限愈加模糊，相邻港口腹地的交叉重叠范围也愈加扩大。浙江港口对区域腹地货源的竞争力，即港口区位势不仅与该港口现实腹地、潜在腹地的经济规模有关，也与相邻港口对交叉腹地货源的吸引力有关，可以说，港口腹地货源总量是提升该港口区位势的外在动力。

对于浙江港口而言，降低单位货物运输成本是提升该港口区位势的内在动力。港口之间所面临的激烈市场竞争的焦点越来越多地集中在港口是否能提供更为便利、快捷、安全、可靠、全方位、低成本的物流服务，而低成本将成为现代港口今后发展的重要推动力。

综上所述，浙江港口区位势应涵盖：港口现实腹地、潜在腹地经济发展规模；港口的集疏运网络状况，包括联系港口与腹地之间的可供选择的运输方式、运输路径数量；港口自身的吞吐能力，包括港口码头、泊位的数量和总的设计规模等。

基于研究的需要，本书假设同一区域不同港口使用费与港口至海外目的港的运输成本相同，暂不考虑其他港口对区位势的竞争影响，仅考虑由港口集疏运体系和港口自身规模决定的港口运输成本，提出浙江港口区位势函数公式：

$$V_i^p = \sum_{j=1}^{n} H_j \exp\left[-\frac{T_{ij}}{G_i} \right] \qquad i \neq j \qquad (3-5)$$

式中，H 为港口腹地经济综合指标；G 为港口设计吞吐能力；T 表示腹地港口间的集疏运系统阻抗；n 为特定区域内的腹地数目。

三、浙江港口区位势增长机制

（一）浙江港口区位形成与发展的影响因素

港口，是由一系列为客货运输服务的各种构筑物组成，是水陆交通最重要的联系枢纽，也是港口城市的重要组成部分。世界港口发展史表明，港口往往只在一定位置兴起和发展，并形成某种性质与规模。各地港口的分布图式及其结构类型也不尽一致，且随着历史发展不时发生不同程度与性质的变化。由于港口的形成与发展不仅与一定的地理位置相关，更重要的是它是一种为特定的目的，如军事、经济目的而标定的地区，因此，港口不是一种单纯的地理现象存在，而是一种区位现象。

浙江港口区位形成与发展变化取决于三大类因素：自然因素、社会经济因素和科学技术因素。自然因素主要包括港口自然条件和地理位置，作用于港口的地理联系特性；社会经济因素主要指港口的腹地范围、发展水平以及港口与腹地之间的交通运输联系，作用于海运航线走向、密度、港口的集疏运方式、港口规模等级等特性；而科技因素则主要指航运、港口作业、管理以及信息技术的运用和创新，作用于港口的效率和质量特性。其中自然因素是一种结构性的因素，社会经济因素和科技因素是一种环境性的因素。结构性因素决定现象的存在及级别，环境性因素决定现象出现的时间及级别中的涨落，如沿海的通航河流河口决定港口区位的地理位置，而通航河流的长短、级别决定了港口的区位等级。

1. 自然因素

自然因素是浙江港口区位形成的前提。其中，自然条件主要指港口水、陆域状况，前者主要包括水深、冰冻、回淤及地形防护等条件。它们与进港船型的大小、港区航行与停泊条件、水域日常维护的难易程度等有很大关系，因此是关系到浙江港口能否得到兴建与发展的重要因素。港口水域自然条件最终还影响港口的发展规模与性质，尤其是最近20多年来，由于造船技术的进步和利用大船的优越性，海上商船特别是大宗散货船迅速向大型化发展，水域自然条件对港口的影响愈来愈明显。港口陆域自然条件主要是指地形自然条件与工程地质条件。它们不仅直接影响浙江港口陆域建设中的基础处理量和工程规模，而且还同港区平面布局和日常运营的经济性能有关。自然条件还影响港口与腹地之间的联系，不利的地形地貌阻碍交通线路的建设，势必影响浙江港口的腹地范围与发展规模。反之，具有良好通航条件的水路运输，则有利于港口与腹地的联系，进而对港口本身的发展产生良好的影响。浙江港口地理位置对港口区位的影响同样显著，它是具有建港自然条件的区域最终能否发展成为真正重要港口区位的关键因素之一。例如，世界著名港口新加坡港由于地处东南亚地区中心，是东南亚海上交通十字路口，紧扼太平洋与印度洋的航运要道——马六甲海峡南端进出口的咽喉，从欧洲、中东、南亚到亚洲东部或澳洲的船只都需从此经过，这一重要的地理位置使新加坡得以成为世界上最为著名和重要的国际航运中心之一。

2. 经济社会因素

经济社会因素在浙江港口区位形成与发展中起着关键性的作用。浙江港口腹地是港口所能吸引的地区范围，港口对这一地区范围具有一定的向心吸引作用。腹地包括海向腹地与陆向腹地，其中陆向腹地与港口形成发展最为密切关联，它是港口输出货物的来源地和输出货物的消费地，是港口赖以生存和发展的基础。港口区位的等级与性质取决于腹地的大小与发展水平，并通过港口与腹地之间的交通运输联系即集疏运系统得以实现。由于影响浙江港口腹地范围的支配因素是运输成本，内河航运和铁路运输因成本低廉，其密度、等级和规模对港口区位的影响最大，因此，世界著名港口通常具有伸长纵深至广阔腹地的高等级规模的内河航运和铁路运输网络，如荷兰著名港口鹿特丹港和中国的上海港，分别凭借黄金水道莱茵河和长江航线以及密集的铁路系统得以成为世界第一和中国第一大港。

腹地经济发展水平同样是决定港口规模和级别的重要因素。经济发达的腹地，其工业与贸易也必然发达，这为港口发展带来充沛的货源。浙江港口所依托的城市作为最直接腹地，其城市规模、经济结构和发展水平是港口最重要的区位因素之一。优良的港口区位同时往往也是城市及产业发展的最佳区位。所谓港口城市就是近现代地区性与国际市场的形成、区域性和国际分工贸易的发展以及海上交通的工具和技术的进步，推动了港口功能和城市功能的逐步融合，最终形成的一种新兴的城市类型。它是以优良港口为窗口，以一定的腹地为依托，以比较发达的港口经济为主导，联结陆地和海洋两个扇面的经济区域。在这一区域，港口、产业、城市三者紧密相连，运、工、贸、城四位一体，其中港口是核心，港口的开发和建设带动与之相关的产业的兴起；工业是基础，与港口相关的产业特别是支柱产业的兴起又促进港口的繁荣，带动城市的形成和发展；贸易是纽带，各种产业通过市场的关系相互有机联合，并在市场交换中使生产得以延续；城市是载体，为各种产业提供物质基础和可容空间，城市各种交通运输方式的协调发展，是港口枢纽地位得以强化的基本保证，城市经济系统，包括财政、金融、市政、通信等系统的正常运转，是港口功能正常发挥的前提条件。

总之，浙江现代港口功能的发展与各社会经济系统的关系，实际上是在国内外社会经济活动所派生的各种需求与创新的共同作用下，所形成的相互依存的利益共同体内部的关系。共同体内部的各个子系统既共生共荣，又相互作用、相互影响，成为现代港口功能向多元化发展的主要动因。浙江现代港口从一般基础产业发展到多元功能产业，从单一陆向腹地发展到周边共同腹地，并且向社会经济各系统进行全方位辐射，最终促使港城经济一体化发展。此外，对港口区位有着密切关系的一个经济社会因素是当前全球经济一体化发展格局。全球经济一体化的一个重要标志是世界贸易的迅速高度发展，而80%以上的世界贸易是通过海运实现的，因此，全球经济一体化发展使浙江港口的战略区位中心作用日益突出。浙江主要港口既是国家实施沿海经济振兴和对外开放战略的重要支撑点和前沿，又是发展民族工业、促进国家经济与国际经济对接的重要枢纽点和连接点，也是参与国际经济竞争的"桥头堡"，因而，浙江港口区位性质具有突出的战略意义。

3. 科学技术因素

科学技术因素在浙江现代港口发展中的作用日益显著，其中尤以集装箱化和港口运营、管理的信息化最为重要。集装箱化不仅是一种运输工具或运输方式的革新，更重要的是这种运输方式改变了港口的传统功能以及港口与腹地之间原有的互相依存关系，最终导致浙江港口区位的整合和空间重组。这是因为集装箱运输的迅速发展打破了原来相对狭小的港口与腹地之间经济联系的格局，使浙江沿海港口越来越处于同一个国际化的网络中运作，港口功能不再局限于传统的运输功能，所追求的不再仅仅是一个区域经济活动的中心，而是在提供更加高效、安全、便捷的货物运输服务的同时，在国际竞争中积极谋求一个与自身发展更为有利的位置。20世纪80年代以来，随着集装箱化的迅速发展和完善以及随之产生的国际集装箱多式联运方式的形成与发展，浙江主要港口的腹地进一步向周边扩展，小港成为大港的腹地，在内陆也出现了为集装箱运输服务的"旱港"，港口与腹地的关系涉及更大的空间结构的范围。集装箱化已经改变浙江港口作为运输中心，承担货物装卸的传统功能，成为全球运输链中的一个环节，只有从世界运输体系的全局出发，从洲际关系的发展前景出发对浙江港口进行考察，才有可能正确判断港口所处的背景、地位及其与腹地的关系，即才能真正把握浙江港口的区位性质。信息技术成为影响港口区位的一个重要因素，在于信息技术的开发和利用对未来港口的发展和走向市场化起着至关重要的作用。信息技术的应用可改善港口的服务质量，提高港口的生产效率，优化港口资源的配置，为港口经营走入市场提供必要的公平竞争的手段，为港口生产提供更为可靠的安全保证，并改变了港口传统的劳动密集型产业的特性，促使港口向资本密集型和知识密集型方向发展，从而使浙江现代港口成为高新技术产业和现代基础设施的最佳结合点之一，同时浙江港口的区位性质既是物流集散中心，又是信息中心，自然、经济社会和科学技术三大因素综合作用、相互交融，成为浙江现代港口区位形成和发展的前提和基础，并决定着浙江港口区位的性质、功能及其发展方向。

（二）浙江港口区位势增长机理

根据浙江港口区位势概念模式，扩大现实腹地和潜在腹地的货源总量规模以及降低单位货物全程广义运输成本都能使港口区位势增长。根据浙江港口对腹地货源的专有程度，传统做法是将港口腹地分为直接腹地和间接腹地。随着运输技术的发展，尤其是集装箱运输与多式联运的发展，港口直接腹地与间接腹地的界限越来越模糊，对于相邻港口更是如此。鉴于现代港口的腹地交叉重叠和动态多变的特征，将所有当前与港口间有货源联系，或将来可能有联系的地方统称为该港口的腹地，前者为现实腹地，后者为潜在腹地。港口在区域系统中的地位和作用，即港口区位的竞争力不仅取决于该港口的现实腹地的规模，还与其潜在腹地有关。

浙江腹地货源总量规模是其自然因素、经济社会因素以及科学技术因素决定的。对于浙江港口而言，是外生变量，而降低单位货物全程广义运输成本则是浙江港口（相对）区位势增长的内在机理。笔者用全程广义运输成本取代距离和运费率，是考虑到货主选择浙江港口是一个多目标决策的过程，货主及其代理人在选择运输路径（包括转运港）时需权衡运输服务所承担的涵盖货币支出、时间耗用和风险承担等因素。显然，与时间和风险有关的成本随距离的延伸而加速增大。根据公式（3-5），降低全程广义运输成本可通过以下途径实现。

1. 优化港口集疏运系统，降低货物广义运输成本

完善发达的集疏运网络系统是以浙江港口为中心，以铁路、公路及水运干线为骨干，辅之以管道、航空站场，共同组成海、陆、水、空相结合的四通八达的交通运输有机整体。建立起一个由各种运输方式与长短途、干支线密切配合，分工协作、各取所长、综合利用的完善发达的港口集疏运网络体系，可有效降低腹地j与i港之间的单位货物广义运输成本。

优化港口集疏运系统的主要路径包括：提高集疏运系统中各种运输方式的规模、等级和成网化水平；促使不同运输方式的相互衔接和协同发展，并构成一个有机整体。世界主要港口普遍采取扩充港口集疏运系统的基础设施建设，加强可供选择的集散运输功能，在现有或新开辟目的地提供创新的运输服务种类，重组现有集疏运体系，增强其快速应变能力和提高生产效率。如德国汉堡与柏林间的铁路电气化，法国勒阿弗尔与斯特拉斯堡之间铁路营运级别提升等项目，加上1992年开通的莱茵河与多瑙河连接，巩固了鹿特丹、汉堡和勒阿弗尔等欧洲港口在国际航运网络中的地位。

2. 提高浙江港口生产效率和服务水平，降低货物广义运输成本

随着经济社会的发展和贸易市场结构的变化，当前货主对港口的选择已不再是传统的主要基于港口费率的单纯考虑，而是涉及时间、经济和安全性多个层面。综合考虑以上各种因素后给出的港口广义使用费率，其内涵远比单纯考虑港口费率丰富。降低港口广义使用费率的途径应是提高港口生产效率和服务质量水平。港口可以通过以下两个方面提高港口生产效率和服务水平：在码头的装卸作业中不断引入先进设备，改善工艺和生产流程，减少船舶在港的停留时间，提高船舶周转效率和港口泊位的利用率；提高以 EDI 为基础的信息技术在港口生产、管理中的运用、开发和创新能力，提高单据流传速率和准确率。随着经济发展和运输技术变革，后者的重要性日益突出。

3. 满足海运规模经济性要求，降低货物广义运输成本

运输成本主要反映为海运价格和时间成本。一般海运价格是航运公司综合考虑了运输货物的容积（船体）、货物重量与价值条件后，经过换算制定出的；时间成本则取决于港口航线密度与航班频率。实质上，两者都与海运规模经济性直接相关。所谓海运规模经济性，是指因港口运输基础设施和货源规模所形成的经济效益具有边际效益递增的特点。

海运价格与船舶的大小直接相关。航运组织理论与实践表明：航线越长，船舶越大越经济。据伦敦德鲁里航运咨询公司对在澳日航线上 6 000 标准箱以上超巴拿马型船的分析，每个标准箱运输成本与巴拿马型船比较，可节约船员费用 30%、燃油成本 20%、保险费用 10%、港口费用 15%、维修及保养费用 25%。在激烈竞争的航运市场面前，为节约运输成本，船舶大型化趋势在所难免。因此，港口自然条件，尤其是水深条件，越来越成为制约港口发展的重要区位要素。具有大船靠泊的大型深水航道和泊位的港口，才能满足海运规模经济性要求。同时，提高港口航线密度及航班频率，减少货物在港停留时间，也是港口区位势增长的重要机制之一。

四、舟山群岛新区港口区位势实证分析

舟山群岛新区的概念，最初来自于中国工程院"浙江沿海项目调研组"的建议。2010 年，中国工程院"浙江沿海项目调研组"在对舟山的资源状况进行全面深入的调研后，提出浙江的发展前景应当是调整空间布局，开发以舟山群岛为主的海岛，作为浙江乃至中国东部地区新的经济增长点。2011 年 2 月，国务院正式批复了《浙江海洋经济发展示范区规划》，并明确提出了"探索设立舟山群岛新区"的规划安排。2011 年 3 月，全国人大批准通过了《国民经济和社会发展第十二个五年规划纲要》，其中，重点推进包括浙江舟山群岛新区在内的沿海经济区域的发展列入规划纲要。2011 年 6 月，继上海浦东新区、天津滨海新区和重庆两江新区之后，国务院正式批准设立浙江舟山群岛新区。

2011 年 4 月，温家宝总理在考察舟山时曾指出，舟山可以搞物流中心、航运中心、旅游中心，还可以搞战略储备中心。近年来，浙江省也大力打造宁波—舟山港以大宗商品为重点的港口物流体系，舟山港的物流服务能力已大幅提升。从一定意义上讲，舟山港口物流功能的充分发挥是舟山群岛新区建设成功的重要标志。

为此，本书运用经济地理学的空间相互作用"区位势"的概念与模式，构造港口区位势模型，对舟山群岛新区港口与腹地相互作用引力以及舟山群岛新区港口在

"长三角"区域港口物流体系的地位进行量化分析，并以此为依据制定舟山群岛新区港口物流发展战略。

（一）舟山群岛新区概况

舟山群岛新区处在我国东部沿海的中间，北可以到山东胶州湾、渤海湾，南可以到福建、广东，西边是长江入海口和杭州湾，沿长江等可以到达中国内地；与东北亚及西太平洋的主要港口釜山、长崎、高雄、香港、新加坡等形成了500海里等距离扇形海运辐射网络，不少岛屿距离国际航道只有约10多海里，是进入太平洋的"桥头堡"，其战略地位和作用不可替代。舟山群岛新区区位如图3-5所示。

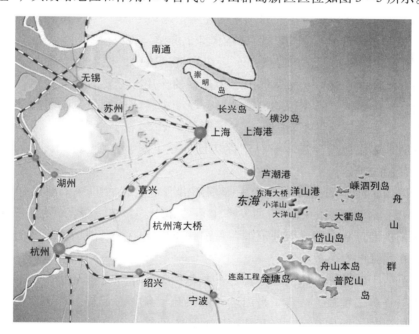

图3-5　舟山群岛新区区位

浙江省沿海常规条件下适宜开发的岸线资源为761千米，其中，深水岸线506千米，而舟山群岛新区深水岸线占全省深水岸线资源的48.6%。截至2010年底，浙江省已累计开发深水岸线145千米，尚有350千米左右可供开发，其中多数分布在舟山群岛。现有万吨级以上深水泊位34个，25万吨级以上大型深水泊位5个，预计2020年万吨级以上深水泊位达到60个。

"长三角"及长江流域是我国制造业发展最快，进而也是消耗重要商品资源的主要区域。这些大宗商品和战略物资将主要通过海上运输进入我国境内。舟山群岛新区凭借优良的港口条件和海上运输大通道的优势天然地成为大宗商品和战略物资的物流通道和节点。其中，宝钢马迹山 30 万吨级矿砂中转基地是亚洲最大的矿石中转深水港，中化岙山石油储运基地是全国最大的商用石油储运基地、已形成 500 万立方米储备能力，中石化册子 30 万吨级原油中转码头是国内最大的原油码头之一，浙能六横煤炭中转码头是华东地区最大的煤炭中转码头。

（二）舟山港、宁波港、上海港的腹地竞争关系

虽然浙江省委、省政府早在 2003 年即作出宁波、舟山港口一体化管理的决策部署，但由于宁波市和舟山市未能解决两港合并后的利益平衡问题，时至今日宁波港、舟山港一体化进程的突出标志仅是两港名称的"合二为一"，经营管理仍然各自独立。因此，本书依然将宁波港、舟山港作为两个港口考虑。

长江三角洲地区产业发达，但资源匮乏，能源、原材料外调及产成品外销的"两头在外"的资源要素分布特点和水运在物资运输中的绝对主导地位，客观上决定了舟山群岛新区在地区经济发展中承担重要的作用。主要为省内腹地物资进出口及长江沿线地区钢铁、石化企业的铁矿石、原油中转运输服务，随着长江流域经济迅猛发展、集疏运网络的不断完善，大宗商品集聚效应的不断增强，舟山群岛新区港口经济腹地不仅包括浙江本省，已逐步延伸至上海、江苏、安徽、江西、湖南、湖北等长江沿线地区。

舟山港、宁波港和上海港作为我国东部沿海地区最大的三个港口，为"长三角"区域乃至全国范围的商品流通发挥了重要作用。为进一步发挥港口资源优势，三港纷纷拓展港口陆向腹地服务范围。目前，舟山港与上海港、宁波港的腹地交叉严重、存在很强的竞争关系。

舟山港、宁波港和上海港运输货种主要包括集装箱与大宗散货，本书考虑到虽然舟山大陆连岛工程较大改善了舟山港口的集疏运条件，但相对于上海港、宁波港的规模效应，舟山群岛新区发展集装箱运输各方面综合条件与两港都存在巨大的差距；加之，集装箱运输并非舟山群岛新区港口区位发展重点，故暂不考虑三港集装箱物流腹地竞争关系，着重考虑三港大宗散货物流腹地竞争关系。

（三）经济腹地的选取及区位势的计算

1. 选取腹地范围

根据宁波、舟山群岛新区所处的地理区位和物流服务的对象并结合两港发展规划，本书以台州、温州、宁波、舟山、嘉兴、上海、武汉、安庆、九江、芜湖、南京、镇江、南通 13 个沿海、沿江城市为宁波、舟山两港大宗散货物流腹地经济区域。考虑上海港扼住长江口，通过长江水路纵深可影响至马鞍山、重庆，但与宁波、舟山两港相比，对温州、台州的影响明显减弱，本书以宁波、舟山、嘉兴、

上海、武汉、安庆、九江、芜湖、南京、镇江、南通、马鞍山、重庆 13 个沿海、沿江城市为上海港大宗散货物流腹地经济区域。舟山群岛新区经济腹地如图 3－6 所示。

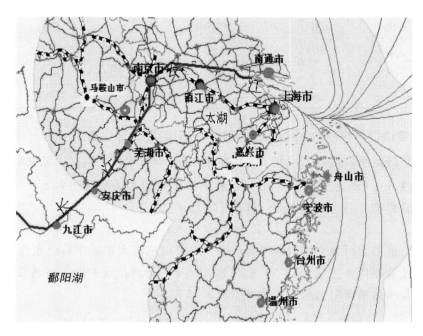

图 3－6　舟山群岛新区经济腹地

2. 确定港口腹地经济综合指标 H

为了系统计量港口腹地条件，构建腹地经济综合评价指标体系。包括 2 个一级指标（腹地经济发展水平 A、腹地经济增长强度 B），12 个二级指标（国内生产总值 A_1，财政收入 A_2，社会消费品零售总额 A_3，工业增加值 A_4，进出口总额 A_5，货运量 A_6，国内生产总值年均增长率 B_1，财政收入年均增长率 B_2，社会消费品零售总额增长率 B_3，工业增加值增长率 B_4，进出口总额年均增长率 B_5，货运量年均增长率 B_6）。由于指标的复杂多样，数据的大小以及单位具有差异性，无法直接进行计算分析，因此需要将数据进行无量纲化，本书将所有数据进行极值标准化处理，使所有数据映射在 ［－1，＋1］ 区间内；然后，采用层次分析法，建立测度腹地经济综合发展水平的数学模型，计算出三港各腹地经济综合指标值 H_j，见表 3－4（具体计算过程从略）。

表 3 - 4　腹地城市经济综合指标

序号	腹地城市	H_j	序号	腹地城市	H_j	序号	腹地城市	H_j
1	宁波	1.09	6	上海	2.963	11	南京	1.342
2	温州	0.634	7	武汉	1.033	12	镇江	0.665
3	嘉兴	0.627	8	安庆	0.626	13	南通	0.898
4	舟山	0.625	9	九江	0.648	14	重庆	1.904
5	台州	0.624	10	芜湖	0.821	15	马鞍山	0.499

3. 确定港口与腹地的集疏运系统阻抗 T 及计算港口区位势

水运集疏运系统阻抗 T_{ij} 受港口 i 和腹地 j 的空间距离 L，港口 i 与腹地 j 间的水运便利程度 R（采用航道里程数指标）和港口本身的水运通达能力 S_j（考虑泊位、锚地的综合影响）三个因素影响，计算公式如下：

$$T_{ij} = L_{ij}/(R_{ij} S_j) \tag{3-6}$$

鉴于三港的运行效率均达到较高水平，本书以三港大宗散货吞吐量作为衡量指标，将相关数据代入公式（3-5）和公式（3-6）计算出这些地区对港口区位势的贡献以及集疏运系统阻抗情况，结果如表 3-5 所示。

表 3 - 5　港口与腹地的集疏运系统阻抗系数及港口区位势

序号	舟山港			宁波港			上海港		
	腹地	T_{ij}	区位势 V_{ij}^p	腹地	T_{ij}	区位势 V_{ij}^p	腹地	T_{ij}	区位势 V_{ij}^p
1	宁波	0.011	1.086	宁波	0	1.09	宁波	0.122	1.058
2	温州	0.382	0.547	温州	0.381	0.557	嘉兴	0.054	0.619
3	嘉兴	0.123	0.598	嘉兴	0.148	0.596	舟山	0.118	0.608
4	舟山	0	0.625	舟山	0.011	0.623	上海	0	2.963
5	台州	0.284	0.559	台州	0.284	0.567	武汉	0.552	0.904
6	上海	0.256	2.684	上海	0.268	2.702	安庆	0.34	0.577
7	武汉	1.457	0.589	武汉	1.481	0.622	九江	0.421	0.586
8	安庆	0.995	0.426	安庆	1.014	0.443	芜湖	0.22	0.778
9	九江	1.18	0.411	九江	1.193	0.43	南京	0.192	1.282
10	芜湖	0.777	0.608	芜湖	0.794	0.626	镇江	0.15	0.642

续表 3 – 5

序号	舟山港			宁波港			上海港		
	腹地	T_{ij}	区位势 V_{ij}^p	腹地	T_{ij}	区位势 V_{ij}^p	腹地	T_{ij}	区位势 V_{ij}^p
11	南京	0.674	1.035	南京	0.69	1.06	南通	0.063	0.885
12	镇江	0.582	0.531	镇江	0.597	0.542	重庆	1.178	1.434
13	南通	0.393	0.771	南通	0.406	0.781	马鞍山	0.216	0.474
V_i^p	10.470			10.639			12.81		

港口区位势指标并无经济学意义，但可以反映三港对腹地货物吸引力的相对强弱。与舟山港形成腹地交叉竞争关系的相关港口主要是上海港和宁波港，同时计算出这 3 个港口在相关腹地所具有的区位势，有助于把握舟山港对腹地城市的竞争态势。由表 3 – 5 可知，对于特定的腹地经济区域，舟山港的区位势为 10.731，宁波港的区位势为 10.903，上海港的区位势为 12.118，三港已成三足鼎立之势。

上海港扼中国沿海南北航线与长江"黄金水道"交汇的咽喉要冲，具有较强的区位优势，三峡水库的建设完成又进一步提升了长江的通航能力，加之上海港通过实施"长江战略"，先后与长江沿线的武汉港、重庆港、芜湖港、南京港、南通港合作，将长江上、中、下游港口基本纳入其腹地范围，利用"水水中转"这一便捷廉价高效的方式，确保对规模庞大的长江纵深经济区域的货源吸引力。上海港大宗散货的区位势在三港中具有一定的比较优势。

宁波港位于我国东南沿海中部，长江口以南，杭州湾外缘，背靠上海、杭州等大中城市群及长江三角洲和长江流域等辽阔腹地，面向太平洋，航道畅通、港池宽阔、锚泊避风条件优越。宁波港水陆空交通便捷，集疏运条件优越，水水中转体系连接沿海各港口，通过江海联运大宗散货可直达长江流域。宁波港的区位势在东部沿海港口群位居次席。

舟山群岛新区既是连接浙江沿海港口特别是宁波港与上海国际航运中心的纽带，也是发展海进江，联通长江沿线大通道的重要枢纽，区位优势明显。目前，舟山港已初步形成多种运输方式齐备、纵横交错的海陆空立体集疏运网络，水水中转是舟山港最主要的集疏运方式。2011 年末散货吞吐量达到 2.59 亿吨，港口区位势为 10.731，是东部沿海港口群中最具成长性的港口，大宗散货"水水中转"运输能力已接近上海港、宁波港。

（四）舟山群岛新区港口物流发展战略

由于上海港处于亚太地区港口发展激烈竞争的外部环境中，尽快建成国际集装箱枢纽港将极大地增强我国海运业的竞争能力。作为长江三角洲港口群的核心港，上海港在近、中期内的目标是建设国际集装箱枢纽港，将煤炭、化工、粮食等散货的运输功能分流给周边临近沿海港口，从而为宁波港、舟山港发挥港口优势带来了发展机遇。与此同时，宁波港、嘉兴港、温州港、台州港等省内港口及江苏沿海港口建设也正在大力推进，这些港口与舟山港有着共同的经济腹地，舟山群岛新区港口物流发展面临着前所未有的竞争压力。

因此在制定舟山群岛新区港口物流战略时，首先应找准定位，明确舟山群岛新区港口物流发展思路；其次考虑从提高港口对腹地的吸引力，优化港口腹地之间的集疏运系统、降低集疏运系统阻抗，运用物联网技术提高港口的内在竞争力并建立大宗商品交易平台等着手提高港口区位势。

1. 舟山群岛新区港口物流发展思路

依据舟山群岛新区的港口区位势，结合舟山群岛新区港口物流发展的优势和地位，本书提出舟山群岛新区港口物流发展思路：进一步明确与上海、宁波等东部沿海港口的战略关系，充分利用"先行先试"国家政策的"天时"优势及舟山区位、深水岸线等自然禀赋的"地利"优势，整合和优化各种有利资源提升港口区位势，吸引巴西、澳洲等国外大宗散货供应商及长江流域的需求商、贸易商在舟山港集聚并同步实现大产业、大市场，通过打造集商流、物流、信息流、资金流于一体，贸易与港口物流融合发展的大宗商品交易平台，实现舟山港从以简单装卸中转为主的传统港口向以商贸物流为主的大贸易、大增值、大物流现代港口转变。

2. 舟山群岛新区港口物流发展保障措施

（1）加强吸引腹地货源

航运组织理论与实践表明：航线越长，船舶越大越经济。根据对不同船型单船成本比较分析，在同期建造、相同利率、相同油价条件下，大型船舶海运单位成本优势明显，因而目前全球远洋船队大型化趋势明显；与之相匹配，大船通航的深水航道及大船靠挂的深水泊位就成为港口区位势增长的重要因素。舟山群岛新区是国内屈指可数拥有深水航道、锚地以及能够建造靠挂 30 万吨以上超大型散货船深水岸线的港口，应深度挖掘依托深水岸线资源发展大宗货物"水水中转"物流运输成本低的核心竞争优势，加大招商引资力度，吸引武钢、马钢等国内大宗物资需求商及淡水河谷、力拓、必和必拓等国外大宗物资供应商和世界级大型物流集成商通过参资、入股等方式与舟山群岛新区共同开发超大型深水泊位，提升港口区位势，增强对腹地货源的吸引力、辐射力。

（2）构建发达的集疏运体系

在港口集疏运系统的发展过程中，国外典型港口摆脱了传统的"地理距离"观念，转而强调"经济运距"的理念，以运输成本和时间为基本要素，考虑港口与经济腹地间的集疏运通道的选择和建设，尽可能发挥港口在物流供应链中的枢纽功能，有效缩短港口与腹地间的经济运距。

舟山群岛新区现有港池总面积 1 000 余平方千米，航路总计 99 条，基本都可以双向通航。其中，15 万吨级航道 13 条，30 万吨级航道 3 条。舟山群岛新区应在现有基础设施基础上进一步推进全天候深水航道、锚地、引航基地、港航配套设施及主要港口物流大岛、港口与物流园区之间的航道建设，提升通航等级；依托强大的国际一程运输和便捷的二程运输，以龙头航运企业为核心，重点发展通用型、大灵便型、巴拿马型散货船，区域联动组建一支船舶大型化、船队专业化、经营集约化的现代化船队，大力推进沿海运输、江海联运和国际航运发展，打造高效率的江海联运体系，大幅度降低集疏运系统阻抗。

（3）提升港口物流信息化水平

对舟山群岛新区码头、泊位的装卸作业进行流程优化设计，采用物联网等信息技术构造港航物流信息系统、电子口岸信息系统、港区 EDI 系统，强化检验检测、货运代理、航运咨询、船舶代理、船员劳务、报关服务等涉港业务服务能力，减少船舶在港停留时间、提高泊位利用效率，有效降低大宗货物运输成本。

（4）建立大宗商品交易平台

利用舟山群岛新区具有先行先试的条件、物流基础以及集散储运和综合物流的优势，建立具有价格信息发布、供需信息发布、交易自动撮合、资金结算、大宗商品在港储存信息发布等功能的新型大宗商品交易平台，努力形成重要商品的"舟山价格"，提升我国大宗商品的定价话语权；完成商品交换、交割、仓储、配送实体运行系统及电子商务网上虚拟运行系统的同步运行，实现物流、资金流、信息流"三维一体化"管理，为东部沿海地区提供仓储、配送、产、供、销与一体的现代物流服务，激活舟山群岛新区产业升级发展，提升舟山群岛新区港口物流供应链核心竞争力。

第四章
浙江港口物流产业竞合态势

浙江省是中国经济较为发达的省份之一，区域面积相对较小，人口密度大，能源和生产资料相对短缺，经济和社会的发展过程中，对能源、原材料从省外输入、工业品向省外输出的需求大。由于浙江自身能源、原材料资源短缺，必须依靠进口，因此港口对经济和社会发挥着极其重要的支撑和保障作用。同时，由于港口区位优势突出，海运资源丰富，沿海港口现代物流的发展有利于降低全省物流成本、节约社会资源和提高经济质量。再者，沿海港口是浙江省沿海产业带的发源地，是浙江省发展外向型经济、融入全球经济的前沿阵地，港口发展现代物流，已成为完善投资环境的重要方面，也成为与国际贸易接轨的必要条件。

浙江港口物流产业由存在着有机联系的物流、资金流、信息流等各要素组成，各要素通过整合，将分散的港口物流各功能要素集合成系统，使物流总体功能达到合理化。对浙江港口物流产业竞合态势进行分析是港口物流系统竞合发展的一个关键。本章首先对浙江港口物流产业竞合主体进行分析，在此基础上提出浙江港口物流产业竞合发展的战略定位和指导策略；其次，对大桥时代上海港、宁波—舟山港集装箱运输竞争合作问题作系统的分析；最后，构建了实现双方长期利益最大化的供应链战略合作伙伴关系浙江港口物流企业服务定价模型，采用宁波某大型国际港口物流公司部分客户 2007—2011 年的有关数据，测算了供应链战略合作伙伴关系下浙江港口物流企业服务定价的折扣幅度。

第一节　浙江港口物流产业竞合发展战略与策略

一、浙江港区联动一体化发展

浙江港口与港口所在区域的联动，简称港区联动，是指对港口的区位优势和港口临近区域的政策优势进一步整合，将邻近区域的相关优惠政策覆盖到港口，从而实现区域、功能、信息、营运的联动，使港口和区域的功能得到拓展和提升，形成港口与临港区域良性互动发展的局面。港区联动是发展自由贸易区的国际通行模式。

港区联动中对于"区"的含义比较宏观，"区"是指"区域"，可以是指保税区，也可以是指临港城市的物流园区，还可以指临港城市等。

浙江港区联动以发展物流产业为主，能够加强港口与临近区域之间的合作。加强港区合作，以综合开发模式推进港口建设，延伸物流服务体系，是现代港口建设的关键所在。城市的振兴使港口的规模得以扩张，与此同时港口的发展也带动了城市的经济增长。浙江港口资源整合应该运用现代化手段，按照综合开发的原则，建立健全现代物流服务体系，建立电子信息平台和公共服务平台，充分利用腹地资源，完善港口功能，扶植临港产业，发展现代物流。

浙江港城之间是相互依存、相互制约的关系，目前港口和区域城市联动发展有明显的一体化趋势，凭借港口的运输条件，城市随着港口的兴起而发展；由于港口不断扩大的规模以及现代化的运输、装卸手段，也需要城市提供全面的社会服务，从而使港口机体正常运行。

（一）港口与区域的互动效应

1. 港口与区域互相支持

港口是城市重要的水上门户，城市也是港口的依托和货源基地。城市经济系统的正常运行需要港口提供大部分原材料以及能源等。港口的发展使城市的运输结构更合理，同时也带动了工业、商业、金融业、旅游业、服务业等行业的发展。城市是港口的经济腹地，所以决定着港口的兴起和发展。

2. 港口与区域相互促进

港口带动城市经济的发展，同时城市也推动港口的发展。港口作为城市的重要组成部分，和城市是互兴互助、共同发展的关系。港口只有以城市为基础，才能为所在的城市及所属区域提供服务，并在这个过程中获得发展。

3. 港口与区域互为纽带依托

港口是城市的纽带，同时城市又是港口的依托。港口是城市强有力的纽带，这种纽带作用表现为：港口作为由多种运输方式构成的综合运输网络的结合部，既大大提高城市的运输效率，又强化了城市同各地区的经济联系；由于水道的网络特点，作为纽带的港口可以在港城区域内建立和发展港城城市的横向联合；由于港口的集散、中转和外运作用，在区域内就可以建立起以城市为集汇点的运输网络，使中心城市的集聚和扩散作用得到更好的发展。

从可持续发展的角度对港口资源进行整合，以港口及区域联动发展为战略，综合考虑港口及区域发展，这样才能充分发挥区域城市对港口发展的重要作用。在促进港口发展的同时，要加大力度保护和治理环境，强化治理港口污染源，保护并合理开发资源，从而提高资源的使用率，创造一个具有良好自然环境和生态环境的港口。

（二）浙江港区联动一体化发展的构想

考虑到浙江港口功能的灵活性转换、多元性的空间布局以及城市政治、经济、人文、地缘文化的可适应性等因素，应该加强港口总体规划和港口法制化，整合资源，改善港口结构和基础设施建设，创新港口运营技术，使区域城市的发展能够保证港口发展的永续。浙江港口所在地区、城市经济和社会发展水平对港口功能的发挥有着一定的影响，并进而影响到港口的发展，港口与所在地区、城市的经济发展紧密相连，逐渐成为不可分割的重要组成部分和经济增长极。实行浙江港区联动，货物下船后不需缴纳关税就可以直接进行加工、储存和贸易，从而可以形成一片境内关外的作业区域，也是目前港口发展所高度关注和积极探索的一种重要发展模式。浙江港区联动一体化发展的构想如下。

1. 完善港口城市物流发展的政策保障体系

考虑到港口城市物流发展的现状，地方各级管理部门应当调整和创新管理职能，从而使行政管理职能向市场服务管理职能转变。大力扶持物流企业，健全政策支撑保障体系，制定财政、金融、税收、用地及用人等系列政策，从而促进港区物流业的发展，完善政策保障体系。

2. 加强专业服务水平，提高物流服务效率

港口城市物流发展需要现代信息服务系统和物流设施设备。由于现代信息技术的发展，出现了以港口城市物流为中心的信息交换平台、电子商务平台和电子政务平台，最终实现了港口间的信息交流与共享。不但降低物流成本，优化资源配置，还使物流服务效率、专业化和自动化水平得到提高，从而满足港口城市提高物流联合服务效率和专业化水平的客观要求。

3. 拓展港口城市的物流联动服务功能

港口城市既是物流的交汇处又是各种运输方式的交接点。港口为港口城市吸引资源、资金、技术等生产要素并使相关产业向其集中，从而发展了贸易、加工、金融和货运等产业，进而实现以港兴市、以市促港的目标。这些都是以高效的物流联动服务为基础的。

4. 注重港口城市的物流战略联盟

实现发展港口城市现代物流，与加强周边港口城市的物流联盟并实现联动发展是密不可分的。港口城市形成物流战略联盟后，通过电子商务物流平台，可以在各港口城市之间实现经济能量和物流资源的合理优化配置。现代物流要求对港口资源进行重新整合，按照功能多元化、标准国际化、布局合理化、管理现代化和运行高效化的标准进行改造，全面提升港口城市的竞争力，使港口城市物流的联动充分适应未来国际多式联运和国际物流网络节点的要求。

（三）浙江港区联动一体化模式

浙江港区联动作为一种联系紧密的区域经济安排，是港口和区域城市经济发展内生的客观要求。从系统科学角度分析，港区联动作为一个协同学概念，既可以看做是港口和区域城市两个分系统整体协同的自组织过程，也可以看做是一个港口及区域城市整体共变的过程。

1. 浙江港区联动一体化内涵

在现代条件下，浙江港区联动一体化的内涵可以理解为以下六方面内容：形态一体化联动、市场一体化联动、产业一体化联动、交通一体化联动、信息一体化联动和政策制度一体化联动。

（1）形态一体化联动

浙江港口作为各种要素向内地和海外流动的枢纽，在空间布局形态上应与区域城市统一规划。浙江港口、区域的集聚和发散效应使港口和区域在空间形态上成为核心，并形成产业带。这种空间的聚焦和发散使港口区域具有以下两大功能。

一是枢纽功能。浙江港口和区域成为人口、物质、资金、观念和信息等各种要素汇聚的枢纽。

二是孵化器功能。各种新思想、新技术的不断涌现使浙江港口区域对其他地区具有示范和导向作用。

形态一体化就是要形成合理的空间布局结构，从而发挥这两大功能。

（2）产业一体化联动

比较优势导致港区产业分工，从而使港区产业结构合理化，产业的整体竞争力得到提升。着眼于产业布局，条块分割的管理体制导致港口与区域之间生产力布局重复、产业结构同化现象，港口和区域城市并没有以物流功能为纽带进行合理的垂直分工和水平分工，以致无法发挥港区整体效应。浙江港口与区域产业应该根据港区各方的产业水平，以产业垂直与水平一体化为目标进行整合。

（3）市场一体化联动

市场一体化联动是指市场机制使港区各种生产要素形成有机统一体的过程。浙江港区市场一体化联动即资金市场、技术市场、人力资源市场和信息市场等的一体化。为了营造开放、规范的市场环境，并且消除各种形式的联动障碍，以实现区域经济一体化为基础，创造港区共同市场，从而为充分发挥港区的市场机制创造基础条件，港区必须在市场规则上尽快与国际接轨。

（4）交通设施一体化联动

浙江港区交通通道的配套与衔接要做到统一规划，从而达到共同完善交通、物流网络的目的。浙江港区交通设施一体化的关键在于对内，不仅是以港区内道路交通、航运、以港口为主的交通网布局得到完善，而且还包括交通基础设施建设。对外方面，不仅要在结合交通一体化布局的基础上规划好港区对外的交通通道的布局，而且也要兼顾好城市的水路、陆路、航空等交通的合理布局与分工，从而使水路、公路、铁路和航空运输资源达到合理利用和优化布局的目的。

（5）信息一体化联动

信息的公开和透明很重要，港区信息资源互通共享，从而使社会交易成本降低。浙江港区联动以信息一体化为基础，信息一体化联动就是不仅要建设信息网络平台和区域信息交互网，使港区、区域城市、全国和世界联系起来，还应该具备国际规范的港区社会化信息服务体系和完善的信息传输机制。浙江港区信息一体化联动不仅可以吸引外商投资，还可以作为港区高效服务的一个标志。

（6）政策制度一体化联动

浙江区域城市的政策也可运用于港区，从而在区域与港口内其他企业中达到政策和制度共享的目的。以重新构建港口和区域空间形态一体化为前提，为达到区域向自由贸易区转型这一目标，应使港口、区域的管理体制得到进一步优化，参照国际惯例，在全部港区范围内，实施同样的区域特殊政策，从而提高港区联动的积极性，进而提供政策和制度保障促进港区联动。

2. 浙江港区联动一体化发展目标

（1）第一阶段目标

围绕浙江区域建设，实施资本与项目的联动，努力建立联合型开发实体，实现合理分工，从而共同发展浙江港区经济。

以浙江港区联动发展为目标，临区港口可以参资物流公司，筑造资本平台，从而形成合作发展，与物流公司联动实现集装箱货源的集中和疏运。合理划分浙江港区的功能区，有效协调营运工作，在物流处理功能发挥港口基础功能的基础上，再紧密配合区域城市的国际物流分拨中心功能，进而使浙江港口、区域城市不仅在功能上有所侧重，而且在操作上有所分工。浙江港口的主要业务在于船岸货物转移、短期堆存与海运货物的发运与接收，而浙江临港区域则着重于工商贸易、金融和制造等。正是由于浙江港区间有明确分工，又加上总体发展的高度一体化，才形成了紧密联系的国内、国际物流中心。在此基础上，形成加工功能、产业开发功能和其他第三产业发展功能的一体化。

（2）第二阶段目标

实现功能区域管理，进而统一区域和产业规划，从而促进空间和产业联动。当浙江临港区域扩大到港区时，就使浙江港区与自由贸易区政策融为一体，在海关的监管下，从而使港区的集装箱与区域的堆场实现双向直通。凭借物流公司可以使港区直接转载到定线班轮或核心班轮，从而使进出口贸易与转口贸易顺利进行。在业务上港口与物流公司可以互通有无，进而相互之间提供便捷服务，发挥各自优势。

（3）第三阶段目标

为了实现港区一体化运作，应该着重发展自由贸易区和自由港区。为了形成一种统一的海关监管、自由港政策和协调的区域管理发展的大格局，应当将整个临区港口统一规划和管理。以浙江港区合一为基础的自由贸易区管理体制应该是一种政企分开的模式，即实行管理局建制。实施政企分开，并不意味着简单的功能切分，而是通过改革的手段寻求区港的一种新的运作机制。为了达到发展自由贸易区、自由港的目的，政企分开要在建立精简、高效、统一的基础上，与现代化国际港口城市相匹配，为城市经济建设服务。要以资产经营为主，不仅要积极地建设区港，负责资本扩张和注重经营发展战略，还要完善投融资体制和资本运作机制，把区域资源整合到一起，进而使功能转换并开拓市场和拓展新的生存空间。

二、浙江港口物流产业竞合发展战略

港口物流产业都具有一定的垄断特性，临近港口的经济腹地的重叠也使得港口物流系统之间的竞争不可避免，尤其是随着交通基础设施的不断完善，港口腹地间的交叉程度也在逐步增加。激烈的港口间竞争不仅仅会造成一个港口企业的消亡，甚至会对港口所在城市的经济发展造成巨大影响。因此港口物流系统的发展需要制定科学合理的发展战略，以在未来全球竞争中取得竞争优势。

（一）浙江港口物流产业竞合主体

港口物流服务可以划分为运输活动、港口装卸活动、物流代理活动、贸易组织活动、物流增值加工活动、物流信息传递活动等。浙江港口物流强调业务模式的协调、衔接，物流过程将主要由一个承运人整体来组织和完成。浙江港口物流企业组织开发物流价值链，需要与客户、贸易商、代理商、其他运输企业建立紧密的合作关系，为客户提供全程运输和"一站式"物流服务。

为实现港口物流产业的可持续发展，相关企业需要不断优化物流系统，改善外部环境，满足市场对快速反应的需要。由于浙江港口物流涉及多个主体，客户关系复杂，必须具备较强的客户关系管理能力，协调各方资源，以实现效益最大化的目标。

浙江港口物流的参与者是由港口物流产业中的相关企业来承担的，可以分成以下两大类。

（1）以运输为主的企业

也就是载体，如，海运承运人以及参与多式联运的铁路承运人、公路承运人和航空承运人。有了各种运输方式的联运，就可以提供运输、保管、包装和装卸等物流服务，可以使原材料从产地到生产厂家之间或者成品从工厂到消费地之间实现"门到门"的运输。"门到门"一条龙运输服务是海运承运人的主要业务，国内外许多船运公司为了实现从海运承运人向多式联运经营人的成功转变，开始投资建设码头、堆场和内陆货运站。

（2）以运输相关服务业务为主的企业

如，代理各种运输方式的产业、运输经纪业、仓储业和以港口为代表的其他运输服务业。这些企业加强港口物流过程中各环节的有效配合和管理，并且为用户选择合适的运输路线和方式，这样不仅使物流服务高效化，还降低了物流总费用，缩短物流总时间，使物流全过程安全而畅通地完成，因此增加经济效益。

（二）浙江港口与物流企业的合作

港口有投资量大、回收期长的特点，因此港口企业为了在现代物流业中加快发展，必须适时、合理地拓宽资金渠道。可以联合国际著名的船运公司、货主和其他物流企业，共同参与港口建设和管理，实现双赢。港口与船运公司、货主或其他物流企业联盟也可以产生协同效应，协同效应比单纯的规模经济效益更为显著。这些联合包括以下方面。

1. 与货主联合

传统的港口腹地需要新的分化与组合，港口应当以走出去为战略，与腹地货源有广阔联系，与参与腹地物流体系建设结合起来，使港口经营的腹地建立空间网络化。当港口与货主联合起来之后，可能会转移与该货主相关的整条供应链，港口就能得到稳定、充足的货源。

2. 与船运公司联合

港口与航运企业的全面合作将逐渐成为一种趋势。班轮公司作为港口最重要的客户，从许多港口通过合作经营的方式中获得最大限度的满足。港口与船运公司联合起来后，可以以多元化的投融资方案为手段来发展港口物流产业。要以国际著名的大型航运企业为重点，并让它们在港口物流中心设立物流分拨中心，这样才能使供应链管理高效化，降低物流成本，同时港口在物流全程服务的中心地位也得到加强。

3. 与公路、铁路、仓储企业联合

港口与其他各种运输方式合作时，可以采取不同的方式，最终目的是建立多式联运物流体系，来与现代物流相适应。港口与公路交通主管部门联合，可以扩大港口的吞吐量。港口为了缓解发展中可能出现的拥挤情况，可以与内陆物流中心联合。与仓储企业联合的过程中，为了充分发挥其作用，就应联合邻近港区的各库场资源，盘活存量，使之分工合作。

（三）浙江港口物流产业竞合发展战略选择

随着综合物流时代的到来，浙江港口物流产业在经济和社会发展中的作用和地位发生了深刻的变化。港口已成为一个全球性的综合交通运输网络，其功能不再是传统的装卸货物的转运，而是向着综合物流中心发展。不难看出，浙江港口要想发展就必须开展物流服务，这已经成为一种必然的趋势。目前世界主要港口，包括浙江在内，都在加快发展港口物流业，并且港口物流业的快速、可持续性的发展已成为重中之重，也是一种最有效的保持港口竞争力的方法。

浙江港口有着自己的特点和优势，同时也存在着不少问题和困难。本书采用SWOT–PEST战略因素的矩阵分析方法，把政治（P）、经济（E）、社会（S）、技术（T）等影响因素归纳到一个完整的框架内进行系统分析，划分为影响浙江港口发展的机会（O）和威胁（T）两大因素集，并结合浙江现代港口物流发展的优势（S）和劣势（W）等相关因素，识别其中的关键因素，依靠内部的优势，来克服内部的劣势，同时利用外部的发展机会，来回避外部的威胁与挑战，制定相应的发展战略。

1. SWOT 分析的含义

S（Strength）代表港口物流系统内在优势，是在港口竞争中拥有明显优势的方面；W（Weakness）代表港口物流系统内在劣势，是指在港口竞争中相对处于弱势的方面；O（Opportunity）代表港口物流系统外部机遇，指较之港口竞争对手更容易获得的、能够轻松地带来收益的机会；T（Threat）代表港口物流系统外在威胁，指在港口竞争中不利的趋势或发展带来的挑战。这是一套在综合考虑港口竞争内部条件和外部环境等各种因素的条件下，对整体进行系统评价，并采用策略配对的方法，利用内在的优势，克服本身的劣势，把握外部的机遇，避开竞争者的威胁，制定符合港口物流系统未来发展战略的分析决策体系。

为了战略目标的达成，根据SWOT分析，将浙江港口物流产业的内外部因素打散并重新整合，形成四种内外匹配的组合战略：增长型战略（SO），指的是依靠内

部优势，利用外部机遇快速发展的战略；多元经营战略（ST），指的是利用内部优势，回避外部威胁的战略；扭转型战略（WO），指的是利用外部机会，克服内部弱点的战略；防御型战略（WT），指的是凭借克服内部弱点来防范外部威胁的战略。

战略目标、外部环境、内部条件是 SWOT 分析法十分注重的三个要素。根据对内部因素与外部环境状态的观察，寻找最合理的实施战略。增长型战略适用于当内部因素和外部条件都非常好的时候；扭转型战略适用于当外部条件很好，但内部有问题的情况，应在把握机会的同时改掉缺点，从而提高竞争实力；防御型战略适用于内外部条件均比较差，既不能进攻也无力扭转的情况，此时应当积蓄实力，寻求突破；多元经营战略适用于内部资源丰富、外部威胁严峻的形势，能够分散风险、开拓新的发展领域。就浙江港口物流产业发展的现状来看，首先是外部条件很好，表现在我国正处于贸易和物流业蓬勃发展的黄金时期，港口物流系统的发展也受到了政府的极大重视；其次是港口物流是我国的新兴发展产业，自身内部不可避免地还存在缺点。因此，港口物流系统发展中的劣势是关键所在，要想达到战略目标，必须克服弱点，扭转不利因素。因而目前来说，扭转型战略更适合浙江港口物流系统的发展战略。当劣势转化为优势时，发展战略就可升级为"增长型战略"，获得港口物流系统的高速发展。

基于 SWOT 分析法，得到 SO 战略、WO 战略、ST 战略和 WT 战略这四种战略。SO 战略就是凭借内部优势去抓住外部机遇、从而谋求快速发展的战略；WO 战略是让外部机遇来改进内部弱点，从而使综合实力得到提高的战略；TS 战略是靠企业的优势避免或减轻来自外部威胁的打击；WT 战略是以克服内在弱点为基础，从而避免或应对外部威胁的战略。浙江港口物流产业的战略分析结果如表 4-1 所示。

表 4-1　浙江港口物流产业 SWOT-PEST 战略因素矩阵模型分析

SWOT		政治（P）	经济（E）	社会（S）	技术（T）
内在因素 SW	优势 S	1. 浙江港口城市分别制定了相关的"以港兴市，以市促港"的战略。2. 宁波—舟山港管理委员会的成立对于浙江建设大宗散货枢纽港具有重大的现实意义。3.《浙江港口布局总体规划》获得了交通运输部和浙江省政府的联合批复	1. 浙江沿海港自然条件优越，具有一流的港口设施。2. 宁波—舟山港区位优势明显。3. 舟山连岛大桥的建设促进浙江港口可持续发展。4. 宁波—舟山港积极到浙江省内外腹地城市建设"无水港"，开展对台直航，不断增强港口辐射力	1. 宁波—舟山港一体化以来，随着在国内外吞吐量排名的港口地位提升，在社会上形成了一定的品牌优势。2. 浙江港口城市相关的社会服务产业的发展促进了港口物流的发展	1. 浙江沿海港口多年以来的发展，使其具有了一定的港口开发技术。2. 港口硬件设备比较先进，同时物流信息平台正在完善中，如"两网"（宁波海关公开信息服务网和宁波港集团 EDI 中心）

SWOT		政治（P）	经济（E）	社会（S）	技术（T）
内在因素 SW	劣势 W	浙江省、宁波市、舟山市都提议要把"宁波—舟山港建设成全国大宗货物物流中心"，但是政府如何在政策上予以扶持，制定有效的规章制度，确立统一的政府主管部门，理顺管理体制，创新管理方法等，目前还缺乏明确的规定	1. 码头能力总量不足、结构性矛盾突出。2. 港口岸线利用粗放。3. 甬江通航里程短、航道等级低，杭甬运河尚未复航，港口尚未建立运量大、低成本的内河集疏运体系。4. 港口功能有待进一步拓展	1. 港口物流人才的培养滞后。2. 在宁波—舟山港落户的许多民营物流企业经营规模小，竞争力弱。3. 社会舆论监督力量弱小	1. 宁波—舟山港物流信息网络尚未形成。2. 港口物流管理、技术手段还比较落后
外部条件 OT	机会 O	1. 浙江省委、省政府提出"港航强省"的战略目标，积极争取将海洋经济发展规划上升为国家战略；浙江省对宁波—舟山港发展的高度重视为其建设大宗散货枢纽港提供了政策保障。2. 交通行业积极支持宁波—舟山港以资产为纽带加快港口联盟建设	1. 浙江省将充分发挥油品、煤炭、矿石等专用深水泊位优势，加快建设石化、能源、船舶、钢铁等规模化、高科技临港重化工业基地，外贸铁矿石、原油中转量的增加也将促进宁波—舟山港中转运输枢纽功能的发挥。2. 长三角区域经济的发展为宁波—舟山港的发展提供了可靠保证	舟山连岛大桥的建成加强了舟山港域内深水岸线资源与宁波大陆产业带的联系，腹地交通基础设施的建设决定了宁波—舟山将成为大宗散货运输的水水中转、水陆联运和管（道）转运于一体，公铁空集疏运网络齐备的现代化国际枢纽大港	1. 国家实施的"科教兴国"战略，有利于港口物流企业积极开发和利用运输领域新技术。2. 世界经济、技术的紧密联系也便于宁波—舟山港引进先进科学技术
	威胁 T	国家宏观上对相关产业从高能耗、粗放型发展模式向资源节约、集约型发展模式转变的调整，会对航运业尤其是水泥、钢材、沙石等大宗散货运输市场带来较大影响，这对以大宗散货水水中转运输为主的宁波—舟山港会带来直接影响	周边港口包括：东海沿海港口（上海、温州港）、东北亚港口以及东南亚港口的竞争，但威胁不是很大	1. 国际金融危机的影响，世界经济在萎缩，外贸增长放缓给宁波—舟山港港口生产带来了诸多不利因素，同时世界航运市场也受到冲击。2. 宁波—舟山港目前的散货物流产业链不发达，欠缺加工、配送、贸易、信息等增值服务环节，散货物流处于国际供应价值链低端	1. 引进国外高端技术的成本巨大。2. 世界范围内的技术进步对宁波—舟山港带来挑战，如船舶大型化以及大吨量泊位的发展。3. 知识产权保护力度不够

2. 浙江港口物流产业竞合发展战略分析

港口为了发展高效物流，港口之间进行有效协作，从而实现优势互补，使区域整体优势得到充分发挥。浙江港口物流产业竞合发展战略包括以下方面。

（1）竞合战略

合作作为港口物流系统在竞争中的关键，其目的在于统一港口政策和利用有限的资源。港口物流系统的合作主要在港口业务管理、码头选址、腹地合作、环境保护、营销及市场调查等领域合作。港口物流系统合作形式包括非正式的合作或组成固定的战略联盟，合资或合并业务。

（2）一体化战略

港口一体化战略促进港口物流的服务功能。一体化战略包括横向一体化和纵向一体化。横向一体化是指港口要搞好港口间分工与合作，实现港口资源的优化配置，培育港口群的比较优势和核心竞争力。纵向一体化是指港口应该努力提高港口服务质量和效率，为货主提供更好更多的增值服务，同时采取各种措施拓展腹地的范围，开发更多的货源，港口要转变经营方式，提高港口竞争能力。

（3）客户服务战略

港口物流系统应该从硬件和软件方面加强和改善客户服务。要有机组合商流、物流和信息流。要建立高效用户反应系统，提高整个物流链的效率，降低整个系统的成本、库存和物资储备，满足客户的各种需求。要降低港口服务质量的不确定性，以减少用户的库存风险和成本。要针对客户需求，提供个性化服务和咨询。

（4）人才制胜战略

浙江港口物流专业技术人才匮乏，严重制约着浙江港口物流的发展，对物流专业人才的培养和引进是发展战略中的重中之重。在物流人才培养方面，应从高层制定物流人才长期培养计划，抓紧对现有物流从业人员的培训，同时造就物流技术骨干队伍。

3. 港口物流系统竞合发展战略目标

浙江港口物流产业发展的战略总目标是：适应经济全球化的发展趋势，满足浙江现代化建设的需要，以国际、国内航运市场为导向，建成结构合理、层次分明、功能完善、信息畅通、优质安全、便捷高效、文明环保的现代化港口体系。

三、浙江港口物流系统发展策略

浙江港口物流产业是由存在着有机联系的物流、资金流、信息流等各要素组成，各要素通过整合，将分散的港口物流各功能要素集合成为一个有机整体，从而使物流总体功能达到合理化。在对港口竞合主体分析的基础上，结合战略定位，实施港口物流竞争合作策略、港口物流信息协同策略以及港口物流支持策略。

（一）浙江港口物流合作联盟策略

1. 各大港口产业的发展要立足现实，结成战略联盟

浙江各港口之间的发展方向应以组合港为主，使竞争有序，并在合作中相互补充，做到资源共享，共谋发展。港口物流系统间在合作的过程中也不可避免地会产生竞争，结成战略联盟就要强调既竞争又合作，竞合不是消除竞争，而是为了更有效地竞争，在最大限度发挥自身优势，不断提高生产效率与运营效率，在保证自身过硬竞争力的同时加强合作，才能实现双赢，并且获得最大的利益。

2. 投资经营合作，组建基于业务经营关系的战略联盟

投资建设管理的方式既可以解决港口建设发展的资金短缺问题，又可以引进跨国港口投资经营人先进的码头生产管理经验。浙江各港口在地理位置、自然条件、腹地开发及航线开辟等方面存在差异，各港口物流系统的业务经营情况也存在一定的区别，这些差别为港口物流系统实现基于业务经营关系的战略联盟提供了前提条件。浙江各港口物流系统可以在经营业务方面组建战略联盟，来加强深化彼此间的合作。

3. 合作联盟不能消除竞争，必要的竞争能够为客户提供更好的服务

浙江每个港口企业必须保证有自己独到的竞争优势，否则将有可能被排斥在外，因为采取合作联盟战略的前提是能够实现双赢。首先，每个港口物流系统都要力求优良的码头水文条件。其次，要提高生产效率，缩短船舶在泊时间。对于大型集装箱船舶而言，每天的资金成本高达数万美元，并且货主对货物的周转速度提出了越来越高的要求。为了提升自身竞争力及获得更多的货源，港口要不断提高装卸效率，以减少在港时间，节省时间成本。最后政府要创造公平的竞争环境，确保港口间的公平竞争。

4. 各大港口物流系统的合作联盟需以政府宏观调控为基础

政府以有效的政策为杠杆，避免出现重复建设和结构性矛盾。第一，政府应根据各港口的 SWOT 特点制定扶植港口业发展的产业政策，科学合理地规划港口布局。第二，通过法律和行政手段调控好港口的竞争关系，以防止垄断，同时保证竞争正当有序地进行，为港口的发展创造一个公平而良好的市场竞争环境。第三，规范港口收费，降低挂靠船舶的港口成本及疏港路桥费用，使各港口在服务价格上具有竞争力。

5. 成立委员会统筹区域港口的协作与发展

应根据各自特点实行有重点的错位发展、错位竞争，以优化资源配置，共同降低交易成本，提高运营效率和服务质量，实现利益最大化。在共同发展中形成整体竞争力，建设成为重要的港口物流中心。

（二）浙江港口物流系统整合策略

浙江港口物流产业由作业系统、信息系统和支持系统组成，其主要包括四个层次的业务，分别为基础业务层、标准业务层、增值业务层和高级业务层。浙江港口物流产业中存在着商流、物流和信息流。在浙江港口物流产业的运行过程中，这三者是紧密联系、缺一不可的。商流、物流、信息流整合于港口物流产业中，提高港口物流的运行效率，增强港口竞争力。

1. 港口物流产业物流整合策略

浙江港口物流产业的物流整合策略包括运输整合和装卸搬运整合两个方面。

（1）运输整合

集疏运是港口物流的一个重要因素，其中运输起着决定性作用。干线运输和配送是港口物流系统物资流动过程的两种运输模式。干线运输是指大规模、高效率的长途运输。通常情况下，采用铁路整列、整车运输和船舶运输等形式。配送也称为二次运输或者是末端运输。不同于干线运输，这属于小规模、多客户的运输方式。根据众多用户的不同要求，将货物交付给顾客。配送具有的特点一般包括运量小、距离短、交货地点不固定且较分散。组织港口物流时，往往需要把双方结合到一起，以更好地发挥运输的作用，取得更好的经济效益。

浙江港口物流系统中有许多不合理的运输，造成运力浪费、运输时间增加、运费成本超支等问题。交通运输系统工程优化的过程是运用数学方法和模型，减少或尽量避免不合理运输，使港口物流系统中的物流更加顺畅、更快和更划算。为了克服不合理的运输，应采取适当的措施，采用合理和有效的运输方式，同时采用系统工程方法和数学模型进行科学优化。

（2）装卸搬运整合

装卸搬运会对港口物流的运作效率产生影响，港口物流确定关键领域的经济效率，对港口物流系统的装卸搬运进行优化，是浙江港口物流系统优化的重要组成部分。装卸搬运整合的重点是将环节减少，使装卸程序化。装卸搬运活动本身不会增加价值和使用价值，相反增加了材料成本和损害的可能性，这些特点对于港口物流来说同样适用。集中作业，集装散装化，按照经济合理原则，适当集中物资，达到一定规模的作业量，创造实现装卸搬运作业机械化、自动化的条件。在条件允许的情况下，应将流通过程中的装载点和卸载点集中。

2. 港口物流产业商流整合策略

专业供应链服务的商流需要港口的合作来完成。现代港口已经融合了保税、通关等重要的现代商业功能，供应链服务商可以以此为基础，向前、向后补充、升级、延伸，提供更多重要的商务运作环节，提升自身的价值和全球企业的合作能力。在商流的整合过程中，资金流的整合是重点。要应用作业成本法对港口物流系统资金流进行整合。应用作业成本法对港口物流资金流进行整合，应当建立作业成本核算系统。建立过程及应用分析过程的具体步骤如下。

（1）对财务资源和运作资源进行确定

引起成本发生的原因就是资源的消耗，因此对港口物流系统中的现有资源进行有效管理是重中之重，而这也是建立作业成本核算体系的起点。浙江港口物流系统中可利用的资源分为财务资源和运作资源两大类。将其消耗与作业联系在一起，是成本动因分析以及作业管理的基础。

（2）对作业、作业中心及成本动因进行明确

这一阶段的工作，应明确在航运物流系统的运作，将各项工作列表，对其进行研究，分析其成本动因，然后根据重要性和这些作业的相关性进行划分，划入各作业中心，将作业中心的成本划给每个成本对象，得到成本相关信息。

（3）形成、实施并运作会计模型

作业成本法与传统的成本核算方法不同，因而需要建立一个新的会计模型并实施运作。会计模型建立后，港口物流相关的部门应当遵照要求对会计信息进行收集，并将其反馈到账上，再由相关人员负责处理，从而使整个会计系统真正运作。在初始阶段，会计系统只能对已有的作业进行成本核算、分配，随着不断发展，对将来要实施的作业的费用预算值和目标值也可以进行核算。

（4）作业分析

作业成本核算体系建立之后，分析港口物流系统内企业的作业，将及时、准确、高质量的成本信息作为基础，优化相关企业的作业，并通过优化港口物流的资金流来改善经营运作。

3. 港口物流产业信息流整合策略

港口物流系统信息流的整合主要通过建立港口物流信息系统来实现。这一系统的建设是一项复杂的社会和技术工程，其中包含计算机技术和管理工作两方面内容，只有采取正确的策略，才能保证系统建设从一开始就可行和有效。港口物流管理信

息系统的开发应遵循以下原则：从实际出发，确定恰当的目标，采用先进而可靠的技术，解决关键问题。

首先对港口物流业务流程的特点进行分析，港口物流业务流程实现的不仅是物资空间位移的变化，而且还伴随着大量的信息处理和传递。各组织和部门只有收到若干信息后，才可能产生一个业务动作。其次在业务流程分析的基础上进行企业流程再造。在港口物流管理信息系统开发初期，要组织人员自上而下地对航运企业的现行管理系统（包括对组织机构、工作流程、信息流程、现行信息系统和人员知识结构等）进行详细的调查。港口物流管理信息系统包括单证管理、集装箱管理、船代管理、船务管理、结算管理和业务统计等功能模块。

由于港口物流管理信息系统建设大多涉及的是不够规范的管理工作，管理信息系统建设要对原有的工作方式进行规范和整理，创造性地利用信息技术来重新改造企业流程，这是流程再造的根本所在。进行流程再造的目的是在成本、质量、服务和速度等方面取得显著的改善，最大限度地适应以顾客、竞争、变化为特征的现代港口经营环境。

浙江沿海港口处在对外交往的第一线，仅靠现代化装卸设备和深水码头的建设是难以达到现代化要求的。科技创新、利用现代信息技术、实施"科教兴港"是港口实现现代化的重要途径。然而目前浙江港口管理还存在诸多问题，主要表现如下。

（1）缺乏权威性的管理部门对港口发展、建设、运营中出现的问题进行统一协调

开放港口既是水陆交通枢纽，又是对外的国门，必然会涉及多个管理部门，如口岸办、海关、检疫、边防等管理部门。由于各个管理部门比较多地关注本部门的行政职能，比较多地强调各自利益，使得港口行政管理较为混乱，这就需要有一个权威性的管理部门发挥统一的沟通协调作用，取得共识，形成合力。

（2）港口的政出多门现象较为普遍

目前，港口行政管理存在多方管理的局面，各自都发证，不够规范，造成了港口管理上的混乱。这种现象造成港杂费过高，港口流通效率低下等问题。

（3）港口市场放开了，管理没有到位，致使港口市场较为混乱

自从港口市场放开后，管理并没有及时地、有效地跟上去，未能依法对港口市场全面进行规范，指导和管理。

浙江建设具有竞争力的、现代化的综合性港口，必须建立起一个统一协调的机制，明确港口各主体对港口行使管理的职责，克服当前各自为政的状况。在市场经济的大环境里，每个港口与周边港口都处在竞争之中，不进则退。港口物流信息协同平台的建设将有助于打破各利益主体之间信息不对称的现象，有效地保证港口高

效地流通。港口是一个重要的物流运动汇接点，是区域和国家物资交换的中心，因此，信息对于港口意义重大。仅在集装箱业务方面，涉及船舶出入港、集装箱装卸、集装箱运输、堆场计划、大型装卸机械控制、作业进度控制等一系列环节。一个集装箱从到港、下船、运输、落场存放至最终运输上船，几十个数据生成在整个业务流程中，需要处理的数据每天有成千上万条记录之多，因此信息化成为港口开放的一个必然的发展趋势。

第二节　沪、甬两港竞合关系

上海港、宁波—舟山港同处"长三角"地域，两港相距 130 海里，由于相当部分集装箱货源腹地相互交叉，两港关系向来微妙，时竞时合且竞争多于合作。虽然宁波—舟山港集装箱吞吐量目前尚不足上海港的 1/2，但对船运公司的吸引力逐年增加，集装箱吞吐量连续几年呈迅猛增长态势，加之舟山、杭州湾跨海大桥的建成改变了杭州湾南、北两岸交通格局并引导集装箱流向发生变化。笔者判断，两港之间的集装箱运输竞争将会日趋白热化。基于此，对大桥时代上海港、宁波—舟山港集装箱运输竞争与合作问题作系统的分析已非常必要。

一、上海港、宁波—舟山港简况

（一）上海港

上海港位于长江三角洲前缘，地理位置为北纬 31°14′，东经 121°29′，居我国 18 000 千米大陆海岸线的中部、扼长江入海口，地处长江东西运输通道与海上南北运输通道的交汇点。上海港依江临海，以上海市为依托、长江流域为后盾，经济腹地广阔，全国 31 个省市（包括台湾省）都有货物经过上海港装卸或换装转口。上海港的主要经济腹地除了上海市以外，还包括江苏、浙江、安徽、江西、湖北、湖南、四川等省和重庆市。上海港的水陆交通便利，集疏运渠道畅通，通过高速公路和国道、铁路干线及沿海运输网可辐射到长江流域甚至全国，对外接近世界环球航线，处在世界海上航线边缘。在长江三角洲及沿江地区经济高速发展、进出口贸易量大幅增加的形势下，上海港面临再次崛起成为国际航运中心的历史机遇。

2007 年以来，上海集装箱吞吐量一直雄居世界集装箱港的"龙头"地位，其规模之大令世人瞩目。2010 年上海港集装箱吞吐量完成 2 905 万标准箱，首次跃居世界第一。

上海港主要由分布在长江入海口南岸的宝山、张华浜、军工路、外高桥、共青、高阳、朱家门、民生、新华、复兴、开平、东昌等港区构成。目前面临两大主要问题：一是集装箱吞吐能力严重不足，二是航道水深严重不足。

（二）宁波—舟山港

宁波—舟山港位于我国东南沿海主通道与长江黄金水道交汇处，背靠长江经济带与东部沿海经济带"T"形交汇的长江三角洲地区，其直接腹地是我国经济发展水平最高、最具活力和发展潜力的地区之一。

宁波—舟山港北距上海吴淞口 130 海里，距青岛 433 海里，距秦皇岛 683 海里，南距广州 824 海里，距厦门 476 海里。与香港、基隆、釜山、大阪、神户等大港间的国际航线均在 1 000 海里之内，至美洲、大洋洲、波斯湾、东非等地港口的距离均在 5 000 海里左右。

宁波—舟山港陆上交通主要通过宁波市域交通向外辐射。白沙、洪镇、北仑三条港区铁路支线与萧甬铁路相连，并通过浙赣、沪杭、宣杭线与全国铁路网连接；329 国道、沪杭甬高速公路和同三线等公路干线与港口相通，可通往杭州、上海、台州、温州等广大地区。舟山目前北部洋山通过东海大桥与上海相连，南部通过舟山连岛大桥使舟山本岛和宁波实现陆路相连。

宁波、舟山深水岸线资源丰富，宁波的梅山和舟山的金塘、六横岛比较适合建设集装箱泊位。这些硬件设施为宁波—舟山港集装箱吞吐量的不断增大提供了重要的物质条件。

近 3 年来，宁波—舟山港以集装箱业务发展速度之快备受世人关注，其吞吐量规模在世界集装箱港口中的排名飞速上升，2007 年集装箱超过 935 万标准箱，列大陆沿海港口第 3 位，列世界港口第 11 位。2008 年宁波—舟山港集装箱吞吐量完成 1 084.6 万标准箱，继续保持国内第 4 位，跃居世界第 8 位。2009 年，宁波—舟山港集装箱吞吐量 1 042.3 万标准箱；2010 年，宁波—舟山港集装箱吞吐量达 1 314.4 万标准箱。目前，宁波—舟山港集装箱运输面临的主要问题是腹地范围还不够宽广、箱源有限。

二、舟山、杭州湾跨海大桥对上海港、宁波—舟山港集装箱运输的影响

（一）舟山跨海大桥对宁波—舟山港集装箱岸线资源整合的影响

宁波—舟山港的宁波港区历经由内河港到内河港、河口港共存，再到目前的内河港、河口港和海港共同发展的时期，成为举世闻名的深水港。舟山港区由渔港逐步发展成渔业和货物运输并重的港口。两港区所处的自然条件和经济发展阶段不同，发展的特点差异较大。宁波港区凭借良好城市依托和深水岸线资源，成为上海国际

航运中心的南翼，我国集装箱的干线港，同时与舟山港区共同成长为长江三角洲及长江沿线地区原油、矿石和煤炭等大宗散货转运基地。宁波港区积累了雄厚的实力，具有滚动发展的能力，但可供发展的港口岸线尤其是集装箱深水岸线资源短缺成为制约宁波港进一步发展的瓶颈。舟山港区的深水岸线资源丰富，但发展受到岛屿自然条件的限制，现有港口功能尚有很大潜力可以发挥，距现代化港口的目标仍有较大差距，随着外界环境日益改善，发展集装箱运输和临港工业的愿望迫切。

两港区处于同一地域和水域，舟山跨海大桥的贯通，构筑出一条全天候的舟山—宁波大陆通道，使舟山岛屿岸线具有了大陆岸线的特性，舟山从此告别"海岛"步入"半岛"时代。

舟山跨海大桥的贯通突破了陆路交通"瓶颈"，把中国最好的深水岸线资源与宁波广大幅地密切结合起来，使得舟山金塘的岛屿岸线资源与宁波北仑的大陆岸线资源完全连成一体，金塘集装箱岸线资源的开发环境得到根本改变。舟山成为实现甬舟联动和沪舟联动的重要枢纽。舟山在"长三角"的物流功能定位也已从单一的水水中转基地变为"水水中转"、"水陆中转"双向基地，水、陆两种运输方式并存为舟山金塘开发大型集装箱项目提供了保障，直接推动舟山物流实现革命性转变。

可以说，舟山跨海大桥直接促进了宁波港区和舟山港区的集装箱岸线资源深度整合，既摆脱了宁波港区集装箱深水岸线即将开发殆尽的窘境，又弥补了舟山港区发展集装箱运输欠缺陆路交通方式的缺憾，有助于宁波—舟山港成为集装箱枢纽港。

（二）杭州湾跨海大桥对上海港、宁波—舟山港集装箱运输的影响

杭州湾跨海大桥的贯通，改善了宁波—舟山港处于交通路网末端的区位不利状况，优化了长江三角洲地区的路网格局，形成宁波—上海—杭州新的三角地区，使杭州湾南、北岸至宁波—舟山港、上海港的货物运距发生变化，改变了杭州湾南、北岸地区集装箱的流向进而影响了两港集装箱运输流量。大桥建设前、后杭州湾北岸、南岸地区到上海港、宁波—舟山港运距变化如表4-2和表4-3所示。

表4-2 杭州湾北岸地区到上海港、宁波—舟山港运距变化　　　　　单位：千米

起点	上海	上海	嘉兴	嘉兴	嘉兴	苏州	苏州
到达港口	宁波北仑港	SCT 码头	上海外高桥码头	洋山港区	宁波北仑港	洋山港	宁波北仑
原运距	370	143	163	190	265	210	343
杭州湾大桥建成后运距	233	143	163	190	141	210	219

数据来源：上述各城市人民政府网站。

表 4 - 3　杭州湾南岸地区到上海港运距变化　　　　　　　单位：千米

起点	绍兴	绍兴	绍兴	台州	台州	台州	宁波	宁波
到达港口	SCT 码头	上海外高桥码头	洋山港	SCT 码头	上海外高桥码头	洋山港	SCT 码头	洋山港
原运距	281	310	273	523	543	520	381	373
杭州湾大桥建成后运距	221	250	213	333	353	330	244	236

数据来源：上述各城市人民政府网站。

1. 杭州湾跨海大桥对上海港集装箱运输的影响

杭州湾跨海大桥的贯通，使杭州湾南岸的宁波、绍兴和台州等地到上海洋山港的距离较大桥建成前分别缩短了 137 千米、160 千米、190 千米，极有可能导致绍兴和台州等地的集装箱量通过大桥陆路转向上海港和洋山港；尤其是绍兴在大桥建设前因交通"瓶颈"制约一直是宁波—舟山港具有垄断优势的优质独有腹地，随着杭州湾跨海大桥的贯通已成为两港共享腹地，而上海港的集装箱集聚效应比较宁波—舟山港优势明显，使得宁波—舟山港对绍兴集装箱运输量的竞争压力增大。

2. 杭州湾跨海大桥对宁波—舟山港集装箱运输的影响

杭州湾跨海大桥建设前，因宁波—舟山港长期处于全国交通路网的末端，对外交通不够发达，集疏运条件差，宁波—舟山港进出的集装箱主要局限于浙江本省的宁波、台州、温州、舟山、绍兴、金华、丽水、杭州等地。杭州湾跨海大桥的贯通，打开了宁波的北大门，杭州湾北岸的嘉兴至宁波北仑港距离缩短至 141 千米，宁波—舟山港借助货种层面的优势对杭州湾北岸地区集装箱的吸引力增强。此外，大桥建成前苏州至宁波北仑运距为 343 千米，大桥建成后苏州至宁波北仑运距缩短为219 千米，与苏州至洋山港的运距 210 千米大体相当，可以说杭州湾跨海大桥的兴建，降低了苏州、无锡、常州、南京等地运到宁波港的集装箱运输单位成本，拉近了宁波港与苏南等地的距离，把宁波—舟山港的辐射半径延伸至江苏，使得江苏也成为宁波—舟山港集装箱来源的直接腹地。

由此可见，杭州湾跨海大桥改变了杭州湾南、北两岸地区至上海港、宁波—舟山港的运距，打破了原来两港集装箱生成量分布格局，导致杭州湾两岸及江苏地区集装箱流向乃至流量发生变化，势必推动两港集装箱经营策略的进一步调整。

三、上海港、宁波—舟山港集装箱运输合作竞争的博弈分析

上海港、宁波—舟山港同处"长三角"地区，均为腹地型港口，在腹地经济没

有跨越式增长的情况下，集装箱吞吐量的增长往往来自于邻近港口间的货源争夺。杭州湾跨海大桥、舟山跨海大桥的建成，改变了"长三角"的交通格局，无疑会对该地区港口集装箱流向进行重新"洗牌"，必然加剧两个集装箱港口之间的竞争。

因为两港集装箱吞吐量与"长三角"经济总量（进、出口贸易量）呈正相关，换言之，在"长三角"经济总量相对稳定的条件下，两港集装箱总运输需求量也基本稳定。所以其中一个港口的需求，不仅仅取决于自己的竞争策略组合，而且还受制于另一个港口的竞争策略组合，因此，两个港口在制定策略时还必须考虑到其他港口的策略对自己的影响。

一般而言，在上海港、宁波—舟山港拥有相同的集装箱货源腹地或者各港口的集装箱货源腹地之间相互交叉的情况下，如果集装箱货源距港口之间的距离相差不大，且到达各港口的内陆运输条件和内陆运输成本也基本相似，那么两港之间的竞争主要表现在港口的价格和服务质量上。

为便于分析，假定两港仅采用价格策略、提高服务质量策略来吸引共享腹地的集装箱货主，上海港的期望收益为 E，运输总需求为 D，它由两部分组成：D_1 是必须在上海港运输的需求量，D_2 则是上海港争夺宁波—舟山港的运输需求，与港口的服务价格（P）、服务质量（Q）相关，因此

$$D = F\left(D_1,\ D_2\left(P,\ Q\right)\right) \tag{4-1}$$

为分析简便起见，我们假定自变量与函数间线性相关，因为港口运输需求与服务价格负相关、与服务质量正相关，公式（4-1）可以转化为

$$D = D_1 - \alpha P + \beta Q \tag{4-2}$$

公式（4-2）中 α，β 是参数，α，$\beta > 0$。

再令上海港的成本为 M，它由两部分组成：M_1 是上海港常规营运成本，M_2 则是上海港为争夺宁波—舟山港运输需求而提升服务质量增加的成本。一般而言，服务质量的提高意味着投入在服务硬件、软件上资金的增加，由此服务成本增加，即服务成本与服务质量正相关，为分析简便起见，我们假定自变量与函数间线性相关：

$$M_2 = FQ \tag{4-3}$$

公式（4-3）中 F 是参数，$F > 0$，

上海港的期望收益函数为：

$$E = PD - M = P\left(D_1 - \alpha P + \beta Q\right) - M_1 - FQ \tag{4-4}$$

同理，设宁波—舟山港的期望收益为 e，运输总需求为 d，它由两部分组成：d_1 是必须在宁波—舟山港运输的需求量，d_2 则是宁波—舟山港争夺上海港的运输需求；d_2 与港口的服务价格、服务质量相关，并且因受"长三角"港口行业水平限制，宁波—舟山港服务价格（p）、服务质量（q）对 d_2 影响程度与上海相近（$d_2 = -\alpha p + \beta q$）；

宁波—舟山港的成本为 m，由常规运营成本 m_1、竞争增加成本 m_2 组成，$m_2 = fq$（f 是参数，$f > 0$）。

宁波—舟山港的期望收益函数为：

$$e = p \ (d_1 - \alpha p + \beta q) \ - m_1 - fq \qquad (4-5)$$

很明显，两港之间是一种博弈关系，两港的策略选择都只有两种：一是相互合作，二是刚性竞争。这个动态博弈是否有均衡解，取决于支付函数的大小。我们考虑以下四种情况来试图分析这个动态博弈的均衡解。

第一，两港均选择相互合作。此种情况下两港不相互争夺集装箱运量，即：D_2、$d_2 = 0$，FQ、$fq = 0$，上海港的期望收益 $E = PD_1 - M_1$，宁波—舟山港的期望收益 $e = pd_1 - m_1$。

第二，上海港选择相互合作，宁波—舟山港选择刚性竞争。此种情况下上海港的集装箱运输需求减少 d_2，宁波—舟山港的集装箱运输需求增加 d_2。上海港的期望收益 $E = P \ (D_1 - d_2) - M_1$，宁波—舟山港的期望收益 $e = p \ (d_1 + d_2) - m_1 - fq$。因无上海港对抗，$pd_2 > fq$，则宁波—舟山港收益最大，但此时上海港收益最低。

第三，上海港选择刚性竞争，宁波—舟山港选择相互合作。此种情况下上海港的集装箱运输需求增加 D_2，宁波—舟山港的集装箱运输需求减少 D_2。上海港的期望收益 $E = P \ (D_1 + D_2) - M_1 - FQ$，宁波—舟山港的期望收益 $e = p \ (d_1 - D_2) - m_1$。因无宁波—舟山港对抗，$PD_2 > FQ$，则上海港收益最大，而此时的宁波—舟山港收益最低。

第四，两港均选择刚性竞争。此种情况下上海港的集装箱运输需求为 $D_1 + D_2 - d_2$，宁波—舟山港的集装箱运输需求为 $d_1 + d_2 - D_2$。上海港的期望收益 $E = P \ (D_1 + D_2 - d_2) - M_1 - FQ$，宁波—舟山港的期望收益 $e = p \ (d_1 + d_2 - D_2) - m_1 - fq$。因两港直接对抗，服务价格（$P$、$p$）均大幅度降低、服务质量（$Q$、$q$）均大幅度增加，故 $P \ (D_2 - d_2) < FQ$、$p \ (d_2 - D_2) < fq$，此时两港收益最低。两港博弈期望收益矩阵如表 4-4 所示。

表 4-4　两港博弈期望收益矩阵

宁波—舟山港 ＼ 上海港	刚性竞争	相互合作
刚性竞争	$(P \ (D_1 + D_2 - d_2) \ - M_1 - FQ,$ $p \ (d_1 + d_2 - D_2) \ - m_1 - fq)$	$(P \ (D_1 - d_2),$ $p \ (d_1 + d_2) \ - m_1 - fq)$
相互合作	$(P \ (D_1 + D_2) \ - M_1 - FQ,$ $p \ (d_1 - D_2) \ - m_1)$	$(PD_1 - M_1, \ pd_1 - m_1)$

从表4-4中可以看出，两港之间的竞争并不是你死我活的竞争关系，双方的利益也并不是此消彼长的。如果宁波—舟山港与上海港合作而上海港不合作，则上海港收益最大，而此时的宁波—舟山港收益最低；反之，如果上海港与宁波—舟山港合作而宁波—舟山港不合作，则上海港利益受损，但此时宁波—舟山港收益最大；如果双方都不合作而是互相压价竞争，则双方利益都受损，得益总和也是最低；而如果双方实行互补性合作，则可以实现利益的共赢。综上所述不难发现相互合作是两港动态博弈的最优解。

但现实情况并非如此。上海港、宁波—舟山港同处"长三角"，两港的海上距离为130海里，杭州湾跨海大桥建成后两港的陆上距离较以前缩短了137千米只有233千米，因距离相近导致两港海向、陆向腹地交叉重叠的区域愈来愈大，加之舟山跨海大桥的建成将舟山金塘的集装箱优质深水岸线资源与宁波大陆连接成一体从而进一步拓宽了宁波—舟山港的集装箱发展空间，使得两港关系愈加微妙。在集装箱深水港建设方面两港竞争态势明显。上海港发展集装箱业务的最大制约是水深条件，而宁波—舟山港的六横、金塘具有天然的集装箱优质深水岸线资源，但上海港并未与宁波—舟山港合作，选择在大小洋山建设集装箱国际深水港，对宁波—舟山港的集装箱运输业务影响较大。为了应对上海洋山深水港的建设，宁波—舟山港借助舟山跨海大桥的贯通，已在舟山金塘岛规划建设年吞吐量1 430万标准箱五大集装箱深水港区，宁波—舟山港在集装箱吞吐能力上与上海港已呈分庭抗礼之势。

笔者认为上海港、宁波—舟山港之间之所以竞争大于合作，原因在于两港的高层决策者各自站在自身利益上考虑。双方均认为即使己方采取"相互合作"的策略未必能换取对方同等的回报，且对方一旦采取"刚性竞争"的策略又会导致己方发生重大的经营失败，故放弃"相互合作"而选择"刚性竞争"策略是较安全的经营方法。

四、上海港、宁波—舟山港集装箱运输合作发展的对策探讨

上海港和宁波—舟山港是长江三角洲港口群中两个最重要的港口，两港相当部分集装箱货源腹地交叉，加之舟山、杭州湾跨海大桥的建设改变了杭州湾南、北两岸交通格局并引导集装箱流向发生变化，因此，两大集装箱港口之间不可避免地存在着激烈的竞争。

根据竞争理论，同一区域内港口之间的无序竞争将造成港口过度建设使得港口能力闲置从而导致资源的浪费。发达国家的港口早已意识到这点，为了防止无序竞争带来的危害大多采取"相互合作"的策略，充分发挥各自优势、加强合作。如德

国的汉堡和不来梅港，两港区位临近、腹地重叠，来自同一市场及鹿特丹、安特卫普等欧洲北部港口的巨大竞争压力促使这两个港口采取联盟的方式增强整体竞争实力，将双方竞争逐步转化为针对其他港口的竞争。

上海港、宁波—舟山港同处"长三角"，两港本身具有较强的优劣势互补性。上海港在经济腹地和集疏运条件方面有着自己的优势，但缺乏深水航道，大型船舶无法满载，国际集装箱干线的主力船型必须候潮进出，而宁波—舟山港优越的深水航道条件正好弥补了上海港的这一关键不足。另外，大小洋山港是台风的长年登陆口，受台风影响全年码头平均作业天数为315天，而宁波—舟山港有舟山群岛为天然屏障，每年可作业天数在350天左右。因此，洋山港如遭遇台风等特殊气候码头无法作业时，宁波—舟山港是首选的备用港。"我国港口间的比较优势分析及竞争合作策略研究"认为两港具备"相互合作"的先天条件，如果双方能够相互信任，形成"双赢互利"的竞争观，在市场细分前提下，双方主动放弃一些腹地及航线的经营，重点经营某些航线以及货源腹地，建立各自的核心竞争力，在差异化经营的同时寻求合作领域，双方必定能走上互补"双赢"的道路。

根据两港发展的实际情况，基于对两港集装箱运输合作竞争的博弈分析，笔者认为两港应采取差异化发展策略避免由于激烈竞争而导致的"两败俱伤"，并实现共同发展。

（一）两港在发展目标方面实施差异化发展策略

2005年交通运输部出台《长江三角洲地区现代化公路水路交通规划纲要》，将长三角港口功能布局定义为：形成以上海为中心、浙江宁波港和江苏苏州港及长江干线南京以下港口为两翼共同组成的上海国际航运中心集装箱运输系统。2008年温家宝总理在上海主持召开"长三角"地区协调发展座谈会上进一步指出："长三角"港口发展将以上海为中心建设集装箱运输系统。由此可见，上海港作为上海国际航运中心集装箱运输系统的中心，其发展成为国际集装箱枢纽港的目标已上升为国家战略。

宁波—舟山港虽然在货物总吞吐量上已经与上海港不相上下，但其优势体现在大宗散货水水中转运输方面，集装箱吞吐量却与上海港差距较大，所以宁波—舟山港的发展目标可以定位为：国际大宗散货枢纽港、国际集装箱次枢纽港。

（二）两港在发展集装箱远洋航线方面实施差异化发展策略

众所周知，货主选择国际集装箱出运口岸的重要因素是港口航线布局。为尽快发展成为国际航运的战略性枢纽港，上海港应积极拓展国际干线，重点发展上海至澳洲、北美、欧洲、地中海、波斯湾等地区的航线。同时，增加国内沿海及长江主要港口的内支线、内贸线，进一步完善远洋干线与近洋支线、内支线、内贸线相配套的集装箱运输网络。

宁波—舟山港拥有水深达 18.5 米的世界上最深的集装箱码头，新一代超大型的集装箱班轮可以进出自如，应按照超大型集装箱船舶要求加大航班密度，大力发展国际集装箱"水水中转"运输。同时，要紧紧抓住国际大型船运公司抢滩宁波、舟山投资港口的机遇，加强与国际船运公司的合作，重点吸引集装箱国际中转货源，适度参与欧美等远洋航运市场的竞争，甘当上海港的配角。

（三）两港在拓展集装箱货源腹地方面实施差异化发展策略

杭州湾跨海大桥贯通后，两港的集装箱货源交叉腹地主要集中在湖州、杭州、绍兴及江苏的苏州等地区。为避免过度竞争，两港在拓展集装箱腹地货源方面应各有侧重。

与宁波—舟山港相比上海港集装箱货源腹地更为宽阔。上海雄厚的经济实力为上海港提供了丰富的集装箱货源，江苏的苏锡常和浙江的杭嘉湖也是上海港集装箱运输的两个主要来源，长江中下游省份同时为上海港提供了强大的集装箱腹地货源支持。所以，上海港应将集装箱货源腹地拓展的重点放在江苏及长江流域。

宁波—舟山港集装箱货源直接腹地主要分布在浙江省内的宁波、舟山、台州、温州、杭州、绍兴、嘉兴、金华、衢州、丽水等地区。宁波—舟山港应重点建设好慈溪集装箱堆场、温州昆灵集装箱码头、萧山堆场等一批基础设施项目，特别是要把嘉兴作为战略要地，作为巩固省内集装箱货源腹地的重中之重。同时积极推进义乌、金华、绍兴等"腹地无水港"建设，加快与省内温州港、台州港、嘉兴港构建港口联盟的进程。总之，宁波—舟山港应将集装箱货源腹地拓展的重点放在省内，通过"内地无水港"和"省内港口联盟"建设来巩固现有的优势箱源，并进一步提炼和打造自身的物流服务规模优势。

五、结束语

随着全球进入经济一体化时代，以海向腹地为主、以海向中转为主的港口将受到制约，有广阔腹地和直接陆向基地的港口发展前景良好。作为国际贸易桥梁的港口其功能发生了根本性转变，港口服务产品由装卸、仓储拓展为拆卸、包装、加工、配送、交易、研发、展示；服务空间由港口区域拓展为周边区域、全国甚至全球；港口的经营管理由外延模式向内涵发展转变，由粗放式向集约化转变，由只重视货物吞吐量向培育物流产业链转变。与此同时，港口面对的国际国内市场环境与形势也日趋复杂，港口之间的竞争将愈加激烈，而无序竞争对港口个体和港口群物流能力的发展都极为不利。因此，上海港、宁波—舟山港只有弱化两港同质竞争，实现错位异构发展，由传统"纵向一体化"管理模式转向"横向一体化"管理模式，才能产生"$1+1>2$"的协同放大效应。

第三节　浙江港口物流企业竞合定价

目前，供应链上下游的浙江港口物流企业及客户的市场环境都变化很大。浙江港口物流企业需要与客户建立战略合作伙伴关系以获取长期收益，客户也需要浙江港口物流企业提供优质、低价的服务以提高核心竞争力。本章节深入分析浙江港口物流企业与客户的供应链战略合作伙伴关系，认为双方形成的长期合作关系可以为浙江港口物流企业带来未来业务收益。考虑建立供应链战略合作伙伴关系所获得的未来业务收益能够对浙江港口物流企业即期定价跨期调整的特点，本章节构建了实现双方长期利益最大化的供应链战略合作伙伴关系浙江港口物流企业服务定价模型。最后，采用宁波某大型国际港口物流公司部分客户2007—2011年的有关数据，测算了供应链战略合作伙伴关系下浙江港口物流企业服务定价的折扣幅度。

一、引言

随着我国经济、社会的快速发展，物流服务供需市场也日趋成熟起来，浙江港口物流企业之间的竞争也愈发激烈。一方面，客户选择浙江港口物流企业往往是对其经济性、企业资质、规模以及所能提供的物流服务功能等因素的多维考量；而且，物流服务需求具有的派生性、不确定性等特征导致传统客户——大型制造企业、商贸企业等的"话语权"日趋强大，供需双方的市场地位极不平衡，不断压缩浙江港口物流企业的利润空间。另一方面，浙江港口物流企业急需在巩固收入来源的同时为未来发展培育忠诚、稳定、有潜力的客户群以扩张市场规模。因此，有必要寻找浙江港口物流企业与客户之间的有机结合点，实现供需双赢的局面——浙江港口物流企业稳定了现有的客户群，进一步开拓市场；客户借助浙江港口物流企业的高质量服务实现快速发展，提高核心竞争能力。

本书研究供应链战略合作伙伴关系视域下的浙江港口物流企业服务定价，期望在分析客户与浙江港口物流企业供应链战略合作伙伴关系的基础上，批判性借鉴传统的港口物流企业服务定价理论，考虑供应链战略合作伙伴关系具有承诺协议和循环谈判的特点，以及浙江港口物流企业所能获取的未来业务收益，构建供应链战略合作伙伴关系视域下的浙江港口物流企业服务定价模型，为拓宽浙江港口物流企业的市场空间、提高浙江港口物流企业的议价能力及经营决策水平奠定理论基础并提供实证支撑。

对供应链上下游企业间战略合作伙伴关系的研究，起源于20世纪80年代日本企业与供应商的关系变化上。Wilson和Gorb（1983）通过对近200家公司的调查发现企业为了降低与供应商的交易成本，希望与供应商保持稳定、长远的合作关系[①]。Jeffery H. Dyer和Harbir Singh（1998）从"关系租金"的角度解释了供应链战略合作伙伴关系。他们认为，关系租金产生的条件只能是上下游企业间结成战略合作伙伴关系；上下游企业间依托交易形成的特殊连结能够成为"关系租金"和竞争优势的来源[②]。Masaaki Kotabe等（2003）认为战略合作伙伴关系的形成可以使供应商和买方在连续的交易中积累经验，增强交易的稳定性。

在国内，袁春晓等（2002）的研究也证实了供应链战略合作伙伴关系的形成既能拓宽主导企业可利用资源的范围并分摊环境风险，还可以促进附属企业向合作伙伴——主导企业学习从而获得更广泛的知识，进而充分利用现有能力降低作业成本[③]。

在港口物流企业的服务定价方面，国内外众多专家、学者也进行了很多卓有成效的研究。Marino AP（1999）论证了物流服务价格对浙江港口物流企业市场开发以及经营决策的重要性。Albert Y Ha等（2004）运用博弈论解释了供应商与客户在合作及不合作状态下的不同定价策略。

兰永红（2004）以物流企业和客户为主体，构建了物流企业服务定价的两阶段动态博弈模型，提出了物流企业服务定价的若干策略。薛浩等（2005）指出第三方浙江港口物流企业提供的产品实质是一种系统的服务方案；服务价格是整体方案的核心要素，直接影响服务方案的营销效果[④]。

从国内外关于供应链战略合作关系的研究可以看出，港口物流企业与客户共同构建供应链战略合作伙伴关系是增强合作双方信任度、解决信息不对称问题、降低交易成本并从相互适应中获得未来收益的一种可行选择。浙江港口物流企业的服务定价受制于成本、供求和竞争等各项因素，定价的合理与否事关企业整个经营决策的成败。

---

① Wilson P, Gorb P. How large and small firms can grow together [J]. Long Range Planning, 1983, 16（2）：19－27.

② Jeffery H. Dyer, Harbir Singh. The relational view: cooperative strategy and sources of interorganizational competitive advantage [J]. Academy of Management Review, 1998, 23（4）：660－679.

③ 袁春晓：《供应链变迁与企业组织形式的演化》，《管理世界》，2002年第1期。

④ 薛浩、田大钢：《第三方物流服务产品的定价》，《企业经济》，2005年第7期。

二、港口物流企业与客户的供应链战略合作伙伴关系

理论界、实务界普遍认为，尽管港口物流企业与客户已经意识到相互合作的重要性，但双方之间的交易依然依赖于以市场价格为基础的非长期合作协议，原因在于客户期望即期最大限度降低契约交易成本、港口物流企业期望即期凭借低价拓展市场份额。本书认为，在经济全球化进程加速、企业经营环境日益复杂多变、市场竞争日趋激烈的背景下，处于供应链上下游的客户与港口物流企业是相互协调、相互受益的，双方的关系已出现了显著的变化，客户与众多港口物流企业的短期合同关系将转向与少数浙江港口物流企业之间更大的投入以及长期的合同关系——供应链战略合作伙伴关系。

（一）结成供应链战略合作伙伴关系是实现浙江港口物流企业与客户双赢的不二选择

目前，国内外知名的学者、专家从不同视角对供应链战略合作伙伴关系进行了研究，但对供应链战略合作伙伴关系视域下的物流服务尚无统一的定义。本书认为基于供应链战略合作伙伴关系的物流服务是处于供应链上下游的客户与浙江港口物流企业为最大限度地运用各种内部资源和外部资源，以相互信任、相互依赖为基础，以"利益共沾、风险共担"为前提，以培育发展核心能力为目标，形成稳定的、隐形的非正式长期合作协议关系。浙江港口物流企业与客户在长期的业务往来过程中通过各种途径掌握了客户的资产状况、发展前景、行业地位和企业诚信等丰富的信息资源并凭借独家垄断的排他性信息在同业竞争中具有明显的比较优势。

基于供应链战略合作伙伴的物流服务凭借双方长期业务联系过程中形成的信息相互渗透，提升了相互的信任感及忠诚度，既能有效地降低浙江港口物流企业面临的同业过度竞争风险，又能保证客户获得高性价比的优质物流服务。其优点表现为：加深合作双方对业务流程的理解和认识，促进合作双方深度了解合作伙伴的能力，提升双方信息共享的意识，进一步巩固双方的合作基础从而增大浙江港口物流企业获取未来业务的可能性；促使浙江港口物流企业与客户之间形成长期业务承诺协议，实现双方长期目标利益的动态平衡。

当然，基于供应链战略合作伙伴关系的物流服务也存在弊端，如供应链战略合作伙伴关系中的上下游企业没有严格的组织层次关系，也缺乏充分有效的市场规制约束，难以完全回避机会主义风险。另外，浙江港口物流企业与客户在合作伙伴关系中的地位安排不当，也会影响双方合作的密切程度，进而影响供应链整体的运行效率。

从以上分析看出，处于供应链上下游的客户与浙江港口物流企业结成战略合作伙伴关系既可以为客户提供长期稳定的服务，降低契约交易成本，又解决了浙江港口物流企业在市场开发时面对的信息"搭便车"问题，确保浙江港口物流企业能够排他性的独享前期累积的私家信息，进而获得远期的独家服务份额，实现关系租金收益的远期补偿。显然，结成战略合作伙伴关系是处于供应链上下游的客户与浙江港口物流企业实现双赢的最佳选择。

（二）在供应链战略合作伙伴关系形成的不同阶段客户对浙江港口物流企业的需求不同

现阶段，我国物流业的总体水平仍然偏低，物流市场尚不完善，加之物流服务具有从属性、易变性等特点导致浙江港口物流企业与客户在物流供需市场上处于非线性不对称状态，供需双方的"话语权"极不平衡，客户居于明显的控制地位。客户在供应链战略合作伙伴关系形成的不同阶段，对浙江港口物流企业关注的重点不同。

1. 初创期是双方"结缘"的时刻

在供应链战略合作伙伴关系的初创阶段，具有战略视域的客户关注的重点是浙江港口物流企业的"品质"，将用发展的眼光审视、筛选具有长期合作价值的企业。原因在于客户购买的不仅是物流服务，更为重要的是浙江港口物流企业的运作机制、服务能力和发展潜力。

2. 成长期是双方建立动态合作关系的关键时期

在这一时期，客户不仅提供给浙江港口物流企业现金补偿，而且还与之分享信息，向其提供未来收益的承诺，而这就取决于浙江港口物流企业在降低成本和改进质量方面与客户要求的匹配程度。

3. 成熟期是双方关系的巩固融合时期

合作关系的进一步巩固会带来双方资金上的相互支持以及理念上的相互融合，双方甚至会出现关系性投资（如购置专用设备或开展专项培训等），这一时期供应链的整体运行效率最高。

4. 衰退期是客户的挑剔时期

客户将削减为其服务浙江港口物流企业的数目及服务量，同时要求浙江港口物流企业更具柔性，以便更好地响应动态的需求[①]。

---

① 汤世强、周敏：《供应链战略合作伙伴关系治理的研究》［M］．北京：中国物资出版社，2010 年。

由此可见，客户在供应链战略合作伙伴关系形成的不同阶段需要各种个性化的物流服务，只有服务功能强大、服务理念前瞻的浙江港口物流企业才能满足客户的需求。

三、基于供应链战略合作伙伴关系的浙江港口物流企业对客户的定价模型研究

（一）现行浙江港口物流企业服务定价模型对供应链战略合作伙伴关系下的浙江港口物流企业服务定价的适用性

进入 21 世纪以来，我国社会物流的需求不断增加，物流业总体规模快速增长，服务水平显著提高，在市场上的竞争越来越激烈，浙江港口物流企业的竞争又体现在定价策略上。

近 30 年来，理论界已经形成了较系统、科学的浙江港口物流企业服务定价理论和符合市场运作法则的定价方法，概括起来，具有代表性的有 3 种：成本加成定价模型、竞争导向定价模型和需求导向定价模型，如表 4 - 5 所示。

表 4 - 5 3 种传统浙江港口物流企业服务定价模型的适用性分析

物流定价模型	适用性
成本加成模型	考虑浙江港口物流企业的经营成本及利润，可保障浙江港口物流企业安全获利。浙江港口物流企业单向定价，缺乏市场竞争能力，不适合竞争环境中供应链战略合作伙伴关系定价
竞争导向模型	提供相同或高于行业平均水平的服务，制定低于行业平均水平的价格，同业竞争力强。没有考虑浙江港口物流企业的经营成本，不适合寻求特色发展、提供个性化服务、结成供应链战略合作伙伴关系浙江港口物流企业服务定价
需求导向模型	考虑了客户对服务价值的理解和认知程度，有利于满足不同客户的需求。仅仅考虑客户即期对价格的承受强度，没有考虑双方预期的发展态势，不适合为结成供应链战略合作伙伴关系的客户定价

总之，传统的浙江港口物流企业服务定价模型没有考虑供应链上下游的客户与浙江港口物流企业基于长期动态合作的关系租金收益，并不完全适用于已结成供应链战略合作伙伴关系的浙江港口物流企业对客户的定价，有必要构建新的供应链战略合作伙伴关系下的浙江港口物流企业服务定价模型，为浙江港口物流企业进一步开展业务、拓展获利空间、制定合理的物流服务价格提供理论指导。

（二）基于供应链战略合作伙伴关系的浙江港口物流企业服务定价模型

本书认为已结成供应链战略合作伙伴关系的浙江港口物流企业和客户凭借掌握的对方的信息资源，可以相互准确评估对方的财务状况、经营成果、发展潜力以及诚信情况，进而增强了双方进一步合作的范围、期限和强度。由此可见，基于供应链战略合作伙伴关系的浙江港口物流企业不仅能获得短期服务收益，还能获得未来物流业务产生的期望收益 E，而具有战略发展视域的浙江港口物流企业的经营目标是获取包括未来收益的目标收益 L[①]。

因而，基于供应链战略合作伙伴关系的浙江港口物流企业服务定价实质上是用客户承诺的浙江港口物流企业未来业务收益调整即期的服务价格以实现长期目标利益的最大化。定价模型可用如下公式表达：

$$Rp + Ep \geqslant Lp \qquad (4-6)$$

在成熟度较高的物流服务竞争市场，一般客户能够接受相同或相似质量的物流服务价格的最大值也就是浙江港口物流企业的长期目标收益，建立利润相对于价格 u 的函数关系，便可将公式（4-6）调整为：

$$Rp(u) + Ep(u) = Lp(u) \qquad (4-7)$$

实践中运用该模型定价，浙江港口物流企业既可以考虑与客户建立供应链战略合作伙伴关系所获得的预期收益对当期价格进行跨期相互补偿调整，又能在最大限度地提高客户满意度的前提下实现双方长期利益的动态平衡。因此，每次定价都是对双方结成的供应链战略合作伙伴关系密切度的重新审视和判断。这种定价模型对外无疑对客户有强大的说服力，有助于浙江港口物流企业在激烈的市场竞争中保持明显优势；对内则有助于提升浙江港口物流企业高管层的经营战略决策高度。

（三）基于供应链战略合作伙伴关系的浙江港口物流企业服务定价模型组成元素分析

根据公式（4-7），构建基于供应链战略合作伙伴关系的浙江港口物流企业服务定价模型总体结构，具体见图4-1所示。

依据货币时间价值理论，期望服务收益需要折算成现值，而对于当年的收益按照财务管理惯例假定在第一年年底产生也需要折算成现值。折现模型选择 DCF 估价模型（折现现金流量估价法模型）：

$$PV = \sum_{n=1}^{\infty} \frac{CF_i}{(1+R)^t}$$

① 邓超、敖宏、胡威、王翔：《基于关系型贷款的大银行对小企业的贷款定价研究》，《经济研究》，2010 年第 2 期。

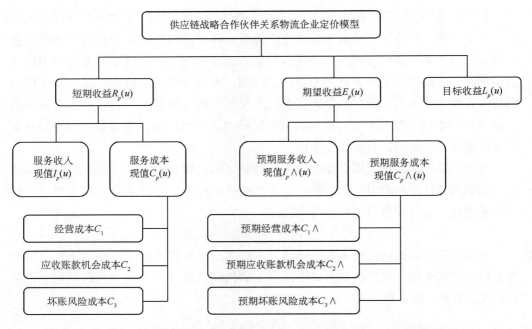

图 4-1　基于供应链战略伙伴关系的浙江港口物流企业服务定价模型总体结构

式中，PV 为现值；CF_i 为现金流量；R 为折现率；n 为产生现金流量的年限。

运用 DCF 模型对公式（4-7）进行分解：

1. 短期服务收益分析

$$Rp(u) = \{I(u) - C(u)\}(PV/F, R, 1) \qquad (4-8)$$

其中，$I(u)$ 为服务收入函数；$C(u)$ 为服务成本函数；$(PV/F, R, 1)$ 为折现率为 R 的 1 年期复利现值系数。

$$I(u) = su(1 - t) \qquad (4-9)$$

其中，s 为业务量；u 为长期合作关系的定价；t 为税率。

浙江港口物流企业为客户提供服务所发生的成本 $C(u)$ 包括经营成本 C_1、应收账款机会成本 C_2 和坏账风险成本 C_3。

经营成本 C_1 是指为客户提供服务所发生的电力、燃料、包装耗材、人员工资、固定资产损耗及办公、差旅费支出等费用，按照与业务量的相关性可分成固定成本和变动成本两部分。应收账款机会成本 C_2 是指浙江港口物流企业为扩大市场份额允许客户延迟付款从而丧失了将该项资金投放于其他项目而获利的机会，即资金占用的利息。坏账风险成本 C_3 是指应收账款因客户信用危机导致无法收回的损失。

$$C = C_1 + C_2 + C_3 = (a + sb) + (su \times i) + (su \times \lambda) \qquad (4-10)$$

a 为固定成本；b 为单位变动成本；i 为银行同期存款利率；λ 为坏账损失率。

综合上述公式（4－8）、公式（4－9）和公式（4－10）可得短期收益关系式为：

$$Rp(u) = \left[su(1-t) - (a+sb) - (su \times i) - (su \times \lambda)\right](PV/F, R, 1)$$

$$(4-11)$$

2. 期望服务收益分析

考虑到未来经营的高度不确定性，根据谨慎原则假定双方在合作期内业务量保持不变，同时假定存款利率、坏账损失率保持不变，则

$$Ep(u) = \left[p \times Rp(u)\right](PV/A, R, n-1)(PV/F, R, 1)$$

$$= p\left[su(1-t) - (a+sb) - (su \times i) - (su \times \lambda)\right](PV/A, R, n-1)(PV/F, R, 1)$$

$$(4-12)$$

式中，p 为双方长期合作的概率（本书将在后面具体测试 p 值）；$(PV/A, R, n-1)$ 为折现率为 R 的 $(n-1)$ 年的年金现值系数。

3. 目标收益分析

$$Lp(u) = su \times r(PV/F, R, 1) \qquad\qquad (4-13)$$

式中，r 为物流公司年报酬率。

（四）基于供应链战略合作伙伴关系的浙江港口物流企业服务价格折扣比率模型

1. 供应链战略合作伙伴关系下浙江港口物流企业服务价格

根据公司短期服务收益、期望服务收益、目标收益之间的关系，将公式（4－11）、公式（4－12）和公式（4－13）代入公式（4－7）得出供应链战略合作伙伴关系定价模型：

$$\left[su(1-t) - (a+sb) - (su \times i) - (su \times \lambda)\right] +$$

$$p\left[su(1-t) - (a+sb) - (su \times i) - (su \times \lambda)\right](PV/A, R, n-1) = su \times r$$

整理得出：

$$u = \frac{\left[1 + p(PV/A, R, n-1)\right](\alpha + sb)}{s\left[(1-t-i-\lambda-r) + p(1-t-i-\lambda)(PV/A, R, n-1)\right]} \qquad (4-14)$$

2. 非供应链战略合作伙伴关系的浙江港口物流企业服务价格

$$su_0(1-t) - (a+sb) - (su_0 \times i) - (su_0 \times \lambda) = su_0 \times r$$

式中，u_0 为无长期合作关系的定价。

整理得出：

$$u_0 = \frac{(a+sb)}{s(1-t-i-\lambda-r)} \qquad\qquad (4-15)$$

3. 供应链战略合作伙伴关系下浙江港口物流企业服务价格折扣比率模型

将存在供应链战略合作伙伴关系（合作关系 ≥ 2 年）的浙江港口物流企业服务价格 u 与非供应链战略合作伙伴关系（合作关系 = 1 年）的服务价格 u_0 进行比较，可以得出 u 相对于 u_0 的价格优势，即折扣比率。

$$x = 1 - \frac{u}{u_0} \tag{4-16}$$

将公式（4-14）和公式（4-15）代入公式（4-16）得到折扣比率模型：

$$x = 1 - \frac{(1-t-i-\lambda-r)\left[1+p(PV/A,R,n-1)\right]}{(1-t-i-\lambda-r)+p(1-t-i-\lambda)(PV/A,R,n-1)} \tag{4-17}$$

四、基于供应链战略合作伙伴关系的浙江港口物流企业服务定价模型的实证分析

笔者于 2012 年 1—5 月通过问卷对宁波某大型国际港口物流公司的部分服务客户情况进行了现场或通信调查，调查内容为该国际物流公司服务客户 2007—2011 年的相关数据，样本数量为 300 份，经催收后回收问卷 217 份，有效问卷 202 份，总体有效率为 67%，运用 SPSS 软件进行统计和分析。

（一）供应链战略合作伙伴关系收益效应实证分析

虽然浙江港口物流企业与客户的交易价格受诸多因素影响，但实际上仍然是在行业比价基础上根据客户状况适度进行调整。因此，本书根据 202 份样本调查数据，测度浙江港口物流企业所获得的预期收益，并通过演算具体案例描述定价过程，检验基于供应链战略合作伙伴关系的浙江港口物流企业服务定价模型对双方长期动态合作关系的敏感性。

1. 变量选择

浙江港口物流企业能否取得后续收益主要取决于 3 个方面：浙江港口物流企业与客户的合作关系、客户本身因素、服务项目的交易情况。选择合作关系变量、客户特征变量以及交易特征变量作为解释变量，以后续收益效应度量作为被解释变量。

（1）合作关系变量

合作关系变量应该体现浙江港口物流企业和客户合作关系的强度，即物流服务强度。本书采用客户支付给某浙江港口物流企业的服务成本占该客户物流总成本的比例，反映客户对浙江港口物流企业的关系强度。

$$物流服务强度 = \frac{客户支付给某物流企业的服务成本}{该客户物流总成本}$$

（2）客户特征变量

客户特征变量主要用客户所属行业、资本规模表示。行业方面重点关注制造业、流通业、服务业；资本规模方面可根据不同资本总额的多少将客户划分为大、中、小三个层次。理论上认为，物流需求方多数集中在制造业和流通业，而客户规模对浙江港口物流企业选择也会有一定影响。

（3）交易特征变量

交易特征如交易金额、信用期限、价格折扣等因素将对浙江港口物流企业能否取得后续收益产生影响。交易金额指近 5 年来平均每年现有客户与浙江港口物流企业的交易总金额；信用期限指浙江港口物流企业允许客户延期付款的时间；价格折扣指对某客户交易过程中平均价格的让利幅度。这些因素按照各自标准划分不同的等级。

（4）被解释变量——后续收益效应度量

假设上述解释变量（自变量）对浙江港口物流企业能否取得后续业务产生影响，对每个客户构造被解释变量——长期合作关系收益效应：是否后续选择该浙江港口物流企业作为物流服务商。

对上述变量的赋值定义如表 4 - 6 所示。

表 4 - 6 变量赋值定义

变量性质	变量名称	变量符号	变量类型	变量赋值
解释变量	物流服务强度	$X1$	数值变量	实数，单位为%
	行业特征	$X2$	无序虚拟变量	制造业 =1；流通业 =2；其他 =0
	交易金额	$X3$	有序虚拟变量	200 万元以下 = 0；200 万 ~ 2 000 万元 =1；2 000 万元以上 =2
	资本规模	$X4$	有序虚拟变量	3 000 万元以下 = 0；3 000 万 ~ 10 000 万元 =1；10 000 万元以上 =2
	信用期限	$X5$	有序虚拟变量	0 天 = 0；30 天 = 1；60 天 = 2；90 天 =3
	价格折扣	$X6$	有序虚拟变量	0 折扣 =0；0 ~5% 折扣 =1；5% 以上折扣 =2
被解释变量	后续收益效应	Y	无序虚拟变量	选择 =1；不选择 =0

（二）实证模型构建和结果分析

参考国内外文献，本书根据上述各变量构建供应链战略合作伙伴关系长期收益效应的二元回归对数模型如下：

$$Y = \beta_0 + \beta_1 X_1 + \beta_2 X_2 + \beta_3 X_3 + \beta_4 X_4 + \beta_5 X_5 + \beta_6 X_6$$

1. 变量的统计描述

对 202 份有效问卷进行整理，并通过 SPSS 软件分析，得出服务客户特征数据的统计描述和变量频数表，具体见表 4 - 7 和表 4 - 8。

表 4 - 7　统计描述

	Y	X1	X2	X3	X4	X5	X6
有效样本数	202	202	202	202	202	202	202
失效样本	0	0	0	0	0	0	0
均值	0.638 6	0.820 5	1.054 5	0.945 5	0.905 9	0.955 4	0.792 1
均值误差	0.033 88	0.018 89	0.052 62	0.048 73	0.047 91	0.050 27	0.046 89
中位数	1.000 0	1.000 0	1.000 0	1.000 0	1.000 0	1.000 0	1.000 0
标准差	0.481 60	0.268 53	0.747 80	0.692 54	0.680 99	0.714 45	0.666 42
方差	0.232	0.072	0.559	0.480	0.464	0.510	0.444
最小值	0.00	0.20	0.00	0.00	0.00	0.00	0.00
最大值	1.00	1.00	2.00	2.00	2.00	3.00	2.00
总和	129.00	165.74	213.00	191.00	183.00	193.00	160.00

表 4 - 8　频数表

变量名称	变量符号	性质	虚拟变量赋值				数值变量赋值			合计
			0	1	2	3	0.2 ~ 0.59	0.6 ~ 0.99	1	
后续收益效应	Y	频数	73	129						202
		百分比	36.1	63.9						100
物流服务强度	X1	频数					41	29	132	202
		百分比					20.3	14.4	65.3	100
行业特征	X2	频数	51	89	62					202
		百分比	25.2	44.1	30.7					100
交易金额	X3	频数	54	105	43					202
		百分比	26.7	52	21.3					100

续表 4 – 8

变量名称	变量符号	性质	虚拟变量赋值				数值变量赋值			合计
			0	1	2	3	0.2 ~ 0.59	0.6 ~ 0.99	1	
资本规模	X4	频数	57	107	38					202
		百分比	28.2	53	18.8					100
信用期限	X5	频数	52	111	35	4				202
		百分比	25.7	55	17.3	2				100
价格折扣	X6	频数	70	104	28					202
		百分比	34.7	51.4	13.9					100

2. 模型结果分析

（1）长期合作关系收益效应

回归结果如表 4 – 9 所示。

表 4 – 9　方程中的变量参数估计

变量名称	变量符号	B				
回归系数	S. E.					
系数标准差	Wald					
卡方值	Sig.	Exp（B）				
物流服务强度	X1	2.923	0.699	17.483	0.000	18.603
行业特征	X2	− 0.223	0.224	0.998	0.318	0.800
交易金额	X3	0.997	0.284	12.346	0.000	2.709
资本规模	X4	0.324	0.272	1.413	0.235	1.382
信用期限	X5	0.494	0.257	3.678	0.055	1.639
价格折扣	X6	0.467	0.268	3.022	0.082	1.595
常量	$\beta 0$	− 3.510	0.843	17.330	0.000	0.030

最终模型为：

$$Y = -3.51 + 2.923X1 - 0.223X2 + 0.997X3 + 0.324X4 + 0.494X5 + 0.467X6$$

（2）模型拟合效果检验

本书通过运行 SPSS 软件绘制 ROC 曲线来检验模型预测的正确率。运行结果见图 4 – 2 和表 4 – 10。

表 4 – 10 是对 ROC 曲线下面积计算的结果，可见曲线下面积为 0.781，95% 可

信区间为 0.712~0.85，说明该模型预测准确度较高。

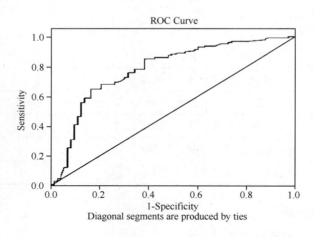

图 4 – 2　ROC 曲线

表 4 – 10　曲线下面积测试结果变量（S）：预测概率

面积	误差	Sig. 值	95% 的置信区间	
			下限	上限
0.781	0.035	0.000	0.712	0.850

（3）模型数据解释

表 4 – 10 列出了 Logit 结果：各变量的回归系数、回归系数标准差、Wald 检验值和显著系数以及 Exp（B）值。从中可以看出，自变量因素对 Y 的解释强度顺序为 $X1 > X3 > X5 > X6 > X4 > X2$，且只有常量、$X1$、$X3$ 通过 0.05 的显著性检验，证明除常量外，物流服务强度和交易金额对长期合作关系收益效应的影响最大。

物流服务强度 $X1$ 的回归系数为 2.923，并且在 5% 的置信水平上显著，即 $X1$ 对浙江港口物流企业是否被选择为服务商的概率有着正的显著影响。在其他变量保持不变，$X1 = 1$ 时物流公司被选择作为服务商优势是 $X1 = 0$ 时优势的 18.603 倍，显著高于其他变量的 Exp（B）值。

另一个对浙江港口物流企业是否被选择为服务商的概率有着正的显著影响是交易金额 $X3$。回归系数为 0.997，并且在 5% 的置信水平上显著，其 Exp（B）值为 2.709，说明 $X3$ 从 0 变到 2（即客户交易金额从 200 万元以下变到 2 000 万元以上）时，浙江港口物流企业被选择作为服务商优势相当于原来的 2.709 倍。

由此可见，物流服务强度越强，双方交易金额越大，客户与该浙江港口物流企业的合作关系越稳定，客户的忠诚度越高，即后续持续选择该浙江港口物流企业作为服务商的概率越大，浙江港口物流企业也就越有可能从这些客户那里获得长期收益的可能性越大。

3. 浙江港口物流企业获得后续业务（长期收益）的概率估算

表 4－11 具体计算了供应链战略合作伙伴关系收益效应在客户不同交易金额水平下对物流服务强度的敏感性。在其他变量保持均值的情况下，在 $X1 = 0.2$ 和 $X1 = 1$ 两个极值水平下，分别计算不同交易金额的客户后续选择该浙江港口物流企业作为服务商的概率，具体数据如表 4－11 所示。

表 4－11 交易金额对物流服务强度敏感性测算

物流服务强度	交易金额		
	$X3 = 0$	$X3 = 1$	$X3 = 2$
$X1 = 0.2$	$P = 11.5\%$	$P = 25.9\%$	$P = 49\%$
$X1 = 1$	$P = 57.4\%$	$P = 78.6\%$	$P = 90.8\%$
增加值	$P = 45.9\%$	$P = 52.7\%$	$P = 41.8\%$

表 4－11 说明，在同一物流服务强度水平下，交易金额越大的客户后续选择该物流公司作为服务商的概率越大；在相同交易规模水平下，物流服务强度越大的客户后续选择该物流公司作为服务商的概率越大；如果该物流公司是客户的唯一服务商，则该物流公司后续被选为服务商的概率将显著增加，而且中等交易金额的客户增加幅度最大。主要是因为中等交易规模的客户在市场中多处于成长期，更注重培育长期稳定的物流合作伙伴在保证质量的前提下降低物流成本；大宗交易的客户在市场中多数处于领先地位，更注重物流服务质量，同时也有资金实力去选择多家物流服务商来分散风险；而小规模交易的客户由于业务量小，不易分散委托服务商，一旦形成对某一物流服务商的依赖，便会快速增加后续选择的概率。

（三）基于供应链战略合作伙伴关系的浙江港口物流企业定价模型应用案例分析

[例] 浙江港口物流企业营业税及附加税率 $t = 5.5\%$ ；三个月期存款年利率 $i = 3.1\%$ （最多应收账款回款期 3 个月）；坏账损失率 $\lambda = 1‰$ ；假定公司高管层确定的长期报酬率 $r = 10\%$ ，客户连续 2 年选择该浙江港口物流企业作为服务商，双方已经形成供应链战略合作伙伴关系。计算浙江港口物流企业对客户的服务价格折扣率。

将各要素的具体值代入公式（4－17），即：

$$x = 1 - \frac{(1 - 5.5\% - 0.775\% - 0.1\% - 10\%)[1 + p \times 0.971]}{(1 - 5.5\% - 0.775\% - 0.1\% - 10\%) + p(1 - 5.5\% - 0.775\% - 0.1\%) \times 0.971}$$

$$= 1 - \frac{0.836 + 0.811\,8p}{0.836 + 0.909\,1p}$$

由此可见，客户能够获得的价格折扣率（相对于 1 年合作关系）与客户选择该物流公司的概率相关。如果 F 公司对客户 D 的服务强度为 1，资本规模为 8 500 万元，则客户 D 后续选择 Y 公司作为物流服务商的概率 $p = 78.6\%$，那么该客户获得的价格折扣率应为 4.93%。

（四） 对供应链战略合作伙伴关系定价模型的进一步研究

浙江港口物流企业与客户之间的服务强度是客户是否选择某一浙江港口物流企业作为服务商的最重要因素，反映在供应链战略合作伙伴关系定价模型中就是选择概率，同时保持合作关系的时间长短也决定了价格折扣的强度。因此，沿用模型应用中 F 浙江港口物流企业相关数据，根据折扣率模型可以测算出浙江港口物流企业在不同服务强度、获得后续业务不同概率水平以及不同合作周期下的价格折扣率，如表 4 - 12 所示。

表 4 - 12　物流企业在不同服务强度、获得后续业务不同概率水平以及不同合作周期下的价格折扣率

物流服务强度	年限 概率　折扣率	2	3		4		5	
		折扣率	折扣率	增幅	折扣率	增幅	折扣率	增幅
1	大交易金额客户 90.8%	5.32%	7.08%	33.1%	7.93%	12.0%	8.46%	6.7%
	中交易金额客户 78.6%	4.93%	6.73%	36.5%	7.61%	13.1%	8.18%	7.5%
	小交易金额客户 57.4%	4.11%	5.91%	43.8%	6.90%	16.8%	7.55%	9.4%
0.6	大交易金额客户 75.4%	4.8%	6.6%	37.5%	7.53%	14.1%	8.1%	7.6%
	中交易金额客户 53.3%	3.93%	5.71%	45.3%	6.71%	17.5%	7.36%	9.7%
	小交易金额客户 29.6%	2.61%	4.15%	59.0%	5.17%	24.6%	5.9%	14.1%
0.2	大交易金额客户 49.0%	3.72%	5.49%	47.6%	6.5%	18.4%	7.2%	10.8%
	中交易金额客户 25.9%	2.38%	3.85%	61.8%	4.83%	25.5%	5.55%	14.9%
	小交易金额客户 11.5%	1.19%	2.11%	77.3%	2.81%	33.2%	3.46%	23.1%

五、结论

基于供应链战略合作伙伴关系的浙江港口物流企业服务定价的实质，就是处于供应链上下游的客户与浙江港口物流企业在结成长期动态合作业务关系的基础上，

根据服务强度与交易规模进行远期收益的跨期平衡，使得双方资源的长期运作水平达到帕累托最优，从而提高供应链的运行效率并实现客户与浙江港口物流企业长期合作利润最大化。

首先，基于供应链战略合作伙伴关系的浙江港口物流企业服务定价模型顺利实施的基础是浙江港口物流企业具有较强的服务能力。浙江港口物流企业的服务功能要非常完善，能够为客户提供：进出口贸易—国内运输服务—JIT 配送—保税物流服务—仓储，堆场服务—物流金融，物流地产服务—其他物流服务（反向物流，售后服务物流）等全程物流服务；换言之，浙江港口物流企业与客户"结媒"的资质要充分，因为客户考虑规模效应，将会削减浙江港口物流企业的数目，并把业务量集中于物流功能最完善的企业。

其次，基于供应链战略合作伙伴关系的浙江港口物流企业服务定价模型的应用前提是客户与浙江港口物流企业形成的业务关系不仅仅是单一的买卖关系而是紧密合作的战略伙伴关系。浙江港口物流企业提供服务的目的在于获得客户的长期业务，而浙江港口物流企业同业竞争的优势是双方关系发展的稳定及可持续性。从浙江港口物流企业的角度看，浙江港口物流企业借助对客户信息的独家享有权可以获取远期的关系租金收益，从而为短期的利益折让提供空间。从客户的角度看，客户借助长期合作取得低服务成本的目的，也有足够的动力与浙江港口物流企业建立长期稳定的合作关系。

最后，应用供应链战略合作伙伴关系浙江港口物流企业服务定价模型要求浙江港口物流企业具备强大的经营管理决策信息技术平台。因为竞争激烈的市场环境将不可避免地对双方长期合作关系产生冲击，浙江港口物流企业必须通过适时调整价格不断巩固双方合作关系，而调价幅度直接影响着双方盈利能力的大小甚至直接涉及双方战略决策[①]。因此，物流企业只有拥有相对完善的全功能的数据采集和处理系统、作业成本核算系统以及经营管理信息化决策支持系统等，才能敏捷、准确地适时确定价格调整幅度。

---

① 于冰：《基于物流服务质量的浙江港口物流企业服务定价研究》，北京交通大学，2009 年。

第五章
浙江港口物流产业发展模式

　　随着社会经济的发展和科技的进步，物流从最初的"实物分销"到"后勤"再到"供应链"，其内涵和功能正在不断扩大，同时，随着经济技术的发展和国际经济往来的日益扩大，物流国际化趋势更是成为世界性的共同话题。而在促进和实现物流国际化方面，作为全球综合运输网络节点的港口，因其集散、存货、配货、转运等基础功能，在此间起到十分重要的作用，并且伴随着实践的发展，港口的功能也在逐渐扩大，港口的物流职能在不断完善。因此，研究探索港口物流发展模式，优化港口资源配置，对推动我国港口物流经济集约化、规范化、信息化和智能化建设，完善和发展港口物流综合体系，具有重要的理论意义和现实意义。

　　本章在认真分析文献的基础上，首先剖析港口物流产业发展模式的理论依据，然后详细探讨几种发展模式及其适用条件，提出了国际三种港口物流产业发展模式，即国际航运中心模式、港口区域物流体系模式以及虚拟供应链式联盟模式，分别阐述了这几种发展模式的内涵及其基本类型，并对这几种模式进行比较，提出港口物流发展模式选择应考虑的因素；在此基础上，综合论述浙江港口物流产业的环境及物流模式的选择；最后以舟山群岛新区国际物流岛为例详细论述其发展模式。

第一节　港口物流发展模式的理论依据

一、规模经济理论

（一）规模报酬和规模经济

　　根据西方经济学理论，规模报酬是指企业的生产规模变化与所引起的产量变化之间存在的关系。如果随着生产规模的扩大，在投入增加的过程中，产出增加的比例超过投入增加的比例，则为规模报酬递增，那么这时候企业处于规模经济阶段。

（二）港口的规模效应

　　港口从运营的角度来看，存在一个规模经济，即港口发展物流的自增强机制。

港口的发展首先带动港口物流业（以港口装卸运输功能为主的装卸主业以及与港口装卸主业有着紧密联系的海运业、集疏运业、仓储业，即通常所指的各类货运中心、配送中心、物流信息中心和商品交易中心）的发展和集聚形成港口物流产业集群。港口物流产业集群在物流供给聚集的同时，也带来了物流需求的集聚效应，并且这种效应逐渐向周边地区扩散，最终有效地拉动该区域第三方物流的社会需求。这种需求的增长给港口所在城市带来巨大的经济效益，最终又促进港口及港口物流的发展，使港口处于规模经济的发展阶段。

二、集聚—扩散理论

（一）集聚效应、扩散效应概述

美国著名经济学家缪尔达尔和赫希曼在丰富和补充增长极理论中，提出并着重阐述了区域经济发展中的聚集效应、扩散效应。

所谓聚集效应，是指在中心地区经济发展后，会带来对需求的增长，从而吸引周边的生产要素向中心城市汇聚，并形成规模经济。当经济极化到一定的程度，又会产生扩散效应。

（二）港口物流的集聚效应和扩散效应

随着港口规模的扩大，装卸效率的提高，航线的集中，加速了货物周转，由此促进货量的增加，货量的增加又刺激港口和港口物流的发展，并吸引周边地区的货流量集聚到港口进行中转。这些货流、航线的集聚，又进一步促进所在城市相关航运、港口服务业的发展，并带动金融、工业等其他产业的发展，由此给城市带来产值、就业机会、税收和资金的增加，从而发挥对城市社会经济效益的扩散效应。

三、要素禀赋理论

（一）要素禀赋理论概述

要素禀赋论是瑞典的两位经济学家赫克歇尔和伯蒂尔·俄林提出的。该理论认为，各国企业的产品价格是各国拥有的资本、土地、劳动力、技术、资源等生产要素综合作用的结果。那些在某些生产要素、资源禀赋上占有优势的企业往往在产品的品种、价格、技术性能等方面具有十分有利的优势，从而占领更大的市场，获得更多的经济利润。

（二）港口与要素禀赋理论

根据要素禀赋理论，在其他生产要素相似的情况下，如果某个企业在资源禀赋上占有优势，那么这个企业肯定会有足够的竞争力。正因为如此，在市场利润的刺激下，处于世界经济网络中的现代产业向具有资源禀赋优势的沿海各港口周边集中，是一种必然的发展趋势。

四、后发优势理论

（一）后发优势理论概述

后发优势理论是由美国经济史学家亚历山大·格申克龙（Alexander Gerchenkron，1904—1978）于1962年创立的。所谓"后发优势"，是指后起国家在推动工业化方面具有的而先发国家不具备的有利条件，比如，后起国家可以大量引进先进国家的技术、资金和设备，学习和借鉴先进国家的成功经验，吸取其失败的教训。后发国家还可以跳越先发国家的一些必经发展阶段，缩短其发展历程等。

（二）港口物流与后发优势理论

按照这一理论，后起、新建的港口可以直接模仿和吸收国内外先进港口成功的发展模式和管理经验。作为现代港口物流进程的后来者，第一个优势在于先进或发达港口已经提供了很好的成功经验或是参考蓝本供其借鉴，使得后进港口可以根据自身的实际情况跳过先行者摸着石头过河的初期阶段，大大降低成本并缩短其发展历程；其次，后起港口能够根据自身的实际，选择有别于先进港口的不同发展模式；最后，后来者通过对发达或先进港口的分析，对港口物流发展前景有一定的预测。

五、差异化理论

（一）差异化理论概述

差异化理论是指企业通过提供独特的产品特性，以及技术、品牌形象、附加特性及特征性服务等来强化产品特点，增加消费者价值，使得消费者愿意支付较高的价格。

（二）差异化理论在港口物流中的应用

就港口物流企业来讲，其产品是提供装卸、仓储、运输、配货、配送服务及流通加工等增值服务。在竞争日益激烈的背景下，港口物流企业必须发挥其特定物流服务方面的优势，在战略上实现物流服务的差别化，提高产品价值。这就需要研究港口物流的上下游各环节，结合自身的实际条件对物流市场进行细分，锁定特定的客户群体，选择有利的服务形式，集中企业的资源，制定有效竞争策略，从而取得竞争优势。比如，高效的货物多频度、少量共同配送。

六、梯度转移理论

（一）梯度转移理论概述

梯度转移理论源于弗农提出的工业生产生命周期阶段理论，区域经济学家将这一理论引入到区域经济学中，便产生了区域经济发展梯度转移理论。其基本观点是：经济技术的发展是不平衡的，客观上会形成经济技术梯度。随着时间的推移及生命周期阶段的变化，生产活动逐渐从高梯度地区向低梯度地区转移。梯度转移理论主张应首先加快发展发达地区，然后通过产业和要素向较发达地区和欠发达地区转移，以带动整个经济的发展。

（二）港口与梯度转移

世界各国各地区资源禀赋的差异，使得各国各地区的经济水平、生产力水平呈现梯度势态，国际经济由经济梯度高的区域向低的区域传递。而经济梯度的传递首先取决于港口的发展，因而应充分发挥港口功能的作用，以满足城市经济发展的需要。当大型港口城市逐渐成为航运中心、经济中心、贸易中心和物流中心之后，向周边地区扩散、辐射的作用也越大。

第二节　港口物流发展模式的选择

目前国际港口物流模式主要有：国际航运中心、港口区域物流体系、虚拟供应链联盟模式。

一、国际航运中心模式

（一）国际航运中心内涵

当代的国际航运中心是指具有深水航道、港口码头、集疏运网络等硬件设施和为航运业服务的金融、贸易、物流、信息等软件的港口城市。在《国务院关于推进上海加快发展现代服务业和先进制造业建设国际金融中心和国际航运中心的意见》（国发〔2009〕19 号）中，提出要建设航运资源高度集聚、航运服务功能健全、航运市场环境优良、现代物流服务高效，具有全球航运资源配置能力的国际航运中心。

国际航运中心城市的主要特征如下。

1. 强大的腹地经济

1934 年德国学者高兹（Erich A Kautz）在他的著作《海港区位论》中提出，腹地范围的大小、经济规模的大小、经济发展的活力是港口发展的动力和支撑，同时也对港口与腹地相结合的整体区域中的经济结构和经济活力等方面起着重要的决定作用。

2. 良好的港口条件和完善的港口设施

拥有深浅配套、功能齐全的码头泊位、相应的装卸设备和堆存设施以及适应现代船舶大型化趋势的深水航道。

3. 拥有发达的国际航运市场

其中包括提供运输劳务的供给方；国际运输劳务的需求方；代理人、经纪人以及为航运提供服务的船舶管理、航运咨询、船舶技术、船舶交易、船舶和海运保险、邮电通信等各类航运服务机构，它们在公平竞争的环境中从事各种形式的航运交易行为。除此以外还要有能够提供一流服务的海关、边检、卫检、动植物检和港务监督等口岸检查检验机构以及电子数据交换（EDI）系统。

4. 具有完善的后方集疏运系统

航运中心的特征不仅表现在海运系统，而且还必须具有高度发达的包括铁路、公路、沿海、内河及航空等在内的集疏运网络系统。

5. 国家或区域性进出口贸易的航运枢纽

国际航运中心一般位于国际主干航线上，或者本身就是国际主干航线的起点。

6. 积极扶植的政策和良好的法律环境

国际航运中心一般设立有利于航运业发展的相关业务支持政策和符合国际惯例的法规制度。

（二）国际航运中心港口物流模式的种类

国际航运中心的港口物流模式主要是以下三种。

一是以市场交易和提供航运服务为主，如伦敦国际航运中心。

二是以为腹地货物集散服务为主。一般来说，腹地型的国际航运中心其腹地资源丰富，市场广大，进出本国的外贸直达运输量很大，其港口通常也是本国外贸运输的"门户大港"，如鹿特丹国际航运中心和纽约国际航运中心。

三是以中转为主，即中转型的国际航运中心，如新加坡国际航运中心。中转型的国际航运中心除了地理位置上的优越条件外，兼有发达的转口贸易和自由港政策。

二、港口区域物流体系模式

（一）港口区域物流的内涵

港口区域物流是指在港口—腹地组成的经济区域内的物流。港口区域物流体系可以采用"物流园区—物流中心—配送中心"的基本模式，来构建分层次的区域物流节点体系。

（二）港口区域物流模式的种类

港口区域物流体系可以采用以港区为中心，以港口辐射的经济区域为依托建设以"临港物流园区—物流中心—配送中心"的发展模式。

1. 临港物流园区

结合枢纽港口、机场、铁路货站（场）、公路运输主枢纽进行布局，或直接与运输枢纽合二为一建立规模化的物流园区，可以最大限度地利用运输组织枢纽在货源集中和运输便利上的优势并大量降低相关环节的费用，提高物流作业效率。

2. 物流中心

物流中心是指具有储存与配送机能，为商品集中进货、储存、加工、包装、分类、装货及配送的基地，这是临港物流园区的上下游供应链，也是港口区域物流的二级体系。其主要特点是：紧临大型工商企业及交通主干道的出入口。

3. 配送中心

这是区域物流的三级体系，主要承担市区内和对外运输货物的集散和中转等功能，为零售业、小型加工业以及其他息息相关的服务业提供必要的配送服务，甚至直接为市民生活服务。

三、虚拟供应链联盟模式

（一）虚拟供应链式联盟模式的内涵

虚拟供应链是面向广大中小企业的合作模式，其总体特点就是虚拟供应链成员在各自核心能力基础上基于特定商业的合作，合作方式主要是建立联盟，而网络和计算机通信系统提供技术支持。

（二）虚拟供应链物流模式的种类

1. 横向联盟

横向联盟主要表现为港口群的协同发展，当前特别表现为集装箱港口的联盟发展。关于合作的形式：一是通过参股、合资合作等形式结成港口群利益共同体；二是跨港口布点编织港口物流网络。

2. 纵向联盟

港口纵向联盟包括：港货联盟、港航联盟、港区联盟。

（1）港货联盟

从货主的角度，货主要集中精力于核心业务，非核心的物流部分选择外包以降低物流成本，提高运作效率；从港口的角度看，现代港口已不能停留于提供传统的装卸、运输等单一的服务，而要不断挖掘和拓展综合服务，更多地介入到企业生产经营过程，从而与货主之间结成战略联盟，这既是港口自身稳定货源的需要，也是港口提供综合物流服务的宗旨。

（2）港航联盟

港口与航运公司特别是集装箱班轮公司的合作方式多种多样。比如，双方共同参股及经营某内河航运及码头运作；或是港口出让股份，允许班轮公司参股共同经营（如一些大船公司如马士基、铁行渣华等出于全球承运人的发展战略考虑，投资港口经营以分散运力过剩造成的国际航运主业风险；同时也把从事港口投资和经营作为向第三方物流商转化的起步点，借此整合物流链，降低物流成本。还有青岛港集团联手世界三大航运巨头：铁行渣华集团、中远集团、马士基集团合资组建前湾集装箱码头有限责任公司）；或是港口以码头保税区、堆场、仓库等股权与班轮公司合作；还可由双方共同提供第三方物流服务，共同开发信息平台等，实现联盟"多赢"的目的。

（3）港区联盟

港口是物流的集散中心，临港工业区，是生产要素的最佳结合点。在港口内或临近地区，合理安排物流园区与临港工业园区的规划布局，发挥产业集群效应，实现以物流促进临港工业，以临港工业带动港口物流的良性循环。

大型港口具有优越的地理位置和腹地条件，可以看做是供应链中的核心企业，建设临港物流园区似乎理所当然。而为数众多的中小港口则可与物流体系中的其他节点进行跨区域、功能互补组合形成虚拟供应链联盟，协同运作。这种趋势不仅有利于企业对市场作出更敏捷的反应，且又有可能达到大型企业规模效益所带来的好处。

第三节　港口物流发展模式的比较和选择

一、几种港口物流模式的比较

国际航运中心模式、港口区域物流体系模式以及虚拟供应链式联盟模式三者之间孰优孰劣基本上难以从根本上判断，因为它们只有落实到某一具体的港口中才能予以比较（下一章节中将以浙江港口群为例，在三种模式之间进行取舍）。大体来说，这种模式之间存在如下一些特点和差异。

（一）从总体上来看

国际航运中心模式远远大于港口区域物流体系模式，而港口区域物流体系模式又大于虚拟供应链式联盟模式。当然这种比较关系只是相对的，它们之间并没有绝对的替代关系，相反它们能够互补，因此常常能够以交叉的形态出现。

（二）从形成条件来看

虚拟供应链模式和港口区域物流体系模式对形成条件的要求较为宽松，比如，一个拥有充足的腹地经济和天然港口条件的港口，其很容易达到虚拟供应链模式，而政府部门只要制定合理的政策，管理部门只要实施合理的管理手段，就较为容易把它升级到港口区域物流体系模式。但是，国际航运中心模式的形成条件是极为苛刻的，它必须具备优厚的自然条件、广阔的腹地经济、优质的管理手段、完备的基础设施以及完善的后方集疏运系统等一系列条件后才有可能形成。

（三）从最终影响来看

国际航运中心模式的确立往往会带动城市经济的迅猛发展，实施这一模式的城市也已经或者即将成为国际性的大都市，而且其周边城市也将成为区域性的大都市，因此它的影响能力和辐射水平最高；港口区域物流体系模式的影响能力和辐射水平虽然不如国际航运中心模式，但它仍能极大地带动本地经济的发展，因此实施这一模式的城市基本都成为区域性的大都市；虚拟供应链模式的影响能力和辐射水平在三者之间最低，实施这一模式的城市基本上都只是中小城市。

二、影响港口物流发展模式选择的因素

经过几种港口物流发展模式的比较分析可以得出，港口物流模式不分绝对优劣，对于港口物流模式的选择不单单看这些模式的好坏，而是应该结合港口自身特点。既不是盲目照抄，也不是闭门造车，而是借鉴几种物流发展模式因地制宜地选择符

合自身特点的模式。具体地，影响港口物流发展模式选择的因素主要有以下几个方面。

（一）港口腹地经济状况

港口腹地经济状况是港口物流形成的决定性条件。没有广阔的腹地、没有良好的腹地发展条件与发展需求就没有相应的港口。经济腹地的资源禀赋、经济结构、交通综合条件等直接影响着港口物流结构、物流规模的形成。

（二）港口地理环境

港口地理环境包括港口的地理位置（自然地理、经济地理、交通地理等）和自然环境（包含港口的地质、水文、气候、水域面积、陆域面积、航道水深等）。港口地理环境在港口规划、建设、生产经营各方面影响着港口的生存和发展。

（三）港口物流基础设施条件

港口物流的基础设施是港口发展的物质基础，包括港口锚地、港池；航道、导航设施；码头岸线长度、泊位吨级、数量；库场面积和容量：装卸和运输机械设备；动力设备、供电、供水、通信设备；作业船舶等，这些要素体现着港口现实综合生产能力，影响着港口发展的规模。

（四）港口体系竞争状况

港口在港口群体中的地位，直接影响和制约着一个港口的发展。周围港口众多，必然造成港口之间的物流竞争，并且各个港口的吞吐量和规模也决定了在港口体系中的物流竞争份额。

（五）管理与综合服务水平

港口的管理主要包括港口管理体制、法规、信息化；海关、检验、边防、贸易、船舶维修和维护、代理、经纪、金融、海上救助和生活服务设施等内容，集中体现着港口的综合管理服务能力，这些要素直接决定了港口的竞争力。

（六）国家政策与国际环境

国家政策的倾斜很大程度上决定了港口物流的发展水平。在我国，凡是政府给予重视的港口，其发展速度相对较快。港口作为一个国家对外开放的窗口，国家外贸的主要经由之路，其经济来往是全国性和全球性的，与其他国家港口经济贸易关系密切，周边国家的经济发展水平、经济体制、开放政策、国内政治秩序、外交政策等一系列因素都直接影响着港口物流量的大小。

（七）物流专业人才情况

物流专业人才情况可以说是制约港口物流企业发展水平的根本性条件。物流专业人才数量的多寡，质量的高低，培养物流专业人才的渠道是否畅通等最终都将反映到港口物流的发展上来。

通过上述论证，我们可以得出一个基本的结论，即：港口开展现代物流服务，必须结合自身的实际情况，选择合适的物流经营模式。一般地说，对于腹地经济、资源禀赋、地理环境、港口物流基础设施均占绝对优势的港口可以选择国际航运中心的港口物流发展模式；对于各方面条件均不占优势的中等港口则可以选择港口区域物流发展模式。至于各方面条件均显弱势的小港口，则可以选择虚拟物流供应链联盟模式，实现资源优势组合；实践当中，可以根据港口具体情况选择适合的模式，或者先选取一种模式，然后根据发展的实际状况进行适当的调整。

第四节　浙江港口物流产业发展模式

物流是经济发展的基础产业，加快现代物流产业的发展，对于优化资源配置，提高区域经济发展质量以及竞争力水平具有重要作用。

港口物流业对经济社会发展具有重要的支撑和先导作用。加快港口物流业发展，有利于扩大投资，促进市场需求，培育新的经济增长点，对经济平稳较快发展具有重大现实意义和长远战略意义；有利于充分发挥港口区位资源优势和潜力，加快发展海洋经济，促进产业结构调整和转型升级，培育新的战略性支柱产业；有利于从更大范围内组织配置资源，降低物流成本，节约能源消耗，提高区域经济综合竞争力；有利于促进商品流通，满足社会群众对多样性、高质量物流服务需求；有利于加强港口与国内外的经济交往和联系，扩大对内对外开放，增强国内外经济合作，不断拓展发展空间，提升港口城市的整体发展水平。

一、浙江港口物流产业发展环境

随着经济全球化进程的加快，港口作为全球供应链中物流、信息流、资金流的中心节点，已经成为一个国家或地区参与国际分工合作和竞争的重要战略资源。港口是全球物流链中最大的货物集聚点，世界贸易90%以上的货物运输通过港口来实现。港口连接着各种运输方式，提高了多式联运的组合效用，汇聚了内陆运输、水路运输大量货物，促进了物流国际化发展，推动了全球物流一体化、标准化、信息化的进程。另外，先进科技与管理方法可通过全球物流链渗透到内陆腹地，进而对腹地物流乃至整个国家物流的发展起到带动作用。因此，港口物流在全球物流链中居于中心地位。

依托港口建立发达的物流体系，可以为区域经济发展提供可靠的低成本的物流支持，增强城市的辐射能力和影响力。而港口物流的发展使港口周边地区聚集大量加工企业，进而成为临港加工区，成为区域经济的增长极。港口物流的发展给城市带来大量的资金流、人才流和信息流，为形成地区性的金融中心以及旅游业、信息产业的发展创造了必不可少的条件。世界上许多城市就是凭借港口的优势发展成为世界工业和贸易中心的。从国际上看，凡是发达的综合性港口，它所依托的城市一般很发达，且多是区域性、国际性的经济中心。

现代物流是一种综合物流，而港口作为现代物流业中心，是全球物流链的一个重要组成部分，其发展依赖于整个现代物流业和腹地经济的发展水平。对于港口物流而言，腹地经济的发展水平、规模以及该地区的人口密度都会直接影响其物流需求量，腹地的交通运输系统也是影响港口物流发展的一个重要因素。世界上大多数港口城市都十分重视港口物流的发展，通过制定相应的发展战略，加强港口对腹地的物流服务能力。

港口是国际物流的集散中心，是综合运输体系的重要组成部分，与其他运输方式有着密切联系。据资料显示，国际物流量的90%以上是由海运完成的。港口作为海运的起点和终点，是大量货物的集散点。当需要对货物进行运输、仓储、加工、分拨、包装、信息处理等一系列物流增值服务时，选择在港口这一货物集散点进行，最能取得规模经济效益。因此，对浙江港口物流产业的正确定位有助于拓展港口功能、挖掘新的利润源、扩大港口影响力、加快发展港口现代物流业、推进全省港口资源的整合和开发、提高港口竞争力、加快推进"港航强省"建设的步伐。

（一）浙江港口物流产业的产业定位

1. 发展港口物流产业是转变浙江经济发展方式的重要途径

当前，加快经济转型升级，调整经济结构是国民经济发展的根本举措。对浙江而言，调整经济结构的重要任务是依托现有资源优势和产业优势，积极发展新兴产业。

现代港口物流产业既是国民经济的战略性产业，又是现代产业体系的重要组成部分，也是浙江有条件、有能力做大的一个产业。

港口物流产业对临港产业及部门物流资源的整合性，能够提升相关产业的规模效益，带动与浙江省港口物流各个活动相关的产业整体实现产业升级，提高产业的发展水平和质量，并推动与其他产业之间的联动发展。

通过大力发展港口物流，降低传统交通运输企业成本和社会物流成本，基于客户服务的思想、通过管理和控制物流、商流和资金流并实现"三流合一"提高港口物流运作的自动化程度和港口物流决策的水平，促进港口运输由传统产业向现代服务业发展，推进大物流建设，既能为其他产业创造更好的发展条件，更有助于促进浙江经济结构加快转型升级。

2. 发展港口物流产业是浙江经济发展新的增长极

浙江省是中国经济较为发达省份之一，区域面积相对较小，人口密度大，能源和生产资料相对短缺，经济和社会的发展过程中，对能源、原材料从省外输入、工业品向省外输出的需求大。由于浙江自身能源、原材料资源短缺，必须依靠进口；再者，浙江省发展外向型经济、融入全球经济，必须依靠出口，可以说沿海港口既是与国际贸易接轨的前沿阵地，又是浙江省沿海产业带的发源地，因此港口物流发挥着对经济和社会极其重要的支撑和保障作用。

同时，由于港口区位优势突出，海运资源丰富，并且已经涌现出一大批专业港口物流企业和组织，承担着专业化的社会职能，港口物流产业的社会化和市场化属性促使港口物流服务功能逐步完善，整体服务水平迅速提高，有利于降低全省物流成本、节约社会资源和提高经济质量。

因此，依托资源禀赋和区位优势，发展浙江港口物流产业，促进产业内部的企业既竞争又联合，可以培育具有增量规模的现代港口物流产业，加快社会产品的流通速度，为浙江经济发展提供新的增长极。

3. 发展港口物流产业是贯彻浙江"港航强省"战略的客观要求

浙江省拥有海岸线 6 600 余千米，居全国第一位，水深大于 10 米的深水岸线长达 333 千米，深水岸线资源十分丰富，并处于连接国际航道和国内支线的良好位置。港口物流产业借助于先进的科学技术、管理方法，投入相配套的港口物流设施、设备及资金，具有知识、技术和资金密集型极高的行业壁垒属性，加之港口的区位、深水岸线先天禀赋，港口已成为浙江战略资源的最大优势之一，发展现代港口物流业正当其时。当前，浙江省正处于第二个经济与社会发展的战略机遇期，富民强省的前提是用科学发展观指导并实现全省经济的跨越式发展，港口发展现代物流，实现产业化，可以促进综合运输体系的发展，更可以发挥浙江省丰富的水运资源优势，优化水路运输系统，从而实现浙江省"港航强省"的战略目标。

4. 发展港口物流产业是建设浙江"三位一体"港航服务体系的重要支撑

"三位一体"港口服务体系建设是融入国家经济发展战略、推进上海"两个中心"建设、维护国家经济安全的重要举措，是推动海洋经济发展、转变经济发展方式、建设港航强省的重要抓手。"三位一体"港口服务体系建设将以构建大宗散货交易平台为核心，以完善海陆联动集疏运网络为基础，以发展港口金融、信息配套服务为支撑，打造集运输、物流、贸易、金融、信息和咨询等服务功能为一体的现代港口综合服务业，进而推动港口功能转型升级，带动产业链的整合与价值链的延伸。浙江港口物流产业化是港口物流企业在地理位置上的集聚，可以使原本综合实力相对较弱的中小物流企业汇集成一个企业群，共同参与市场竞争，使港口物流服务表现出多层次、多样化、分散化的特性，可以更好地满足港口物流需求企业对运输、仓储、配送等物流服务的功能要求及对服务档次各不相同的要求。同时，港口物流产业在信息搜索、人才储备、辅助性服务等方面，也更具经济性。港口物流产业的物流供给聚集效应，将吸引大项目，相关产业集聚于此，产生大量的物流需求，带来物流需求的集聚效应，并且这种效应逐渐向周边地区扩散，支撑"三位一体"港口服务体系建设。

（二）浙江港口物流产业面临形势及要求

当前，加快浙江港口物流业发展面临着重大机遇。国家把振兴现代物流业作为转变经济发展方式的战略举措，浙江省省委、省政府对发展现代港口物流业做出了战略部署，近期浙江正大力推动"三位一体"港口服务体系建设，一系列政策为港口物流发展明确了思路，创造了有利发展环境。浙江港口物流发展是落实科学发展观、贯彻落实物流业振兴规划和省部共建精神、呼应"三位一体"港口服务体系建设的重大举措。无论从宏观经济形势、周边港口竞争态势还是浙江海洋经济发展的内在需求来看，港口物流业都迫切需要大力推动。浙江沿海港口的资源优势和区位优势突出，加快发展港口物流业具有巨大潜力和拓展空间。

1. 宏观政策战略导向，对港口物流发展提出新要求

我国政府大力倡导和强力推进现代物流发展，为培育新的经济增长点，促进物流业平稳较快发展，国务院于 2009 年 3 月发布《物流业调整和振兴规划》。在中央政府的重视和引导下，各级地方政府、各行业主管部门、各类企业和社会各界积极参与，形成我国现代物流快速起步发展的热潮。国务院《关于进一步推进长江三角洲地区改革开放和经济社会发展的指导意见》，要求"长三角"地区建设成为亚太地区重要的国际门户、全球重要的先进制造业基地、具有较强国际竞争力的世界级城市群。明确要求"长三角"地区必须承担起辐射、带动沿海乃至全国发展的历史使命。2009 年 12 月，交通运输部和浙江省人民政府就共同促进浙江省交通物流发展问题签署会谈纪要，强调推进浙江交通大物流建设战略的实施、加强交通物流基地建设等 5 方面内容，同时提出对相关项目给予支持。

目前，浙江省海洋经济发展带建设已经上升为国家战略，其龙头就是发展港口物流，建设港航强省。以港口为核心的物流运作体系将是浙江省经济社会快速发展的重要支撑，是浙江省经济发展的一个鲜明特征。为了进一步深入推进港航强省建设，在综合考虑国家发展战略和区域竞争格局下，进一步拓展浙江发展空间，浙江省委、省政府于 2010 年 3 月提出了"三位一体"港口服务体系构想。"三位一体"战略构想既与"一体两翼"（以上海为中心、以江浙为两翼的上海国际航运中心）的国家战略相衔接，又体现了宁波—舟山港与上海国际航运中心的资源互补、错位发展、互惠共赢的竞合关系。

另外，"长三角"地区的发展，在政策层面，"长三角"区域一体化已经上升为国家战略，使得舟山有机会参与"长三角"产业布局的调整和分工，为舟山港口物流发展创造了广阔的拓展空间，提供了丰富的物流需求。从区域格局来看，"长三角"全面跨入大桥时代，杭州湾跨海大桥已全线通车，宁波与上海、杭州、苏州、无锡、常州等城市新的两小时交通圈，宁波将进一步成为"长三角"南翼的交通枢纽，同时也使宁波—舟山港的腹地延伸至整个"长三角"地区。而舟山与宁波之间除了轮渡之外，舟山跨海大桥结束了舟山港无陆路运输的历史，从而借助宁波这个交通枢纽，将自己的经济腹地延伸到"长三角"地区乃至全国各地，吸引更多的货源。由此，沿线将逐步发展成舟山重要的"南部经济走廊"，形成甬舟联动通道。从中远期看，根据规划，东海大桥未来将向南延伸至岱山，再通过定岱跨海大桥与舟山本岛相连。通过岱山、大衢山、大小洋山，向北直达上海，舟山将全面融入上海"三小时都市圈"。届时，东海大桥和大小洋山—衢山—岱山—定海大桥沿线将构建形成"北部经济走廊"，形成沪舟联动的重要通道。这两大经济走廊加上由杭州湾跨海大桥所连接的"沪甬经济走廊"，在"长三角"的最前缘，最终将形成沪甬、甬舟、沪舟"联动三角"的发展态势（见图5－1）。舟山将成为南北两条经济走廊的枢纽，甬舟、沪舟"联动三角"的重要节点。舟山港域的枢纽地位更加凸显，舟山港口资源优势将得到充分发挥，承接港口物流业的向东转移。

纵观各类相关宏观政策和发展战略，其导向对新时期港口物流发展提出了新的要求，同时为浙江港口物流发展创造了良好条件。可以说当前浙江港口物流正处于发展的黄金时期，应抢占先机、加快发展。加快发展港口物流，是浙江转变发展方式、拓展发展空间、提升发展质量的重要突破口之一，更是加快经济转型升级中的重要途径。

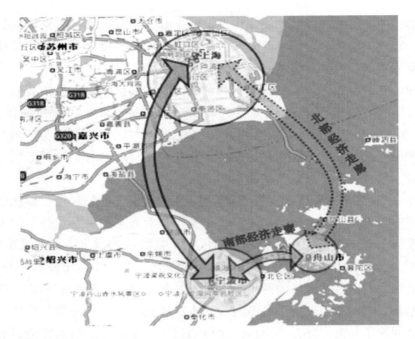

图 5 - 1　沪甬、甬舟、沪舟联动三角

2. 新时期港口之间竞争日益激烈，港口升级转型成为必然

当前，港口之间的竞争日益激烈，正逐渐演化为港口群与港口群之间的竞争、产业链与产业链之间的竞争。这种激烈的竞争形势对港口未来发展是一种挑战，也是一种机遇。随着国际贸易在世界范围内快速发展，货物全球流动频繁，港口业发展迅速，各地政府也逐渐意识到发展港口物流所带来的巨大经济效益。新时期港口竞争中，无论是从竞争的区域范围、内容以及形式来看，都较以往不同。港口竞争的对手不再局限于毗邻的港口，而是扩大为全国的、全亚洲的乃至全世界的港口。港口之间结成联盟，形成了区域性港口群，如沿海地区的"长三角"、"珠三角"和环渤海三大港口群，竞争格局成为港口群与港口群之间的竞争。港口竞争向国际延伸，衡量一个港口是否为世界级大港，不仅要看其吞吐总量，还要看其在全球物流链中的地位。只顾眼前利益而忽视港口长远发展的竞争手段已不再适用，港口竞争的形式向着公平、公正、更高的层次发展。从全球范围看，港口之间的竞争是相关产业链与产业链之间的激烈竞争。港口之间所面临的激烈市场竞争的焦点也越来越多地集中在港口是否能提供更为便利、快捷、低成本、安全、可靠的全方位物流服务，而这种竞争将成为现代港口今后发展的重要推动力。

激烈的竞争环境促使港口功能不断强化，港口逐渐转型升级，成为港口发展的必然趋势。随着世界领先的港口纷纷从第二代"运输中心＋服务中心"向第三代"国际物流中心"转型，港口服务功能的多元化与全程化已成为现代港口生存和发展的基本条件。港口的综合功能不断强化，港口企业的经营向多元化方向发展，在确保核心业务稳步发展的同时，一些企业开始注重相关支柱产业的发展，依托其在物流链中的重要地位，向上游、下游延伸服务、拓展物流业务，加强港口的综合功能。物流服务成为港口企业新的利润增长点，两者相辅相成，共同推动港口综合功能的完善和港口品牌竞争力的提升。

3. 港口物流发展面临周边港口及腹地市场的竞争压力

浙江省港口为"长三角"区域、乃至全国范围的商品流通发挥了重要作用，为进一步发挥浙江省得天独厚的港口资源优势，各港口纷纷拓展港口腹地范围，向陆向腹地服务的延伸，港口的腹地交叉严重。目前，浙江港口群正面临来自周边港口的竞争，与上海港、江苏港口群处在合作竞争状态。上海港通过实施"长江战略"，先后与长江沿线的武汉港、重庆港、芜湖港、南京港、南通港合作，将长江上、中、下游港口基本纳入其腹地范围，利用"水水中转"这一便捷廉价高效的方式，确保对规模庞大的洋山港区的货源喂给。盐城港、连云港等港口建设也正在大力推进，这些港口与浙江港口有着共同的经济腹地，舟山港口物流发展面临着前所未有的竞争压力。

4. 现代物流业迅速发展，为港口物流发展提供强有力支撑

随着经济全球化和国际贸易迅速发展，现代信息技术的广泛应用，现代物流产业成为21世纪极具市场前景的新兴产业。在现代物流社会化、规模化、网络化发展过程中，以物流园区、物流中心为代表的现代物流网络节点设施获得极大发展，城市的、区域的、乃至全球的现代物流网络体系正在逐步形成，为物流业发展提供了有力的基础支撑。另外，沿海产业带蓬勃兴起、沿海经济快速发展，产生了大量物流需求，为港口物流的发展提供了丰厚的物质基础。物流需求日益社会化，许多沿海制造企业开始从战略高度重视物流功能整合，实施流程再造，分离外包物流业务。而港口企业开始积极参与到与生产制造企业联手的整个供应链上下游物流活动中，融合渗透、联动发展，将对浙江港口物流发展起到极大的推动作用。

5. 港口战略联盟促进港口群协调发展，联盟机制不断完善

为应对日益激烈的港口竞争，港口联盟已经成为某一地区港口实现跨越发展的重要战略手段。从"长三角"港口群来看，上海国际航运中心启动建设，国务院对于上海国际航运中心的定位是"要建设以上海为中心、以江浙为两翼的上海国际航运中心"，努力建设成为东北亚国际枢纽港。宁波—舟山港是上海国际航运中心的重要组成部分，上海国际航运中心的发展将有效带动浙江港口物流业发展。舟山具有的深水航道和深水岸线等优良的建港条件，可以有效地弥补上海港航道水深和深水泊位能力不足的弱势，能够以现有良好的集装箱深水泊位规模承担起"长三角"南翼外贸集装箱运输中的重要任务。浙江省正深入推进宁波—舟山港、嘉兴港与上海港及长江沿线港口间的联盟，沿海港口与内陆无水港的联盟，与亚太欧美港口和海运、物流企业的合作等，不断创新联盟机制，这将大大促进现代港口物流服务体系的建设，对浙江港口物流发展起到引导作用。

二、浙江发展港口物流产业的基础条件

港口物流属于生产性服务业，通过运输、储存、装卸、搬运、包装、流通加工、配送、信息处理等一系列流程，为其他各行业提供基础性服务，支撑着经济的发展；同时，港口物流的各种环节涉及国民经济的多个方面，是一个跨部门、跨行业、跨地区的综合性服务性产业，具有极强的产业联动和经济带动效应，发挥着"增长极"的作用。与加工制造业不同，港口物流是一个复杂的系统，港口物流能力并不只取决于航道、锚地、泊位等港口基础设施建设，还受制于集疏运体系、物流园区以及大通关工程等方面因素；而需求的派生性又决定了港口的营运水平与腹地经济高度相关。如果基于系统科学视角将港口物流作为一个系统，则该系统包括腹地经济、集疏运体系、港口基础设施建设、物流园区以及大通关工程 5 个子系统。这 5 个子系统既具有相对独立性，又相互影响、相互作用，共同形成港口物流的有机整体，并决定了港口物流的运行效率及效益。

因此，考虑浙江及周边省份经济产业发展特征，从腹地经济、集疏运体系、港口基础设施建设、物流园区以及大通关工程五方面的现实情况入手，分析浙江发展港口物流的基础条件；通过广泛深入的调查与研究，真实全面地了解当前浙江港口物流的市场需求，预测浙江港口物流的业务总量并进一步探讨港口物流发展潜力，是港口物流产业化研究的重要基础。

（一）浙江及周边省份经济产业发展特征

1. 浙江及周边省份经济产业特征

浙江沿海港口的直接腹地为浙江省内杭州、宁波、温州、嘉兴、湖州、绍兴、金华、衢州、舟山、台州和丽水 11 个市；其间接腹地为沪、苏、皖、赣、鄂、湘等省市，横跨东、中部两个地带，其中，上海、江苏是我国经济最发达地区，湖北省是我国中部经济比较发达地区，湖南、安徽和江西经济发达程度相对较低。根据浙江所处的地理区位和物流服务的对象，将以"长三角"地区、江苏省浙江外围的主要分析对象，分析其经济产业的特征。

2. "长三角"地区经济产业特征

（1）"长三角"区域规划出台，明确未来产业发展方向

2010年5月出台的《长江三角洲地区区域规划》，对"长三角"区域总体布局进行优化，明确了以上海为核心，沿沪宁和沪杭甬线、沿江、沿湾、沿海、沿宁湖杭线、沿湖、沿东陇海线、沿运河、沿温丽金衢线为发展带的"一核九带"空间格局，如图5-2所示。

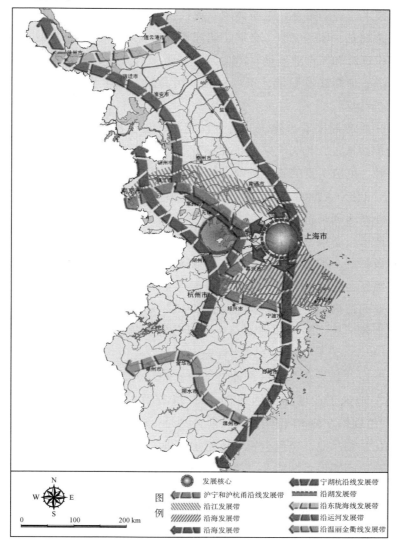

图5-2 长江三角洲地区区域规划总体布局

资料来源：长江三角洲地区区域规划

其中，上海作为国际经济、金融、贸易、航运中心，大力发展现代服务业和先进制造业，加快形成以服务业为主的产业结构；沪宁和沪杭甬沿线发展带，将建成高技术产业带和现代服务业密集带；沿江发展带，将适度集聚装备制造、化工、冶金、物流等产业；沿湾发展带，依托现有产业基础和港口条件，积极发展高技术、高附加值的制造业和重化工业，建设若干现代化新城区；沿海发展带，依托临海港口，培育和发展临港产业，建设港口物流、重化工和能源基地；宁湖杭沿线发展带，重点发展高技术、轻纺家电、旅游休闲、现代物流、生态农业等产业；沿湖发展带，适度发展旅游观光、休闲度假、会展、研发等服务业和特色生态农业；沿东陇海线发展带，建设资源加工产业基地；沿运河发展带，大力发展旅游休闲、文化创意等服务业；沿温丽金衢线发展带，重点发展日用商品、汽车机电制造和商贸物流业，大力发展生态农业。

从未来产业布局来看，化工、冶金、能源、装备制造业等产业是未来"长三角"地区发展的重点，将为大宗散货在宁波、舟山集聚、开展物流作业提供有利的产业支撑条件，创造丰富的货源基础。

（2）"长三角"地区经济增长强劲，产业结构不断优化

长江三角洲地区是推动全国经济高速增长的重要贡献区。2011 年，"长三角"地区经济保持增长态势，经济总量稳步扩大，地区生产总值占全国的比重继续上升，产业结构积极转变。2009 年，"长三角"地区 GDP 总量达 7.2 万亿元，较上年增长 10.4%，增幅高出全国水平 1.7 个百分点。产业结构优化调整，第一产业、第二产业、第三产业的结构比例为从 2008 年的 5.1∶52.6∶42.3 转变为 4.8∶50.4∶44.7，第三产业比重大幅上升，较上年提高 2.4 个百分点，第三产业实现增加值 32 118 亿元，增长 15.9%，比上年提高 3.9 个百分点。

第二产业在"长三角"地区产业结构中份额最大，具有重要的战略地位。2011 年"长三角"地区工业增加值达到 31 213.74 亿元，占我国工业增加值的比重为 24.18%。产值规模在前 10 位的十大行业分别是：电子及信息设备制造业、纺织业、化学原料和化学制品业、黑色金属和压延加工业，电器机械及器材制造业、普通机械制造业、交通运输设备制造业、金属制品业、石油加工及炼焦业、服装和其他纤维制品业。上海、江苏和浙江的具体情况见表 5 - 1。这一产业结构决定了"长三角"地区对石油化工、煤炭、铁矿石等大宗散货会有大量需求。

表 5 - 1　2011 年沪苏浙前十大工业行业占工业总产值的比重

排名	上海市		江苏省		浙江省	
	行业	占工业总产值的比重	行业	占工业总产值的比重	行业	占工业总产值的比重
1	通信设备、计算机及其电子设备	20.97%	通信设备、计算机及其电子设备	15.01%	纺织业	10.98%
2	交通运输设备制造业	10.24%	化学原料及化学制品制造业	10.03%	电气机械及器材制造业	8.98%
3	通用设备制造业	8.82%	黑色金属冶炼及压延加工业	9.74%	通用设备制造业	7.28%
4	化学原料及化学制品制造业	7.41%	电气机械及器材制造业	8.10%	化学原料及化学制品制造业	6.48%
5	电气机械及器材制造业	6.93%	纺织业	7.41%	交通运输设备制造业	6.43%
6	黑色金属冶炼及压延加工业	6.52%	通用设备制造业	6.43%	电力、热力的生产和供应业	6.27%
7	电力、热力的生产和供应业	—	交通运输设备制造业	5.30%	金属制品业	4.33%
8	石油加工、炼焦及核燃料加工	4.79%	金属制品业	4.01	通信设备、计算机及其电子设备	4.18%
9	金属制品业	3.88%	电力、热力的生产和供应业	3.69%	黑色金属冶炼及压延加工业	4.03%
10	专用设备制造业	3.40%	有色金属冶炼及压延加工业	3.15%	化学纤维制造业	3.79%

资料来源:"长三角"年鉴(2011 年)。

3. 浙江省经济产业特征

浙江省是我国参与全球竞争的先导地区之一,是"长三角"区域一体化的重要组成部分,是承接"长三角"核心区向外辐射的纽带地区。目前浙江省已经成为以宁波、杭州两大中心城市为核心的连接全球和国内市场的重要节点。随着环杭州湾大桥、城际快速轨道交通等区域性基础设施建成，将进一步增强浙江省经济发展的活力，推动"长三角"地区以点及面、区域联动发展。

2012年生产总值34 606亿元，比上年增长8.0%（如图5-3）。其中，第一产业增加值1 670亿元，第二产业增加值17 312亿元，第三产业增加值15 624亿元，分别增长2.0%、7.3%和9.3%。人均GDP为63 266元（按年平均汇率折算为10 022美元），增长7.7%。三次产业增加值结构由上年的4.9∶51.2∶43.9调整为4.8∶50.0∶45.2。一方面从近年来浙江省GDP指标的历史发展轨迹可以看出，浙江省经济平稳增长，第三产业增长迅速，为浙江港口物流业的发展提供了良好的市场需求条件；另一方面，随着浙江居民收入的日益增加，消费水平不断提高，消费层次日趋多样化和个性化，流通效率随之成为亟待解决的问题，极大地促进了以需求为导向的物流服务形式及内容的不断更新，对社会物流服务水平提出了更高要求。

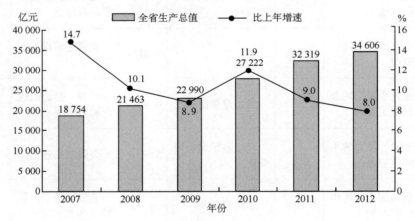

图5-3 2007—2012年浙江省生产总值及其增长速度

2012年铁路、公路和水运完成货物周转量9 183亿吨千米，比上年增长6.4%；旅客周转量1318亿人千米，增长1.6%。港口完成货物吞吐量13.2亿吨，增长7.8%，其中，沿海港口完成9.3亿吨，内河港口完成3.9亿吨，分别增长7.0%和9.8%（见表5-2）。

表5-2反映了浙江省铁路、公路和水运3种主要运输方式完成货运量的发展趋势，货运量的不断增长是经济社会得以快速发展的具体表现，为浙江各港口物流的发展提供了物流资源基础和巨大的发展空间。

表 5 – 2　2012 年浙江省铁路、公路、水路完成的运输量

	单位	绝对数	比 2011 年增长（%）
货物周转量	亿吨千米	9 183	6.4
铁路	亿吨千米	291	6.7
公路	亿吨千米	1 526	6.3
水运	亿吨千米	7 366	7.0
旅客周转量	亿人千米	1 318	1.6
铁路	亿人千米	390	2.2
公路	亿人千米	921	1.4
水运	亿人千米	6	– 4.3
沿海港口货物吞吐量	亿吨	9.3	7.0

资料来源：浙江省统计年鉴。

（二）浙江发展港口物流的影响因素

1. 腹地经济现实情况

从现代港口的发展规律和港口与物流、港口与区域经济的发展关系角度看，在一定区域内具有良好区位优势港口，依托良好的交通运输基础设施条件、产业布局与发展环境，建设与航运相关的物流区域，有利于形成航运和物流产业的良性发展、互为支撑，形成航运、物流等服务产业的聚集增长，对于港口本身的快速建设和持续发展，将具有重要的意义。

浙江是我国参与全球竞争的先导地区之一，是"长三角"区域一体化的重要组成部分，是承接"长三角"核心区向外辐射的纽带地区。目前浙江省已经成为以宁波、杭州两大中心城市为核心的连接全球和国内市场的重要节点。随着环杭州湾大桥、城际快速轨道交通等区域性基础设施建成，将进一步增强浙江省经济发展的活力，推动"长三角"地区以点及面、区域联动发展。从浙江港口物流企业的服务对象来看，物流企业的服务产品主要为集装箱、大宗散货等，作为派生性需求，浙江港口物流服务的需求总量与产业发展特征及对内、对外的贸易关联度等宏观经济发展要素相关联。

浙江沿海港口现代物流发展有较好的腹地需求基础，直接经济腹地为浙江省，浙江省港口城市及进出口贸易量大的城市的主要产业均与港口相关联；间接经济腹地延伸到"长三角"地区和长江沿线地区，腹地内的经济社会发展是沿海港口吞吐量增长的主要动力。浙江以及"长三角"、长江沿线地区经济建设近年来呈现跳跃

式发展的趋势，为浙江港口物流业发展提供了难得的机遇。

2009 年 4 月 14 日出台的《国务院关于推进上海加快发展现代服务业和先进制造业建设国际金融中心和航运中心的意见》，提出到 2020 年，基本建成具有全球航运资源配置能力的国际航运中心。上海国际航运中心的建设主要侧重于航运软环境的建设，而不是港口吞吐能力的建设，以获得航运的定价权。由于上海本身并没有深水良港，且上海城市总体发展空间结构的调整，黄浦江沿岸的港口已基本关闭，将向"长三角"其他港口资源条件的地区转移部分货物的装卸，特别是大宗物资的装卸。浙江宁波、舟山的深水良港可以承接上海转移的大宗物资中转分拨功能以及上海期货交易所的大宗物资的保税期货交割港功能。这些功能的转移给浙江沿海港口物流业的发展带来大量机遇。

浙江省的主体产业主要集中在环杭州湾地区、温台沿海地区、金衢丽地区，环杭州湾地区是浙江经济最活跃的地区，逐步形成了机械、电子信息、重化工产业以及纺织服务等产业体系。温台沿海地区市场化程度高、民营经济活跃、块状经济发达，已经形成了汽车摩托车及零配件、医药化工、模具塑料、服装机械、水泵阀门、工艺美术、家用电器、绿色农产品和水产品加工、鞋帽服装、日用品加工等发达的特色产业。金华、衢州和丽水地区有良好的专业市场基础，已经形成了金华的小商品制造和五金制造，衢州和丽水的化工业、建材业等产业。浙江经济发展总体处于工业化高级阶段，2012 年浙江省 GDP 达 34 606 亿元，人均 GDP 51 711 元，与 2006 年比，年均增长分别为 15.27%、13.11%。三次产业结构比是 4.91∶51.58∶43.51。浙江正处于全面提升工业化、信息化、城市化、市场化、国际化水平的关键时期。城市社会消费品销售总额增长迅速，2012 年社会消费品零售总额 13 546 亿元，比 2011 年增长 13.5%，是 1992 年的 28.73 倍。

浙江超过八成的进出口总额集中在宁波、杭州、舟山、绍兴、嘉兴、义乌、台州和温州，内生性的国际物流需求也主要派生于宁波、杭州和绍兴等地区，这些城市现有主要产业都与港口相关联。10 年来进出口贸易持续快速增长，2012 年进出口总额 3 122.4 亿美元，比 2011 年增长 0.9%。其中，进口 876.7 亿美元，下降 5.8%；出口 2 245.7 亿美元，增长 3.8%。月均出口 187.1 亿美元，其中，9 月出口 211.5 亿美元，创历史新高。民营企业出口 1 403.2 亿美元，比 2011 年增长 8.5%，高于全省出口平均增速 4.7 个百分点，占全省出口总值的 62.5%，比 2011 年提高 2.7 个百分点；对全省出口增长的贡献率为 133.3%。

2. 集疏运体系

浙江沿海及海岛地区扼南北海运和长江水运交汇要冲，居上海国际航运中心南翼，岛屿、港口资源丰富，港口深水岸线 506 千米，其中，可建设 10 万吨级及以上泊位的深水岸线超过 150 千米、30 万吨级及以上超大型泊位的深水岸线约 20 千米，是全球沿海地区适于建设深水码头条件最好的地区之一。目前已基本形成覆盖浙江全省、辐射"长三角"地区及长江流域的港口集疏运网络。

（1）公路集疏运体系

公路集疏运体系主要支撑全省各类传统工业制成品（服装、轻工、机电等）、日用快速消费品以及相关高附加值的高新技术产品及集装箱的运输。作为港口物流高效运转的重要基础支撑，依托公路、铁路网络，目前浙江省形成了四大综合运输通道，如表 5-3 所示。

表 5-3 浙江四大综合运输通道

综合运输通道		构成	服务对象
环杭州湾通道	沪杭甬通道	沪杭甬高速、G320-G104-G329、沪杭—萧甬铁路	连接上海、嘉兴、湖州、杭州、绍兴、宁波
	杭州湾跨海通道	杭州湾跨海大桥	
	杭湖通道	杭宁高速、G104、铁路宣杭线	
杭金衢通道		杭金衢高速、G320、浙赣铁路、沪杭铁路杭新景—建龙高速、甬金高速、杭申线	连接杭州、金华、衢州
金丽温通道		金丽温高速、G330、金温铁路、龙丽高速	连接金华、丽水、温州
甬台温通道		甬台温高速、G104	连接宁波、台州、温州

资料来源：浙江省交通发展规划。

全省形成了杭州、宁波、金华、温州四大综合运输枢纽。杭州是辐射浙江全省的综合运输枢纽，衔接浙江与"长三角"核心区域以及"长三角"北翼区域。宁波是多功能综合运输枢纽，依托宁波—舟山组合港的优势，不仅承担浙江省与国际、国内水运联系，还与舟山地区共同承担长江三角洲和长江沿线地区的海进江中转运输。金华—义乌处于浙江的中心位置，是综合运输网络的集结地。温州是浙南区域的沿海综合运输枢纽。

浙江省目前已经形成由高速公路、国道、省道干线公路、县际公路构成的多层次公路网络。至 2010 年底，全省公路通车总里程为 110 177 千米，其中，高速公路通车里程为 3 383 千米，一级公路通车里程为 4 293 千米，二级公路通车里程为 9 101 千米。全省已经形成以杭州为中心、外连相邻省市、内接主要乡镇的公路交通网。但总体看，公路交通还存在总量不足、质量不高，地区间公路发展不平衡，公路站场、运输装备落后，总体服务水平不高等问题。

（2）铁路集疏运体系

铁路集疏运体系主要承载各类传统工业制成品（服装、轻工、机电、小商品等）、日用快速消费品的长距离、大批量的运输，以及与港口有效对接的内外贸集装箱、各类大宗物资的运输。

浙江省现有铁路营业里程1 761千米，复线里程1 164千米（2010年底资料）。除台州、舟山地区尚无铁路外，其他9个地市均有铁路。铁路交通省内目前除台州和舟山两地级市未通铁路外，其余地市均有铁路覆盖，对外通路往北有沪杭、宣杭铁路沟通沪、苏、皖及北部地区，往西有浙赣铁路连接江西，沟通西南、华南。主要由沪杭、浙赣"一纵"和宣杭、杭甬、金千、金温"两横"构成，加上新长铁路的引入，形成了杭州、金华、长兴三大枢纽，其中地处宣杭、杭甬、沪杭、浙赣线交汇点的杭州枢纽，是浙江省铁路网的心脏。另外还有牛头山、北仑港、镇海和宁波北支线铁路等。

（3）水运集疏运体系

全省内河航道通航里程为9 704千米，其中，等级航道里程为5 720千米，居全国第三位。主要干线航道有京杭运河、长湖申线、杭申线、乍嘉苏线、六平申线、钱塘江、杭湖锡线、杭甬运河、椒江和瓯江10条，海运在本省交通运输体系中占有重要地位，海运已形成以宁波、舟山港为枢纽的港口群，海运主要承担进出口外贸物资和我国北部煤炭调入运输。

水运交通存在的问题是港口能力总量不足，结构性矛盾突出；航道缺乏系统整治，航道网络化程度低，规模效益难以显现；船型标准化滞后，制约航道功能发挥；内河港口码头设施落后，专业化程度低。

（4）航空集疏运体系

浙江省航空运输比较发达，现有杭州萧山、宁波、温州、舟山、台州黄岩、义乌、衢州7个机场。2010年浙江省已开通的航线217条，国内航线174条，航空运输在超长距离和经济较为发达地区之间的旅客运输中具有较大的竞争优势。

尽管浙江目前集疏运条件有了较大的改善，但在物流园区、保税仓库等物流基础设施建设方面仍相对落后。与发达的水运条件相比，道路集疏运网络仍存在差距，各港口之间缺乏疏港公路的有效衔接。集疏运工具比较单一，缺乏运载量、经济性的向内陆延伸的铁路；舟山跨海大桥刚刚开通，但目前车辆通行还需收取较高的通行费用。

3. 港口基础设施建设

港口产业作为以海洋运输为核心的基础产业已经成为世界各沿海国家竞相发展的重点领域。

港口不仅是货物水陆空运输的中转地，而且提供了发展转口贸易、自由港和自由贸易区的机会，在现代国际生产、贸易和运输系统中处于十分重要的战略地位。海上运输与其他运输方式相比，具有不可比拟的优势，尤其在大宗货物运输方面。随着世界范围内货物运输集装箱化率的不断提升，海上运输的优势得到了更大程度的体现。

浙江是我国沿海港口资源最丰富的省份之一，拥有海岸线 6 600 余千米，居全国第一位。浙江省沿海港口目前已经基本形成了以宁波—舟山港为中心，温州、嘉兴、台州为骨干，其他地方中小港口相应发展的分层次布局，其中宁波港和温州港已被交通部列入全国沿海 20 个主枢纽港行列。

截至 2012 年底，全省水路船舶运力规模超过 1 800 万载重吨，其中万吨级和特种船舶超过 1 100 万载重吨，总体水平居于全国前列。海运船舶平均吨位由"十五"末的 1 979 载重吨提高到 4 050 载重吨，增长 104%。内河通过实施船型标准化工程，船舶平均吨位由"十五"末的 114 载重吨提高到 187 载重吨，增长 64%。全省船舶平均船龄保持在 10 年以内。

2011 年初以来，随着全球经济的不断转暖，远洋货物运输尤其是集装箱运输的恢复和增长迅速，港口业呈现持续和良好的发展前景。截至 2011 年底，全省港口拥有泊位 5 364 个，泊位长度 297 937 米；其中，沿海港口拥有泊位 1 095 个（万吨级以上泊位 195 个），泊位长度 104 504 米；内河港口拥有泊位 4 269 个，泊位长度 193 433 米。全省港口完成散货吞吐量 112 786.94 万吨、集装箱吞吐量 1 404.09 万标准箱；其中，沿海港口完成散货吞吐量 78 846.11 万吨、集装箱吞吐量 1 403.91 万标准箱；内河港口完成散货吞吐量 33 940.84 万吨、集装箱吞吐量 0.18 万标准箱。具体数据参见表 5-4。

浙江省沿海港口存在的问题是岸线利用零乱，而且存在多占少用、粗放利用导致局部岸线资源浪费问题。部分港域内的业主码头建设随意性强，港口功能混杂、港区主体功能不突出，需要进一步加大港口资源整合和结构优化力度。部分港口老港区的建设开发中，业主码头抢先占用岸线，码头泊位分散布置，使集装箱码头难以集中布局，未能形成主要的枢纽港区，破坏了港区的合理布局，造成功能不协调、资源浪费，难以实现规模化、集约化经营，大大地降低了港口的综合效益和资源利用率，不能适应社会经济快速发展对港口业的需求，不利于港口规模效益的发挥和现代化港口的建设。

表 5 – 4 2011 年末浙江省港口末泊位数和吞吐量汇总

沿海主要港口	泊位数（个）	万吨级以上泊位数（个）	泊位长度（米）	货物吞吐量（万吨）	集装箱（万标准箱）
全省合计	5 364		297 937	112 786.94	1 404.09
一、沿海合计	1 095	195	104 504	78 846.11	1 403.91
宁波—舟山港	650		71 668	63 300.5	1314.65
其中：宁波港	307		41 279	41 216.76	1 300.35
舟山港	343	40	30 389	22 083.74	14.3
温州港	234	15	16 247	6 408.18	42.08
台州港	169	4	10 474	4 705.71	12.16
嘉兴港	42	10	6 115	4 431.72	35.02
二、内河合计	4 269		193 433	33 940.84	0.18
杭州	1 298		49 305	8 752.74	
宁波	23		1151	51.02	
嘉兴	1 650		73 312	9 486.48	0.18
湖州	1 109		56 756	14 357.05	
绍兴	151		11 437	1 162.44	
金华	8		268	21.65	
丽水	30		1 204	109.45	

数据来源：中国港口年鉴、浙江省统计年鉴。

4. 物流园区

1）物流园区布局

物流园区是物流基地体系的最高功能层次，是具有较强物流资源集聚功能的特定区域，实现物流设施集约化和物流运作一体化的骨干物流节点。加快物流园区建设是构建现代物流体系的重要内涵。物流园区是现代物流体系的重要组成部分，在整个物流供应链条和运作体系中发挥着核心的组织功能。物流园区具有优越的交通区位和功能集结（仓储、运输、分拣、加工、配送）优势，能够有效实现物流企业、物流设施、物流信息等各类物流资源的集聚，并通过专业化、规模化、集约化的经营，实现资源的优化整合，发挥物流运作的规模效应和集约效应（土地、设施设备、辅助服务），提升整体物流运作效率。因此，发达国家在构建社会化、现代化的物流系统时，都将物流园区作为重要的组成部分。

物流园区为大型、公共性物流节点，交通区位显著，集聚力强，功能齐全，是辐射全省和全国、对接全球的重要物流枢纽。物流园区是浙江省交通物流基地体系的核心。物流园区在物流节点网络体系中处于核心地位，推动物流园区发展是浙江省加快"大物流"建设的重要抓手。全省物流园区的基本技术条件要求为：至少有两种运输方式衔接；物流强度达到500万吨／（平方千米·年）；辐射范围1万平方千米，辐射半径50千米；用地面积大于100万平方米。

现阶段，浙江省"具备一定现实基础、符合功能定位要求、处于重要物流节点位置"主要的物流园区有16个，包括1个具有保税功能的物流园区，9个省级国际物流园区和6个地方物流园区。

到2020年，浙江全省共规划形成22大物流园区，布局方案如表5-5所示。

表5-5　2020年浙江省22大物流园区分布

节点城市	园区编号	园区类型	主要功能
杭州 （3个）	1	综合服务型	服务于杭州湾产业带高新技术产品的仓储、中转、配送及国际物流需求，服务于杭州都市圈快速消费品配送需求
	2	国际物流型	服务于杭州萧山机场的国际航空物流，包括保税仓储、中转运输、第三方物流增值等
	3	公共配送型	服务于杭州城市经济圈的快速消费品配送服务
宁波—舟山 （5个）	4	国际物流型	服务于宁波梅山港国际中转、仓储配送、转口和出口加工业务
	5	生产基地型	服务于杭州湾产业带高新技术产品的保税仓储、中转物流
	6	中转枢纽型	服务于宁波—舟山港集装箱的国际中转，支撑临港工业的发展
	7	综合服务型	服务于沿海产业带各类产品及原材料的仓储、装卸及宁波港的集疏运服务
	8	中转枢纽型	服务于宁波—舟山港大宗物资的中转转运，支撑临港工业发展，以及宁波都市圈快速消费品配送服务
温州 （3个）	9	公共配送型	服务于温州都市圈区域内部及与周边地区快速消费品配送需求，以及其他产品的中转、仓储配送需求
	10	综合服务型	服务于温州港大宗散货、集装箱的集疏运
	11	生产基地型	服务于温州各类轻工制造业产生的物流需求

节点城市	园区编号	园区类型	主要功能
金华—义乌 (2个)	12	商贸流通型	依托义乌国际小商品市场，为商贸流通业和专业市场提供专业的物流服务
	13	综合服务型	依托金华"无水港"，支撑浙中区域的国际物流
绍兴 (2个)	14	商贸流通型	服务于以中国轻纺城为核心的纺织产业集群和专业市场的物流需求
	15	生产基地型	服务于袍江工业区各类生产制造业及绍兴块状经济物流需求 服务于杭州湾南岸产业带（绍兴、上虞）各类生产制造业及绍兴块状经济物流需求
嘉兴、湖州 (3个)	16、17	公共配送型	服务于杭州都市经济圈各类物资和快速消费品的中转、仓储、加工配送等需求
	18	生产基地型	服务于湖嘉地区各类产业发展产生的物流需求
台州 (2个)	19	生产基地型	服务于台州地区加工制造业产业集群的物流需求
	20	综合服务型	服务于台州大型专业市场的物流需求，辐射国内大市场
衢州 (1个)	21	公共配送型	有效发挥其四省边际地区的交通区位优势，服务于四省边际地区物流集散与中转
丽水 (1个)	22	公共配送型	服务于城市区域内部快速消费品的配送物流需求，以及丽水经济开发区及浙闽两省边际城市的工业产业的物流需求

目前，浙江部分港口城市物流园区的建设还处于起步阶段，尚未有真正意义上的运营良好的物流园区。一些港口物流园区布局有待优化，物流园区功能未得到充分发挥，部分港口后方陆域纵深不足，缺乏建设物流园区的足够条件。

2）物流园区存在的主要问题

（1）各自规划

缺乏全省统一规范的物流基地布局规划。迄今为止，各地市基于各自的行政区域、不同的经济和行业管理部门分别制定了一系列物流设施建设规划，以上规划的各类物流节点在功能定位上存在交叉、相互关系模糊不清，缺乏必要的统筹、协调、整合，难以发挥物流集约化运作的效益。

（2）结构不良

全省现有物流节点体系的层次性和网络性不够突出，规模参差不齐，布局不够合理，物流园区、物流中心和配送中心相互交叉，没有明确功能和物理边界，层次性不突出，整体结构亟待优化。

（3）功能不足

部分物流节点对物流需求规模和特点缺乏有效呼应，功能单一或失衡，多式联运的功能和作用有待进一步发挥，保税功能和大通关的建设有待加快推进。

（4）运作粗放

目前物流基地大多为"物业式"经营，物流附加值很低，物流运作的整体效率和效益亟待提高。

（5）土地约束

在国家宏观调控和土地供应收紧的大背景下，土地资源矛盾成为物流设施规划和建设的硬性约束。

5. "大通关"工程

"大通关"是提高口岸工作效率工程的简称，指的是口岸各部门、单位、企业等运用现代管理、信息化和高科技手段，对口岸物流、单证流、资金流、信息流进行整合和优化，使之更加合理、规范、高效、顺畅地运转，同时实现口岸管理部门有效监管和高效服务的结合。它是涉及海关、外经贸主管部门、运输、仓储、海事、银行、保险等各国家执法机关和商业机构的系统。实施大通关，最直接的目的就是提高效率，减少审批程序和办事环节，口岸各方建立快捷有效的协调机制，实现资源共享，通过实施科学、高效的监管，以达到口岸通关效率的大幅度提高，真正实现"快进快出"。

"大通关"是大流通、大开放的基础。大力推进口岸"大通关"建设，对于进一步促进浙江港口物流供应链的运行效率，优化经济发展环境，加快海洋经济发展具有十分重要的意义。

目前，浙江围绕"大港口、大物流"发展战略，着力发展大流通、推进大开放，在货物的进出口通关过程中，通过运用现代管理、信息化和高科技手段，已建立大通关电子口岸统一信息平台。电子口岸平台对单证流、货物流、资金流和信息流进行整合，使之合理、规范、畅通，以加快通关速度，降低通关费用，改善口岸环境，提高通关效率，实现"一次输入、多次使用，一个窗口、全面查询，一套系统、分类服务，一次修改、全线更新，一次交费、全程通关"。以"电子申报、电子转单、电子通关"为主体，继续推进电子口岸标准化建设。通过推进分类通关改革，与上海、南京海关共建"大通关协作区域"，实现跨关区申报、审单、验放。推进海关特殊监管区域整合和业务流程再造，简化货物流转的环节和手续。

浙江口岸单位通过不断优化口岸"一站式"通关业务流程，为企业带来了快速、便捷的通关环境，工作效率显著提高。浙江沿海港口的集装箱做到一次移箱、一次开箱查验的操作办法、外贸货物集卡运输优惠措施、"船舶网上预报检"制度，对动植物产品、食品引入风险管理机制，对企业和产品实行风险分类管理，降低抽查比例；应用"中国电子口岸——进口付汇系统"及"出口收汇核报系统"，按照扶优与限劣并举的政策导向，对出口企业实行分类管理；全面推行交通运输工具出入境预检模式，加快出入境交通运输工具验放速度，做到进出口货物办理与出入境交通运输工具手续办理同步进行，船舶进出港手续原则上在岸上集中办理。海关、边检、检验检疫、海事和港务等部门建立健全相应的工作制度，在确保安全和作业许可的前提下，全面推行"5＋2"天、24小时值班、无假日预约通关、引航等制度。

但是，浙江省的海关、国检实行的是两关两检体制，货物运输牵涉到跨关区的问题，手续繁琐，费用增加，不利于浙江省"大港口、大物流"建设。必须大力推进大通关，在国家法规和政策许可的条件下实行出口货物"属地申报，属地申检，口岸验放，全程监控"，进口货物实行"多点申报，多点申检，多点验放，应转尽转，全程监控"，运用电子报关、报检、电子签证、电子转单、电子对碰、电子放行等现代信息手段，建立浙江省高效便捷的一体化、全天候通关通检服务体系。进一步推进通关作业改革、优化作业流程，努力将"串联式"通关作业流程转变为"并联式"通关作业流程。

浙江全省通关一体化，第一步可在与宁波港建立内支线的浙江沿海港口和宁波港在省内投资和合作的无水港首先推行，第二步在全省全面实施。

三、浙江港口物流产业的市场需求分析

作为中国经济最活跃的地区，浙江社会经济发展迅猛，社会经济的发展直接拉动了港口物流量的持续增长；而产业集聚和生产方式的变化又同步派生更多的港口物流需求。今后一段时期，浙江港口物流产业依然处于持续增长阶段。本研究首先定性分析浙江沿海港口的物流服务特征，然后在分析浙江港口吞吐量、货运量数据特征基础上，选择最切合数字特征的数学模型对港口物流需求总量进行预测。

（一）浙江港口物流市场的需求特征

本研究从以下4个主要方面分析浙江港口物流市场的需求特征。

1. 中转物流需求

区域间货物中转是指货物的起源地和目的地均不是本区域，是途经本区域而产

生运输、仓储、流通加工、中转分拨及其他物流服务需求。这主要包括来自全国各地、经上海、宁波、杭州、嘉兴、温州、台州港以及海外的进港或出港的货物。

随着经济全球化进程不断加速，"长三角"地区将在更大范围、更广领域和更高层次参与国际经济技术合作和竞争，成为电子、信息、生物医药等劳动、资金、技术密集型的世界加工制造业基地，并通过集聚与优化升级，逐步带动产业向中西部地区梯形转移，促进长江流域地区经济协调发展。

长江干线流域七省二市冶金、石化、汽车、电力等产业密集，聚集了我国41%以上的经济总量，但煤炭、铁矿石和原油资源不足，需要从国外进口大量原材料，而海运成本优势明显，浙江沿海地区的港口就成为了长江流域对外贸易的主要通道。浙江沿海港口区位优势明显，"水水中转"优势突出。制造企业和流通企业可以将本区域作为商品的分拨中心，国内外大型物流企业可以将本区域作为物流网络节点，货主也可以利用本区域的物流基础设施，实现货物的暂存、流通加工、快速发送和接收。沿江大型企业生产所需的大部分铁矿石、原油和电煤运输通过海运经浙江沿海的港口"水水中转"由水运承担。长江流域散货"海进江"水水中转对沿江经济的发展具有重要的支撑作用。从长远来看，长江大宗散货运输不仅所占比重很大，而且需求持续旺盛。大量的进出港口货物运量有一部分在临港地区也会产生物流服务需求。

浙江沿海港口可以为长江沿线和浙江沿海及"长三角"地区的电力、化工、钢铁、加工等企业进行大量的原材料和产成品的运输，降低企业的运输成本，吸引、集聚和服务着一大批的大耗能、大耗水、大运量和外向型工业，在引导产业布局方面发挥越来越重要的作用。

因此，能源、原材料外调，产成品外销的"两头在外"的资源要素分布特点和水运在物资运输中的绝对主导地位，客观上决定了浙江东部沿海港口大宗商品中转吞吐量将持续快速增长，物流及综合运输服务的需求急剧扩大。

2. 浙江临港工业发展派生物流需求分析

在船舶修造业和石油化工业的带动下，浙江重工业发展较快，与之相配套的物流需求将不断增长。重工业的发展需要周边地区及远距离的钢铁、煤炭、原油等资源，以及其他原材料及零部件的大量输入，其中大宗的基础性资源需求量大、物流运输规模庞大，是浙江工业发展不可或缺的支撑条件，这部分物流运输将是持久性的物流输入需求。与基础性资源输入物流运输相对应的是浙江工业产品的输出物流运输，如液体化工成品及半成品，除了满足本地企业需要外，大部分要依托浙江港口物流服务体系输送到"长三角"地区、长江沿线甚至国内外的消费市场。总体上，浙江港口物流产品对象主要为大宗散货和较大数量工业产成品的运输、仓储、流通加工及配送等。

目前浙江港口物流需求的层次仍相对较低，主要为运输、仓储等基础性物流服务。但随着经济和临港工业的快速发展，未来物流需求将逐步向高层次发展，专业化物流需求将呈现快速增长。腹地内许多制造企业已开始接受现代物流理念，将更多地与第三方物流企业开展战略合作，接受比较专业的全方位物流服务。舟山港口物流园区可为第三方物流企业聚集于此提供便利，必将吸引众多企业到舟山港口物流园区寻求优质、专业、信誉好的第三方物流服务，进而带动港口物流的进一步发展。

3. 产业集聚带来的工业品输出物流需求分析

与基础性资源输入物流运输相对应的是浙江工业产品的输出物流运输。环杭州湾产业带的电子信息、现代医药、现代制造等高新技术产品以及温台沿海、金华义乌产业带的轻工产品，大部分要依托浙江港口物流服务体系输送到"长三角"地区、长江沿线甚至国内外的消费市场，产业集聚带来的工业品输出将为浙江港口物流发展提供越来越丰富的物流需求量。

4. 浙江商贸流通业发展派生物流需求分析

依托大规模交易市场的商贸物流是推动港口物流需求大幅增加的又一重要因素。大规模交易市场及连锁商业是商贸流通业的组成部分，通过集中交易、集中进货、集中配送形成规模效益，降低流通费用，提高竞争力，会产生大量的物流需求，但需要有完备的物流基础设施及相应的物流企业提供物流服务。

近年来，随着浙江各类专业市场和商贸连锁企业的发展，专业分销、专业配送等现代物流已初现萌芽，一批企业正逐渐向第三方物流企业转型；各大商厦仓储物流配送中心是为连锁商贸网点专业配送生活资料的集仓储、配送为一体的物流企业，初步显示出现代物流的雏形，各企业物流意识的增强和物流基础设施的加大投入对于浙江加快发展现代物流提供了较为扎实的载体。随着船舶配件、临港工业、机械电气、水产品加工等一批专业市场的不断壮大以及连锁配送、电子商务等的加速发展，浙江以专业市场为代表的商贸流通业呈现出规模更大、辐射更广、交易方式更多等新的发展趋势，为发展以专业大市场为基础、产品配送为主业、现代仓储为配套、多式联运为手段、商品交易为依托的现代物流中心和物流体系提供了坚实的需求基础。

大规模交易市场是引致物流需求大幅增加的又一重要因素。大规模交易市场及连锁商业是商贸流通业的重要组成部分，通过集中交易、集中进货、集中配送形成规模效益，降低流通费用，提高竞争力，会产生大量的物流需求，需要有完备的物流基础设施及相应的物流企业提供物流服务。根据"三位一体"战略构想，拟在宁波建设大宗生产资料交易平台、在舟山建设煤炭、液体化工、铁矿石和粮食等大宗商品交易平台，国家级大型市场的搭建，必将吸引大宗商品供应商、需求商、贸易商在浙江集聚，促进与此有关的金融、保险等增值服务市场以及提供贸易、加工、配送集成服务的产业集群发展，为浙江带来大量的物流需求。

随着浙江经济加快发展和城市功能逐步完善，人民生活水平的不断提高，浙江对基本的生产资料和消费品的需求日益增加，在以上多种促发条件下，浙江商贸流通业的空间布局将更加集聚化，社会消费品及商贸流通业的需求量将大幅度增长。随之而来的为商贸流通业发展服务的运输、仓储、装卸、保管、配送、流通加工等基础物流服务和基础物流设施的需求也将逐渐增大。比如，进出口需求，外贸进出口的快速发展，要求港口物流服务体系能为进出口货物提供仓储、包装、流通加工、集装箱换装、保税加工等物流服务，实现进出口货物的快速通关，提高进出口货物的物流运作效率。因此，商贸流通业发展必将为浙江带来大量的港口物流需求。

（二）物流需求潜力分析

物流需求包括现实物流需求和潜在物流需求。现实物流需求，是指已经社会化的物流需求，由专业化的物流企业承担的来自社会各方面的物流业务。潜在物流需求是指目前尚由企业自行承担，随企业物流社会化发展逐步释放给社会的物流需求。

浙江物流潜在需求主体包括：① 随着经济、贸易持续发展，会促使物流需求总量不断增加。港口是内外贸物资的集散地，是不同运输工具的转换中心，"十二五"末至少达到吞吐量 3 亿吨，将产生更多潜在需求量。② 工业企业的原材料供应和成品销售物流的潜在需求巨大。浙江工业经济基本属于两头在外的发展格局，工业企业的生产销售对物流运输的依赖性较大。工业企业的原料运输主要依靠海运，辅以公路。③ 以专业市场和连锁商业为代表的商贸流通企业对于配送服务的潜在需求迫切。④ 区域间货物中转运输的潜在需求强烈。

随着产业集聚和生产方式的变化，可能产生更多的潜在需求。

1. 产业集聚带来的潜在需求

"长三角"地区及环杭州湾产业集群快速发展，将催生更多潜在物流需求演变为现实需求。根据《"长三角"地区区域规划》，浙江沿海港口处于沿海产业带，毗邻沿江产业带，并列在化工区、大型修造船及海洋工程装备基地的规划范围内，产业集聚区效应发展潜力巨大。根据环杭州湾地区未来产业发展导向，要重点培育五大标志性产业集群：电子信息产业集群、现代医药产业集群、石化产业集群、纺织产业集群、服装产业集群；并大力扶持六大成长性产业集群：交通运输设备产业集群、先进装备制造产业集群、新型金属材料及制品产业集群、造纸业及纸制品产业集群、食品加工制造产业集群、家用电器及设备产业集群。这些以生产制造业为核心的产业集群是物流量的生成地，将为浙江港口物流发展提供越来越丰富的物流需求量。

2. 生产经营方式带来的潜在需求

随着市场需求环境的变化，工业企业的生产经营方式将逐步发生改变。生产主导型的推动式生产经营方式逐渐被市场主导型的拉动式生产经营方式所取代，导致在采购、库存、商品配送等领域的运作方式与管理方面的根本改变。企业多品种、小批量、柔性化的生产方式需要高效率的物流服务作保障。同时工业企业为了提高自身的核心竞争力，专心投入其核心业务的发展，物流外包亦日益成为现代企业运作的主要手段，尤其是通过招商引资、产业转型入驻临港经济区聚集发展的外资、合资及国内企业，绝大多数会放弃传统的企业自营物流经营模式，这必然极大增加对第三方物流的需求。

浙江潜在物流需求主要货物品类物流业务模式的主要特征如表 5-6 所示。

表 5-6　浙江省主要货物品类物流业务模式特征

主导产业	物流服务的主要货物品类	物流需求业务模式基本特征
石油化工业	液体化工	区域分拨配送型、市域配送型、生产加工型、交易型
商贸流通业	煤炭	区域分拨配送型、市域配送型、加工型、交易型
商贸流通业	矿石	国际分拨配送型、区域分拨配送型、市域配送型、交易型
商贸流通业	粮食	区域分拨配送型、市域配送型、加工型、交易型
船舶修造业	船舶及配件	国际分拨配送型、区域分拨配送型、加工型、交易型
商贸流通业	集装箱	国际分拨配送型、区域分拨配送型、市域配送型
水产加工业	水产品	国际分拨配送型、区域分拨配送型、市域配送型、加工型
机械制造业、商贸流通业等	其他	加工型、区域分拨配送型、市域配送型

四、浙江港口物流需求总量预测

（一）浙江港口物流需求总量数据的选择

港口物流业是融合运输业、仓储业、货代业和信息业等的复合型产业，是国民经济的重要组成部分，是经济社会有效运转的基础。港口物流服务需求是一种派生性需求，是由生产活动的需要而产生，为生产活动的有效开展提供保障。因此，港口物流需求量的多少是由社会经济活动的规模和方式决定。

关于港口物流，目前尚没有形成系统的统计方法与指标体系，要预测港口物流需求，必须选取港口物流的代表性指标。

港口物流的发展主要由进、出货物水平决定，港口货物吞吐量是衡量港口物流功能与水平的重要统计指标，它表明了一定时期内经由水路进、出港区范围内并经过装卸的货物数量，直接反映港口规模的变化和港口城市的发展。对于发展港口物流而言，吞吐量的规模从一个角度可以反映物流需求结构的特征，是体现港口物流量的重要表征。

GDP 是一定时期内一国或地区生产的最终产品和提供劳务的市场价值的总值，是目前一国或地区用来衡量其经济发展综合水平的通用指标，具有较强的可比性。GDP 代表一定时期内社会生产的总量情况，港口是社会生产中承担流通职能的重要部门之一，因此 GDP 与港口货物吞吐量一定存在某种函数关系。

本研究以 GDP 代表经济社会生产活动的总产出，表示全社会的生产水平，以吞吐量为港口物流需求的输入。先以 2005—2011 年的 GDP 和港口吞吐量的数据为样本，进行强度计算（吞吐量/GDP）。从强度趋势图可以发现，浙江省每亿元 GDP 产生的吞吐量在 3.8 ~ 5.3 之间波动，呈现出相当强的关联性。这也与浙江"两头在外"的经济特征相吻合。浙江历年 GDP、港口吞吐量表及港口吞吐强度具体如表5-7、图 5-4。

表 5-7 2005—2011 年浙江 GDP 和港口吞吐量统计

年度 指标	2005	2006	2007	2008	2009	2010	2011
GDP（亿元）	13 418	15 719	18 754	21 463	22 990	27 722	32 000
港口吞吐量（万吨）	70 871	82 186	88 661	95 638	103 744	112 787	122 481
强度（港口吞吐量/GDP）	5.28	5.23	4.73	4.46	4.51	4.07	3.83

数据来源：2011 浙江省统计年鉴、2011 中国港口年鉴、浙江省统计网站、中国交通运输部网站等。

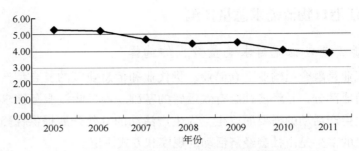

图 5 – 4　2005—2011 年浙江省港口吞吐强度趋势

(二) 预测模型的比较、选取及构建

常用的港口物流需求定量预测方法有直线法、对数方程法、复合曲线法、幂曲线法、等比级数曲线法、指数方程法等。每种方法各有千秋，很难说一种方法就一定比另一种方法科学有效。需根据历史数据表现出来的特征、样本数量的多少和样本取得的难易程度等要素选择预测方法。

根据上述数据，利用 SPSS 统计软件，选择直线、对数方程、复合曲线、幂曲线、等比级数曲线、指数方程 6 组模型进行测试，结果如表 5 – 8 所示。

表 5 – 8　曲线回归估计结果输出

方程	模型概要					参数估计		
	R^2	F	$df1$	$df2$	Sig.	常量	$b1$	$b2$
线性	0.984	298.671	1	5	0.000 012	37 803.404	2.708	
对数方程	0.991	545.121	1	5	0.000 003	– 482 455.775	58 218.604	
复合曲线	0.960	121.096	1	5	0.000 108	51 546.489	1.000	
乘幂曲线	0.989	453.501	1	5	0.000 004	212.443	0.614	
等比级数曲线	0.960	121.096	1	5	0.000 108	10.850	0.000	
指数方程	0.960	121.096	1	5	0.000 108	51 546.489	0.000	

表 5 – 8 给出了各种模型的拟合结果，通过比较相关系数平方和 F 值的大小来确定各模型的优劣。相关系数平方值越大，F 值越大则模型越优。在此结果中，对数模型的相关系数平方值达 0.991，F 值为 545.121，均为最大，因此采用对数模型最为合适。根据模型中常数 – 482 455.775，自变量系数为 58 218.604，构建吞吐量预测模型为：$Y = 58\ 218.604 \ln(x) - 482\ 455.775$。

（三）预测模型的统计检验

1. 回归方程拟合程度的评价指标

通过对选定模型进行方差分析得出表 5 - 9。

表 5 - 9　模型概要

R	R^2	调整 R^2	估计标准误差
0.995	0.991	0.989	1 866.525

表 5 - 9 反映出两组数据的相关系数 R 为 0.995，属于高度相关。

2. 回归方程的显著性检验

经过 SPSS 处理得出分析结果如表 5 - 10。

表 5 - 10　方差分析

	平方和	df	均方差	F	Sig.
回归	1.899E + 09	1	1.899E + 09	545.121	0.000 003
残差	1.742E + 07	5	3.484E + 06		
合计	1.917E + 09	6			

表 5 - 10 中对数模型的 F 值 545.121，显著水平 0.000 003 远远小于 0.05，说明回归方程通过显著性检验，该模型具有统计学意义。

3. 回归系数的显著性检验

经过 SPSS 处理得出分析结果如表 5 - 11。

表 5 - 11　回归系数分析

	非标准化系数		标准化系数	t	Sig.
	B 系数	误差	B 系数		
ln（x）	58 218.604	2493.534	0.995	23.348	0.000 003
常量	- 482 455.775	24 812.329		- 19.444	0.000 007

表 5 - 11 中 $t = 23.348$，显著水平 0.000 003 远远小于 0.05，说明回归系数通过显著性检验。

4. 拟合度分析

按照上述对数相关模型计算的拟合值见表 5 - 12。

表 5 – 12　浙江 GDP 与吞吐量拟合值统计

年份	GDP（亿元）	吞吐量观察值（万吨）	吞吐量拟合值（万吨）
2005	13 418	70 871	70 874
2006	15 719	82 186	80 089
2007	18 754	88 661	90 367
2008	21 463	95 638	98 222
2009	22 990	103 744	102 223
2010	27 722	112 787	113 119
2011	32 000	122 481	121 474

据此绘制的观察数据与预测数据的拟合程度如图 5 – 5 所示。

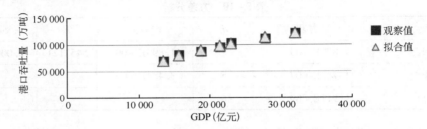

图 5 – 5　GDP 与吞吐量观察值与预测值拟合程度

图 5 – 5 反映出该模型对观察值和预测值的拟合程度极高。

（四）浙江港口物流需求总量预测

根据浙江省"十二五"规划预测，2015 年浙江省的 GDP 要达到 40 000 亿元，此时，浙江省港口吞吐量将达到 134 463.48 万吨。以 2015 年的数据为基准，按照浙江省"十二五"规划中预测 8% 的年增长率测算出 2020 年的 GDP 将达到 58 773 亿元，此时，港口吞吐量为 156 866 万吨。具体结果见表 5 – 13。

预测计算过程如下：

预测 2015 年 $Y = 58\ 218.604 \ln(X) - 482\ 455.775$

$X = 40\ 000$

$Y = 58\ 218.604 \ln(40\ 000) - 482\ 455.775$

$= 58\ 218.604 \times 10.596\ 6 - 482\ 455.775 = 134\ 463.48$（万吨）

预测 2020 年 $Y = 58\ 218.604 \ln(40\ 000) - 482\ 455.775$

$X = 40\ 000 \times (1 + 1.08)^5 = 58\ 773$

$Y = 58\ 218.604\ \ln\ (58\ 773) - 482\ 455.775$

$= 58\ 218.604 \times 10.9814 - 482\ 455.775 = 134\ 661.43$

$= 156\ 866$（万吨）

表 5 – 13 浙江省港口吞吐量预测

年份	GDP 预测值（亿元）	港口吞吐量预测值（万吨）
2015	40 000	134 463.48
2020	58 773	156 866

注：2015 年的 GDP 取自浙江省"十二五"规划，2020 年的 GDP 按照浙江省"十二五"规划中预测 8% 的年增长率估算。

五、浙江港口物流产业发展模式的选择

海洋是人类生存和发展的基本环境和重要资源，是世界各国进入全球经济体系的重要桥梁。浩瀚的海洋蕴藏着极其丰富的资源，具有巨大经济价值，为人类发展提供了广阔空间。随着陆域资源的日益紧缺，许多国家都将触角尽力向海洋延伸，发展海洋经济已成为沿海各国中长期战略的重要组成部分。我国"十二五"规划中明确提出要"大力发展海洋经济"，"坚持海陆统筹，制定并实施海洋发展战略，提高海洋开发控制综合管理能力"，标志着我国"海洋强国战略"的全面实施。作为海洋资源大省，浙江在全国沿海发展战略中具有重要的地位。独特的区位条件、丰富的海洋资源、突出的特色产业以及灵活的体制机制，使浙江具有加快海洋经济发展的巨大潜力。浙江海岸线很长，海域幅员辽阔，这就使得浙江形成了很多天然良港。2011 年初，国务院正式批复《浙江海洋经济发展示范区规划》，成为浙江海洋经济发展进程中的一个重要里程碑，使得浙江沿海经济得到了巨大的发展，浙江沿海的众多配套港口物流业自然而然地蓬勃发展起来。

（一）浙江港口发展现状

浙江是我国沿海港口资源最丰富的省份之一，拥有宁波—舟山、温州、台州和嘉兴 4 个规模港口。浙江沿海港口发展规模迅速扩大，竞争能力日益增强；"海进江"转运在服务地方经济中作用突出；以宁波港域为龙头的集装箱运输发展迅猛。浙江沿海港口发展存在的问题主要是：基础设施总量不足，深水专业化泊位不足，码头结构性矛盾较为突出；岸线资源开发存在无序现象，资源利用率有待提高；港口功能单一，临港产业、现代物流发展较慢，在促进地区经济发展方面的潜力发挥不够；港口管理体制有待进一步完善。

（二） 浙江港口物流发展目标

浙江位于长江三角洲南部，是我国沿海经济发达地区和外向型经济发展活跃地区。浙江具备长江三角洲最丰富的深水港资源，沿海港口不仅是本省经济发展和对外开放的重要依托，也是长江三角洲和长江沿线地区物资转运的重要枢纽。

《浙江沿海港口布局规划》对港口的功能定位是：适应腹地经济社会发展、参与国际经济合作和竞争的要求；以发展综合运输为目标，实现港口与多种运输方式有效衔接，充分发挥综合运输总体效益的要求；适应国际海运大型化、专业化和运输组织联盟化的要求；发挥港口对生产力布局引导作用，与城市化发展相协调的要求；按照市场经济规律推动跨行政区域港口资源整合的要求。

（三） 浙江沿海港口分层次布局

浙江沿海港口按全国沿海主要港口、地区性重要港口两个层次布局。

1. 全国沿海主要港口

宁波—舟山港、温州港为全国沿海主要港口。全国沿海主要港口是综合运输骨干网络的重要枢纽和能源、外贸及战略性物资的集散中枢；是提高我国在全球范围内配置资源和市场竞争能力、参与经济全球化的重要基础设施；是满足区域经济发展和生产力布局、适应东部地区率先基本实现现代化的重要依托；是推动现代物流和促进临港产业发展的基础平台；是提高我国海运业全球化服务和港口业参与国际竞争能力的重要基础；是沿海港口中层次最高、辐射面最广、功能完善的港口群体。

（1） 宁波—舟山港

宁波—舟山港是我国沿海主要港口之一和综合运输体系的重要枢纽，是上海国际航运中心的重要组成部分，是集装箱运输的干线港，是长江三角洲及长江沿线地区工业所需能源、原材料及外贸物资运输的主要中转港和国家战略物资储备基地，是浙江省特别是宁波市、舟山市发展国民经济特别是海洋经济、开放型经济、临港工业、旅游业和开发岛屿、发展陆岛交通的重要依托。随着区域内综合运输体系的不断完善，港口的服务范围应进一步延伸和拓展，成为以能源、原材料等大宗物资中转和外贸集装箱运输为主的现代化、多功能的综合性国际港口。

宁波—舟山港应围绕镇海、算山、大榭、岙山、册子岛的大型石化泊位，形成石化工业、原油"海进江"转运体系和国家石油战略储备基地；加快北仑、马迹山、六横、衢山大型干散货中转运输基地建设，加强矿石、煤炭中转及后方工业配套服务体系建设，完善大宗散货运输系统；加强北仑、穿山、大榭、梅山、金塘和六横等集装箱专业化港区建设，进一步完善上海国际航运中心南翼集装箱干线港功能。

（2）温州港

温州港是我国沿海主要港口之一；是温州市国土开发、对外开放、发展外向型经济的重要依托；是浙西南及赣东、皖南、闽北等地区经济发展及对外交往的重要口岸。温州港应发展成为以能源、原材料等大宗散货和集装箱运输为主、多功能的综合性港口。

温州港发展重点应逐步由瓯江口向外海转移。瓯江口内港区实现功能调整和城市化改造，与城市和谐发展。口外重点形成状元岙深水港区，建设大小门岛石化港区；结合后方国土开发，使乐清湾港区成为浙江南部以集装箱运输和发展物流、临港工业为主的综合性港区。

2. 地区性重要港口

台州港、嘉兴港为地区性重要港口。地区性重要港口是在地区经济发展及对外交往中发挥重要作用的港口，以地区重要城市为依托，有相当的经济基础和较好的港口条件，能通过交通干线，发挥对周围地区的辐射作用，并为地区发展经济和对外开放发挥重要作用。

（1）台州港

台州港是浙江沿海地区性重要港口，是浙中南、闽北地区对外交往的重要口岸，是台州城市发展的依托和发展外向型经济的窗口，是发展临港产业基础的重要口岸，承担腹地经济发展所需能源物资、原材料的中转运输，是集装箱运输的支线喂给港。

台州港应利用大麦屿港区和临海头门岛的深水岸线资源，发展成为适应沿海大型船舶运输为主的深水综合性港区；利用海门、黄岩、温岭港区临近城市的优势，发展服务主城区和温岭地区的沿海运输；利用港区资源，重点发展临港工业。

（2）嘉兴港

嘉兴港是浙江沿海地区性重要港口，是浙北杭、嘉、湖等地区发展经济和对外贸易的重要窗口，煤炭、油品等能源运输的重要口岸，杭州湾北岸临海工业园区发展的重要依托，主要承担本地区所需能源、原材料沿海运输和外贸物资近洋运输任务。

嘉兴港应依托浙北经济比较发达地区，发挥临海滩涂资源优势，利用杭州湾北部通航条件，重点发展电力、石化等临港工业；依托毗邻上海的优势，为上海国际航运中心发展提供集装箱支线喂给运输。

（四）浙江港口物流发展模式的选取

通过对《浙江省沿海港口布局规划》的解读，厘清浙江拓展港口物流的发展思路。结合各个发展模式的影响因素，可以得出浙江港口应采取港口区域物流体系模式的结论。

1. 从港口吸引范围来看

目前浙江的集装箱物流吸引范围是十分有限的。集装箱物流直接腹地范围是浙江省的绝大部分地区，集装箱吞吐量远低于上海。因此浙江的港口吸引能力存在很大局限性。

2. 从港口地理环境来看，浙江港口物流未来发展潜力巨大

浙江沿海岸线曲折、岛屿众多，拥有丰富的岸线资源。大陆岸线北起杭州湾北岸与上海市交界的金丝娘桥，南至温州苍南与福建省交界的虎头鼻，总长 1 840 千米；500 平方米以上岛屿 3 061 个，岛屿岸线总长 4 806 千米。舟山本岛、金塘、六横、岱山本岛、大衢和洞头等是浙江的主要岛屿，其中舟山群岛为我国最大的群岛。

3. 从浙江港口目前的基础设施看，基础设施完善，但物流系统化管理水平较低

浙江沿海港口不论是码头、港口配套的装卸机械设备、集装箱吞吐量、航线稠密度、信息技术等都达到一定水平。从系统角度来看，浙江港口物流分部门管理的基础设施缺乏兼容性，组成物流系统的各个主要领域处于分立甚至利益互斥的局面，物流的系统化存在一定障碍。

4. 从港口体系竞争状况来看，浙江港口在短期内难以摆脱区域性港口的功能定位

当前，港口之间的竞争日益激烈，正逐渐演化为港口群与港口群之间的竞争、产业链与产业链之间的竞争。这种激烈的竞争形势对港口未来发展，是一种挑战，也是一种机遇。随着国际贸易在世界范围内快速发展，货物全球流动频繁，港口业发展迅速，各地政府也逐渐意识到发展港口物流所带来的巨大经济效益。新时期港口竞争中，无论是从竞争的区域范围、内容以及形式来看，都较以往不同。港口竞争的对手不再局限于毗邻的港口，而是扩大为全国的、全亚洲的乃至全世界的港口。港口之间结成联盟，形成了区域性港口群，如沿海地区的"长三角"、"珠三角"和环渤海三大港口群，竞争格局成为港口群与港口群之间的竞争。港口竞争向国际延伸，衡量一个港口是否为世界级大港，不仅要看其吞吐总量，还要看其在全球物流链中的地位。只顾眼前利益而忽视港口长远发展的竞争手段已不再适用，港口竞争的形式向着公平、公正、更高的层次发展。从全球范围内看，港口之间的竞争是相关产业链与产业链之间的激烈竞争。港口之间所面临的激烈市场竞争的焦点也越来越多地集中在港口是否能提供更为便利、快捷、低成本、安全、可靠的全方位物流服务，而这种竞争将成为现代港口今后发展的重要推动力。

激烈的竞争环境促使港口功能不断强化，港口逐渐转型升级，成为港口发展的必然趋势。随着世界领先的港口纷纷从第二代"运输中心＋服务中心"向第三代"国际物流中心"转型，港口服务功能的多元化与全程化已成为现代港口生存和发展的基本条件。港口的综合功能不断强化，港口企业的经营向多元化方向发展，在确保核心业务稳步发展的同时，一些企业开始注重相关支柱产业的发展，依托其在物流链中的重要地位，向上游、下游延伸服务、拓展物流业务，加强港口的综合功能。物流服务成为港口企业新的利润增长点，两者相辅相成，共同推动港口综合功能的完善和港口品牌竞争力的提升。

浙江省港口为"长三角"区域，乃至全国范围的商品流通发挥了重要作用，为进一步发挥浙江省得天独厚的港口资源优势，各港口纷纷拓展港口腹地范围，向陆向腹地服务延伸，港口的腹地交叉严重。目前浙江港口群正面临来自周边港口的竞争，与上海港、江苏港口群、珠江三角洲港口群处在合作竞争状态。上海港通过实施"长江战略"，先后与长江沿线的武汉港、重庆港、芜湖港、南京港、南通港合作，将长江上、中、下游港口基本纳入其腹地范围，利用"水水中转"这一便捷廉价高效的方式，确保对规模庞大的洋山港区的货源喂给。上海港及江苏港口群与浙江港口有着共同的经济腹地，极大地分流了浙江港口的物流量，浙江港口物流发展面临着前所未有的竞争压力。再从"长三角"地区外围来看，在浙江港口附近有高雄港、基隆港、香港、新加坡等国际性港口或者具有国际航运潜力的港口，这些港口的吸引范围逐步增大，对浙江港口未来的物流发展造成很大的威胁和压力。因此受以上港口竞争因素的影响，浙江港口在短期内难以摆脱区域性港口的功能定位。

5. 从管理和综合服务水平来看，浙江港口物流发展存在很大隐患

从管理和综合服务水平来看，浙江沿海港口存在管理体制上的分割，缺乏系统的协调管理。必然会给今后发展带来隐患。

6. 从专业人才的角度来看，浙江沿海港口物流企业专业人才匮乏

浙江港口物流企业普遍缺乏通晓现代物流运作和物流管理的复合型专业人才，从事物流研究的高等院校和专业研究机构还很少，企业层面的研究和投入更微乎其微。

通过以上分析，浙江港口目前，甚至可以说在中期内都难以具备港口物流的国际航运中心模式条件，因此现阶段把它定位为国际航运中心模式是不现实的；同时，由于港口物流自身条件已经达到中等程度，如果仍然发展港口物流的虚拟供应链式联盟模式，很有可能使浙江港口原地踏步，难以独立地发挥其自身优势。因此，浙江港口目前应该集中精力发展港口区域物流体系模式，养精蓄锐，使得自身的物流吸引范围逐步扩大。

第五节 创建舟山群岛新区国际物流岛发展模式

伴随着 21 世纪经济全球化和区域化进程的加速，港口面临着提供增值服务和拓展功能的新历史使命。港口作为国际运输的枢纽接口和国际经贸的支撑平台，其参与经济腹域的资源要素配置综合物流配送的作用正在凸显出来，具有海陆两大辐射面的港口不仅已成为链接世界性和区域性生产贸易和消费的中心纽带，而且开始成为主动策划和积极参与上述经济活动的操作基地。

2011 年，国务院批复《浙江海洋经济发展示范区规划》，同意浙江先行先试建设舟山群岛新区，对舟山的核心功能定位是打造中国最重要的大宗商品物流基地，建设国际物流岛已上升为国家战略。浙江省委、省政府审时度势，提出打造"一核两翼三圈九区多岛"为空间布局的海洋经济大平台，打造以宁波—舟山港为核心的三位一体港航物流服务体系，舟山国际物流岛建设也成为重要内容。

在舟山建设国际物流岛顺应了经济社会发展对港航业的要求。首先，从长江流域经济发展和区域能源安全角度来看，要求舟山港域建设成为全国最大的"海进江"基地。其次，利用舟山港域地处三江入海口的区位优势和深水岸线资源，依托强大的国际一程运输和便捷的二程运输，打造高效率的江海联运体系，可以实现港航联动发展。最后，港口转型升级要求不断健全港口功能、激活地区产业升级发展，突出进口、强化中转，实施以进为主的重大战略调整，实现人无我有、人有我优、错位发展。通过建设舟山国际物流岛，谋求产业链延伸、创造市场价值，能够将"内生性推动增长"转变为"外延式拉动增长"，以切实增强港口商务、临港产业发展，实现其更大的社会效益。

一、舟山群岛新区现代国际物流岛的内涵

要完整准确阐述国际物流岛的内涵，必须站在经济全球化和区域化的高度从舟山国际物流岛的概念、特征、必备条件等方面进行全面的求索和理解。

（一）舟山国际物流岛的诠释

舟山国际物流岛是以石油中转基地、矿砂中转基地、煤炭加工配送基地、粮食中转加工基地、化工品中转基地、集装箱中转基地六大物流基地建设为核心，以建设大宗商品交易平台为重点，以港口转型发展为主线，通过拓展港口功能延伸海洋交通运输业的产业价值链，为加工海洋产品和临港工业产品提供仓储、配送、产、供、销与一体的现代物流服务，激活地区产业升级发展，突出进口、强化中转，促

进舟山国际物流岛最终实现三个转变：港口服务产品由装卸、仓储转变为拆卸、包装、加工、配送、交易、研发、展示；服务空间范围由港口区域转变为周边区域、全国甚至全球；港口的经营管理由外延模式向内涵发展转变，由粗放式向集约化转变，由只重视货物吞吐量向培育物流产业链转变。

舟山国际物流岛的六大物流基地，即：以册子、岙山为中心的石油中转基地；为"长三角"及长江沿线钢厂服务的矿砂中转基地；为华东沿海电厂服务的煤炭加工配送基地；为"长三角"地区粮食工贸服务的进口粮食中转加工基地；为东北亚化工品中转服务的化工品中转基地以及为国际中转服务的集装箱中转基地。

（二）舟山国际物流岛的特征

1. 信息化

舟山国际物流岛通过构建覆盖港区、物流园区、基地生产流通和仓储中转物流企业的信息网络平台，以 CA 认证及数字证书加密为基础，应用 VPDN 技术，以物联网技术连通全港区所有设备，基于北斗卫星定位系统的地理信息系统 GIS、全球定位系统 GPS、遥感系统 RS 和多网互联系统监管港区各个单元，形成覆盖全行业的港口信息网络，以一网连通舟山港口物流的所有节点，形成港口与港口、港口与货主、港口与供应商连接的有机整体。

港口物流信息平台以海运为切入点，以供、需双方需求为信息源头，将港口物流链上的各节点通过网络联接起来，数据一次性输入，信息全程不落地，实现信息的同步交换，担负着对整个供应链信息的存储、收集与发送的任务。港口物流信息平台使供应链上的每个企业都能掌握实时需求信息，从而共同采取行动，及时调整、及时响应不可预测事件和顾客日益多样化的需求，增强港口物流供应链对市场、环境不确定性的适应能力，提高柔性供应链的反应速度。

信息化使得舟山国际物流岛能够在服务形成的最初阶段就集成包括客户在内的供应链各功能节点信息设计一体化的港口物流服务陆路运输计划、港口装卸计划、港口仓储计划、港口配送计划、水路运输计划、其他计划等。设计的作业计划可以是所有物流服务里的一项基本服务，也可以是几种基本物流服务打包的服务。舟山国际物流岛通过港口物流信息平台将作业计划同步传输给供应链的运输、仓储、装卸搬运、代理、包装加工、配送等各个物流环节，供应链各功能节点彼此间也可同步相互交换信息。多环节功能节点信息的双向同步传递，使得后续环节可以依据前面环节的运行情况提前做好各种准备工作，在前面环节物流服务功能未完成之前就提前进入运行状态，从而极大地改善了串行流程中信息获取迟缓的状况，提高了信息收集的效率，减少全程物流时间和物流费用，最大限度地提升供应链的反应速度、增加供应链的柔性，并更好地满足了多变化、多样化、个性化的市场需求。同时，并行的作业计划安排能有效降低因缺乏系统安排而导致的供求不一致以及资源浪费现象。

2. 智能化

运用基于 Multi-Agent System 的港口码头群多智能体协同运营机制与数字化技术，针对港口信息化数据的分析，建立面向问题的数学模型并进行优化求解，并对决策过程进行可视化仿真，从而实现对港口相关问题的智能决策支持，通过信息化的手段将港口功能和口岸功能向内陆延伸，实现业务处理的本地化、智能化，全面提升港口吞吐能力、港口效率（船时效率、岸线通过能力、堆场利用率、泊位利用率、船舶准班率、设备完好率等）、港口的软件管理水平（口岸通关能力、信息化水平、技术创新能力和管理水平等）等技术经济指标，进而提升港口企业、港口企业集团的服务水平和综合竞争能力，拉动区域经济发展。

3. 柔性化

本书认为柔性化作为舟山国际物流岛一种新型的经营与运作模式，强调的是以变应变的能力，通过调整港口供应链结构、运行流程等提升舟山国际物流岛对环境变化的反应速度，降低港口供应链的脆弱性和提高供应链的灵活性，从而增加舟山国际物流岛的柔性。

舟山国际物流岛以信息技术为手段，凭借协同的管理方式、并行的运作流程、网络化的组织结构而拥有灵活应对外部环境变化的柔性竞争能力，将围绕港口分布的保税物流园区中集中布局、集群发展的上下游各类物流服务供应商（包括装卸、加工、运输、仓储、报关、配送，甚至金融、商业服务等企业）和客户（包括发货人和付货人等）以及相关政府监管机构（港口管理、海关、海事、检验检疫、边防公安等口岸机关）通过信息流、物流、资金流在整个链上的顺畅流动有效地结合成一体并实现整体成本的最小化，以良好的港口物流服务满足顾客日益多样化的需求。

4. 个性化

舟山国际物流岛以实现顾客价值作为港口供应链中的所有参与者共同的绩效目标，以多层次网络结构、并行协同运行流程体现柔性竞争能力的同时，更加把客户跟港口物流商的合作关系引向纵深。在港口物流系统运行时，把服务的思想融合到整个供应链中，客户服务理念贯穿整个港口物流供应链操作环节。

舟山国际物流岛能够为客户提供：港口进出口贸易—港口国内运输服务—JIT配送—港口保税物流服务—港口仓储，堆场服务—港口物流金融、港口物流地产服务—其他港口物流服务（反向港口物流、售后零部件物流）等全程"一站式"个性化的港口物流服务。

根据以上论述，笔者认为本研究关于舟山国际物流岛内涵的诠释将会在理论和实践上对整个世界的港口布局和港口体系的建设与调整产生广泛和深远的影响。从理论上说港口特征、必备条件的界定对港口经济学和区域经济学具有重要的指导意义；从实践上看对那些具有广阔和直接的陆向经济腹域的港口具有巨大的鼓动力，而对那些缺乏此类地缘经济条件并将发展希望单纯或过多地寄托于其他国家和地区的港口为之提供喂给性或中转性物流的港口城市来说则可为之提供一个冷静客观和科学的宏观思考。

二、舟山建设国际物流岛的 SWOT 分析

舟山港有着自己的特点和优势，同时也存在着不少问题和困难。本书采用SWOT 战略因素的矩阵分析方法，剖析影响舟山建设国际物流岛的机会（O）和威胁（T）两大因素集，并结合舟山建设国际物流岛的优势（S）和劣势（W）等相关因素，识别其中的关键因素，依靠内部的优势，来克服内部的劣势，同时利用外部的发展机会，来回避外部的威胁与挑战，制定相应的发展战略。

（一）舟山建设国际物流岛的优势

舟山港具有得天独厚的区位、深水岸线资源优势，地理位置十分优越，港口条件优良，向外辐射与世界经济接轨，向内辐射浙江、长江三角洲及长江沿线地区，在世界经济与我国经济发展中具有重要的战略地位。

1. 舟山国际物流岛地理位势

舟山成为现代国际物流岛最基本的条件是必须拥有优越的交通地理位置。

舟山市位于我国东南沿海，长江口以南，杭州湾以东南，钱塘江、甬江入海交汇处。全境范围介于北纬 29°32′~31°04′，东经 121°30′~123°25′，北起花鸟岛，毗邻上海佘山洋，南至六横磨盘山，与宁波象山隔海相望；西达滩浒黄盘山，紧靠杭州湾；东接海礁（童岛），濒临太平洋。东西长 182 千米，南北宽 169 千米。总面积 22 216 平方千米，其中，海域面积 20 846 平方千米，陆地面积 1 440 平方千米（包括滩涂面积 183 平方千米），全市有大小岛屿 1 390 个，礁 3 306 座，其中，有人居住的岛屿 100 余个，是长江、钱塘江和甬江的出海口，处于国际航运的主干线和若干主干线的交汇点上，以港口为核心的交通辐射范围囊括广阔的经济腹地，有大城市或特大城市作依托。

2. 舟山国际物流岛自然条件

主要指舟山国际物流岛的可利用岸线、水域条件、陆域条件是否利于舟山国际

物流岛的进一步发展、扩建。可利用岸线长度是一个重要条件,岸线的长短直接涉及能否停靠大型船以及泊位数的多少。

舟山群岛呈西南—东北走向排列,南部大岛较多,海拔较高,排列密集;北部岛屿较小,地势渐低,分布稀散。海域自西向东由浅入深。舟山群岛海岸线蜿蜒曲折,总长 2 448 千米,其中,基岩海岸 1 855 千米,占总长度 75.8%;人工海岸(主要是海塘)530 千米,占 21.6%;沙砾海岸 50 千米,占 2.1%;泥质海岸 13 千米,占 0.5%。水深 10 米以上岸线 183.2 千米,水深 20 米以上岸线 82.8 千米。整个港口具有航门多、腹地大、水深、少淤、避风等优越的自然条件。

舟山港域位于我国近海南北航线和长江黄金水道及钱塘江的交汇点上,背靠"长三角",扼江海联运要冲,与上海、宁波、杭州等中心城市隔海相望,居亚欧、亚美及远东等远洋主干航线的扇轴点,区位优势明显。舟山港域拥有丰富的深水岸线资源和优越的建港自然条件,不少中外专家认为可以用"全国罕见,世界少有"来形容。据统计,适宜开发建港深水岸段有 54 处,总长 279.4 千米,占浙江省 55.2%,全国 18.4%,其中,水深 15 米以上岸线 198.3 千米,水深 20 米以上岸线 107.9 千米。深水岸线中现已开发利用约 116 千米,尚未利用有 160 多千米。按每千米深水岸线可承载 500 万吨年吞吐量的系数测算,舟山港域资源的理论最大支撑能力可超过年吞吐量 10 亿吨。舟山港域优质深水岸线分布如表 5 - 14 所示。

表 5 - 14　舟山港域优质深水岸线分布

序号	优质岸线名称	岸线起止点	岸线长度（米）
1	舟山岛西岸段	火川山咀—外洋螺	30.6
2	舟山岛南岸段	外洋螺—塘头	42.3
3	舟山岛北岸段	塘头—火川山咀	57.5
4	金塘岸段	金塘岛	49.2
5	册子岸段	册子岛	23.8
6	吞山岸段	吞山岛	13.2
7	六横岸段	六横岛	85
8	朱家尖岸段	朱家尖岛	83.8
9	桃花岸段	桃花岛	57.9
10	岱山南岸段	浪激嘴—大蒲门	15
11	岱山东岸段	岱山水道西侧	8
12	小长涂山西侧岸段	岱山水道东侧	25.2
13	衢山岸段	衢山岛	52.7
14	秀山岸段	秀山岛	40.2

续表 5 - 14

序号	优质岸线名称	岸线起止点	岸线长度（米）
15	马迹山岸段	马迹山岛	11
16	小洋山岸段	小洋山岛	14.2
17	大洋山岸段	大洋山岛	16.7
18	普陀山岸段	普陀山岛	54
19	长百岛岸段	长白岛	27.2
20	泗礁岛岸段	泗礁岛	47.8
	合计		755.3

数据来源：舟山市岸线资源价值研究报告。

另外，舟山港域航道畅通、港池宽阔、锚泊避风条件优越，有可通航15万吨级船舶航道13条、通航30万吨级船舶航道3条。有锚地50处，锚泊作业面积达390平方千米，其中，可锚泊10万吨级船舶锚地20个，锚泊30万吨级船舶锚地5个。

3. 舟山国际物流岛货源水平

货源水平是舟山国际物流岛必须具备的条件。舟山国际物流岛具有广阔的、交通便捷的经济腹地，特别是具有广阔的、直接的陆向经济腹地，其主动策划、组织和处理的直达国际贸易物流量尤其是大宗散货物流量巨大。这是因为该港口不仅拥有以远洋直达干线方式直接和有效消化其经济腹地全部物流量的能力，而且由其辐射所形成的各类产业链和运输链具有相当广阔和纵深的发展空间。

2011年舟山港口货物吞吐量完成2.61亿吨。此外，舟山港域还拥有众多的锚地和航道，主要锚地有虾峙、野鸭山、金塘、马峙、绿华等，其中，虾峙锚地总面积54.6千米，可锚泊万吨级以上船舶80余艘。全港域有10余条可通行万吨级以上船舶的航道。其中，虾峙门航道是目前舟山港大型船舶进出的主要深水航道，可满足全天候通航15万吨级船舶和乘潮通航25万吨级船舶的需要。

4. 海运成本优势

长江干线流域七省二市冶金、石化、汽车、电力等产业密集，聚集了我国41%以上的经济总量，但煤炭、铁矿石和原油资源不足，需要从国外进口大量原材料；大规模进口原油、铁矿石等原材料，为降低运输成本，就必须要超大型货轮承运，与之相匹配，就得有相应接卸能力的港口与码头设施；煤炭、铁矿石、原油等大宗物资的大型船舶海上运输经沿海其他港口中转必将受到航道水深、深水泊位能力不足的限制，故经舟山港的中转量将会不断增加。另外，从舟山港水水中转大宗商品，可以降低这些产业原材料的运输成本,进而降低产品的生产成本。

"长三角"及沿线地区外贸进口铁矿石主要来自澳大利亚、南非、巴西、印度等地,由于运距远采用大型船舶运输,受到长江口水深条件限制,运输方式有以下几种。

(1) 10万吨级以上大型矿石船一程运到宁波—舟山港、绿华山、青岛港,部分一程运到宁波—舟山港的铁矿石,通过铁路运到杭钢、江西、湖南等地钢厂;二程再通过2万~5万吨级船舶转运到上海、南通、苏州、镇江、南京等接卸港;三程用3 000~5 000吨顶推驳船队运到长江沿线钢厂。

(2) 10万~20万吨级大型矿石船一程船运到舟山港,部分减载后大船直接停靠上海宝钢码头、罗泾码头或南通矿石泊位,再通过二程船转运到宝钢及长江沿线钢厂的自备码头;部分印度矿、澳矿由4万~6万吨船或7万吨级船减载直达长江下游上海、南通、苏州、镇江、南京等港;马钢、武钢有部分的江海直达运输,即一程运抵宁波—舟山港后,经2万吨以下江海船二程直抵马钢、武钢。

(3) 从青岛港、日照港中转。由于长江三角洲地区大型泊位接卸能力紧张,因此最近几年长江三角洲地区大量外贸进口铁矿石从青岛港、日照港中转运输,主要钢铁企业是宝钢、沙钢、马钢等大型钢铁企业及部分中小钢铁企业。

全球干散货船队大型化趋势十分显著,且大型化进程不断加快,尤其是铁矿石运输船,是引领全球干散货船队大型化的主要动力。目前在役、在建和订造的30万吨级以上的超大型矿石船超过55艘。其中,38.8万载重吨4艘,40万载重吨16艘。根据对不同船型单船成本比较分析,在同期建造、相同利率、相同油价条件下:40万吨级散货船较30万吨船节约成本10%;40万吨级散货船较17.5万吨船节省成本23%。

40万吨超大型散货船的海运成本优势明显,舟山港是国内屈指可数拥有深水码头、深水航道、锚地能够靠挂40万吨超大型散货船的深水港,其深水岸线资源优势明显。澳大利亚外贸进口矿石经舟山嵊泗和宁波北仑中转江海直达费用测算比较如表5–15所示。

表5–15　外贸进口矿石海运成本比较　　　　　　　　　　单位:元/吨

路线	远洋运输费用	二程运输费用	综合费用	舟山比宁波节约
澳矿—舟山—宝钢	70.1	8.45	78.55	5.2
澳矿—宁波—宝钢	71.75	12	83.75	
澳矿—舟山—沙钢	70.1	18.6	88.66	6.11
澳矿—宁波—沙钢	71.75	23	94.77	

续表 5－15

路线	远洋运输费用	二程运输费用	综合费用	舟山比宁波节约
澳矿—舟山—马钢	70.1	23.25	93.35	6.66
澳矿—宁波—马钢	71.75	28.27	100.02	
澳矿—舟山—武钢	70.1	47.41	117.51	6.15
澳矿—宁波—武钢	71.75	51.91	123.66	

测算方法：澳矿进口一程船 20 万吨；到宝钢二程船为沿海 3 万吨散货船；到沙钢二程船为 2 万吨江海直达船；到马钢二程船为 15 000 吨江海直达船；到武钢二程船为 12 000 吨江海直达船；回程按 20% 载重计算；表中所列成本为 2010 年正常情况下的运输成本。

综上所述，舟山港具有航门、锚地多、腹地大、深水岸线资源丰富、少淤、避风等优越的自然条件，且散货吞吐量份额已占"长三角"主要沿海港口散货吞吐量的 47%，建设国际物流岛所必需的港口硬件设施（港口规模、航道水深）、软件环境（经营管理等）和港口所处环境（地理位置、腹地经济）已完全具备。

因此，把舟山港建设成为国际物流岛，既可以弥补长江三角洲地区大宗散货中转码头的不足，减少长江流域干散货运输的压港压船现象，缓解煤、电、油、矿的供需矛盾问题，又能够突出大宗散货枢纽港的特色优势，避免"长三角"港口群功能性的重复建设，实现"长三角"港口群优势互补、共赢合作、和谐发展，是"长三角"、长江流域经济建设的一个必然选择。

（二）舟山建设国际物流岛的劣势

1. 国家政策支持尚未转化为经济资源

虽然在国务院批复的《浙江海洋经济发展示范区规划》中赫然提出：加快舟山群岛开发开放，全力打造国际物流岛。但是国家在财政、金融以及税收政策优惠、经济管理权限下放以及加大基础设施建设扶持力度等方面，目前还缺乏明确的规定。

2. 港口物流功能单一

舟山港口的地位基本确立，但舟山港目前的散货物流产业链不发达，尚不能提供加工、配送、贸易、信息、咨询、金融等一体化、高增值物流服务，散货物流处于国际供应价值链低端。目前世界港口发展正由第三代向第四代港口演进。而舟山港口发展模式还处于第一代港口的水平，港口物流功能以装卸和仓储为主，仍处于价值链的底端，集装箱物流发展也比较滞后。加工配送、临港贸易、信息服务等现代物流增值服务刚刚起步，且呈现出规模较小、经营分散、各自为政等特点，统一的物流平台尚未形成，港口基础性物流服务与延伸产业的融合度有待提高。

3. 在舟山港落户的许多民营物流企业经营规模小，竞争力弱

尽管近年来舟山从事物流的企业不断增多，但是舟山港口物流企业总体规模仍偏小，规模化、集约化程度不高。舟山港口物流企业规模小，参与市场竞争和抵御风险的能力较弱，不利于舟山港口物流向腹地拓展物流业务、树立有影响力的服务品牌。

4. 港口物流信息化水平亟待提升

舟山建设国际物流岛，离不开现代信息技术的支撑。目前，舟山港物流信息网络尚未形成。由于舟山港口信息服务体系建设缺乏整体规划，从而带来信息化建设平台不统一，信息化标准不遵循，信息共享局限等问题。另外，有些信息系统建设开发不完善，与现有港口物流信息系统不融合，导致信息系统之间的协同性差，信息数据难以共享，形成信息孤岛。

5. 港口物流专业人才不足

现代港口物流业的快速发展，使市场对各类物流人才的需求日益增多。目前，在港口物流企业管理、物流信息系统开发与维护、物流经营策划、物流战略制定、物流园区经营实践中，中、高层物流管理人才和专业技术人才短缺，严重制约舟山港口物流的实施、运营和管理，难以为客户提供规范化、高质量的物流服务，影响港口物流业整体水平的提高。

（三）舟山建设国际物流岛面临的机遇

上海港散货运输功能的转移为舟山港优势的发挥带来了发展机遇。由于上海港处于亚太地区港口发展激烈竞争的外部环境，尽快建成国际集装箱枢纽港将极大地增强我国海运业的竞争能力。作为长江三角洲港口群的核心港，上海港在近、中期内的目标是建设国际集装箱枢纽港，将煤炭、化工、粮食等散货的运输功能分流给周边临近沿海港口，从而为舟山港发挥港口优势建设国际物流岛带来了发展机遇。

（四）舟山建设国际物流岛面临的挑战

1. 国家调整产业结构影响到舟山的港口物流需求

"十二五"期间，国家宏观上将对经济发展模式进行重大调整，限制高能耗、粗放型的产业规模，对派生性水泥、钢材、沙石等大宗散货运量冲击较大，这对以大宗散货水水中转运输为主的舟山港口物流需求带来直接的关联影响。

2. 舟山建设国际物流岛遇到其他港口的激烈竞争

建设国际物流岛能够充分发挥舟山深水良港的优势，但舟山现代港口物流业起步较晚，除了在港口航道、深水岸线条件方面具有比较优势外，在其他方面与宁波港相比，存在严重不足；加之货主码头多、公用码头少，与东部其他沿海港口发展相比差距也较大。目前，江苏沿海港口也在积极争取承接上海大宗物资转移的物流需求，全力实施长江战略，直接影响舟山对长江沿线地区大宗物资中转物流需求的辐射能力。

三、舟山国际物流岛货物吞吐量预测

（一）舟山港域港口货物吞吐量预测

根据《宁波—舟山港舟山港域港口发展战略及"十二五"建设规划研究》，2015 年舟山港域港口货物吞吐量需求预测如表 5 – 16 所示。

表 5 – 16　舟山港域港口货物吞吐量需求预测值

年份	2009	2015	2020
货物吞吐量（万吨）	19 299	33 260	43 500

（二）主要货种吞吐量需求预测

1. 煤炭及制品

舟山港域港口原主要依托老塘山煤炭码头与宁波港域港口共同为浙江沿海台州、温州等电厂转运煤炭。2007 年国家批复并开工建设、2009 年建成投产的我国首个煤炭中转储备基地在舟山六横港区，项目一期设计吞吐能力 3 000 万吨，二期 2 400 万吨，主要是为浙江沿海电厂中转、储备及混配加工煤炭。舟山港域港口煤炭腹地定位以为浙江省服务为主，并适当考虑"长三角"地区煤炭调剂和国际中转服务。

未来舟山港域港口煤炭吞吐量主要由三部分构成：本地煤炭消费、国家煤炭应急储备和煤炭中转。本地煤炭需求主要考虑现有及未来舟山电力设施的装机容量，预计 2015 年和 2020 年本地煤炭需求量在 580 万吨和 980 万吨。预测国家煤炭应急储备 2015 年和 2020 年分别为 320 万吨和 350 万吨。预测煤炭国内中转需求 2015 年为 1 770 万吨，2020 年为 1 900 万吨左右，并考虑未来舟山港域港口为日韩等适当承担外贸中转需求 100 万吨左右。

据此预测 2015 年和 2020 年舟山港域港口煤炭吞吐量分别为 5 640 万吨，2020 年煤炭中转量为 6 460 万吨。

2. 天然气及制品

舟山港域港口是我国重要的原油中转基地、国家战略原油储备基地和成品油商业储备基地之一，既可通过水运，又可通过管道为长江三角洲地区炼化企业提供原油和成品油（燃料油）的中转运输。

舟山港域港口原油经济腹地为长江三角洲及长江沿线地区。根据腹地炼化工业发展规划，除国内供应外，预测 2015 年、2020 年需外贸进口原油分别为 8 800 万吨、9 500 万~10 400 万吨。同时，考虑到国家已在宁波、舟山布局国家石油储备基地，中石化、中石油也在积极筹备商业储备，预计本地区 2015 年、2020 年原油外贸进口需求量分别达到 9 700 万吨和 10 500 万~11 700 万吨。考虑到周边港口的原油接卸以及舟山港域港口原油的接卸及通过管道及水上中转的实际能力，预测 2015 年和 2020 年舟山港域港口原油一程接卸量为 5 250 万吨和 7 250 万吨，预测 2015 年和 2020 年原油水水中转量分别为 1 650 万吨和 3 250 万吨。据此预测 2015 年和 2020 年舟山港域港口原油吞吐量将分别达到 6 900 万吨和 10 500 万吨。

长江三角洲及长江沿线地区是我国成品油和石油化工产品消费的重要市场，根据石油加工的布局，2015 年、2020 年该区域成品油缺口分别为 3 800 万吨和 4 600 万吨，2015 年长江下游江浙沪地区成品油缺口将在 1 600 万吨左右。加上市场企业在该地区市场的正常调运等因素，并考虑到国家成品油储备库建设的可能性，预测到 2015 年和 2020 年舟山港域港口成品油吞吐量为 1 500 万吨和 1 900 万吨，其中进口量为 800 万吨和 1 000 万吨。

据此预测 2015 年、2020 年舟山港域港口石油、天然气及制品吞吐量分别为 8 400 万吨、12 400 万吨。

3. 金属矿石

舟山港域港口是长江三角洲地区重要的大型深水铁矿石接卸港和中转港，主要服务于长江沿线九省市的钢铁企业。2011 年舟山港域港口金属矿石吞吐量达到 10 180 万吨。

根据腹地长江沿线 9 省市钢铁企业发展规划，预测 2015 年和 2020 年铁矿石需求总量分别为 20 460 万吨和 21 750 万吨；除利用国内铁矿石外，2015 年和 2020 年尚需利用外贸进口铁矿石量分别为 15 160 万吨和 16 450 万吨。舟山本地没有钢铁工业，舟山港域港口接卸铁矿石将全部中转至"长三角"及长江沿线钢厂，考虑到周边港口的接卸能力，预测 2015 年和 2020 年舟山港域港口铁矿石吞吐量分别为 11 900 万吨和 14 900 万吨。

4. 化工原料及制品

经过近 20 多年的发展，我国已经成为世界石油化工品生产大国，同时也是石油化工品消费大国，约占世界市场的 1/4。舟山港域港口是"长三角"地区重要的原油、成品油和液体化工品储运基地，在发展储备和中转业务上具有显著优势。2011年舟山港域港口化工原料及制品吞吐量918万吨，主要液体化工品类为甲苯、对二甲苯、乙二醇、乙醇、醋酸、甲醇等。

根据对腹地市场分析，考虑到"长三角"及长江沿线地区化工生产基地基本沿江布局，凭借长江水运优势，南京以下港口都具备水运直达运输条件，近年水路化工原料及制品运输呈现快速发展；同时，根据我国化工产业发展趋势、产业布局及消费市场分布，舟山港域港口具备发展长江三角洲液体化工原料及制品中转储备基地的优势自然区位和港建条件，市场还可以面向日韩等东北亚区域，发展方向以企业储备、市场贸易为主。

预测2015年和2020年，舟山港域港口化工原料及制品吞吐量将分别达到600万吨和1 200万吨，其中，外贸吞吐量在300万吨和600万吨。

5. 粮食

浙江省目前每年粮食需求约1 850万吨，而产粮约850万吨，粮食自给率只有46%，每年缺口约1 000万吨需要从外省调入，浙江省已经成为全国第二大粮食主销省份及粮食调入大省。粮食调入主要来自东北、内蒙古、河南、山东、江苏、江西、安徽、湖北等地，也从美国、巴西等国外贸进口大豆、大麦等。粮食调运方式水路（包括海运、内河运输）和陆路（包括铁路、公路），水路调入主要经宁波—舟山港、温州港、嘉兴港、台州港等接卸，其中，宁波—舟山港主要接卸来自东北、内蒙古等地以及外贸进口的粮食。

从未来发展看，浙江粮食需求增长包括三个方面：其一，随着消费需求增长，无论是居民的口粮还是工业用粮和饲料用粮都将较快增长。通过对浙江省未来人口、粮食消费模式等因素的分析，预测2015年浙江省粮食缺口量将达到1 200万吨左右；其二，是粮食贸易。作为粮食市场大省，浙江省承担着省际间粮食中转、储运及物流等功能，从发展看，这一功能还会进一步提升，预测2015年粮食中转量将达到1 000万吨左右。其三，舟山港域港口将发挥港口优势，大力发展粮食市场，促进粮食物流的发展；发展临港粮食深加工和综合利用，建设一批面粉、大米和油脂加工企业，实现粮食运输、中转、加工、配送为一体的一体化运作，预测2015年需求量为120万吨。

综上分析，预测2015年粮食吞吐量为1 020万吨，其中，进港为620万吨，出港为400万吨。预测2020年，粮食吞吐量将达到1 400万吨，其中，进口870万吨，出口530万吨。

6. 集装箱

舟山港域港口集装箱吞吐量主要来自舟山自身经济发展需要，由于腹地经济规模总量不大，集装箱吞吐量规模比较有限，从 2004 年的 4.95 万标准箱增加到 2009 年的 7.98 万标准箱，年均增长率 10%，远低于长江三角洲港口群集装箱的发展。随着上海国际航运中心的加快发展，长江三角洲正形成以上海为中心，江苏和浙江港口为两翼的上海国际航运中心港口布置格局。舟山港域港口在发展集装箱运输中的优势比较有限，虽然舟山大陆连岛工程较大改善了舟山港域港口的集疏运条件，但相对于上海港、宁波港的规模效应，集疏运条件等各方面综合条件都存在巨大的差距。目前，舟山港域港口集装箱运输主要是在宁波—舟山港合资建设的金塘港区展开；长远发展看，舟山集装箱应主要着眼临港加工业和集装箱转运基地建设。舟山六横岛具备发展保税港，以及更加开放的自由贸易区的优越条件，有可能成为长江三角洲最为开放的区域，这一目标的实现，将从根本上提升舟山港在长江三角洲的位势。在此前提下，六横港区集装箱将规模化发展，但 2020 年前较大规模配送、加工基地将难以形成，规模化的集装箱中转业务也较为有限。预测 2015 年主要是利用金塘港区两个集装箱专业化泊位开展集装箱业务，预计吞吐量将达到 60 万标准箱；六横岛临港工业及临港产业的发展也会产生约 30 万标准箱的集装箱运输需求，则 2015 年舟山港域港口的集装箱吞吐量为 90 万标准箱。2020 年金塘港区的集装箱吞吐量将达到 100 万标准箱，六横临港产业及临港工业等产生的集装箱需求预计可达到 100 万标准箱。预计 2020 年舟山港域港口集装箱吞吐量将达到 200 万标准箱。

（三）港口物流需求量预测

根据以上吞吐量预测，2015 年和 2020 年舟山港域吞吐量分别为 33 260 万吨和 43 500 万吨，集装箱吞吐量分别为 90 万标准箱和 200 万标准箱。

通过分析舟山港域港口物流作业主要是散杂货的区域分拨配送和集装箱的拆装箱业务。按照《水运企业会计核算办法》，标准箱与吞吐吨的换算比例为：1 标准箱等于 10 吞吐吨。取在港拆装箱比例系数为 0.2，预测结果如表 5 – 17 所示。

表 5 – 17　2015 年和 2020 年舟山港域拆装集装箱物流作业量

年份 货物吞吐量	2015	2020
重量（万吨）	180	400
箱量（万标准箱）	18	40

根据货物适站量系数选取经验，货物在港物流作业率大约在 0.15 ~ 0.35，选取 0.18。舟山港域物流作业需求量具体预测结果见表 5 – 18。

表 5 – 18　舟山港域物流作业需求量

年份	2015	2020
物流作业需求量（万吨）	6 000	8 000

　　港口物流需求总量是集装箱物流作业需求量与大宗散货物流作业需求量之和，通过分析可以得出，2015 年和 2020 年港口物流总需求量估算值分别为 6 200 万吨、8 400 万吨，其中，在港拆装集装箱物流需求量分别为 18 万标准箱（约 180 万吨）和 40 万标准箱（约 400 万吨），各预测年份数据如表 5 – 19 所示。

表 5 – 19　2015 年和 2020 年舟山港域物流需求总量

物流需求总量 年份	2015	2020
重量（万吨）	6 200	8 400
拆装箱（万吨）（万标准箱）	180（18）	400（40）

　　按照国内外物流园区建设规模与物流量的关系，一般 1 000 万 ~ 2 000 万吨物流需求量需要规划 1 ~ 2 个综合性物流园区。初步估计，在规划期内，舟山港域可规划 2 ~ 4 个综合性物流园区，同时可规划若干个专业物流中心和配送中心，以形成结构合理、层次分明的物流节点设施体系，满足舟山港域不断增长的物流需求。

四、舟山国际物流岛的功能定位

　　对舟山国际物流岛如何定位，事关舟山国际物流岛的发展路径选择。舟山只有对自身的功能定位有清晰的认识，才能稳步有序推进国际物流岛的建设进程。考虑舟山港口物流的发展现状，对舟山国际物流岛的功能定位如下。

　　（一）亚太地区重要的国际物流枢纽和资源配置枢纽

　　物流只有"物"才能"流"，港口物流主要是针对国际货物的流动。国际物流岛的基本中心功能地位应为区域性国际物流中心，即国际物流服务。主要涉及国际、国内大宗货物和进口原材料水水中转，集装箱堆存、分拆、集拼、综合处理，转运至境内、境外目的港。对国内外货物进行分拣、分配、分销、分送等分拨业务，或商业性简单增值加工、批量转换后向境内外配送；国内货物与保税货物出口集运的综合处理或商业性简单加工后向国内外分销等。

　　（二）国家重要的战略资源储备中心

　　我国石油、铁矿石等资源匮乏，冶金、石化工业发展对国外资源的依赖程度日益增加，基于国家经济安全考虑，建立战略资源储备中心势在必行。舟山港是我国对外开放的窗口和重要战略物资的运输大港，是建立战略资源储备中心的理想场所。

（三）亚太地区大宗商品交易市场和定价中心

舟山港从以简单装卸中转为主的传统港口向以商贸物流为主的现代港口转变关键之一在于充分依托和挖掘舟山港区位与深水岸线两大核心竞争优势，打造集商流、物流、信息流、资金流于一体，贸易与港口物流融合发展的大宗商品交易平台和定价中心。

参考适合现行体制、现行技术条件下大宗商品交易创新模式，结合舟山群岛新区的实际情况，舟山建设国际物流岛必须构建大宗商品交易平台和定价中心。应用现代信息技术完成商品交换、交割、仓储、配送实体运行系统及电子商务网上虚拟运行系统的同步运行，实现物流、资金流、信息流三维度运行的一体化管理，把市商（大交易商）税收落地与深水岸线开发与使用、公共物流基础设施建设与运营、税收优惠实施等紧密结合起来，不断健全港口功能、增强港口物流服务能力、提升港口质量，实现人无我有、人有我优、错位发展。

五、舟山国际物流岛发展模式

国家发展与改革委员会原主任张平认为："舟山是一个海岛地区，我们选择在这里探索海洋经济的发展路子，也是符合规律的。我们叫先行先试，让他们去创造一些经验。同时也能够给他们一些先行先试的权限、一些先行先试的政策，以鼓励他们创新，所以我们把舟山作为一个新区来对待。"由此可见，舟山建设国际物流岛，必须先行先试，创新港口物流发展模式。

基于对舟山建设国际物流岛的 SWOT 分析，提出舟山国际物流岛发展模式为：实施全面开放和更为自由的贸易政策，利用地处三江入海口的区位优势和深水岸线资源，依托强大的国际一程运输低成本优势和便捷高效率的二程运输江海联运配送优势，通过培育大宗散货交易品种大力发展商贸业，重构以舟山港为核心节点的港口物流供应链体系，构建大宗商品交易平台，应用现代信息技术完成商品交换、交割、仓储、配送实体运行系统及电子商务网上虚拟运行系统的同步运行，实现物流、资金流、信息流三维度运行的一体化管理。

舟山国际物流岛发展模式的具体实施路径如下。

（一）构建"1＋4"港区的空间布局

1. 打造 1 个核心港区

六横岛，位于浙江省舟山群岛的南部，地处我国东南沿海，长江口南侧，杭州湾外缘，宁波象山湾东海洋面上。背靠上海、杭州、宁波等大中城市群和长江三角洲等辽阔腹地，面向太平洋，为我国南北沿海航线与长江水道交汇枢纽，区位优势明显。六横是浙江省重点开发的综合性临港产业区，是宁波—舟山港的重要组成部分，是宁波—舟山国家级石化产业基地的重要组成部分，在"长三角"经济圈里具有重要的战略地位。六横港区是深水良港，具有得天独厚岸线资源优势，全岛海岸线总长 85.5 千米，其中，−10 米以上水深并且有一定腹地配套的岸线 36.3 千米，占舟山市可用深水岸线的 1/5。集疏运网络方面，六横大桥将六横港区、梅山保税港区和宁波城区连成一体，为舟山港口物流发展提供了重要运输通道保障，有利于加强六横港区与梅山保税港区的业务往来，降低物流成本。

目前，六横港区已经具备发展以煤电一体化、大宗散货中转运输、集装箱运输为主的大型深水港区的条件，重化工、修造船等临港工业发展基础良好，可依托凉潭武钢矿砂码头、浙能煤电二期、永晖洗煤、涨起港石化码头等项目，加快把六横建设成为国际化、现代化的临港综合物流港，打造成舟山的一个重要核心港区，突出其带动作用，进而推动舟山其他港区物流的快速发展。

2. 发展四大重点港区

依托深水港口资源和原有的大宗散货中转基础，着力推进金塘、本岛、衢山、洋山四大重点港区建设。加快规划建设大浦口集装箱二期、木岙集装箱码头，把金塘建设成为我国重要的集装箱干线港。整合优化老塘山、本岛北部等本岛港区开发建设，推进光汇油品、北部公用码头等一批项目建设。充分发挥衢山、洋山等北部港区深水岸线集中又紧靠长江口的优势，主动适应"长三角"及长江流域大宗散货运输快速增长的需求，积极推进矿砂、油品、煤炭、LNG 等重大项目建设。加快推进洋山北侧围垦、鼠浪湖铁矿石中转、广厦黄泽山石油中转项目等项目，积极开发蛇移门、黄泽港等港区。完善港口综合物流配套，全面提升港口的功能，为将舟山建成以大宗散货交易平台和集装箱物流为战略重点的重要港域提供基础支撑。

（二）建设保税港区

舟山港域开放程度有待提高，缺少系统的、全方位的对外开放政策和保税功能布局，难以适应舟山港口物流发展的需求。舟山要进一步加大对外开放力度，针对六横和金塘港区，积极争取国家保税港区开放政策，提升口岸通关水平。其中，六横具备发展保税港区及更加开放的自由贸易区的优越条件，有可能成为长江三角洲最为开放的区域，应积极争取保税港区政策；金塘应积极争取保税物流园区政策，争取国际中转、离岸贸易、出口加工、商品展示等开放政策。

（三）强化主要岛屿的功能

1. 六横岛

根据六横得天独厚的区位资源优势，六横开发建设定位为"长三角地区有影响力的临港工业基地、港口物流基地，国际化和现代化的港口宜居城市"。全岛总体规划为四大产业区块，其中与物流有关的三大功能区为：船舶修造发展区，位于六横岛北部，规划面积7平方千米，主要布局大型船舶修造项目和船配产业。能源物流发展区，位于岛东北部及凉潭岛和佛渡岛，规划面积18平方千米，主要布局大型物流中转及能源项目。石化和临港产业发展区，位于岛西南部，规划面积40平方千米，主要布局大型石化项目和临港工业项目。

2. 金塘岛

定位为"现代化、国际化集装箱物流岛"。南部地区定位为国际集装箱物流主要拓展区，将充分发挥靠近干线港区的优势，承担国际中转、国际贸易功能，主要面向国际市场。北部定位为国内外物流集散的重要拓展区，面向国内外市场，承担国际采购、国际配送、国际贸易等功能。

3. 大榭岛

大榭岛开发定位为：建成中国华东地区重要的液体化工、能源及集装箱中转基地，浙江省环杭州湾石化产业带核心区块。其中，临港石化产业，已经引入宁波万华MDI、中海油高等级道路沥青、三菱化学PTA、PTMG、韩国韩华石油聚氯乙烯等一批大型石化项目，具备较好的发展基础。港口物流，在集装箱、液体化工等方面具备一定条件。能源中转，主要为油品提供中转运输服务。已引进了中石化原油中转基地、中国石油油品中转基地等油品仓储中转项目。

（四）打造六大物流基地

"十二五"期间舟山港域要着力打造六大物流基地。以市场需求为导向，以港口开发为依托，以物流园区为核心，加快各个港口物流功能区建设，打造全国重要的集中转、储运、加工、分销、配送等于一体的现代化、综合性港口物流基地。面向国际，服务长江流域，着重建设煤炭、油品、矿石、液体化工、粮油、集装箱六大物流基地。

1. 铁矿石中转贸易基地

主要以鼠浪湖公用矿砂码头为依托，建设铁矿石贸易配送园区，吸引国外矿业巨头和国内钢企、有色金属企业以及进出口贸易商入驻，积极推进现货交易、电子商务、期货交割、现货质押、供应链服务等增值服务。

2. 煤炭中转加工配送基地

未来舟山港煤炭吞吐量主要来源于本地电厂的煤炭需求、浙江省煤炭应急储备需求以及国内煤炭中转需求。以六横港和衢山港为依托，建设大型的煤炭中转分拨配送物流基地，积极发展洗煤配煤、现货交易市场等增值服务，除了满足浙江省的煤炭供应安全和沿海电厂的煤炭需求，未来还要承接国内跨省煤炭中转和进口煤炭中转，打造国内有影响力的煤炭中转加工配送基地。另外，也注重岱山、衢山或大长之余为钢铁企业配套的煤炭（焦煤）加工、配送基地的发展。

3. 油品中转贸易储存基地

舟山港域是我国长江沿线地区重要原油接卸中转基地、国家战略原油储备基地和成品油商业储备基地之一，要在加强规划调控、促进有序发展的基础上，积极建设油品中转贸易园区，探索建立舟山油品期货贸易交割库、国际离岸燃油供应中心和离岸型成品油商贸园区。

4. 粮食中转加工配送基地

港口条件优越的舟山可发展成为浙江建设国际性粮食物流集散基地的港口枢纽，主要依托老塘山粮食中转基地，除了继续发展粮食的中转运输外，还要面向"长三角"及长江沿线等广阔的市场，大力发展粮食中转、加工、贸易业务，努力将舟山港建成我国具有较大影响的粮食储运、加工以及物流配送基地。

5. 化工品中转储运加工基地

要充分发挥舟山深水大港在发展化工品储备、中转、加工业务上的优势，依托中海石油舟山石化项目，抓好浙江液体化工中转基地项目（世纪太平洋）和六横PX储运项目，并争取进一步扩大产能、形成规模。面向"长三角"及全国市场，为化工品提供运输、仓储、加工、配送以及交易等一体化物流服务。

6. 集装箱中转运输基地

随着舟山大陆连岛工程的建成通车，集疏运条件较以往有了较大改善。加快建设金塘大浦口二期、木岙一期等集装箱泊位建设，充分利用小洋山北侧围涂土地资源和保税港区条件，增强集装箱生产能力，发展集装箱拼装箱、拆箱、维护保养、仓储、流通加工、分拨配送、包装分拣、国际中转、物流金融、信息加工等集装箱物流增值服务。

（五）着力建设物流节点设施

1. 物流园区和物流中心设施规划

舟山港口物流规划四大物流节点设施，包括以集装箱相关业务为主的舟山金塘岛港口综合物流园区、六横物流园区、老塘山现代粮油物流中心、衢山综合物流中心。如表 5 – 20 所示。

表 5 – 20　舟山港口物流园区（中心）

名称	运输方式	服务对象及功能
舟山金塘岛港口综合物流园区	公路、海运	集装箱的中转及国际物流服务（流通加工、保税、仓储、增值加工服务、信息处理等）；服务于临港制造业各类物资的中转物流需求
六横物流园区	公路、海运	服务于集装箱、铁矿石、煤炭、化工等相关业务的运输、仓储、流通加工、配送、交易、结算、商务信息等物流需求
老塘山现代粮油物流中心	公路、海运	为舟山及周边地区提供粮油储存、加工、配送等物流服务
衢山综合物流中心（远期）	公路、海运	服务于铁矿石等大宗货物的仓储、生产配送、产品运输等物流需求

资料来源：舟山市港口物流园区规划。

2. 专业物流中心规划

（1）船舶修造业物流中心

整合新港和岱山的船舶修造业资源，搭建公共专业物流中心平台，主要吸引国内主要的船用钢板制造商、经销商进驻功能区，为各类中小型船厂提供采购物流和融资服务；提供船用钢板剪切加工、船配件采购、仓储、配送、示范等物流服务。

（2）水产品物流中心

整合舟山中心渔港、小干岛和西码头水产品市场资源，近期以在中心渔港地块建设国内水产品冷链物流中心，逐渐发展成为专业化的集运输、仓储、加工、交易、分拨配送为一体的现代化冷链物流中心。远期建设小干岛水产品保税物流中心，发展成为国际水产品交易、保税、水产品来料加工、仓储的国际水产品冷链物流中心。同时要有侧重点地发展西码头鱿鱼冷链物流中心，以西码头的鱿鱼仓储、加工企业为主要服务对象，建成集冷冻仓储、配送、加工、交易的鱿鱼冷链物流中心。

（六）完善物流集疏运网络

舟山港域岛屿星罗棋布，决定了其集疏运主要由水水中转完成。随着宁波—舟山港的深入开发建设，现有的公路集疏运系统需要进一步拓展，本岛（金塘）与六横岛、衢山岛的公路集疏运条件还存在一定差距，在海陆联动方面也需要进一步加强。"十二五"期间，舟山公路集疏运体系建设应重点加强以下两个方面。

1. 对外集疏运通道

重点建设舟山六横—宁波郭巨通道，并开展金塘—宁波第二通道、舟山—洋山—上海通道的前期研究。

2. 港区集疏运线路

港区集疏运线路是连接舟山港区与对外集疏运通道及周边城市的主要线路通道，承担着各港区对外集疏运通道及周边城市之间的衔接与转换功能。"十二五"期间应重点建设舟山本岛环岛公路、329国道舟山段、舟山北向疏港公路、定海至马岙公路、金塘小李岙至东风岭疏港公路等项目；六横岛和衢山岛，着重建设和完善岛内交通公路网。

第六章
浙江港口物流产业运行效率

　　自中共浙江省第十二次代表大会在全国率先提出发挥海洋资源优势、加快建设港航强省的战略目标以来，港航建设一直快速发展。2006—2011 年，宁波—舟山、温州、台州和嘉兴 4 个沿海港口货物吞吐量增长了 79.83%，宁波—舟山港已成为亚太地区重要的国际枢纽港，浙江沿海港口群对长江三角洲地区、中西部地区、长江流域乃至全国经济社会发展具有重要的支撑与拉动效应。本章运用因子分析、效率数据包络分析及超效率数据包络分析结合的三步分析法，对我国 15 个主要沿海港口的效率进行了实证研究。结果表明，沿海港口吞吐量的增长幅度在 2010 年、2011 年已全面低于泊位长度和泊位数量的增长幅度，港口明显存在投入松弛，总体效率偏低，规模无效率是主要原因。这些结果说明，提升港口效率应从控制港口投入入手，在保证现有吞吐量、吞吐能力稳步增长的前提下，注重改善港口投资结构，适度控制港口投入规模、降低投入增长幅度，将有利于我国沿海港口向低投入多产出的高效率运行模式转移。

第一节　浙江港口物流发展分析

　　现代港口的发展趋势主要表现在功能的演变，第一代港口主要功能是装卸和仓储，第二代港口的主要功能是提供分拨、配送等增值业务，第三代港口的主要功能则是为客户提供全方位、高附加值的物流服务。目前，浙江的港口也已经进入了第三代港口发展的初级阶段，而其主要运输方式为集装箱运输。另外，集装箱、干散货和液态散货运输船舶向大型化发展，泊位向深水化、专业化发展。而且随着跨国公司的加入，提出了及时服务、零库存等要求，围绕着运输链的起始点，港口物流的活动范围已大大超出了传统的港口界限，港口已成为我国对外开放的重要门户和窗口。

一、浙江港口物流发展现状

（一）港口物流体系基本形成

浙江省目前已形成了以《浙江省沿海港口布局规划》、《浙江省交通物流基地布局规划》、《浙江省沿海港口集疏运网络规划》等为主体的水运基础设施发展规划体系，港口布局日趋合理、结构不断优化升级、现代化程度不断提高。沿海港口配套物流园区、物流加工区和保税仓储区等功能不断完善，内陆物流园区、物流中心、配送中心以及乡镇物流站点已形成网络化发展趋势，基本形成了集装箱、煤炭、石油、液体化工、矿石、粮食六大货种为主体的港口物流体系。

（二）港口物流规模不断扩大

随着浙江省港航强省战略的实施，大港口、大路网、大物流建设步伐明显加快，港口物流规模不断扩大，生产能力显著提高。截至 2009 年，全省现有宁波—舟山、温州、台州和嘉兴 4 个沿海港口，港口泊位 1 066 个，其中，万吨级泊位 143 个，2009 年完成货物吞吐量 7.15 亿吨，完成集装箱吞吐量 1 118 万标准箱。宁波—舟山港吞吐量已连续 2 年位居全国第一。

（三）港口功能不断拓展

伴随着浙江经济转型发展，港口物流正逐步转变增长方式，向现代服务业转型。临港产业、港口物流园区、出口加工区以及沿江经济产业带已成为港口和经济新的增长点，是建设现代交通运输业发展战略的具体体现。港口正由传统的装卸、转运业务向包装、加工、仓储、配送、提供信息服务、报税、金融、贸易等高附加值综合物流功能延伸和发展。

（四）物流集疏运网络逐步完善

浙江基本形成了环杭州湾、杭金衢、金丽温和甬台温四大物流运输通道，以及杭州、宁波、金华、温州四大综合运输枢纽，形成了物流园区、物流中心、配送中心、乡镇物流站点等相配合，"点—线"配套的物流网络体系。港口物流体系结合浙江省三大产业带建设与海洋经济发展趋势，正逐步向功能化、综合化、信息化方向发展。

二、浙江港口物流发展瓶颈

浙江省港口物流发展取得了明显的成效，物流生产、运作效率、装备技术水平和企业规模等都位居国内前列，已是国内的港口大省，但并非港口强省，而且在发展过程中仍然存在不少困难和问题。

（一）法律和体制环境有待改善

与发达国家相比，我国尚未建立健全的物流法律体系，在物流设施的建设、物流市场的管理等方面还存在法律的空白，或者法律间不协调，或者与国际规则不接轨等问题。另外，管理体制上的条块分割，对现代物流业发展同样有消极作用。

现代物流业是跨地区、跨行业、跨部门集成的复合型行业，提供集运输、仓储、信息等综合服务。这就要求有健全的法律体系，保证企业在可靠的契约基础上，能够按照公平、公开、公正的规则，规范经营、相互合作、完善服务。同时，现代物流必须以信息网络系统为基础，以保证各个物流活动间的信息能够准确快速地传递。表面上看，信息网络系统属技术层面的问题，但信息网络系统的规划、建设、技术标准、使用规则牵涉到多个部门、行业和单位，需要建立有效的组织机构和工作机制。只有各方统一认识，树立大局意识，打破体制上的分割，共同制定信息网络系统的建设规划和实施计划，开展全面的系统需求分析，借助专业技术力量，采用市场运作模式，才能使物流信息网络系统的建设、维护、应用步入良性轨道，使物流业真正以信息为核心，实现发展现代物流的目标。

因此，无论是政府宏观调控和规范市场，还是物流信息网络系统的建设和推广，只有在健全的法律体系、协调的管理体制环境下才能实现。改善现代物流赖以发展的法律和体制软环境，各级政府和部门任重而道远，需要长期不懈的共同努力。

（二）现代港口物流功能有待进一步拓展

从目前情况看，浙江港口群中仅有宁波—舟山港的宁波港域具有加工、配送、贸易等增值物流功能；其他沿海港口物流产业链不发达，港口服务仍是以传统的装卸、储存、转运为主，港口物流的港口商贸、加工、仓储、金融服务等功能拓展不够；散货物流处于国际供应价值链底端，集装箱物流发展也比较滞后。加之港口物流业与临港工业、旅游业、港航服务业等其他产业的融合度不高，港口资源的优势、港口的效率还未得到充分发挥，吞吐量的快速增长与港口对浙江社会经济的贡献度之间的联系程度尚不够密切，与东部其他沿海港口发展相比差距也较大；港口的运输组织功能和综合运输枢纽作用不明显，发展现代物流业的空间还很大；港口发展在促进经济结构转型升级、带动区域经济协调可持续发展方面的作用仍有待进一步加强。

（三）港航资源未能得到科学利用

全省港口资源功能布局有欠合理，资源整合进度需要加快。由于管理体制机制的影响，港口间尚未形成合理分工、利益共享的合作发展模式，深水岸线资源未得到有效利用。浙西南航运资源未能有效开发，内河航道与沿海港口之间没有形成完善的江海联运体系，特别是个别内河航道瓶颈制约严重。

（四）各种运输方式之间衔接不足

尤其是铁路、水路、内河、公路之间的衔接，已经成为港口集疏运网络建设的最薄弱环节。目前，我国不同运输方式基础设施的规划建设归口不同的行业主管部门，综合交通运输发展的各种机制体制障碍依然存在，行业间无序竞争、地区分割、衔接不畅等问题日益凸显，交通行业管理体制机制亟待改革和创新。

（五）港口物流、现代航运服务业发展缓慢

与港口配套的物流及航运服务产业发展较为落后，船代、货代、无船承运等行业仍处于较低层次的发展阶段，企业小、散、乱的特点明显，还不能给予浙江省航运企业的发展应有的支撑，沿海港口尚未形成规模化的海运服务集聚区。总体来看，政府对航运业发展的重要意义认识不足，重视程度不够，重陆轻水的指导思想长期难以改变，对航运业发展缺少扶持政策，缺乏航运金融等配套政策。

（六）港口物流配套口岸及信息化程度相对落后

以港口业务为中心的电子口岸信息系统已经初步建成，但信息互联互通、数据共享、身份认证、技术数据标准统一、企业普及应用等方面还需要不断推进和提升，而海关、检验检疫等地方监管部门还不愿意将相关信息共享等，这都不利于建立高效、便捷、安全的进出口物流服务网络。同时，沿海各港口相关部门、港口企业的信息网络建设与信息化装备、应用水平参差不齐，制约了港口整体信息化水平的提升，港口相关信息难以有效共享。

第二节　浙江港口物流产业运行效率测度

港口效率指码头生产过程的产出（吞吐量）和投入（港口设施、设备等）的关系。由于码头的基本功能是货物的转载和堆存操作，港口效率取决于码头设施、设备、人员的工作能力和工作效率，以及生产组织的策略和方法，与多种因素相关。这些因素包括码头经营商可控或者一定程度上可控的内部因素，如码头设备配置和平面布置、投资来源、人员工作效率等；码头经营商难以控制的外部因素，如吞吐量、运输方式、挂靠港口的船舶尺度、集疏运能力、多式联运和公路系统的配套能力等。这些因素都会影响到港口效率。因此，并没有固定的一个指标或指标体系作为评价港口效率的依据。随着港口地位的提升以及对国家经济的贡献，不少学者都致力于港口效率方面的研究。

一、港口效率评价方法

本节针对评价港口效率的几种方法进行探讨，以了解各方法在该领域的应用以及方法特征。

（一）非生产前沿分析法

非生产前沿分析法主要是相对前沿分析法而言的。本节总结了港口效率评价研究的相关文献，发现早期被大量应用的港口效率评价的非前沿分析法多是本节所述的部分衡量法。

部分衡量法是指利用局部的比率值，进行单一层面的效率评价。早期的研究，可追溯到20世纪70年代，都是以单一指标评价港口效率。根据服务的对象不同，学者们所选用的评价指标也不同。其中，最常用的效率评价方法是泊位货物装卸效率与集装箱堆场货物装卸效率。

Talley W K.（1988）发现公路、铁路的发展使得传统意义上的港口腹地不复存在，建议以经济最优吞吐量（economic optimum throughput）为指标衡量港口效率。

Sachish A（1996）则用港口的实际吞吐量与最优吞吐量的比值作为衡量港口效率的指标。还有的学者选用每台起重机单位时间内生产箱数，每泊位停靠船舶数来研究港口效率。

虽然部分衡量法可以对港口效率进行评价、比较与分析，但是该方法只能衡量港口某一方面的效率值，并不能体现整体效率情况。

1. 生产前沿分析法

生产前沿是生产有效性分析与测量的重要工具，所谓生产前沿或前沿生产函数是根据已知的一组投入产出观测值，构造出一切可能的投入产出组合外部边界，使得所有观测点都落在这个边界或它的"下方"，并且与其尽可能地接近。根据研究方法的不同，生产前沿可分为参数方法和非参数方法。

随着方法的进步，港口效率的研究也在不断更新。近几年来，生产前沿分析法被大量地应用到港口效率评价中，并取得了良好的成效。本节将介绍应用到港口效率评价中的相关生产前沿分析法，同时对其进行优劣势的比较，最终选择出适合港口效率评价的生产前沿方法。

（1）参数分析法

参数方法是通过建立明确的生产模型来确定效率前沿面的函数形式。参数方法有很多种，包括自由分布法（Distribution Free Approach，简称 DFA）、随机前沿法（Stochastic Frontier Approach，简称 SFA）、厚边界函数法（Thick Frontier Analysis，简称 TFA）等，但是已经应用到港口效率评价中的参数方法只有随机前沿法。

SFA 也称为计量经济前沿法，是必须事先具体写明一个包含有投入、产出的成本或利润的模型关系式（其中还包括随机误差项）的方法，并允许出现随机误差，其误差项是由无效率项和随机误差项构成的复合结构。该方法通常先估计一个生产函数，正是由于无效率项和随机误差项的分离，从而确保被估效率有效且一致，而且考虑了随机误差项对个体效率的影响。通过被评价 DMU 与最优前沿面的比较，以两者之间的差距来界定 DMU 的有效率及其程度。

在港口效率实证评价中，该方法也得到了应用。Liu Z.（1995）利用 SFA 模型评价 28 个英国港口的效率。Estache A.（2002）以码头长度、码头面积、搬运机械数量总额为输入，以集装箱吞吐量为输出，利用 SFA 模型计算对比 15 个亚洲集装箱港口的效率。

（2）非参数分析法

生产前沿研究的非参数方法摒弃了参数方法研究函数形式需要事先假定、参数估计的有效性和合理性需要检验等多方面问题，不去寻求生产前沿的具体函数形式，而是根据所有样本企业的产出和投入构造能够包容所有样本企业生产方式的最小生产可能性前沿，一个企业的技术效率衡量的是：在给定该企业的产出能够实现的前提下，与生产可能性前沿中生产等量产出的投入量相比，其投入还有多大的节余空间。空间越大，说明该企业的技术效率越低。

非参数方法允许样本在一定时期内发生变动，不需要事先对所有样本作出无效率分布的假设，在研究中受到的约束相对较少，认为任何与效率前沿面的偏移都是无效率，假定效率前沿面不存在随机波动。

非参数前沿分析方法主要有数据包络分析和无边界分析。其中，数据包络分析模型以及其变化被广泛地应用在港口效率研究中。

2. 数据包络分析法

数据包络分析（Data Envelopment Analysis，简称 DEA）方法是由美国运筹学家查恩斯（A. Charnes）、库伯（W. W. Cooper）和罗兹（E. Rhode）以相对有效性概念为基础发展起来的一种新的非参数效率评价方法。

效率前沿是通过连接所有最佳方法观测点形成的分段曲线组合，得到一个凸性的生产可能性集合。最佳方法或前沿观测值的集合作为前沿将所有的观测值包含其中，其效率值是最高的。其他的决策单元及其线形组合在投入既定的情况下是不可能生产出更多产出的，即在产出既定的情况下，已不能以更低的投入生产出既定的产出量。它通过对"相对效率"的测量来衡量决策单元的技术有效性以及规模有效性，从而判断决策单元（DUM）的效率排序，其目的是反映 DUM 能否达到"以尽可能少的投入，获得最大的产出"的决策效果。

DEA 利用数学规划模型，可以解决具有多输入、多输出特征的同行业企业生产效率评价问题。Roll 和 Hayuth（1993）将该方法引入到港口生产部门，解决了效率评价指标的单一性问题。至此，衡量港口效率的方法有了重大进步。但是，该文只是从理论上将该方法引入到港口生产部门，并没有用实例验证应用的可行性，而在随后的研究中，该方法被大量地应用到港口效率评价中。

CCR 模型和 BCC 模型作为 DEA 方法中较传统的模型，其应用也是最广泛的。Martinez-Budria 等（1999）应用 BCC 模型，选取 26 个西班牙港口 1993—1997 年 5 年内的数据，并将其分为三类（高度、中度、低度综合化港口）作比较研究，分析得出"高综合化"港口的相对效率较高的结论。Tongzan（2001）应用 CCR 和 SCR-additive 模型选择 16 个研究样本——4 个澳大利亚集装箱港口和 12 个国外集装箱港口，比较研究澳大利亚港口效率状况。Valentine 和 Gray（2001）应用 CCR 模型，选择 1998 年名列世界前 100 强的 31 个世界集装箱港口为样本，从集群的角度分析港口高效率的原因。

随着 DEA 方法的不断发展进步，以后的学者们综合运用多种 DEA 模型研究港口效率。

Barros 和 Athanassiou（2004）研究了葡萄牙和希腊港口的生产效率，用以提高各国港口的管理水平，为制定相关的发展战略提供依据。在该文中港口的规模效率被作为一个非常重要的研究方面。Kevin Cullinane（2004）、Kevin Cullinane 和 Teng-fei Wang（2006）选用 CCR 模型和 BCC 模型，分别选择世界主要集装箱港口和 69 个欧洲集装箱港口为研究样本，比较分析其规模报酬现状。

我国学者研究港口效率也大量应用了 DEA 模型。蔡文化（1994）以台湾地区 5 个国际港口——基隆、台中、高雄、花莲、苏澳港为研究样本，选取上述港口 3 年的数据进行比较分析。郭建男（2001）选取与台湾港口竞争较激烈的亚太地区其他国际大港，应用该方法进行技术效率分析、规模效率分析、规模报酬分析、差额变数分析、虚拟乘数分析以及敏感度分析，比较研究台湾港口整体生产效率，并探究效率低的症结所在，提出改进方向。安洪林（2005）应用 BCC 模型，以我国 12 个主要集装箱港口 2003 年的数据作为样本，评价其相对有效性。杨华龙在 8 个大陆集装箱港口 2003 年数据的基础上，通过改进 DEA 模型测算出港口的效率，并据此提出大连港集装箱发展的建议。

DEA 方法在效率评价方面表现出极大的优势，但是该方法并不是无可挑剔的。其中较为显著的一个缺陷就是无法区分有效单元。Andersen 和 Petersen（1993）从改进方法的学术角度针对这个缺陷提出了一种新的 DEA 模型——"超效率"（Super-efficiency）模型，Hsuan-Shih Lee 等（2005）、吉阿兵（2004）将该方法引入港口业。

虽然已有大量的国外学者运用 DEA 对港口效率进行相关的研究，并被证明了是有效的港口效率评价方法，但是仍存在有待改进和完善之处。

应用 DEA 方法研究港口生产效率多采用 DEA 早期提出来的 CCR 模型和 BCC 模型。数据包络分析（DEA）在评价某个决策单元时，投入、产出单元指标的权重由模型自身优化来确定的，不含任何反映输入输出指标权重和被评价决策单元地位的偏好信息，即每个评价对象都可任意选取对自己最有利的权向量。这种 DEA 模型权重的确定和决策单元地位的无限制性，可能会使评价结果不切实际或者根本不可能，这正是该方法无法克服的弊端。

3. 无边界分析法

无边界分析法（Free Disposal Hull，简称 FDH）是 DEA 方法的一个特例，连接 DEA 前沿各个顶点线上的点没有被认为是效率前沿。FDH 方法中的生产可能集仅仅是由 DEA 顶点和这些顶点内部的自由排列点组成，由于 FDH 方法中的前沿面和 DEA 方法中的前沿面一致或者位于 DEA 方法中前沿面的内部，所以用 FDH 方法计算得到的平均效率值通常高于用 DEA 方法计算的平均效率值（Bruno De forger et al.，1999）。

这两种方法都允许效率值随时变化，并且都没有预先假定低效率值的分布形式，处于前沿上的观测样本被认为是完全有效率的。这种方法被用来和 DEA 方法作效率评价的比较研究。Wang 等（2003）应用 CCR 模型、BCC 模型以及 FDH 模型评价 57 个集装箱码头的生产效率，该文章对不同模型计算结果进行比较分析，得出不同方法各有利弊的结论。Cullinane 等（2006）同时应用了 DEA 和 FDH 这两种非参数评价方法衡量港口效率，文章选择世界 57 个主要的集装箱港口作为研究对象。Cullinane 在文中指出，不同的数学方法会产生不同的研究结果；再者，对输入、输出变量的定义也会对结果产生很大的影响。

4. 参数分析法与非参数分析法比较

在上一节介绍的几种评价港口效率的方法中，生产前沿分析法凭借其优势特征被学者广泛关注并应用。但就其中的参数方法和非参数方法来说，哪种方法最佳目前并没有统一的看法。非参数边界估计法假设随机误差不存在，任何无法预测到的变动均归于非有效，这就使效率值出现较大的误差。参数边界法需要预先对边界函数进行假设，如假设的函数与真实情况相差较大，则会产生非常大的估计偏差，其结果也会产生较大的误差。生产前沿分析法中非参数方法与参数方法相比，非参数方法的主要优点如下。

① 无需知道生产函数的具体形式，在研究中受到的约束较少。

② 处理多投入和多产出的情况较为容易。

③ 得出的效率除可以指明与有效决策单元相比，被评价决策单元的投入利用效果外，还可以指出在哪些投入上的使用效率更低，从而找出改进效率的最佳途径。

④ 对样本数量要求较低。一般而言，样本数应大于输入、输出变量的两倍。

生产前沿分析法中非参数方法与参数方法相比，非参数方法的缺点主要表现如下。

① 与参数方法相比，非参数方法不考虑运气成分、数据问题或其他计量问题引起的随机误差，如果随机误差存在，则评价的效率值可能会与随机的偏离混在一起。

② 与参数方法相比，非参数方法对效率值的估计偏低，而离散程度较大且不能直接检验结果的显著性。

③ 当约束条件较多时，非参数方法经常会得出所有观测样本为100%有效的结论。

参数前沿无论是随机的还是确定性的都要预先假定一生产函数的数学表达式，然后对其参数进行估计，而假定的生产函数以及误差项的概率分布不一定符合实际情况，难免掺入主观因素，造成"生搬硬套"。而生产函数一经确定，其各种导出参数如替代率、边际产出等就具有一定的特殊性，这是参数方法的显著特点或者说主要不足，限制了模型的应用范围；而参数方法往往只处理单输出的情况，而对于多输入多输出的经济系统处理起来则十分复杂。

（二）港口效率评价方法选取

国内外研究港口效率的学者认识到非参数方法的巨大优势，将数据包络分析方法（DEA）应用到该领域。从国内外文献的总结和分析来看，DEA方法的引入为港口效率评价开创了新的纪元。

DEA属于非参数方法，即具有非参数方法的优点：DEA非参数方法无需假定输入输出之间的关系，仅仅依靠分析实际观测数据，采用局部逼近的办法构造前沿生产函数模型来对生产单元进行相对有效性评价。

港口效率的研究多采用传统DEA模型中的CCR模型和BCC模型，该模型不含任何反映输入输出指标权重和被评价决策单元地位的偏好信息，即每个评价对象都可任意选取对自己最有利的权向量。完全的客观性可能导致其中某个指标的权系数很小甚至为零。而事实上，所选指标对于效率评价是非常重要的，并且重要的程度也不相同。这种DEA模型权重的确定和决策单元地位的无限制性，可能会使评价结果不切实际或者根本不可能。

约束锥 DEA 模型可以体现出偏好，克服传统 DEA 模型的上述弊端。应用 AHP 法计算模型的约束锥，结合了 DEA 评价的客观分析与 AHP 的主观偏好信息，从而使新的 DEA 方法——基于 AHP 约束锥的 DEA 方法（简称 DEAHP），更适合于实际。同时还可将确定的有效决策单元进行分类或排队等，克服传统 DEA 无法区分有效决策单元的弊端。

该模型得到了很大的发展，并在实际应用中显示出了巨大的优势——有效地解决了决策者主观偏好问题，使得 DEA 方法的应用更具有实际意义。不少学者也已经将其应用到实际领域当中（如 ERP（企业资源计划）系统选型 fuel、股票投资价值分析 day、制造业发展评价等）。本书拟用该方法进行集装箱港口效率评价。

1. DEA 方法的原理及基本模型

DEA 方法的基本思路是把每一个被评价单位或部门作为一个决策单元 DMU（Decision Making Unit），由所有的决策单元构成评价群体，处于同一群体下的每个决策单元都具有相同的输入指标和相同的输出指标。在指标项和决策单元组（评价群体）确定以后，采用数学规划模型比较 DMU 之间的相对效率，得到每个 DMU 综合效率的量化指标值，从而确定相对效率最高（即 DEA 有效）的 DMU。

基本模型及其经济含义作如下说明。

若将每一个港口看做一个决策单元，模型假设有 n 个待评价的港口，即 n 个决策单元，设有 n 个同类型的企业（也称决策单元），对于每个企业都有 m 种输入以及 p 种输出，现用 X_{ij} 和 Y_{rj} 分别表示第 j 个港口的第 i 个输入指标和第 r 个输出指标（$i = 1, 2, \cdots, m$；$r = 1, 2, \cdots, s$；$j = 1, 2, \cdots, n$），则用于港口绩效评估的数据包络分析模型为：

$$\max h_{j0} = \sum_{r=1}^{p} \mu_r y_{rj0}$$

$$s.t. \begin{cases} \sum_{r=1}^{p} \mu_r y_{rj} - \sum_{i=1}^{m} w_i x_{ij} \leqslant 0, & j = 1,2,\cdots,n \\ \sum_{i=1}^{m} w_i x_{ij0} = 1 \\ \mu_r, w_i \geqslant 0, & i = 1,2,\cdots,m; \quad r = 1,2,\cdots,p \end{cases}$$

其中，$W = (w_1, w_2, \cdots, w_m)^T$，$\mu = (\mu_1, \mu_2, \cdots, \mu_s)^T$ 分别表示输入、输出指标的权重，通过求解模型（P）就可得到第 j_0 个港口的评价效率指数 h_{j0}，其大小顺序即该港口评价的绩效优劣顺序。

考虑带有非阿基米德无穷小的 C2R 模型

$$\min \theta - \varepsilon(\hat{e}^T S^- + e^T S^+)$$

$$s.\,t. \begin{cases} \sum_{j=1}^{n} x_j \lambda_j + s^- = \theta x_0 \\ \sum_{j=1}^{n} Y_j \lambda_j - s^+ = Y_0 \\ \lambda_j \geqslant 0, s^-, s^+ \geqslant 0 \end{cases}$$

其中，ε 为非阿基米德无穷小量，$e^T = (1, 1, \cdots, 1) \in Em$，$e^T = (1, 1, \cdots, 1) \in Es$，$s^-$ 是与投入相对应的松弛变量组成的向量，$s^- = (s_1^-, s_2^-, \cdots, s_m^-)^T$；$s^+$ 是与产生相对应的剩余变量组成的向量，$s^+ = (s_1^+, s_2^+, \cdots, s_s^+)^T$。

2. DEA 方法有效性的经济含义

能够用 CCR 模型判定是否同时技术有效和规模有效。

① $\theta^* = 1$，且 $s^{*+} = 0$，$s^{*-} = 0$。则决策单元 j_0 为 DEA 有效，决策单元的经济活动同时为技术有效和规模有效。

② $\theta^* = 1$，但至少某个输入或者输出大于 0，则决策单元 j_0 为弱 DEA 有效，决策单元的经济活动不是同时为技术效率最佳和规模最佳。

③ $\theta^* < 1$，决策单元 j_0 不是 DEA 有效，经济活动既不是技术效率最佳，也不是规模最佳。

还可以用 CCR 模型中的 λ_j 判断 *DMU* 的规模收益情况：

① 如果存在 λ_j^*（$j = 1, 2, \cdots, n$）使得 $\sum \lambda_j^* = 1$，则 DMU 为规模收益不变。

② 如果不存在 λ_j^*（$j = 1, 2, \cdots, n$）使得 $\sum \lambda_j^* = 1$，若 $\sum \lambda_j^* < 1$，则 DMU 为规模收益递增。

③ 如果不存在 λ_j^*（$j = 1, 2, \cdots, n$）使得 $\sum \lambda_j^* = 1$，若 $\sum \lambda_j^* > 1$，则 DMU 为规模收益递减。

二、基于 DEA 模型对浙江沿海规模以上港口物流效率测度的实证研究

近年来，随着我国与国际经济联系与合作的不断加深，进、出口贸易业得到了迅猛发展。进、出口贸易量的持续增长，一方面直接拉动了港口业务量的连年攀升，另一方面也推动了港口行业规模的不断扩张。在我国漫长的海岸线上，滨海城市纷纷实施"港航强市"、"以港兴市"战略，积极投资建港，出现了建港热潮。特别是 2003 年以来，从东部沿海到长江沿线，港口建设投资逐年增加，沿海岸线资源的开

发利用呈跨越式增长态势。2011 年底，全国港口拥有生产用码头泊位 31 968 个，其中，万吨级及以上泊位 1 762 个。全国沿海规模以上港口生产用码头泊位数 5 532 个，其中，万吨级及以上泊位 1 422 个；内河规模以上港口生产用码头泊位数 26 436 个，其中，万吨级及以上泊位 340 个。应该说，港口作为国民经济和社会发展的重要基础设施，得到了国家的重点投资，处于加速扩容阶段，有力地支撑了经济、社会和贸易发展。

然而，通过对近 10 年来港口规模与港口吞吐量的匹配关系研究，不难发现二者之间的增长速度并不完全同步。2000—2011 年我国沿海规模以上港口规模、吞吐量及其增长幅度如表 6 - 1 和图 6 - 1 所示。

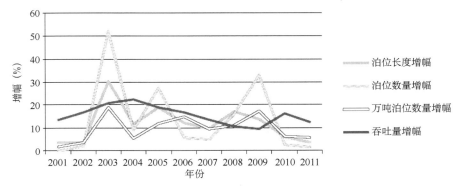

图 6 - 1　沿海规模以上港口泊位、吞吐量增幅趋势

图 6 - 1 表明，我国沿海港口吞吐量的增长幅度已经在 2004 年出现向下的拐点，特别是在 2008—2009 年，已全面低于泊位长度和泊位数量的增长幅度。2010 年及 2011 年吞吐量增幅虽高于泊位长度、泊位数量的增幅，但仍处于下降趋势。如果这种局面持续下去，可能造成港口行业规模不经济的状况，从而导致港口效率的下降。这里港口效率的经济学涵义是投入产出能力、竞争能力和经营管理水平的总称。有效率的港口应该是对其资源有效配置，即在投入不变的条件下，通过港口资源的优化组合和有效配置提高效率、增加产出。

由于港口行业建设周期长，并具有较大的进入壁垒和退出壁垒，有关方面必须高度重视港口的运营效率问题。

（一）港口样本及其投入产出变量的选择

1. 样本的选择

港口物流属于生产性服务业，通过运输、储存、装卸、搬运、包装、流通加工、配送、信息处理等一系列流程，为其他各行业提供基础性服务，支撑着经济的发展；

表 6-1 2000—2011 年沿海规模以上港口生产用泊位、吞吐量

生产用	2000 年	2001 年	2002 年	2003 年	2004 年	2005 年	2006 年	2007 年	2008 年	2009 年	2010 年	2011 年
泊位长度（米）	182 856	189 738	196 942	256 748	286 566	340 727	382 492	420 245	491 870	560 565	595 483	617 746
增幅（%）		3.76	3.8	30.37	11.6	18.9	12.26	9.9	17.04	13.97	6.23	3.74
泊位数（个）	1 454	1 443	1 473	2 238	2 438	3 110	3 291	3 453	4 001	5 320	5 453	5 532
增幅（%）		0	2.08	51.93	8.94	27.56	5.82	4.92	15.87	32.97	2.5	1.45
万吨泊位数（个）	518	527	547	650	687	769	883	967	1 076	1 261	1 343	1 422
增幅（%）		1.74	3.8	18.83	5.69	11.94	14.82	9.51	11.27	17.19	6.5	5.88
吞吐量（万吨）	12.56	14.26	16.66	20.11	24.61	29.28	34.22	38.82	43	47.12	54.83	61.63
增幅（%）		13.56	16.82	20.7	22.35	18.98	16.88	13.45	10.66	9.58	16.36	12.4

数据来源：2000—2011 年中国统计年鉴及公路水路交通运输行业发展统计公报。

同时，港口物流的各种环节涉及国民经济的多个方面，是一个跨部门、跨行业、跨地区的综合性服务性产业，具有极强的产业联动和经济带动效应，发挥着"增长极"的作用。

本书拟对浙江沿海港口效率进行评价，但有些小型港口资料不可获得，故选择沿海港口中规模较大的港口作为研究样本，共选取我国上海港、宁波—舟山港等15个港口，具体如表6-2所示。

表6-2　2011年港口投入变量

项目 样本	万吨以下泊位（个）x1	万吨以上泊位（个）x2	泊位长度（米）x3	库场面积（万平方米）x4	泊位水深（米）x5	装卸机械（台套）x6	港作船舶（艘）x7
宁波—舟山港	496	129	73 755	244	25	1 108	67
上海港	456	150	72 742	269	15	3 356	381
大连港	119	79	33 978	226	23	1 071	18
天津港	45	98	31 366	154	20.8	2 190	69
广州港	422	65	44 398	235	12.5	1 335	12
深圳港	103	69	30 800	172	15.5	1 182	8
青岛港	16	59	19 500	93	21	758	10
厦门港	76	58	24 900	73	17.5	705	9
福州港	82	40	12 500	113	10	341	86
营口港	25	44	14 731	185	20	963	19
秦皇岛港	24	42	14 750	116	15	432	15
烟台港	29	53	16 140	131	20	753	37
连云港港	5	38	10 158	101	16	605	25
日照港	7	41	11 989	84	24.5	77	11
湛江港	122	31	15 757	112	18.9	712	23

注：① 表中各数据均选自生产性数据，非生产性数据未纳入本表。
　　② 表中前3项数据来源：《中国统计年鉴2012》，后5项数据来源于各港口网站。

2. 港口的投入变量选择

在现有的研究中，投入指标的选取分两类：一类是以货币计量的投入要素，包括港口建设投资额及其他财务指标，如固定资产净额、流动资产、实收资本、营业成本、管理费用等；另一类是以实物量计量的投入要素，主要有港口码头泊位数量、泊位长度、吃水深度、起重机数量、堆场面积、铁路专用线长度、员工数量等（Tongzon，2001）。

　　显然，上述两类指标中的第一类货币计量指标比较难以取得，其中的财务指标，只有上市的港口才能从公开披露的会计年报中获得有关数据，但如果仅以上市港口作为研究样本，将导致样本数量受到限制；港口投资额是比较理想的投入指标，但目前我国对该指标的统计数据不具备连续性，无法查到近期数据，因此第二类实物量指标受到广泛关注。理论上讲，泊位数量、泊位长度、起重机数量、堆场面积等港口基础设施是港口投资转化的资产，完全可以替代港口投资额成为投入变量。

　　因此，结合港口实际情况以及数据来源的局限性，本书选取港口码头生产性的万吨级以下泊位数量、万吨级以上泊位数量、泊位长度、泊位水深、装卸机械及能力、仓库及堆场面积、港作船舶7项指标作为港口投入变量。但到目前为止各类统计年鉴仅对泊位数量、万吨泊位数量、泊位长度有准确的、连续的统计数据，且因年鉴出版的滞后性，最近一期的数据只能查到2008年。而其他指标只能通过各港口网站上获得，及时性和可靠性略低。

3. 港口的产出变量选择

　　现代港口物流产出指标，主要是反映现有经济环境和物流环境下的物流实际发展情况。产出的指标选择主要有营业收入、营业利润和吞吐量，如前所述，营业收入和营业利润仅适用于上市港口样本，加之港口是我国对外贸易中的重要节点，货物进出港口的效率直接影响到进出口总额，所以港口吞吐量能直接反映出港口物流的产出水平，因而大多数分析研究均以吞吐量为产出变量。本研究亦考虑选择货物吞吐量作为产出变量。我国规模以上港口投入变量、港口产出变量具体见表6-2、表6-3。

表6-3　2011年港口产出变量

港口名称	宁波—舟山港	上海港	大连港	天津港	广州港	深圳港	青岛港	厦门港
货物吞吐量（万吨）	69 393	62 432	33 691	45 338	43 149	22 325	37 230	15 654

港口名称	福州港	营口港	秦皇岛港	烟台港	连云港港	日照港	湛江港	
货物吞吐量（万吨）	8 218	26 085	28 770	18 029	15 627	25 256	15 539	

数据来源：中国统计年鉴2009—2011。

（二）港口投入产出变量的数据处理

1. 投入变量因子分析

由于投入变量选择偏多，不利于 DEA 模型分析，因此有必要对投入变量进行主成分分析。将样本的投入变量数据标准化处理后，利用 SPSS 软件的因子分析功能进行因子分析，相关系数临界值，$\alpha = 0.05$ 时，$r = 0.5340 > 0.3$；$\alpha = 0.01$ 时，$r = 0.6522 > 0.3$，说明各投入变量的相关性很好；KMO = 0.671，Bartlett 的球形度检验 $P = 0.0001 < 0.05$，结果表明相关因数矩阵与单位矩阵有显著差异，说明上述 7 个备选投入变量适合作因子分析。

SPSS 软件运行后得到标准化的港口投入数据的特征根、方差贡献率和主成分负载，可得到结果如表 6-4、表 6-5 所示。

表 6-4　投入指标的主成分分析——特征值及贡献率

成分	初始特征值			提取平方和载入			旋转平方和载入		
	合计	方差的（%）	累积（%）（贡献率）	合计	方差的（%）	累积（%）（贡献率）	合计	方差的（%）	累积（%）（贡献率）
1	4.700	67.137	67.137	4.700	67.137	67.137	4.693	67.037	67.037
2	1.154	16.492	83.629	1.154	16.492	83.629	1.161	16.593	83.629

表 6-5　投入指标的主成分负载系数矩阵

变量序号	成分	
	1	2
$x3$	0.963	0.127
$x2$	0.952	142
$x4$	0.874	-0.025
$x1$	0.871	0.206
$x6$	0.862	0.056
$x7$	0.769	0.388
$x5$	0.035	0.944

提取方法：主成分分析法。旋转法：具有 Kaiser 标准化的正交旋转法。旋转在 3 次迭代后收敛。

从"表 6 - 5　投入指标的主成分负载系数矩阵"可以得出以下结论：一是 7 个备选变量可以归纳为两类因子，其中 $x1$、$x2$、$x3$、$x4$、$x6$、$x7$ 为第一类主成分，$x5$ 为第二类主成分；二是相关投入变量负载按由大到小的顺序为 $x3 > x2 > x5 > x4 > x1 > x6 > x7$，即港口各投入因素按重要程度由大到小的排列顺序为：泊位长度、万吨级以上泊位数、泊位水深、库场面积、万吨级以下泊位数、装卸机械、港作船舶。

2. 投入产出数据处理

由于港口投入主成分得分数据以及产出标准化数据含有负数值，为满足 DEA 模型条件，输入输出数据必须不小于 0，因此本书采用一种有利于 DEA 评价的转换数据方法，即以数 e（约为 2.718 3）为底，以港口投入产出主成分数据及产出标准化数据为幂进行转换，通过 SPSS 软件运行得出表 6 - 6。

表 6 - 6　港口投入产出数据处理

项目 样本	投入标准化		产出标准化	投入对数转换		产出对数转换
	主成分 1	主成分 2		主成分 $x1$	主成分 $x2$	
宁波—舟山港	1.743 18	1.911 86	2.159 98	5.72	6.77	8.67
上海港	2.654 46	- 1.370 13	1.767 17	14.22	0.25	5.85
大连港	0.314 72	1.184 67	0.145 32	1.37	3.27	1.16
天津港	0.422 46	0.360 63	0.802 56	1.53	1.43	2.23
广州港	0.653 13	- 0.840 17	0.679 03	1.92	0.43	1.97
深圳港	- 0.006 61	- 0.373 52	- 0.496 06	0.99	0.69	0.61
青岛港	- 0.552 93	0.547 53	0.345 03	0.58	1.73	1.41
厦门港	- 0.539 92	- 0.102 54	- 0.872 50	0.58	0.90	0.42
福州港	- 0.666 23	- 1.848 03	- 1.292 11	0.51	0.16	0.27
营口港	- 0.359 48	0.294 86	- 0.283 88	0.70	1.34	0.75
秦皇岛港	- 0.739 75	- 0.641 19	- 0.132 37	0.48	0.53	0.88
烟台港	- 0.462 67	0.261 60	- 0.738 48	0.63	1.30	0.48
连云港港	- 0.812 38	- 0.580 33	- 0.874 03	0.44	0.56	0.42
日照港	- 0.893 38	1.208 15	- 0.330 66	0.41	3.35	0.72
湛江港	- 0.594 58	- 0.013 39	- 0.878 99	0.55	0.99	0.42

（三）基于 DEA 的沿海港口基本效率评价

1. 港口基本效率分析

由于 DEA 中 VRS 模型将技术效率的无效原因分解成为两部分：一部分是规模无效率，一部分是纯技术无效，这可以在相同的数据上通过实施 CRS 和 VRS 两个 DEA 模型来做到。因此，利用 DEA 软件分析系统，选择投入主导的 VRS 模型，可以得到各港口规模报酬变化下的纯技术效率和规模效率。分析结果如表 6－7 所示。

表 6－7　港口基本效率测度

项目 样本	综合效率	效率状态	纯技术效率	规模效率	规模报酬变化（递增或递减）
宁波—舟山港	0.816	无效率	1	0.816	drs（递增）
上海港	1	有效率	1	1	－（不变）
大连港	0.378	无效率	0.388	0.974	irs（递减）
天津港	0.869	无效率	0.996	0.872	drs（递增）
广州港	1	有效率	1	1	－（不变）
深圳港	0.422	无效率	0.517	0.816	irs（递减）
青岛港	1	有效率	1	1	－（不变）
厦门港	0.367	无效率	0.756	0.485	irs（递减）
福州港	0.478	无效率	1	0.478	irs（递减）
营口港	0.512	无效率	0.660	0.777	irs（递减）
秦皇岛港	1	有效率	1	1	－（不变）
烟台港	0.356	无效率	0.696	0.512	irs（递减）
连云港港	0.506	无效率	1	0.506	irs（递减）
日照港	0.722	无效率	1	0.722	irs（递减）
湛江港	0.372	无效率	0.796	0.467	irs（递减）
均值	0.653	无效率	0.854	0.762	

表 6－7 说明样本港口中，只有上海港、广州港、青岛港、秦皇岛港 DEA 有效率，其他港口为 DEA 无效率。在无效率港口中，宁波—舟山港、福州港、连云港港、日照港显示纯技术效率有效，而规模效率无效；大连港、天津港、深圳港、厦门港、营口港、烟台港、湛江港显示纯技术效率无效，且规模效率无效。样本平均综合效率 0.653，相对偏低，是由于纯技术效率无效和规模无效共同作用的结果。

2. 港口投入产出投影分析

DEA 的 CRS 模型还提供了投入或产出指标松弛变量，这些不为 0 的变量所对应的指标正是制约港口效率的因素。投入指标的松弛量代表既定产出水平下某一投入指标相对于其在有效前沿面上投影的冗余量；产出指标的松弛量则代表某一产出指标相对其在有效前沿面上投影的不足量。松弛变量可以提供 DEA 无效港口向有效前沿面调整的方向。具体的计算结果如表 6 – 8 所示。

表 6 – 8　港口投入产出投影分析

项目＼样本	原始值			投入冗余			目标值		
	投入 1	投入 2	产出	投入 1	投入 2	产出	投入 1	投入 2	产出
宁波—舟山港	5.72	6.77	8.67	− 1.055	− 1.249	0	4.665	5.521	8.67
上海港	14.22	0.25	5.85	0.00	0.00	0	14.22	0.25	5.85
大连港	1.37	3.27	1.16	− 0.852	− 2.035	0	0.518	1.235	1.16
天津港	1.53	1.43	2.23	− 0.201	− 0.188	0	1.329	1.242	2.23
广州港	1.92	0.43	1.97	0.00	0.00	0	1.92	0.43	1.97
深圳港	0.99	0.69	0.61	− 0.572	− 0.399	0	0.418	0.291	0.61
青岛港	0.58	1.73	1.41	0.00	0.00	0	0.58	1.73	1.41
厦门港	0.58	0.90	0.42	− 0.367	− 0.570	0	0.213	0.330	0.42
福州港	0.51	0.16	0.27	− 0.266	− 0.084	0	0.244	0.076	0.27
营口港	0.70	1.34	0.75	− 0.341	− 0.653	0	0.359	0.687	0.75
秦皇岛港	0.48	0.53	0.88	0.00	0.00	0	0.5	0.54	0.88
烟台港	0.63	1.30	0.48	− 0.406	− 0.837	0	0.224	0.463	0.48
连云港港	0.44	0.56	0.42	− 0.217	− 0.277	0	0.223	0.283	0.42
日照港	0.41	3.35	0.72	− 0.114	− 0.93	0	0.296	2.42	0.72
湛江港	0.55	0.99	0.42	− 0.346	− 0.622	0	0.204	0.368	0.42
均值	2.042	1.580	1.751	− 0.316	− 0.523	0	1.728	1.508	1.751

表 6 – 8 说明在投入主导模型下，样本港口明显存在投入松弛，保持产出不变而使效率提高的方法是减少投入。表中除上海港、广州港、青岛港、秦皇岛港 4 个有效率港口的投入产出目标值与原投入产出值相等外，其他无效率港口投入目标值均低于原投入值，通过降低投入保持产出的方法提高现有效率。以宁波—舟山港为例，

应在投入 1 要素上降低 1.055 个单元投入变量，在投入 2 要素上降低 1.249 个单元投入变量，以便实现投入目标 4.665 和 5.521，达到 8.67 产出，即可提高规模效率。全部样本的投入松弛均值为 0.839，总体投入松弛比达 41.09%。

同样，如果采用产出主导模型，则样本港口存在明显的产出不足，在原有投入不变的前提下若提高效率则必须扩大产出。经测算，全部样本的产出不足均值为 2.61，不足比例达 61.35%。

（四）基于超效率 DEA 模型的沿海港口效率评价

上述分析显示 15 个样本港口中有 4 个港口的效率值为 1，表明有效，11 个港口效率值小于 1，表明无效，但对效率值为 1 的港口无法比较优劣。事实上效率值均为 1 的港口的真实效率也是不同的。DEA 模型虽然可以对无效单元提出改进的意见，但它却不能对相对有效单元进行后续评价。而 P. Anersen 等学者于 1993 年提出的超效率 DEA 评价模型（SE – DEA）克服了传统 DEA 模型的弱点，可以应用于有效单元的排序。

假设对第 k 个决策单元进行效率评价，使用下面规划模型：

$$s.t. \begin{cases} \min\theta \\ \sum_{\substack{j=1 \\ j\neq k}}^{n} X_j\lambda_j \leq \theta X_k \\ \sum_{\substack{j=1 \\ j\neq k}}^{n} Y_j\lambda_j \geq Y_k \\ \lambda_j \geq 0 \qquad j = 1,\cdots,n \end{cases}$$

与传统 DEA 模型相比，SE – DEA 模型在评价 j_0 单元时，将其与样本中其他所有 DMU 的线性组合作比较，而不包括 j_0 本身，结果有效的 DMU 有可能按比例增加其投入，而效率值保持不变。其投入增加比例即超效率评价值。在超效率 DEA 模型中，将某个 DMU 能增加其投入而仍保持相对有效性的最大比例值，称为该 DMU 的"超效率"，该效率值可能大于 1。

超效率模型主要是针对传统 CCR 模型评价出效率值为 1 的 DMU 进行优化评价，对效率值小于 1 的决策单元没有任何影响，因为这些 DMU 不在生产前沿面上。因此，超效率的分析将仅对 CCR 模型中效率为 1 的决策单元进行分析。

根据样本决策单元的 DEA 分析结果绘制出的沿海港口生产前沿面见图 6 – 2 所示，图中 2、5、7、11 分别代表样本 2 上海港、样本 5 广州港、样本 7 青岛港、样本 11 秦皇岛港，由此可知，4 个港口均在生产前沿面上，效率值均为 1。

为比较 4 个港口的超效率，采用 DEA 方法常用的 MyDEA2.0 软件，设置投入主导型超效率模型，对相关样本数据进行运算，计算结果见表6-9（为便于分析，将15个港口基本效率、超效率及其排名列示于同一个表中）。

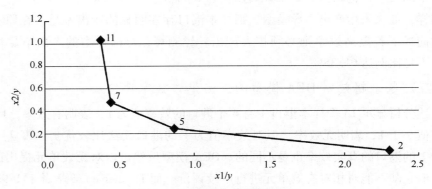

图6-2 沿海港口生产前沿面

表6-9 港口基本效率、超效率及其排名

序号	基本效率排名	基本效率	超效率排名	超效率效率
1	上海港	1	上海港	6.407
2	广州港	1	广州港	1.541
3	青岛港	1	青岛港	1.442
4	秦皇岛港	1	秦皇岛港	1.192
5	天津港	0.869	天津港	0.869
6	宁波—舟山港	0.816	宁波—舟山港	0.816
7	日照港	0.722	日照港	0.722
8	营口港	0.512	营口港	0.512
9	连云港港	0.506	连云港港	0.506
10	福州港	0.478	福州港	0.478
11	深圳港	0.422	深圳港	0.422
12	大连港	0.378	大连港	0.378
13	湛江港	0.372	湛江港	0.372
14	厦门港	0.367	厦门港	0.367
15	烟台港	0.356	烟台港	0.356

三、结论

通过以上分析可以看出我国沿海规模以上港口的运行已经处于低效率状态,这与近年来各地不断加强港口投资力度,扩大港口投资规模,以期提升港口吞吐能力有关。事实上,港口吞吐量的增长幅度已经出现连年下降趋势,而这期间,港口投资规模依然阶段性增幅过快。特别是在不断增加的港口投资中,万吨级以上的泊位增长幅度始终低于泊位总量以及泊位长度的增长幅度,说明港口投资结构存在不合理现象,这将制约港口吞吐能力同步提升。

通过 DEA 效率模型对沿海 15 个港口进行实证分析得出全部样本综合效率值仅为 0.653,效率值偏低,其中技术效率因素占 38.02%,规模效率因素占 61.98%,说明提升港口效率应从控制港口投入入手,在保证现有吞吐量、吞吐能力稳步增长的前提下,注重改善港口投资结构,适度控制港口投入规模、降低投入增长幅度,将有利于我国沿海港口向低投入多产出的高效率运行模式转移。

第三节　浙江港口物流发展态势

一、浙江港口物流发展面临的新形势

经济和产业转型进一步加快,物流业趋向集约化发展。国民经济和产业结构转型客观上要求浙江全省加快整体经济的转型,以先进制造业、现代服务业为载体实现全省产业结构的升级。在这一趋势下,要求全省物流系统运作逐步从粗放走向集约,物流节点从分散布局、功能单一走向系统化、集约化,并依托网络化、现代化、信息化的物流组织,全面提升整体物流效率和质量。长三角区域一体化新趋势,要求统筹港口物流新格局。国务院《长江三角洲地区区域规划》正式下发,提出区域内部发展协调、分工合理、各具特色的空间格局。浙江省物流发展必须打破行政区划界限,结合长三角区域内的产业分布,构建区域一体化的港口物流网络体系,引导物流资源的跨区域整合。浙江省第十二次党代会在全国率先提出建设港航强省战略,未来浙江将持续加大港航产业、海洋经济带与港口物流产业建设,以项目为基础,重点推动大宗散货交易平台、海陆联动集疏运网络、金融和信息支撑系统为重点的"三位一体"港口服务体系建设,为港口物流带来全新的发展平台。振兴内河水运复兴计划,带来发展新机遇。浙江省内河航运发展显著,但与其他运输方式相比,发展仍相对滞后。振兴内河水运计划是省政府根据浙江经济发展新形势提出,将重点加快高等级航道网、内河港口枢纽、船型标准化及信息系统的建设,对促进内河航运发展，推动浙江内陆地区经济发展具有重要贡献，同时也为浙江内河港口物流发展带来重要机遇。

（一）建设港航强省与"三位一体"港航服务体系对物流发展提出新要求

浙江省在全国率先提出建设港航强省战略，未来浙江将持续加快港航产业、海洋经济带与港口物流产业建设，以项目为基础，重点推动以大宗散货交易平台、海陆联动集疏运网络、金融和信息支撑系统为重点的"三位一体"的港口服务体系建设，为港口物流带来全新的发展平台。

（二）长江流域经济发达派生浙江沿海港口物流需求强劲

物流业是依附于供需方的商贸活动，离开商贸活动物流就是"无源之水、无本之木"，因此，建设浙江沿海港口必须深度分析"物在何处，流向何方"。

长江干线流域七省二市冶金、石化、汽车、电力等产业密集，聚集了我国41%以上的经济总量，但煤炭、铁矿石和原油资源不足，需要从国外进口大量原材料，而海运成本优势明显，长三角地区的港口就成了长江流域对外贸易的主要通道。沿江大型企业生产所需的大部分铁矿石、原油和电煤运输通过海运经长三角地区的港口"水水中转"由水运承担。长江流域散货"海进江"水水中转对沿江经济的发展具有重要的支撑作用。从长远来看，长江大宗散货运输不仅所占比重很大，而且需求持续旺盛。长三角、长江经济带的发展拉动了矿石、煤炭、原油等散货进口量的不断增加，而煤炭、铁矿石、原油等大宗物资的大型船舶海上运输经沿海其他港口中转必将受到航道水深、深水泊位能力不足的限制，故经浙江沿海港口的中转量将会不断增加。因此，把舟山港建设成为一个国际性的大宗商品水水中转的物流岛，是长三角、长江流域经济建设的一个必然选择。

（三）上海港散货运输功能的转移为浙江沿海港口优势的发挥带来发展机遇

由于上海港处于亚太地区港口发展激烈竞争的外部环境中，尽快建成国际集装箱枢纽港将极大地增强我国海运业的竞争能力。作为长江三角洲港口群的核心港，上海港在近、中期内的目标是建设国际集装箱枢纽港，将煤炭、化工、粮食等散货的运输功能分流给周边临近沿海港口，从而为浙江沿海港口发挥港口优势带来发展机遇。

二、浙江港口物流未来发展趋势

港口作为水路运输网络的重要节点以及区域经济活动的集聚地，伴随着经济的快速发展，汇集了大量物流、资金流、信息流，集中了多种物流作业，集合了各种物流服务功能，其发展水平标志着一个国家或地区经济发展水平。全球经济一体化的浪潮推动中国更多地参与国际经济合作，浙江港口集群作为我国参与全球贸易的枢纽，具有区域性国际化商贸中心、金融中心、信息中心的功能，将呈现如下发展趋势。

（一）港口物流将向柔性化方向发展

柔性化作为港口物流一种新型的经营与运作模式，强调的是以变应变的能力，通过调整港口供应链结构、运行流程等提升港口对环境变化的反应速度，降低港口供应链的脆弱性和提高供应链的灵活性，从而增加港口物流供应链的柔性。

（二）沿海港口将向联盟化方向发展

以资产为纽带，浙江沿海港口企业之间的紧密合作不断深化，宁波—舟山港与嘉兴港、温州港、台州港等将形成紧密的合作关系，沿海港口间合作将更加紧密；沿海港口通过拓展联盟范围，加强港口企业与航运企业、物流企业之间的合作，最终将在资产整合的基础上，以宁波—舟山港为核心，建成合作紧密、互利共赢的港口联盟，港口物流综合竞争力将进一步提升。

（三）港口管理将向信息化、智能化方向发展

浙江沿海港口对外的接口是跨地区跨国度的，必须建设一个跨国界的、服务多元化、具有很强的综合性的港口城市现代物流信息平台。港口物流信息平台将连接口岸管理部门、口岸生产部门、口岸辅助部门和其他政府部门，加快口岸物流信息的流通速度，完成政府与政府、政府与企业、企业与企业、企业与中介之间的信息交换和共享，达到通关环节中的外经贸、海关、检验检疫、外管、银行、港口、机场等国际物流相关环节的有效协调，使口岸通关时间达到国际先进水平，提高口岸物流的整体效率，最终目标是实现口岸物流全程的电子化、网络化和数字化。

浙江沿海港口将运用基于 Multi – Agent System 的港口码头群多智能体协同运营机制与数字化技术，针对港口信息化数据的分析，建立面向问题的数学模型并进行优化求解，并对决策过程进行可视化仿真，从而实现对港口相关问题的智能决策支持，通过信息化的手段将港口功能和口岸功能向内陆延伸，实现业务处理的本地化、智能化，全面提升港口吞吐能力、港口效率（船时效率、岸线通过能力、堆场利用率、泊位利用率、船舶准班率、设备完好率等）、港口的软件管理水平（口岸通关能力，信息化水平，技术创新能力和管理水平等）技术经济指标，进而提升港口企业、港口企业集团的服务水平和综合竞争能力，拉动区域经济发展。

（四）港口泊位将向深水化方向发展

近年来，船舶出现了向大型化发展的趋势（散货船大都在 15 万～20 万吨，油船出现 50 万吨巨轮，集装箱船也向超巴拿马型发展），环球航线上的国际集装箱班轮已经向第五、第六代发展，满载吃水最小的也在 12 米以上，深水泊位和深水航道就成为国际班轮未来主要船型对港口的要求。港口航道和泊位深水化主要是为了适应日益显著的船舶大型化趋势。

（五）内陆无水港将快速发展

未来浙江省在发展和完善沿海大型运输枢纽型物流园区的同时，加快内陆无水港布局，重点在杭州、萧山、富阳、绍兴、嘉兴、湖州、义乌、金华、衢州等地建设内陆无水港，与沿海港口形成联动发展。宁波—舟山港将在省内不断完善无水港布局，加强与重要箱源地的合作，形成利益共享机制，拓展港口经济腹地。

第七章
浙江港口物流企业财务评价

港口作为国民经济的基础产业，是全球供应链的重要节点。地处东海之滨的浙江，属"长三角"南翼。以宁波—舟山港为龙头，温州、台州港和嘉兴港为两翼的港口群沿海岸线呈弧形分布。以宁波—舟山港建设为核心，通过培育港口物流产业集群、从空间上整合港口物流企业资源促进浙江港口物流产业化发展，既是浙江省政府的重大决策，更是浙江海洋经济发展的战略重点。

经营与财务杠杆是衡量浙江港口物流企业经营风险与财务风险的重要指标，具有"双刃剑"的作用，在追求盈利的同时控制好风险，提高企业经济效益，将成为浙江港口物流企业关注的重要课题；另外，随着港口管理体制改革的不断深化，浙江港口物流企业的经营绩效愈来愈多地受到投资者及管理者的关注。因此，对港口物流企业进行财务评价成为必然。本章首先以浙江港口物流上市公司作为研究对象，采用 AHP 层次分析法，以盈利能力、偿债能力以及发展能力作为评价指标，对企业绩效评价进行实证研究。其次，定量描述了浙江港口物流上市公司杠杆系数，并通过分析经营杠杆系数数据，揭示浙江港口物流上市公司的行业属性。最后，总结得出浙江港口物流上市公司的经营理念。

第一节　浙江港口物流上市公司绩效评价

目前，浙江的港口物流产业正处在快速成长的阶段，但是它在技术标准、管理体制和统计体系等方面还不是很完善，且在港口物流统计数据方面尚存有不足之处。另外，涉及浙江港口物流方面的研究几乎都是以某一特定区域和港口为主，真正关于目前港口物流产业状况及绩效的分析成果并不多见。鉴于此，笔者选取浙江从事港口物流行业的上市公司宁波港以及全国其他地区具有代表性的连云港、天津港、深圳港、芜湖港、日照港、锦州港、上港集团、盐田港、唐山港、营口港和厦门港务 12 个港口物流上市公司为研究对象，利用层次分析法，对其最新的数据资料进行统计分析，了解目前上市公司的状况，为其建立合适的绩效评价体系，最终为初步评估浙江港口物流产业的整体现状提供实证支持。

一、企业绩效评价概述

（一）绩效及企业绩效评价的定义

绩效是人们实践活动所产生的、与劳动耗费有对比关系的、可以度量的、对社会有益的结果。绩效是评价一切实践活动的有效尺度和客观标准。其性质有正负之分，凡主体作用于客体产生的效果有利于满足社会的需要时，为正绩效；反之，则为负绩效。

企业绩效评价，通常意义上讲它是对企业占有、使用、管理与配置经济资源的效果进行的评判，即：通过对企业经营成果和经营者业绩的评判，不但使所有者可以决定企业下一步的发展战略，检查契约的履行情况，同时，企业经营者及其他利益相关者根据企业绩效评价结果进行有效决策，引导企业改善经营管理，促进经济效益的提高。按照规范的定义，企业业绩评价是指运用数理统计和运筹学方法，采用特定的指标体系，对照统一的评价标准，按照一定的程序，通过定量定性对比分析，对企业一定经营期间的经营业绩，作出客观、公正和准确的综合评判。

（二）进行绩效评价的意义

进行企业绩效评价的意义如下。

第一，可以为出资人行使经营者的选择权提供重要依据，有助于考核企业经营者的工作业绩，能够将评价结果与经营者的报酬和奖金挂钩，为我国港口企业绩效评价研究成果转化为有效的激励和约束机制提供实证支撑。

第二，可以有效地加强对企业经营者的监管和约束。

第三，可以为激励企业经营者提供可靠依据。

第四，有助于促进企业经营观念与发展战略的转变。

第五，有利于推动企业实施适应现代企业制度的绩效管理方法。

二、港口企业绩效评价现状

港口物流是指以建立货运中心、配送中心、物流信息中心和商品交易中心为目的，将运输、仓储、装卸搬运、代理、包装加工、配送、信息处理等物流环节有机结合，形成完整的供应链，能为用户提供多功能、一体化的综合物流服务。港口作为全球综合运输网络中的一个不可替代的节点，完成整个供应链物流系统中基本的物流服务和衍生的增值服务。现代港口正成为贸易发展的催化剂，对周边地区和腹地产生巨大的商业辐射功能，正大力地推动着区域经济和产业的协调发展。现代化港口既是海陆联运的枢纽，又是国际商品储存、集散的分拨中心，集物流服务中心、商务中心、信息服务中心和人员服务中心为一体。经济一体化促使港口物流必须向国际化、规模化、系统化发展。而港口的这些新特点对传统的港口物流运转模式提出了新要求，为顺应经济全球化的需要，在发展港口物流的同时，有必要进行港口物流的绩效评价，对于港口不断完善自身物流系统，不断开拓创新，与时俱进，有着非常重要的意义。

由于受到港口传统管理体制的影响，对于港口物流企业的绩效评价直到20世纪90年代才开始引起人们的重视。目前，对港口绩效评价的研究仍主要集中在对港口绩效评价指标体系的研究上，或是选取某一层面进行绩效评价。主要有代表性的关于港口方面的研究有如下几点。

（1）从指标选取的角度进行评价

近几年相当一部分学者研究了关于港口绩效评价的指标，虽然绩效评估指标繁多，但多以财务及营运状况为主要衡量项目指标，很少注意到创新学习及顾客满意度的问题。因此有关学者使用平衡计分卡 BSC 方法建立了包括财务方面、顾客方面、内部流程方面和学习成长方面的港口企业绩效评价体系。建立了对港口企业运营绩效评估的流程，提供了全方位的绩效评估方法。而该方法的提出对于提高企业管理能力与水平是一种突破。另外，也有从成本、效率、风险和客户管理4个方面建立了物流绩效评价指标体系。他们创新性地从风险这一角度考虑物流绩效评价指标，但却未能给出具体的风险量化措施和控制手段。

（2）利用模型进行评价

相关研究学者利用极效率数据包络分析 DEA 模型对集装箱港口的港口绩效进行评价。分析了集装箱港口生产绩效的影响因素，指出利用极效率数据包络分析模型能够有效地区别出有效决策单元之间的绩效差异，可以对所评价的决策单元进行有效的排序，并提出了把客户比较关注的港口作业效率、港口的拥挤程度和船舶进港时间延滞程度等指标引入模型，作为模型的输入。经过 Excel 计算得出最有效率的港口，并指出了影响港口绩效的最重要因素。

（3）基于理论进行评价

学者们运用了 SCP 产业组织理论的研究方法，SCP 范式是产业组织理论中的重要分析方法之一，以实证研究为主要手段，建立起传统分析框架"市场结构→市场行为→市场绩效"。分析了我国港口物流产业绩效的整体现状，同时试图构造一个"结构—行为—绩效"的分析框架，为产业现状的科学评价提供服务。

三、港口业物流上市公司绩效评价指标的设计

（一）绩效指标范围的确定

在确定企业的指标范围的时候，本章节从财务的角度，通过盈利能力、偿债能力以及发展能力进行公司业绩的评价，且这样的划分具有一定的可行性和必要性。

首先，任何一家企业，其生存下去的动力无非是希望其能够创造利润，带来财富，而企业的盈利能力状况能很好地体现出一个企业自身资产方面的信息。企业要想在激烈的市场竞争中生存下去，就必须获取足够的自由流动资金，才能为其今后的发展打下坚实的物质基础。从某种程度上说，企业的生存能力决定着企业的一切，而生存能力又通过盈利能力表现出来，盈利能力高则说明企业的生存能力强，反之亦然。所以，对于企业而言，盈利能力是其最为关键的价值驱动因素。

其次，对于许多企业的投资者而言，除了考虑企业的盈利能力等因素以外，企业的偿债能力也是常被关注的，企业的偿债能力的强弱直接关系到企业持续经营能力的高低，而在市场经济条件下开展经营活动的现代企业，其偿债能力是衡量企业财务管理的核心内容。企业有无现金支付能力和偿债能力是企业能否健康发展的关键。

最后，对于一家企业而言，其最为关注的莫过于自身今后的发展情况，而企业今后的发展能力主要体现在企业的管理能力以及资本积累两个方面，通过筹集一定的资金，企业便能够为其进一步发展提供保障，保证企业不断前进，不断保持持续的盈利能力。同时，也能为企业的创新能力提供有利的发展空间。所以，企业的发展能力在企业的生存发展中有着不可替代的作用。

（二）绩效指标的选取

根据上面的分析，本章节从财务的角度对上市公司的业绩状况进行研究，从财务的视角，以企业的盈利能力、偿债能力以及发展能力3个方面进行考虑，具体的指标选取如下。

1. 盈利能力指标

对于企业而言，一般用来反映其盈利能力的主要指标有以下几个。

（1）净资产收益率

企业的净资产收益率，亦称股东权益收益率。这个指标反映的是股东权益的收益水平。该值越高，说明公司的盈利能力越强，该值越低，则说明公司的盈利

能力越弱。

（2）总资产报酬率

总资产报酬率等于净利润与总资产的比值，因为总资产是动态的，一般数值都取上一年末的数值，相对也是稳定的，净利润直接体现盈利能力。

（3）主营业务利润率

是指企业一定时期主营业务利润同主营业务收入净额的比率。它表明企业每单位主营业务收入能带来多少主营业务利润，反映了企业主营业务的获利能力，是评价企业经营效益的主要指标。主营业务利润率＝主营业务利润/主营业务收入。

（4）销售毛利率

销售毛利率是企业销售净利率的最初基础，没有足够大的毛利率便不能盈利。销售毛利率＝（营业收入－营业成本）/营业收入×100%。

（5）每股收益

每股收益是上市公司发行股票所取得的利润，它反映了股份公司获利能力的大小。每股收益越高，则说明公司的获利能力越强，反之亦然。

2. 偿债能力指标

（1）资产负债率

资产负债率＝（负债总额/资产总额）×100%。一般说，负债比率越高，说明企业利用债权人提供资金进行经营活动的能力越强，而债权人发放贷款的安全程度越低。资产负债率是偿债能力的一个重要指标。

（2）流动比率

流动比率＝流动资产/流动负债。一般说，流动比率越高资产的流动性越强，短期偿债能力越强。流动比率大于1，说明企业流动资产大于流动负债。

（3）速动比率

速动比率＝速动资产/流动负债。速动资产是企业短期内可以变现的资产，等于流动资产减去存货后的金额，一般说，速动比率越高资产的流动性越强，短期偿债能力越强。速动比率大于1，说明企业速动资产大于流动负债，企业有足够的能力偿还债务。

（4）现金比率

现金比率＝现金/流动负债。一般说，现金比率越高资产的流动性越强，短期偿债能力越强。

3. 发展能力指标

（1）净资产增长率

净资产增长率是指企业本期净资产总额与上期净资产总额的比率。净资产增长率反映了企业资本规模的扩张速度，是衡量企业总量规模变动和成长状况的重要指标。净资产增长率是代表企业发展能力的一个指标，反映企业资产保值增值的情况。对于企业而言，净资产收益率较高代表了较强的生命力。

（2）总资产增长率

总资产增长率是企业本年总资产增长额同年初资产总额的比率，反映企业本期资产规模的增长情况。资产增长是企业发展的一个重要方面，发展性高的企业一般能保持资产的稳定增长。3 年平均资产增长率指标消除了资产短期波动的影响，反映了企业较长时期内的资产增长情况。

（3）总资产周转率

总资产周转率是指企业在一定时期业务收入净额同平均资产总额的比率。该数值越高，表明企业总资产周转速度越快，销售能力越强，资产利用效率越高。反之亦然。

（4）存货周转率

存货周转率是销货成本被平均存货所除而得到的比率。存货周转速度越快，即存货周转率越高或存货周转次数越多、存货周转天数越短，存货占用水平越低，流动性越强，存货转化为现金或应收账款的速度就越快，这样会增强企业的短期偿债能力及获利能力。反之亦然。

（5）应收账款周转率

应收账款周转率反映的是公司应收账款周转速度的比率。应收账款周转率越高越好，表明公司收账速度快，平均收账期短，坏账损失少，资产流动快，偿债能力强。

（6）主营业务收入增长率

主营业务收入增长率可以用来衡量公司的产品生命周期，判断公司发展所处的阶段。一般地说，如果主营业务收入增长率超过 10%，说明公司产品处于成长期，将继续保持较好的增长势头，尚未面临产品更新的风险，属于成长型公司。如果主营业务收入增长率在 5% ~ 10% 之间，说明公司产品已进入稳定期，不久将进入衰退期，需要着手开发新产品。

（三）绩效指标重要性评价

绩效评价指标是评价港口物流上市公司的重要依据，本书应用层次分析法，先对上市公司的绩效指标进行排序，按其重要程度依次排列，为接下来的上市公司具体评价分析打好基础。

所谓层次分析法 AHP，是指将一个复杂得多目标决策问题作为一个系统，将目标分解为多个目标或准则，进而分解为多指标的若干层次，通过定性指标模糊量化方法算出层次单排序和总排序，以作为目标（多指标）、多方案优化决策的系统方法。AHP 一般将评估指标分为 5 个等级，即同等重要、稍重要、颇重要、极重要及绝对重要，并赋予 1、3、5、7、9 的分值，而介于 5 个基本尺度之间的 4 项，赋予 2、4、6、8 的分值。AHP 赋值及权重。如表 7 – 1 所示。

表 7 – 1　AHP 层次分析法具体的赋值意义

分值	等级	说明
1	同等重要	比较指标之间具有相同的重要程度
3	稍重要	经验与判断上，稍微倾向某一指标
5	颇重要	经验与判断上，较强烈倾向某一指标
7	极重要	经验与判断上，非常强烈倾向某一指标
9	绝对重要	有足够的理由与证据肯定绝对偏向于某一指标
2、4、6、8	相邻等级的中间值	需要折中处理中间值

表 7 – 2　AHP 的权数计算

指标	$A1$	$A2$	$A3$	…	An	合计	指标权重
$A1$	1	$a\,12$	$a\,13$	…	$a\,1n$	$T1$	$T1/T$
$A2$	$1/a\,12$	1		…		$T2$	$T2/T$
$A3$	$1/a\,13$		1	…		$T3$	$T3/T$
…	…	…	…	…	…	…	…
An	$1/\,a\,1n$	$1/a\,2n$	$1/a\,3n$	…	1	Tn	$Tn\,/T$
合计							1

注：$a\,12$：$A1$ 指标对 $A2$ 的相对重要程度，$a\,21 = 1/\,a\,12$

　　Tn（An 指标的评估系数和）：$Tn = a\,1n + a\,2n + a\,3n + \cdots + a\,nn$

　　An 的权重：Tn/T，$T = T1 + T2 + T3 + \cdots + Tn$。

港口物流业上市公司绩效指标见表 7 – 3。

表7-3　港口企业绩效评价系统指标层次

港口企业绩效评价系统	盈利能力指标	净资产收益率
		总资产报酬率
		主营业务利润率
		销售毛利率
		每股收益
	偿债能力指标	资产负债率
		流动比率
		速动比率
		现金比率
	发展能力指标	净资产增长率
		总资产增长率
		总资产周转率
		存货周转率
		应收账款周转率
		主营业务收入增长率

通过层次分析法，可以得出各指标的重要程度，从而进行港口企业评价指标的权重分配。首先，对盈利能力、偿债能力及发展能力进行权重分配。如表7-4所示。

表7-4　第一层权重分配

要素	盈利能力	偿债能力	发展能力	合计	要素权重
盈利能力	1	5	3	9	0.605
偿债能力	1/5	1	1/3	1.533	0.103
发展能力	1/3	3	1	4.333	0.292
合计					1

其次，对3个能力要素就其具体的指标进行权重分配，见表7-5、表7-6和表7-7。

表7-5 第二层指标权重（盈利能力指标）

指标	净资产收益率	总资产报酬率	主营业务利润率	销售毛利率	每股收益	合计	指标权重
净资产收益率	1	2	3	5	3	14	0.327
总资产报酬率	1/2	1	4	6	5	16.5	0.385
主营业务利润率	1/3	1/4	1	2	1	4.583	0.107
销售毛利率	1/5	1/6	1/2	1	1/3	2.199	0.051
每股收益	1/3	1/5	1	3	1	5.533	0.14
合计							1

表7-6 第二层指标权重（偿债能力指标）

指标	资产负债率	流动比率	速动比率	现金比率	合计	指标权重
资产负债率	1	2	2	3	8	0.357
流动比率	1/2	1	2	3	6.5	0.289
速动比率	1/2	1/2	1	4	6	0.268
现金比率	1/3	1/3	1/4	1	1.916	0.086
合计						1

表7-7 第二层指标权重（发展能力指标）

指标	净资产增长率	总资产增长率	总资产周转率	存货周转率	应收账款周转率	主营业务收入增长率	合计	指标权重
净资产增长率	1	2	3	5	6	7	24	0.316
总资产增长率	1/2	1	3	5	6	8	23.5	0.309
总资产周转率	1/3	1/3	1	3	4	4	12.666	0.167
存货周转率	1/5	1/5	1/3	1	3	4	8.733	0.115
应收账款周转率	1/6	1/6	1/4	1/3	1	3	4.916	0.065
主营业务收入增长率	1/7	1/8	1/4	1/4	1/3	1	2.100	0.028
合计								1

最后，通过以上对财务三大要素各指标进行权重分配，接下来就对各个指标进行权重的综合计算，以得出各指标在总值为1的分值中所占的比重。见表7-8。

表7-8 权重综合计算

第一阶段要素	权重1	第二阶段指标	权重2	各指标相对权重值1*2
盈利能力	0.605	净资产收益率	0.327	0.197 835
		总资产报酬率	0.385	0.232 925
		主营业务利润率	0.107	0.064 735
		销售毛利率	0.051	0.030 855
		每股收益	0.14	0.084 700
偿债能力	0.103	资产负债率	0.357	0.036 771
		流动比率	0.289	0.029 767
		速动比率	0.268	0.027 604
		现金比率	0.086	0.008 858
发展能力	0.292	净资产增长率	0.316	0.092 272
		总资产增长率	0.309	0.090 228
		总资产周转率	0.167	0.048 764
		存货周转率	0.115	0.033 580
		应收账款周转率	0.065	0.018 980
		主营业务收入增长率	0.028	0.008 176
合计				1

根据上面的计算，下面对各个指标进行降序排列，以得出各指标在评价上市公司绩效过程中的重要程度，如表7-9所示。

表7-9 各指标权重值排序

序号	指标	指标权重值
1	总资产报酬率	0.232 925
2	净资产收益率	0.197 835
3	净资产增长率	0.092 272
4	总资产增长率	0.090 228
5	每股收益	0.084 700
6	主营业务利润率	0.064 735
7	总资产周转率	0.048 764

序号	指标	指标权重值
8	资产负债率	0.036 771
9	存货周转率	0.033 580
10	销售毛利率	0.030 855
11	流动比率	0.029 767
12	速动比率	0.027 604
13	应收账款周转率	0.018 980
14	现金比率	0.008 858
15	主营业务收入增长率	0.008 176
合计		1

四、浙江港口物流上市公司实证研究

(一) 港口样本的选取

在港口的选取方面,为了更具说服力,本书在进行港口物流公司绩效评价的时候,选取的研究对象都是我国港口物流上市公司,通过获取上市公司的数据资料,结合层次分析法 AHP,从而更好地论证。目前,我国的港口物流上市公司总共有 15 家,但由于各港口的主营业务有所不同,所以,本书主要选取港口业务占总业务一半以上的上市公司,而对于港口业务不及公司总业务一半的上市公司,则未有选取。据此,本书总共选取了 12 家上市公司,占我国所有港口上市公司的 80%,这些上市公司分别为:宁波港、连云港、天津港、深赤港、芜湖港、日照港、锦州港、上港集团、盐田港、唐山港、营口港以及厦门港务。

(二) 相关指标的数据分析

在本书的第三部分,从盈利能力、偿债能力以及发展能力三个方面就其具体的指标进行了排序,得出了各因素的重要程度。根据上文所选取的指标,可以对企业进行排序,通过 12 家上市公司的最近数据资料进行评价及实证研究。下面是 12 家上市公司的最近数据资料(由于到目前为止上市公司的数据资料只反映到 2010 年 10 月之前的公司营业状况,而并非是整个年度,所以在选取数据时以上市公司目前已发布的最近数据为研究范围)。港口物流上市公司指标数据见表 7-10。

表 7 – 10   港口物流各上市公司就相关指标的对应数据

（一）

序号	港口	总资产报酬率（%）	净资产收益率（%）	净资产增长率（%）	总资产增长率（%）	每股收益（元）	主营业务利润率（%）	总资产周转率（%）	资产负债率（%）
1	盐田港	0.07	7.74	1.21	0.53	0.26	131.90	0.06	7.81
2	唐山港	0.05	8.49	96.25	22.23	0.34	22.15	0.38	32.17
3	宁波港	0.05	7.44	52.28	38.60	0.15	40.21	0.16	35.35
4	深赤港	0.08	15.37	9.48	11.20	0.75	58.79	0.22	36.94
5	锦州港	0.03	5.25	5.53	15.56	0.13	40.50	0.12	37.17
6	上港集团	0.06	11.62	4.97	6.28	0.19	38.07	0.22	40.44
7	日照港	0.04	7.23	7.79	13.49	0.14	19.73	0.29	43.98
8	连云港	0.03	4.75	3.98	19.41	0.16	11.22	0.33	39.90
9	营口港	0.02	5.59	2.42	10.67	0.17	14.83	0.18	66.03
10	天津港	0.03	6.30	4.99	2.67	0.38	12.30	0.38	39.40
11	厦门港务	0.02	4.50	4.04	1.29	0.14	9.71	0.40	42.23
12	芜湖港	– 0.01	– 1.87	– 1.86	9.17	– 0.03	– 8.86	0.12	43.56

（二）

序号	港口	存货周转率（%）	销售毛利率（%）	流动比率（%）	速动比率（%）	应收账款周转率（%）	现金比率（%）	主营业务收入增长率（%）
1	盐田港	41.41	65.23	19.59	19.59	19.41	19.20	5.87
2	唐山港	15.67	35.11	1.54	1.46	30.84	1.20	35.32
3	宁波港	19.30	46.15	1.67	1.66	6.96	1.33	31.77
4	深赤港	20.93	60.44	0.53	0.52	5.62	0.38	19.08
5	锦州港	80.50	57.60	0.76	0.75	15.73	0.59	26.27
6	上港集团	7.75	50.19	1.15	1.10	5.92	0.42	16.66
7	日照港	13.24	29.86	0.96	0.87	6.58	0.22	32.03

续表 7－10

（二）

序号	港口	存货周转率（%）	销售毛利率（%）	流动比率（%）	速动比率（%）	应收账款周转率（%）	现金比率（%）	主营业务收入增长率（%）
8	连云港	47.92	27.68	0.69	0.66	6.87	0.14	21.96
9	营口港	13.85	36.26	1.07	1.00	6.77	0.52	20.29
10	天津港	22.45	23.07	1.46	1.37	4.79	0.78	20.54
11	厦门港务	9.41	18.85	1.18	1.10	2.22	0.48	4.80
12	芜湖港	31.64	26.66	1.52	1.50	6.91	0.90	8.88

数据来源：各港口上市公司公告。

在根据上市公司的数据资料进行实证研究的同时，首先要给各港口的数据打分，打分的依据是我国最新制定的企业绩效评价标准值，以港口行业为参考对象，以便更好地对各上市公司进行评价打分。具体各港口相应数据的打分如表7－11。

表 7－11　各港口数据打分

（一）

序号	港口	总资产报酬率（%）	净资产收益率（%）	净资产增长率（%）	总资产增长率（%）	每股收益（%）	主营业务利润率（%）	总资产周转率（%）	资产负债率（%）
1	盐田港	48	65	25	45	82	95	25	80
2	唐山港	46	75	95	92	86	87	37	92
3	宁波港	46	62	90	95	73	91	30	90
4	深赤港	50	90	40	80	94	93	32	89
5	锦州港	43	50	34	89	69	92	28	87
6	上港集团	47	85	31	58	78	90	32	85
7	日照港	44	60	35	85	71	80	33	80
8	连云港	43	47	29	90	74	55	35	86
9	营口港	42	53	27	79	75	65	31	40
10	天津港	43	58	32	55	89	57	37	88
11	厦门港务	42	45	30	50	71	50	39	83
12	芜湖港	30	35	20	75	20	30	28	82

（二）

序号	港口	存货周转率（％）	销售毛利率（％）	流动比率（％）	速动比率（％）	应收账款周转率（％）	现金比率（％）	主营业务收入增长率（％）
1	盐田港	92	88	95	53	89	85	75
2	唐山港	80	68	39	46	95	50	97
3	宁波港	85	73	40	50	78	52	95
4	深赤港	87	85	30	32	72	23	90
5	锦州港	95	83	32	37	85	35	94
6	上港集团	70	78	35	43	73	25	87
7	日照港	78	66	33	42	74	22	96
8	连云港	93	63	31	35	76	20	93
9	营口港	79	70	34	40	75	32	91
10	天津港	88	53	37	45	72	37	91
11	厦门港务	75	48	36	43	35	30	72
12	芜湖港	90	58	38	48	77	40	79

（三）评价结果

　　该部分就结合上市公司的具体情况与评价指标，最终对浙江港口物流上市公司进行实证研究与分析。由于已经对上市公司的绩效指标做了一个重要程度的排序，在对 12 家上市公司排序时，即可就根据相关指标的权重值与上市公司各指标于 2010 年 10 月之前所反映的具体数据值的打分数相乘，然后对各公司的就每个具体指标的乘积值进行加权，最后即可得出各个公司的一个最终的数值。这个数值反映了上市公司就考虑到的盈利能力、偿债能力以及发展能力三个方面的综合水平。根据该数值对各个上市公司排序，即可得出 12 家上市公司的总体经营状况，从而可以为分析我国港口业物流上市公司提供依据，最终为制定我国的港口业物流上市公司绩效评价体系打好基础。即我们通过表 7 – 9 以及表 7 – 10 和表 7 – 11，可以对上市公司进行最终的从业绩角度的排列，从而可得出表 7 – 12。

　　从表 7 – 12 可观察得出宁波港是所有被研究对象当中分值最高的港口上市公司，即综合而言其经营状况等方面都强于其他被研究的对象，其次是唐山港，排名最末位的是芜湖港，总体而言，在所有被调查的港口物流上市公司当中，各公司之间虽然存在一定的差距，但是差距不是特别大，根据这 12 家上市公司的研究情况，可以大概反映出现阶段我国港口物流公司的若干情况。而且通过盈利能力、偿债能力以及发展能力的财务指标进行绩效评价，利用具体的上市公司的数据进行定量分析，这样的评价设计体系更具说服力及可行性。

表 7－12　12 家港口物流上市公司排序

序号	港口	总值
1	宁波港	77.511 08
2	唐山港	73.935 65
3	深赤港	70.736 28
4	上港集团	69.765 31
5	连云港	65.310 23
6	日照港	63.675 42
7	锦州港	62.680 93
8	天津港	58.467 09
9	盐田港	57.354 73
10	营口港	53.732 85
11	厦门港务	50.876 92
12	芜湖港	30.275 31

物流在我国的发展较其他国家晚，而港口物流作为物流体系中的一大支点，其地位不容小觑。由于浙江目前与港口物流相关的制度并不是特别规范，运行机制也有待提升，而对于企业而言，为保障其能够长期稳固地发展下去，就必须要有一套合理的绩效评价体系来约束与规范。

从财务的角度对港口业物流上市公司进行绩效评价对于企业而言具有很重要的意义。由于企业的规模、制度、运作流程等不同，很多企业在建立自身的绩效评价体系时，其考虑的角度有所不同，则选取的指标也不一样。而对于浙江港口物流上市企业而言，通过对企业的财务指标进行合理的分析与比较，从而能更好地反映企业的概况，能更好地与其他同行企业进行比较，不仅有利于企业经营者了解企业的运营，考核其工作业绩，而且还能为今后企业制定发展战略提供参考及依据，促使浙江的港口物流能够更快更好地发展。

第二节 浙江港口物流企业财务杠杆效应

近年来，在世界经济的强力推动下，国际港口行业取得了空前的发展。与此同时，国际港口业的昌盛也对世界经济的迅速崛起起到了至关重要的作用，港口业已逐步成为了促进世界经济一体化和国际贸易全球化的一个基础性的产业。因此，世界各国对港口业的投资也与日俱增，港口市场也在世界范围内受到了越来越多的关注。

港口是位于江河具有一定设施和条件，供船舶在各种气候条件下安全进出、靠泊、旅客上下、货物装卸、生活资料供应与必要的编配加工等作业的场所。最原始的港口一般都是天然的港口，一般都具有天然的海湾、水湾、河口等场所供船舶停靠。随着商业和航运业的不断发展，天然港口慢慢地已经不能满足经济发展的需求，必须兴建一些具有码头、防波堤和装卸设备等设施的人工港口，这便有了港口工程建设的开端。19世纪初出现了以蒸汽机为动力的船舶，就此船舶的吨位、尺寸和吃水也日益增大，因此，为了适应这一类船舶的停靠，人们开始建造人工深水港池和进港航道，并且开始使用一些相对比较先进的建造设施设备，于是现代港口工程建设就开始发展起来了。与此同时，路上交通特别是铁路运输的发展，能将大量货物运抵或运离港口，这也在另一方面大大促进了港口建设的发展。

一、港口行业营运特征及风险

（一）港口行业的营运特征

港口行业的营运除了具有工农业、采掘业等其他生产部门的一般特征以外，它还具有自身鲜明的特点，主要包括以下几个方面。

1. 港口行业公司固定资产投资巨大，经营风险比较高，投资回报率也很高

因为要想在港口行业实现正常的营运，除了在人力资源等方面的投入外，更重要的是在固定资产的投资上，而且固定资产的投资数目非常巨大。正是因为投资巨大，所以港口的成本回收周期也非常长，在此期间的各种变数较大，从而使得港口的经营风险也比较大。但是从另外一方面来说，能承受这么大投资的企业也较少，港口行业在一定程度上属于垄断行业，它的投资回报率因此也非常高。

2. 港口行业具有不可再生性，或者说是垄断性

历来港口企业争夺的首要资源就是地理位置优良的岸线资源。如果一个港口的地理位置足够优越，它甚至可以因此产生一个经济体、产业群或者是一个工业带。

比如香港就是由一个具有优良的深水港的港口逐渐发展成为东亚最重要的城市的。当然技术的进步也可以让我们建设人工岛或是人工港之类的设施，但是这样做的成本更高，一般的商务运作企业是很难承受的。因此，国家和地方政府也需要慎重地规划优良的岸线资源使用权的发放和开发利用，做到宏观上的把控。

3. 港口行业现在的发展已经达到高度成熟化

由于经过上千年的发展演变，经历了无数的经验教训已经使港口行业达到高度的标准化和规范化。货物的到港、进闸口、堆场管理、装卸管理和出闸口已经是港口的标准流程，各个港口都在这么一个大框架下进行不断地微调以提高效率。因此港口行业的创新难度已经很大，创新的空间也非常小。

4. 港口行业具有一定的依赖性

一方面，港口行业与国内外宏观经济存在着比物流行业的其他环节更加强的相关性；另一方面，港口虽然是物流体系中的一个重要的环节点，主要负责货物的储存和装卸，与铁路运输和公路运输相比，它很难自行形成一个完整的价值链。港口的正常营运涉及众多配套设施和配套机构的建设，例如，铁路、公路、大桥、隧道等，驻港的检验检疫机构、消防机构等也是必不可少的，因此，它的对外依赖性比较强。只有在整个价值链的协同作用下，才能在经营中取得更强的竞争优势。

（二）港口行业的营运风险

（1）港口行业的营运对于经济波动的敏感性很强，经济的发展状况影响着人类的消费行为以及货物的流转。当经济处于不稳定时期时，港口业的发展会停滞。

（2）从短期来看，国家出口退税政策的调整也将会给港口发展带来不利的影响。随着国家出口退税政策效应的逐渐显现，企业将因此减少产品的生产加工和进出口贸易量，相应的港口的货源也将随之减少，对港口的营运带来一定的风险。

（3）国际集装箱港口发展很快，特别是近年来，各港口纷纷注意到国际中转箱对于港口发展的重要性，不断调整提高自身的竞争优势。我国港口尽管吞吐量发展很快，但国际中转箱量相对比较少，港口的发展形势仍然非常严峻。与此同时，我国不同地区之间的港口竞争也越来越激烈，区域内部港口业也没有做到相互协调互补，港口发展举步维艰。

（4）多种运输方式间的竞争也没有停止，虽然港口行业在远洋运输中基本具有垄断性的优势，但短途运输中受其他运输方式的竞争威胁依然很大，要在短途运输中占有较多的份额并具有较强的竞争实力，港口的协调配合和自身建设都不可或缺。

二、港口类上市公司基本状况

港口业是国民经济中的基础性产业，该产业已成为世界各国最具现代化的部门之一，港口业的发展，不仅有利于促进社会资源的优化配置，而且通过运输功能的发挥促进对外贸易量的增长。港口的崛起是中国经济迅猛发展的一个缩影。港口资产整合将成为港口类上市公司实现外延式扩张的一个重要途径，也是港口未来发展的重要趋势。目前，绝大多数的港口类上市公司所在的港口规模相对较小，通过内部的资源整合，向上市公司注入资本可以更快地实现公司业务的扩张，实现规模化和集约化经营，从而将上市公司做大做强。经过多年的发展，港口类上市公司都保持着不错的业绩。虽然受到金融危机以及港口经济的复苏比较滞后的影响，港口业的同比增长出现了较大幅度的下滑，但是这也不会影响港口类上市公司良好的经营业绩和发展前景。

（一）港口类上市公司经营的基本概况

根据部分港口类上市公司公开披露的财务年度报表获得的相关财务数据如表7-13所示。

表7-13 2009年部分港口类上市公司的经营情况

上市公司	资产总额（元）	总股东（户）	净利润（元）	收益率
上港集团	63 346 991 107.52	442 489	3 760 046 087.38	10.34%
锦州港	5 208 097 675.65	122 365	163 680 974.21	5.36%
连云港	2 455 909 671.98	47 921	69 557 415.49	4.17%
日照港	7 559 472 093.31	94 784	344 887 323.80	10.58%
天津港	21 418 544 518.15	125 657	652 721 163.67	6.96%
营口港	9 056 118 893.25	65 533	192 115 058.38	6.01%
宁波港	25 317 954 209	332 486	1 616 452	11.44%
唐山港	4 443 418 767.20	120 351	250 792 319.22	15.40%

数据来源：各港口上市公司公告。

表7-13为2009年我国一些主要的港口类上市公司的基本经营情况。从中可以看出，2009年这些港口类上市公司或多或少地都有盈利，而其中，上港集团、日照港、宁波港以及唐山港的资产收益率较大，说明以上港口2009年的经营状况比较好，发展迅速。同时我们也可以看到，天津港在2009年的净利润额较高，但这大部分是得益于天津港的资产总额比较大，因此天津港的资产收益率并不是很高。由此看出天津港在上一年的经营中，其效率与上港集团等相比还是有一定的差距。但是

总体来说，港口类上市公司都有着良好的经营业绩和广阔的发展前途。

（二）港口类上市公司经营中存在的问题

1. 港口类上市公司的盈利能力有所下降

近些年，港口类上市公司的盈利能力与往年同期相比都有不同程度的下降。其原因首先就是行业的增长速度在逐步降低，各公司之间存在着同行业的竞争，以至于分享不到行业成长的好处；其次就是各个港口类上市公司所在的港区新泊位不断地投入使用，导致竞争日益激烈，从而导致作业价格难以上涨，甚至有下跌的趋势；最后，货量的增长速度降低，而且，部分港口上市公司即使有新泊位投用，但是新泊位的建造成本非常高，而投用初期的业务量又需要培养，所以影响到了盈利。

2. 港口投资管理体制不健全

从港口投资管理制度来看，港口现在实行的投资管理体制主要是"以港养港，以收抵支"的财务体制，现在港口类上市公司对港口的建设资金投入来源不稳定，而港口作为交通基础设施，其建设的资金主要由企业自己解决显然已经是不太可能了，因此企业只能靠巨大的负债来维持，这既不符合国家财政税收体制改革的要求，也很难保证港口的可持续发展。

3. 港口通过上市来进行融资的方式至今还没有被充分地利用

当前，港口通过上市来实现融资的方式至今还没有被充分地利用。上市港口的数量还是比较少，与港口在国民经济中日趋突出的重要地位极不相符，而这种不协调将会严重制约整个国民经济的发展。

三、港口类上市公司的财务杠杆计算

（一）杠杆效应的基本原理

财务管理中涉及的杠杆主要有经营杠杆、财务杠杆和复合杠杆，并对应着经营风险、财务风险和企业总风险及有关的收益。

经营杠杆是由于固定成本的存在而导致息税前利润变动大于产销业务量变动的杠杆效应。经营杠杆系数（DOL），是指在固定成本不变的情况下，销售额增长（减少）所引起息税前利润增长（减少）的幅度。

财务杠杆是由于债务的存在而导致每股利润变动大于息税前利润变动的杠杆效应。财务杠杆系数（DFL），是指在债券利息不变的情况下，息税前利润增长（减少）所引起每股收益增长（减少）的幅度。

复合杠杆是指由于固定成本和固定财务费用的存在而导致的每股利润变动大于

产销业务量变动的杠杆效应。总杠杆系数（DTL），是指在固定成本和债券利息不变的情况下，销售额增长（减少）所引起每股收益增长（减少）的幅度。

计算公式如下：

$$DOL = \frac{\Delta EBIT/EBIT}{\Delta S/S} = \frac{S-VC}{S-VC-F} = \frac{S-VC}{EBIT}$$

$$DFL = \frac{\Delta EPS/EPS}{\Delta EBIT/EBIT} = \frac{EBIT}{EBIT-I}$$

$$DCL = DOL \times DFL$$

上述公式中相关符号的含义：DOL 为经营杠杆系数，DFL 为财务杠杆系数，DCL 为复合杠杆系数，EBIT 为息税前利润，S 为销售收入，VC 为变动成本，F 为固定成本，EPS 为每股收益，I 为利息费用。

（二）港口类上市公司杠杆系数的定量描述

由于全部的港口类上市公司数量过多，因此根据港口类上市公司规模、资本量、经营情况等因素选择了 8 个较为典型的公司加以计算分析。

根据上市公司公开披露的财务年度报表获得相关财务数据，计算得出杠杆系数如下。但需要说明的是由于有些详细数据如"变动成本"等无法直接获取，遵循重要性和合理性原则对会计报表项目进行分析推算。计算结果如表 7 – 14 至表 7 – 16（由于部分上市公司的某些年份的数据缺失，因此这些年份的杠杆系数无法计算）。

1. 经营杠杆系数计算

根据所取得的数据计算得表 7 – 14。

表 7 – 14　经营杠杆系数（DOL）

上市公司＼年份	2006 年	2007 年	2008 年	2009 年
上港集团	1.17	1.04	1.02	1.34
锦州港	1.26	1.34	1.26	1.28
连云港	1.20	1.27	2.13	2.40
日照港	1.76	2.32	1.72	1.61
天津港	1.26	1.37	1.41	1.60
营口港	1.33	1.38	2.06	2.95
宁波港	—	—	1.15	1.18
唐山港	—	1.46	1.46	1.54
8 个公司均值	1.33	1.45	1.53	1.74

表 7 - 14 的数据从横向比较来看：2006 年日照港的经营杠杆系数高于 8 个公司平均值；2007 年日照港和唐山港的系数值高于公司均值；2008 年则有连云港、日照港以及营口港的经营杠杆系数高于公司平均值；而到了 2009 年，高于平均值的公司分别为连云港和营口港。因此从这些数据的比较可以看出，上述上市公司在当年的港口经营中相对于其他港口类上市公司来说存在着更高的经营风险。

而相对应的，从上述公司经营杠杆系数的纵向比较来看：上港集团、锦州港、天津港以及宁波港这 4 个港口在 2006—2009 年的 4 年时间里，它们每年的经营杠杆系数都分别保持在公司平均值以下或是与 8 个公司平均值持平，这说明上述几个港口在过去的 4 年时间里采用了较为正确的经营策略，使本公司的经营风险保持在一个相对较低的水平，经营状况良好；连云港和营口港的历年数据显示，它们由 2006 年、2007 年的低于或等于平均值变为了 2008 年、2009 年的高于行业平均值，而且高出的幅度在不断增加，由此看出这两个公司在前几年的经营中，经营风险在不断增加，说明公司并没有采取行之有效的措施来控制企业的经营风险，这不利于公司的长期稳定发展；而相反的，日照港和唐山港的系数则是由原先的高于平均值慢慢地降至平均值以下，使经营风险不断降低，由此可见上述两个公司采取了正确的经营策略来控制经营风险，促使公司健康发展。

2. 财务杠杆系数计算

根据所取得的数据计算得表 7 - 15。

表 7 - 15　财务杠杆系数（DFL）

年份 上市公司	2006 年	2007 年	2008 年	2009 年
上港集团	1.032	1.027	1.064	1.113
锦州港	1.316	1.496	1.341	1.192
连云港	1.091	1.095	1.535	1.552
日照港	1.363	1.451	1.209	1.285
天津港	1.027	1.068	1.179	1.025
营口港	1.282	1.213	1.722	1.385
宁波港	—	—	1.027	1.020
唐山港	—	1.024	1.382	1.21
8 个公司均值	1.185	1.196	1.307	1.223

从表 7 - 15 的财务杠杆系数数据的横向比较来看：2006 年和 2007 年两年中锦

州港、日照港和营口港的财务杠杆系数高于平均值，说明在此期间上述公司的财务风险较高，而且对于锦州港和日照港来说，它们的系数值在这两年中还在不断增大，这表示它们并没有去采取有效的措施来控制过高的财务风险，这将给企业的正常经营带来巨大的风险；2008 年则有锦州港、连云港、营口港和唐山港 4 个港口的系数值高于平均值，公司存在着比较高的财务风险，不利于企业的发展；到 2009 年则只有连云港、日照港和营口港 3 个港口在平均值之上。

对上述数据进行纵向比较：上港集团、天津港和宁波港每年都依旧很稳定地保持在平均值以下，在公司的经营中存在相对比较小的财务风险，说明上述几个公司在公司财务方面采用了比较有效的措施来控制财务风险，因此公司可以不断地发展壮大；而在这 4 年中，营口港的财务杠杆系数也比较突出，每年都在平均值以上，与其他公司相比在经营中有着相对较高的财务风险，由此看出营口港在财务风险较高的情况下并没有及时采取有效的措施来降低公司的财务风险，这是公司长期发展中的一个很大的隐患；连云港则是在这几年中慢慢地由 2006 年、2007 年的低于平均值变为 2007 年、2008 年的高于平均值，说明连云港在近几年的营运中没有很好地注意到财务风险的升高以至于没有及时加以控制；锦州港则是渐渐地从高于平均值的状态降到了平均值之下，以此可以认定在此期间锦州港的财务策略是十分切合实际的；而除此之外的日照港和唐山港近几年的数据则是不断地在平均值附近上下浮动，这对于它们的营运也是比较有利的。

3. 总杠杆系数计算

根据所取得的数据计算得表 7 – 16。

表 7 – 16　总杠杆系数（DCL）

上市公司＼年份	2006 年	2007 年	2008 年	2009 年
上港集团	1.21	1.07	1.02	1.49
锦州港	1.66	2.00	1.69	1.53
连云港	1.31	1.39	3.27	3.72
日照港	2.40	3.37	2.08	2.07
天津港	1.29	1.46	1.66	1.64
营口港	1.71	1.67	3.55	4.09
宁波港	—	—	1.18	1.20
唐山港	—	1.50	2.27	1.86
8 个公司均值	1.60	1.78	2.09	2.2

对总杠杆系数来说，因为它是由经营杠杆系数和财务杠杆系数的乘积所得，因此不管是经营杠杆系数还是财务杠杆系数的变化都会给总杠杆系数带来变化。所以，总杠杆系数要高于行业平均值的公司大多还是集中在表 7 - 15 和表 7 - 16 所显示的几个系数值较高的公司之中。

从总体上看，总杠杆系数在过去的 4 年时间里依旧在不断地升高，这也说明港口类上市公司的营运风险也在逐年增加。但是与此同时我们也可以看到，正是由于 2009 年的财务杠杆系数有所下降，从而导致了 2009 年的总杠杆系数增幅较 2008 年有了明显的下降，从这点也可以看出，在近几年时间里，各港口类上市公司开始重视企业营运中的风险，并采取了相应的措施来控制杠杆系数，从而降低企业的风险。

四、港口类上市公司财务杠杆数据分析

（一）经营杠杆系数数据分析

根据上述计算可知经营杠杆系数均值如图 7 - 1 所示。

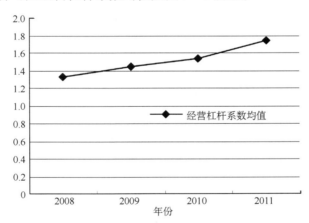

图 7 - 1 经营杠杆系数均值（DOL）

从经营杠杆系数所反映的经营风险看，由于 2006—2008 年各港口类上市公司 DOL 稍微有所上升，上升幅度分别为 9.02% 和 5.52%，说明此期间经营形势虽然在不断地下滑，但还是处于相对比较稳定的阶段，经营风险也相对较低；2008—2009 年 DOL 升高的速度加快，增幅为 13.8%，说明 2008—2009 年各公司经营形势不断下滑，并且下滑趋势有所加快，经营风险不断加大。

（二）财务杠杆系数数据分析

根据上述计算可知财务杠杆系数均值如图 7 - 2 所示。

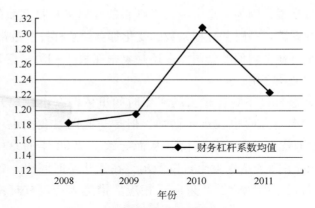

图 7－2　财务杠杆系数均值（DFL）

从财务杠杆系数所反映的财务风险看，2006—2007 年各港口类上市公司 *DFL* 的增长幅度为 0.9%，基本保持持平，这说明在此期间各港口类上市公司的财务风险不高且相对比较稳定；2007—2008 年 *DFL* 环比增幅为 9.3%，增加速度较快，因此财务风险也有所上升；2008—2009 年公司 *DFL* 均值略有下降，下降幅度为 6.43%，主要原因是 2008 年港口类上市公司受金融危机的影响较大，在此期间各港口类上市公司的财务风险在不断地下降，并且逐渐趋于正常水平。

（三）总杠杆系数数据分析

根据上述计算可知财务杠杆系数均值如图 7－3 所示。

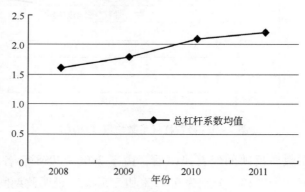

图 7－3　总杠杆系数均值（DCL）

从复合杠杆系数所反映的整体风险看，2006—2007 年 *DCL* 有所上升，上升幅度为 11.3%，说明公司经营相对比较正常，整体风险不大；2007—2008 年 *DCL* 上升速度加快，增幅为 17.4%，说明 2008 年各公司整体风险增加速度加快；2008—2009年公司 *DCL* 均值增幅为 5.3%，虽然增加速度有所放缓，但是仍然表明各公司的整体风险在继续上升。

五、港口类上市公司财务杠杆效应的利用

固定成本和利息费用分别是经营杠杆和财务杠杆的敏感因素，也就是说在其他因素不变的情况下，固定成本越高，*DOL* 越大，环境好时公司的收益越大，环境差时公司的损失越大；同理，利息费用越高，*DFL* 越大，当公司收益率大于资金成本率时，公司的盈利越大，而当公司收益率小于资金成本率时，公司的损失越大。港口类上市公司的行业特点决定了固定成本在总成本中的比例较高，而且在经营正常的情况下，该行业的净资产收益率普遍较高，因此港口类上市公司存在充分利用财务杠杆获得额外收益的条件，如果能够将高的经营杠杆与财务杠杆相结合，那么企业就可以通过较高的总杠杆作用，从而获得更高的收益。

（一）对经营杠杆的利用

对经营杠杆的利用必须首先考虑到整体经济运行态势，跟随不同的经济周期制定相应的经营策略。在经济上升初期，应该加大对固定资产的投资力度，从而提高 *DOL* 系数，以提高投资回报；在经济上升的末期或衰退初期，应尽量减少对固定资产的过多投资，甚至可以将闲置的资产或是临近寿命周期的固定资产及时处置清理掉，以减少经济萧条期的成本负担，从而降低经济萧条期的经营风险。

总之，经济活跃时期的决策思路应以提高投资、提高运力为主，而在经济低迷时期决策思路应以收缩战线、降低成本为主，这样才能充分利用经营杠杆，使收益最大化，损失最小化。

（二）对财务杠杆的利用

对财务杠杆的利用最重要的原则是判断资产收益率与资金成本率的高低，港口类上市公司有着良好的盈利能力，这就是充分利用财务杠杆的最好保证。通常情况下港口类上市公司的资产报酬率相对较高，因此应该积极地进行负债经营，以获取超额的利润回报；而在经济危机时期当收益率降到资金成本率以下时则应降低负债水平，以降低 *DFL*，从而减少财务风险，获得杠杆收益，规避杠杆损失，使企业的收益达到最大化。

总之，港口类上市公司收益率大于资金成本率时，应采取高负债率策略，反之应采取低负债率策略，从而获得杠杆收益，规避杠杆损失。

六、结束语

从以上分析可以看出，港口类上市公司固定资产投资大，经营风险较高，投资回报率也较高，属于杠杆效应相对比较敏感的行业。经营过程中风险和收益总是并存的，港口类上市公司应该在不同的经济发展周期采用不同的杠杆策略，以确保无论发生什么情况，均可以保证公司整体的风险控制在一定的范围内，从而使全体股东的收益达到安全化和最大化。

总之，学界应该继续深入开展对港口类上市公司杠杆效应的实证研究，本书的实证研究仅仅是对行业状况进行基本的统计，对港口类上市公司杠杆系数总体平均水平进行分析，并未深入剖析导致行业差异的影响因素。

第八章
浙江港口物流信息化建设构想

随着经济全球化和信息技术的迅速发展，港口物流学的研究内容也在不断地扩大和丰富。电子商务的推广加快了世界经济一体化的进程，电子商务技术给现代港口物流注入了新的血液，使物流在整个商务活动中占有举足轻重的地位。港口物流信息系统通过对信息的收集、传输及处理，使信息增值，产生信息的放大作用，实现信息的使用价值。物流信息的功能通过港口物流信息系统得以实现。港口物流信息系统的建设，使现代港口物流不同于传统物流，使港口物流不再是各个独立活动的机构组合，而是使它们之间建立了有机的联系、密切的组合和系统效率的提高。目前，浙江港口物流企业已在探索港口物流信息化建设的道路上取得了一定成就。然而，总体而言，浙江港口物流信息化建设还处在初级阶段，很多港口物流企业物流服务质量不高，其主要原因就是基础信息和公共物流信息平台发展缓慢，信息传递不及时，导致市场反应慢，没有实现港口物流配送服务系列化、配送组织网络化和配送流程自动化等。港口物流企业为加强自身的核心竞争力，向客户提供高效快捷的物流服务，必须建立相应的信息平台。

第一节　港口物流信息化概述

随着现代信息技术的迅猛发展，信息化已经渗透到社会经济的各个领域，给人类社会带来巨大而深远的影响。港口物流信息化是指广泛使用现代信息技术管理和集成港口物流信息，通过分析、控制港口物流信息流，来管理和控制物流、商流和资金流，通过有效开发利用信息资源，建设先进的信息基础设施，提高港口物流运作的自动化程度和港口物流决策的水平，达到合理配置港口物流资源、降低港口物流成本、提高港口物流服务水平的目的。港口物流信息化是不断提高综合管理能力的过程，是衡量一个地区的港口物流竞争力、现代化程度、港口经济增长能力的重要标志。

我国港口物流领域的信息化建设，起步于 20 世纪 70 年代中期，80 年代有较快的发展，90 年代后进入了普及及应用阶段，到目前总体上还是处在较低水平应用阶段。从 1974 年起，我国港口物流系统开始利用计算机和信息技术，其主要标志是电子结算替代手工结算。到 80 年代初，一些港口企业在货物出入境、储运当中尝试运用计算机进行管理。80 年代中期开始，POS 机、条形码技术、色码技术、基于 PC 的 MIS、财务管理软件等广泛地应用于企业。进入 90 年代以后，计算机网络、电子商务、现代物流配送技术、地理信息技术等的使用，取得了一定成效。

1993 年，国务院提出实施"金关工程"。"金关工程"就是要推动海关报关业务的电子化，取代传统的报关方式以节省单据传送的时间和成本。到 21 世纪初，随着光纤通信、卫星通信、局域网、广域网、互联网为载体的现代通信技术、网络技术的发展，港口物流系统的信息化建设广度和深度都有很大的扩展。

2001 年，"金关工程"正式启动。"金关工程"的核心有两块：一是海关内部的通关系统；二是外部口岸电子执法系统。基于海关内部的联通基础，由海关总署等 12 个部委牵头建立电子口岸中心（又称"口岸电子执法系统"，利用现代信息技术，借助国家电信公网，将外经贸、海关、工商、税务、外汇、运输等部门分别掌握的进出口业务信息流、资金流、货物流的电子底账数据，集中存放在一个公共数据中心，各行政管理机关可以进行跨部门、跨行业的联网数据核查，企业可以上网办理出口退税、报关、进出口结售汇核销、转关运输等多种进出口手续）。

"金关工程"是一项与外经贸业务关系密切的国家信息化重点工程，近年来已经取得了很大的进展，其近期目标已经实现，对促进我国外经贸事业的发展正发挥着越来越大的作用。"金关工程"中长期目标是逐步推行各类对外经贸业务单证的计算机网络传输，提高对外经济贸易现代化管理水平，实现国际电子商务，增强国家宏观调控能力。

但由于全国海关、港口之间仍存在信息资源共享水平不高，重复开发建设以及各海关、港口之间信息化工作发展不平衡等薄弱环节，而且相当一部分港口物流企业管理者没有技术创新的欲望和动力，信息化建设的积极性不高、意识不强，国家的财政、企业的财力支持力度不足，专业技术人才，尤其是两用人才严重匮乏，加之市场结构的不完善，造成中国港口物流领域的信息化建设远远低于其他行业。计算机的普及率不及发达国家同类企业 20 世纪 70 年代的水平。仓储货物称量自动化普及率不及 5%，港口物流配送中心技术含量低，商业仓库周转率约为发达国家的 30%，配送差错率是它们的 3 倍。特别是在占主体的中小型港口物流企业中，有不到 1/3 的企业应用了计算机和信息管理技术，在单品管理、供应链管理、信息资源开发利用等方面存有较大差距，在信息共享方面还没有根本突破。如果不尽快改变港口物流领域技术含量低的现状，港口物流行业与国民经济发展、与国外同行发展不相适应的矛盾将会更加突出，"金关工程"的中长期目标也必将难以实现。

党的"十六大"报告中明确提出"要大力推进信息化，加快建设现代化，保持国民经济持续快速健康发展"。十六届五中全会进一步提出了全面落实科学发展观，着力自主创新，构建和谐社会的要求。交通部《公路、水路交通信息化"十一五"发展规划》指出："十一五"期间，为把交通行业建设成为创新型行业，必须力争在交通信息化领域取得新的突破。在进一步加速完善交通信息基础设施建设的同时，力争在交通运输动态信息的采集和监控、交通信息资源的整合开发与利用、交通运行综合分析辅助决策和交通信息服务4个方面实现重点突破，全方位提升政府科学决策水平，增强市场监管、应急处理和公众服务能力，全面提高交通行业整体运营效率，推动交通管理体制改革、机制创新和政府职能转变，为"十一五"期间交通发展目标的顺利实现提供支撑和保障。

港口物流信息化开发建设水平，事关"金关工程"中长期目标能否顺利实现，已成为当前和今后较长一段时期港口物流企业发展水平的标志，必须加快对港口企业信息化全面改造和提升，并以此带动相关制度、管理、政策及各类人才的全面提高，从而使港口物流行业实现货畅其流，供产销活动一体化、合理化，管理方法定量化，管理手段自动化，管理工艺现代化，为港口物流企业从物流效能、经济节奏和停顿与耽搁之中挖掘竞争优势和开发利润源泉提供支撑。

基于此，本章将从港口物流业务需求分析入手，详细阐述港口物流信息系统的总体结构、基础设施（计算机系统：硬件、软件，网络系统）、资源整合、信息共享等内容，以舟山为例找出港口物流信息化建设中存在的问题，并提出相应的解决举措，促进港口物流领域信息化建设的快速发展，加快以"金关工程"为代表的我国外经贸信息化建设的步伐，保证"金关工程"中长期目标的顺利实现。

一、国外研究现状

国外学者对物流信息化研究与国外物流行业的发展是同步的，与国内相比起步较早，研究较深入，已经在物流与供应链信息管理领域中取得了很多成果。

1986年Stenger在《信息系统在物流管理中的运用：过去、现在和将来》一文中指出，物流管理能力提升的唯一途径是依靠信息技术提供的强大支持。文章分析和总结了信息系统在物流管理中的运用情况，并对物流信息化未来的发展趋势作出了预测。

Harrington L. H（1992），Fox T（1994），Bardi E. J（1994），Bowersox D. J（1995），Gustin C. M（1995），Lewis（1997）等分别从物流业、信息技术现状分析入手，论述了信息技术对物流业发展的影响、物流信息系统设计原则、物流信息化建设的必要性以及信息系统对物流战略规划的促进效用，并对物流信息系统集成、物流信息系统协同、物流信息安全保障、标准规范体系构建等多个方面进行了深度研究，取得了一批有价值的成果。

1998 年，Introna L. D 在《信息技术给物流业带来的冲击》一文中指出，有 5 个领域与物流的服务质量有重要关系。按重要性的程度先后排列，是信息技术、及时性、服务的价值、客户服务以及设备和运作。物流核心竞争力的形成取决于信息技术、全程跟踪、EDI、网络或电子商务能力。

2003 年 Mats Abrahamsson 等在《通过物流信息平台提高战略能力》一文中对物流信息平台作了描述与界定，认为物流信息平台是物流信息系统中非常重要的一部分，是物流信息的管理与控制中心，良好的物流信息平台运作能有效提升企业的灵活性。指出物流信息平台为应用系统建设、运行、协同提供统一支撑，包括资源共享、信息交换、业务访问、业务集成、流程控制、安全控制、系统管理等各种基础性和公共性的支撑服务，同时也是应用系统的开发、部署和运行的技术环境，如果没有一个标准规范的物流信息平台，会造成后续软件开发、维护及升级的成本非常高，而且容易产生"应用孤岛"，因此物流信息平台必须具有开放性和扩展性，并能够适应业务需求的动态变化。

2003 年 A Gunasekaran 通过调查研究和案例分析，构建了专门用来分析小型第三方物流企业的一个经验性模型，设计了战略计划、存货管理、运输、能力计划和信息技术 5 个主要指标作为物流信息系统分析的框架，他在《小型物流公司的成功管理》一文中指出各种类型的信息技术都可以使用，包括企业内部局域网、外网和全球互联网，加上 EDI 和 WWW 服务及 ERP 企业资源计划等，强调了信息技术的使用还包括数据挖掘（data mining）和数字仓库（data warehousing），并着重说明数字仓库建设是物流信息化建设的基础和前提，只有全面完成公共数据建设，才能实现真正意义上的物流信息化、数字化。

鉴于目前物流行业仍然有部分第三方物流服务商与其合作伙伴间还在使用手工交易这类无效率的交易模式，2006 年 K. L. Choy 等在《发展集成物流信息系统提升第三方物流能力》一文中提出了构建一个广义的物流信息管理平台 Integrated Logistics Information Management System （ILIMS）来解决此问题。强调此平台应将国内外的物流信息服务与物流运作连为一体，以较低的成本满足物流系统运营需要，并给出了一个 ILIMS 的运行实例。

通过对国外学者相关研究文献进行梳理可以发现其研究成果主要集中在物流信息系统设计、物流信息系统集成、物流信息管理平台构建等方面，比较注重信息化的基础性建设，如，计算机配置、信息平台网络架构组建等研究，对于物流信息结构化、物流信息个性化和物流信息关联性等方面的研究较少，关于支撑物流信息系统运行的网络安全保障等领域的研究则更少。

二、国内研究现状

我国开展物流信息理论研究已有 20 多年的时间。20 世纪 80 年代初期，国内学术界开始从不同角度研究和探讨物流信息化问题，引进和介绍国外物流信息化概念和物流信息理论研究的动态，并曾一度形成了物流理论研究热潮。

从 2001 年开始，中国的物流专家学者开始关注并研究港口物流信息化的问题，并取得了大量的成果，港口物流信息化研究文献明显呈上升趋势。

以彭扬、倪志伟、胡军等（2006）为代表的学者讨论了物流信息系统的组成构架，认为物流信息系统实质是基于计算机和网络通信设施、以系统思想为主导建立起来的为了进行计划、操作和控制而为物流经理提供相关信息及为业务人员提供操作便利的人员、设备和过程相互作用的结构体。

王伯恩（2002）讨论了港口物流发展的重要性，提出了港口物流发展三阶段设想，并从政策制定、标准统一、加快信息平台建设、鼓励技术创新、加强人才培养和加强企业合作等方面论述了如何加快我国物流产业信息化进程。但该文献对促进港口物流信息化发展措施的论述相对简单，缺乏实际的可操作性。

崔忠健、陈璐（2006）在《港口现代物流业信息化的发展与建设》一文中对港口物流信息化发展的必要性进行了讨论，阐述与分析了我国港口物流信息化建设的三个关键环节，即：如何利用互联网技术解决信息共享、信息传输的标准问题和成本问题；如何将系统论和优化技术用于物流的流程设计和改造；如何构建港口物流供应链体系及其柔性化运作机制回避港口信息化建设风险。但该文探讨的实施措施相对简单，大多是宏观上的，缺乏具体的可操作性的措施。

路永和、常会友、崔丽平（2003）通过对港口物流企业实地调研、案例分析得出了港口物流企业在物流服务市场上举足轻重、港口物流信息化管理水平直接影响着国内贸易与国际贸易发展水平的结论，分析了我国目前港口物流企业信息化的现状，找出了港口物流信息化管理的问题，给出了促进我国港口物流企业信息化发展的解决方案。但该文献对港口物流信息化总体构架挖掘得不够，缺乏一定的深度。

李向文（2007）总结了港口信息资源整合与应用系统集成方面的问题，深层次地挖掘了出现"港口物流信息瓶颈"的原因，认为由于沿用传统、落后的 MIS 开发理论与方法从而使信息化不能与港口物流企业管理很好地匹配，导致港口物流信息化建设一开始就意味着失败；另外因管理者对港口企业规律认识不深刻，不能明确港口物流业务信息需求，且缺乏科学的、可持续的信息化规划以及缺少有自主知识产权的散货码头物流信息系统软件，使得港口物流信息化建设不能为港口物流发展战略服务。在阐述了港口物流信息系统具有集成化、模块化、实时化、网络化、智能化等特点的基础上，给出了基于应用门户平台、业务逻辑平台、基础数据平台、系统网络软硬件平台的港口物流信息系统四层次的体系结构，为港口物流信息系统的进一步研究提供了一种有效方法。

宗术（2007）阐述了我国港口信息化的发展态势，认为提升港口信息化水平应从四个方面突破：一是港口实现船舶信息化管理，并与各口岸单位实现信息共享；二是加强口岸建设，实现船舶监管、危险货物申报、港口安全、保安申请和船代设立等资质审查的电子认证；三是进一步完善和发展港航 EDI 中心，逐步形成水运信息数据交换；四是逐步实现港航 EDI 中心与电子口岸平台的数据交换。

2008 年何晓颖在《港口物流基地与信息化建设状况分析——以浙江省舟山市为例》一文中分析了舟山港域、航域以及舟山港口信息化建设现状，找出了舟山港航信息化存在的问题，论述了港口物流发展思路及对舟山产业发展的重要意义。但该文只是从构架上对舟山物流信息平台进行探讨，对物流信息平台具体包含的内容还缺乏一定的研究。

对相关文献内容的综合研究发现，尽管多位学者已从不同角度对港口物流信息化进行了研究，但研究的深度及广度仍有所欠缺，特别在港口物流信息化建设的具体实践方面。主要原因是当前我国大多数港口的物流信息化建设还处于起步阶段，港口物流信息化还没有得到足够的重视。

三、港口物流信息化的内涵

港口物流信息化是以海运为切入点，以船代、货代和港口经营单位为信息源头，将口岸物流链上的供需双方通过网络联接起来，利用港口物流信息系统向口岸查验单位提供一次性单向信息输入，运政部门向口岸查验与口岸服务单位及货代、船代、船运公司、港口经营单位提供对船运公司、船舶、代理公司的经营资质认证，通过该系统实现双方业务信息的交换，数据一次性输入，信息全程不落地，达到让船代、货代等企业实现一次输入就可以完成报关、报检等查验单位所要求的手续的目的，提高口岸物流的整体效率，带动贸易量和物流量的增加，最终实现港口物流业务全程电子化、网络化、数字化。

港口物流信息化表现为港口物流信息的标准化、信息收集的自动化、信息加工的电子化和计算机化、信息传递的网络化和实时化、信息存储的数字化，以及由此带来的港口物流业务管理的自动化、物流决策的智能化[①]。发达的信息技术成为保

①　朱长征：《区域物流信息化建设方案研究》，长安大学硕士学位论文，2006 年，第 7 页。

证港口物流各环节紧密配合和协调的关键①。

港口物流信息化包括港口物流设备的信息化和港口物流管理的信息化两类。一般来说，物流设备的信息化是物流信息化的初步应用，物流管理的信息化则是物流信息化的主体和标志②。

港口物流信息化能够促进港口物流系统将其业务向航空、铁路等运输方式延伸，使系统具备海、陆、空、铁等运输领域的大通关物流信息交换功能，达到让船代、货代等企业实现一次输入就可以完成报关、报检等查验单位所要求的手续的目的，推动港口物流系统向全程电子化、网络化、数字化物流迈进，将口岸物流链上的供需双方通过网络联接起来，从而实现双方业务信息的交换③。

港口物流信息化以一站式服务模式，完成数据一次性输入，信息全程不落地，提高口岸物流的整体效率，带动贸易量和物流量的增加，促进现代物流业的蓬勃发展。

四、发达国家港口物流信息化的发展及启示

（一）日本——强化港口物流信息应用标准的研究和应用

日本政府高度重视港口物流信息化建设，1995 年制定了国内港口物流标准信息（JTRN）。1996 年由在通产省及运输省支持下成立的物流 EDI 推进委员会具体普及、推广港口物流相关的信息技术标准化，该委员会制定了物流标准 EDI，至此，港口物流标准信息的电子资料交换（EDI）又成为了日本科研机构研发的重点④。EDI 是一个连接外部进行信息资料交换的系统。EDI 系统采用 UN/EDIFACT 报文标准，也可以由用户自定义格式报文，具有较强的扩充性。使用 EDI 系统可以实现：导入/导出船图积载报关、导入舱单积载报文（IFTMCS）、导入配载舱单报文（IFTM-RC）、导出集装箱卸船清单（COPRAR）、集装箱装卸确认（COARRl）、船图报文（BAPLIE）、船舶离港报文（VESDEP）、集装箱溢卸报文（COARIO）、集装箱短卸报文（COARIS）、装箱单报文（COSTCO）、集装箱堆存报文（COEDQR）、集装箱进/出门报文（CODECO）等。1998 年通产省制定了"高度物流信息化系统开发事业"计划并与同年开始实施此项计划，该项计划通过向物流行业引入先进的信息系统及 EDI 手段，达到大幅度提高物流效率的目的。目前，日本所有的专业港口物流

---

① 季航：《物流信息化建设问题研究》，对外经济贸易大学硕士学位论文，2006 年，第 5 页。
② 蔡淑琴等：《物流信息化与信息系统》，电子工业出版社，2005 年，第 47 页。
③ 冯耕中：《物流管理信息系统及其实例》，西安交通大学出版社，2003 年，第 25 页。
④ 郑迎东：《河南省物流信息化发展对策研究》，华中科技大学硕士学位论文，2005 年，第 12 页。

企业无一不是使用信息管理系统来处理和控制物流信息，并通过实施物流 EDI 标准化，达到了企业信息系统之间自动进行资料对接实现无纸化沟通、避免操作失误从而大幅度缩短作业时间、削减运营成本的目的。

（二）美国——高度重视港口物流信息化的建设

美国特别注重港口物流信息系统的开发与应用。美国大型集装箱码头已普遍使用港口物流信息系统。应用港口物流信息系统可以较快地提高集装箱码头的装卸能力、堆场的堆存能力、检查口的通过能力；可以提高集装箱码头的作业效率以及集装箱码头的经济效益。同时，港口物流信息系统的应用，也为码头向客户提供更加有用、精确和及时的信息，提供了可靠的保证。美国专业港口使用的物流信息系统被证明具有以下特点：高可靠性、可扩展性、高效性、安全性；基于 GUI 图形化的用户界面；强大的预警功能和控制功能；具有 Windows 技术特色使之操作的简易性；运用于 Unix 或 Microsoft ® Windows 的开放型平台；具有系统发生故障后完全恢复功能；完整的在线帮助工具辅导用户操作；严密的用户权限控制以保证数据的完整性和安全性。

一项被认为将给现代物流业带来巨大变革的"物流信息新技术"——EPC 与物联网，正被美国一些大型物流企业集团运用。EPC 系统是在计算机互联网的基础上，利用 RFID、无线数据通信等技术构造的一个实现全球物品信息自动识别和实时共享的 Internet of things，即实物互联网（简称物联网）。该项技术现已纳入美国统一代码委员会 UCC 和国际物品编码协会 EAN 的工作范围，并与 2003 年 11 月共同成立 EPC Global 全球产品电子代码组织，管理协调全球 EPC 的推广应用。

（三）发达国家物流信息化建设的启示

发达国家在物流信息化建设方面的成功给我们以下启示。

1. 服务是物流信息化的核心

美国、日本等发达国家物流企业在物流信息系统设计时，把客户服务的思想融合到整个系统中以满足客户服务需求。客户服务贯穿整个物流操作环节成为物流信息系统建设的出发点和最终目标。使用基于客户服务的物流信息系统，客户能在任何地方、任何时间使用任何设备，访问企业信息资产、处理商业业务、报告商业信息，并具备物流企业间信息共享、商务处理协作和服务协作的能力，通过与协作企业的 Web Services 集成，形成了统一的协同商务应用系统。在动态价值链上实现了物流企业供应链战略计划、供应执行的整体协作。而我国物流企业往往是以满足企业内部管理为出发点建设物流信息系统，忽视对客户物流信息服务的建设，系统无法适应客户的非标准化要求，物流商核心竞争力未能得到很好的体现。这种观念上的差距严重影响了物流信息系统的投入力度和实施效果。因此，必须将服务作为物流信息化的核心，围绕提高客户服务水平来改造物流管理模式与运作流程，并以此作为业务需求来不断完善物流信息系统的建设。

2. 标准是物流信息化的基础，完善的信息标准化才有完善的信息化

由于物流供应链的业务组成单元非常复杂，很多物流企业的各种 IT 应用、信息膨胀、信息孤岛、信息非结构化、信息非个性化和信息非关联性等是突出的问题，需要物流信息系统像纽带一样把供应链上的各个伙伴、各个环节联结成一个整体。美国物流行业协会在物流信息标准化方面发挥了重要作用，在统一入口、统一编码规则、统一基础信息等方面建立了一套比较实用的标准，使物流企业与客户、生产商、供货商之间的物流信息实现高度集成、无缝链接，帮助供应链企业完全实现一体化应用。物流信息标准化的实现打破了物流企业之间的数据和工作流界限，在适当的时间把合适的信息传递给正确的参与者。而我国由于缺乏信息的基础标准，不同信息系统的对接成为制约信息化发展的瓶颈，直接导致物流供应链整体协调困难、信息流通不畅和不完整等问题。因此，加快我国物流信息标准化步伐，是推进我国物流信息化的基础。

3. 发展现代物流的关键是将物流信息化逐步应用到物流业务中去

美国、日本等发达国家物流信息化的最大特点，是将信息化有效地应用于实际的物流业务之中。首先，广泛应用互联网建设物流信息平台，通过互联网可以使物流企业内部员工、客户、合作伙伴、供应商通过网络门户从各种相关应用访问所需信息，将企业不同系统、不同类型的信息资源整合起来，以便进一步分析，给参与者提供决策支持。其次，将一体化的物流运作流程融入软件，形成了比较成熟的标准化、模块化的物流与供应链软件产品，能够为客户提供：进出口贸易—国内运输服务—JIT 配送—保税物流服务—仓储，堆场服务—物流金融，物流地产服务—其他物流服务（反向物流，售后零部件物流）等全程物流服务。最后，全面采用商业智能、数据挖掘技术，满足数据的多维分析。运用数据仓库技术和在线分析工具等信息技术对"海量"数据进行有效采集、360 度多维加工、分析，挖掘所需要的各种商业信息并准确快速地传递给企业的决策层，规避市场风险，适应市场的快速变化，以实现科学、动态决策。我国目前的物流信息系统建设由于缺少实用可靠的标准化成熟物流软件、强大的数据挖掘技术以及一体化物流规划及物流方案设计能力，使企业物流信息、系统成为一座座信息孤岛，中小企业的物流信息化举步维艰。因此，创造物流信息化良好的应用环境，提高物流信息化的应用水平，是推进我国物流信息化的关键所在。

（四）国内港口物流信息化的发展及启示

交通部副部长徐祖远在全国地方电子口岸现场会上明确了"十一五"期间交通电子口岸建设的重点工作：一是两年内全部开放港口实现船舶信息化管理，并与各口岸单位实现信息共享；二是加强口岸建设，实现船舶监管、危险货物申报、港口安全、保安申请和船代设立等资质审查的电子认证；三是进一步完善和发展港航EDI中心，逐步形成水运信息数据交换；四是逐步实现港航EDI中心与电子口岸平台的数据交换。

1. 青岛港信息化建设

青岛港积极采用先进的信息化技术，加快对传统生产模式的现代化改造，打造集装箱、煤炭、原油、铁矿石、粮食五大核心货种，全面实现生产的自动化、流程化。

集装箱处理能力是国际航运中心的重要标志。青岛港不断以信息化技术改造集装箱作业模式，建设了集装箱生产管理系统，装卸作业的工作效率不断提高。

青岛港集装箱生产管理系统是根据国际集装箱码头所具有的特点而开发的管理系统，对码头的营运过程进行了全面优化及规范化。青岛港集装箱生产管理系统关注的重点在于码头装卸计划的预测和监控、码头装卸作业的准确性和实时性。青岛港集装箱生产管理系统的应用，可以较快地提高集装箱码头的装卸能力、堆场的堆存能力、检查口的通过能力；可以提高集装箱码头的作业效率以及集装箱码头的经济效益。采用集装箱生产管理系统后青岛港口处理能力从2001年日均6 000余标准箱提高到目前的1.8万标准箱；集装箱的单台桥吊平均作业效率从4年前的每小时28个自然箱提高到目前的35个自然箱，提高了25%，整个港口相当于再造了2个大型集装箱泊位。

青岛港同时采用了智能化的码头管理系统，智能化的码头管理系统是一个图形化的码头、堆场实时监控工具。通过它可以及时、方便地了解到当前堆场的堆存情况和集装箱的各种信息，显示当前船舶的卸船箱的场地堆存区域的位置鸟瞰图，以及卸船作业在场地的完成进度，显示当前船舶的装船箱的场地区域的位置图，以及与作业路径对应的装船作业箱的场地区域位置图。

应用智能化的码头管理系统，用户可以直观地浏览场地作业计划的安排和实施进度。用户也可以根据场地的进出场作业计划，设定预警值。这样，一旦进出场作业计划的实施达到或超出预警值，系统就会自动报警。应用智能化的码头管理系统，还可以预测未来时间段内，堆场作业的情况、场地机械的作业量以及堆场安排的计划状况。用户可以根据图形显示的预测情况，预先安排、调整堆场机械和作业计划。

综合使用智能化的码头管理系统，使各类现场作业情况在小小的电脑屏幕及监控设备前一览无遗，借助于这些监控手段，码头中央控制室操作人员可以根据作业现场情况，及时发出作业调度指令，平衡码头作业的安排，保证生产处于最佳的组织状态。

2. 天津港信息化建设

天津港综合物流信息服务系统是一个重要的业务支持和辅助查询系统，涉及港口、货主、货代、船运公司以及船代等多个单位。

该系统功能包括关港联动、船舶作业信息、货况跟踪、港口资讯、EDI 服务、物资采购等多方面。通过天津港综合物流信息服务系统的建设，与港口有关的政府部门可以履行行政管理职能，加速了口岸贸易的通关速度、物流速度。有利于天津港向外向型经济发展，促进外贸出口的增加，从而带动滨海新区整体的经济繁荣。

该系统由船舶计划子系统、船舶监控子系统、无线传输子系统、集卡调度子系统、收费管理子系统 5 部分组成。

（1）船舶计划子系统

该系统的功能是一个图形化的船舶计划系统，系统通过计算机屏幕对时间和泊位二维空间以图形化方式实现靠泊计划和配置功能。其功能包含了船舶月度计划、昼夜计划、船舶靠离泊计划、出口箱进箱计划、泊位策划、昼夜作业统计等。

船舶计划子系统的一个显著特点是运用图形化的显示方式，将船舶、码头泊位和桥吊有机地结合在一起，可以让用户直观地知晓，计划靠泊在码头泊位的船只，码头应该安排（配备）多少作业机械，才能保证在船舶计划停靠的时间内完成装卸作业。用户可以通过船舶计划子系统，预先作出计划的安排，并可以在计划实施过程中实行监控和调整。

（2）船舶监控子系统

该系统也是一个图形化的船舶实时监控工具。控制人员通过鼠标点击，就能监视和控制船舶当前作业状况，可以根据码头和堆场的不同情况来安排装卸作业路和集装箱装卸作业次序。在船舶装卸过程中，用户可以前瞻性地或者及时地对集装箱装卸作业次序进行调整和重新安排。应用船舶监控子系统，用户可以直观地查看卸船堆存计划的安排、使用状况，清楚地知道卸船堆存区间的计划安排场箱位数、已用数和可用数，以及堆存区间的使用效率。用户可以根据船舶作业路和堆场的进出场作业现状，安排或调整卸船堆存计划和堆存区间，避免场地作业的拥堵，加快作业完成进度，提高码头生产效率。

（3）无线传输子系统

该系统是一个无线传输指挥及作业系统，应用设备为车载无线终端和手持无线终端，它将当前需要完成的作业指令送抵堆场机械司机和岸边操作人员手上，同时将他们对作业的处理反馈回系统中，实现了作业信息的实时处理，彻底解决了信息处理滞后于现场作业进度的矛盾，使信息处理产生了从跟踪到控制的质的飞跃。使用无线传输子系统，可以提高作业的精度和质量，保证箱位准确率，提高装卸船和收发箱的效率。实现了以中心控制室动态地调度生产的作业方式。

（4）集卡调度子系统

该系统是一个通过无线传输作业指令动态调度集卡的系统。通过动态的调度可提高集卡利用率，减少桥吊的等待时间，加快装卸效率，降低码头营运成本。通过使用集卡调度子系统，可以实现同桥吊下的边装边卸先进的装卸流程。与无线传输子系统结合起来使用，可以享受到由于装卸吊具的改进（双箱吊）带来的高效（桥吊台时量可达50标准箱以上）与科技带来的高质量（装船质量可达到100%）。

（5）收费管理子系统

该系统是一个生产作业后的自动计费系统。收费管理子系统具有强大的费率和协议管理功能，自动完成各作业过程结算收费。使用收费管理子系统可以实现：费率管理、协议管理、营业收入管理、船舶作业计费、船舶杂项作业计费、空箱堆存计费、退账管理、自动计算和打印收费账单、统计汇总、多层的审计等。收费管理子系统的使用，推动天津港加快开账进程，提高账单的准确性，缩短资金回笼周期，给码头带来可喜的效益。

天津港目前全力进行统计分析系统的研究、开发和建设。统计分析系统是一个在线事务分析系统，通过庞大的数据仓库对生产经营中的数据进行采集、整理、汇总，采用科学的统计、分析方法研究数据之间的内在关系，寻找规律，为天津港的发展决策提供依据。应用统计分析系统，可从历史数据中发现市场的规律、预测集装箱业务未来的发展趋势、预测和监控风险，辅助天津港决策者发现新的利润增长点、优化企业的资源和管理规范，帮助天津港更加稳健地实现企业的经营目标，提高防范和化解经营风险的能力等。

天津港统计分析系统主要是以图表的形式表现，并提供灵活的查询和统计分析方式。该系统的功能包括：历年吞吐量的分析比较、船舶作业效率统计分析、机械作业效率统计分析、计划兑现率统计分析、船停时统计分析、道口流量统计分析、堆场进出情况及利用率统计分析、泊位利用率统计分析、机械及员工工作量统计分析、疏运情况分类及汇总分析等。

天津港"十二五"信息化建设总目标是：建设面向客户功能完善的电子商务服

务平台、港口信息资源集成平台和集装箱码头管理平台，促进天津港口岸物流信息服务的全面提升。

3. 上海港信息化建设

近几年，上海港加大了对港口（尤其是在港口物流系统与港口物流信息化等）的立项研究和经费投入，重点开展了港口三维仿真建模及软件开发研究、港口数据仓库分析决策系统研究、港口生产评价决策系统研究、港口业务流程的优化研究等，建立起基于码头资源与港口集疏运资源等的充分合理利用、整体效率最优化、航道高效合理使用、船舶停靠任务的科学分配，以及与现有港口集疏运系统相吻合的港口物流全局调度等的码头群高效运营智能管理平台，有力地推动了港口的发展。

上海港智能管理平台针对港口码头群面临的内外环境变化所产生的不确定性和任务分配序列决策的要求，基于港口码头群多智能体协同运营管理机制，构建以整体效率最优化为前提的基于 Multi – Agent System 的港口码头群多智能体协同运营系统模型，并从分布式、开放的动态环境出发，以港口码头群实时联动运营和科学调度为目的，依据港口码头群多智能体运营的关键支撑技术，构建了港口码头群多智能体协同运营系统。

上海港智能管理平台注重系统构建现代化生态型港口码头群多智能体协同运营系统软件的科学性与实用性，从更深层次上全面提升港口吞吐能力、港口效率（船时效率、岸线通过能力、堆场利用率、泊位利用率、船舶准班率、设备完好率等）、港口的软件管理水平（口岸通关能力，信息化水平，技术创新能力和管理水平等）等技术经济指标，进而提升上海港口企业、港口企业集团的服务水平和综合竞争能力，拉动区域经济发展。

2006 年 7 月，由上海市港口管理局与上海海事大学共同研究的《上海市港航"十二五"信息化发展规划》课题通过终期评审。根据规划"十二五"期间上海港航信息化建设将实现港航管理对象、管理过程和管理决策的数字化，打造国内领先、国际先进的上海数字港口，为进一步实现上海电子港口创造有利条件。

4. 国内港口物流信息化建设的启示

目前我国大中型主要港口进一步完善了港区基础光缆网络工程和港口"一站式"管理信息系统，加快了港区物流信息网的建设，重点是围绕主业开展区域内外、国内外电子商务，尤其是天津、青岛、上海等大型港口加大投入，建成了以大屏幕投影显示系统为核心，其他系统为支撑的港口调度指挥中心。中心将船舶交通管理系统、船舶自动识别系统、卫星导航系统、地理信息系统、智能交通系统、视频监控系统等融为一体，在全国处于领先水平。

国内大中型主要港口在物流信息化建设方面的成功给我们的启示有以下几个方面。

（1）提升网络应用，发挥最佳优势

网络化的计算机应用已经取得了长足的进步，在港口生产经营管理中发挥着重要的作用，港口物流信息化发展的当前水平可以说已处于数据连接性，即从信息孤岛走向信息大陆的阶段。

（2）加快电子商务应用步伐

在电子商务的应用上，国内大中型主要港口可以说是国内传统港口物流企业中较早涉入这一领域的企业。通过 Internet，港口物流业可以实施低成本的网络营销、实现多渠道供应链作业的综合集成、全球服务接点的网络化低成本管理和服务内容的全程监控和响应、服务信息的即时反馈，实现物流业完善服务内容、延伸服务范围、提高管理水平、降低经营成本、改善服务质量。

（五）港口物流信息化研究的问题

一个港口物流信息系统的建设，是一项包括许多技术环节、许多要素在内的系统工程，与企业本身的各个部分、各个环节也有着密不可分的关联。对于港口物流信息化研究，可以从以下 4 个方面入手。

1. 港口信息化平台的建设

港口城市，它对外的接口是跨地区跨国度的，必须建设一个跨国界的、服务多元化、具有很强的综合性的港口城市现代物流信息平台。港口物流信息平台连接港口、机场、铁路、公路等口岸管理部门、口岸生产部门、口岸辅助部门和其他政府部门，加快口岸物流信息的流通速度，完成政府与政府、政府与企业、企业与企业、企业与中介之间的信息交换和共享，达到通关环节中的外经贸、海关、检验检疫、外管、银行、港口、机场等国际物流相关环节的有效协调，使口岸通关时间达到国际先进水平，提高口岸物流的整体效率，最终目标是实现口岸物流全程的电子化、网络化和数字化。港口物流信息平台可实现如下服务：货物的电子报关预录入、货物的电子报检、船舶进出口边检数字化查验、国际航行船舶进口岸电子化申请、船舶进出口海事查验智能化、船期旬度数字化预报、昼夜数字化预报、船舶旬度电子化作业计划、昼夜电子化作业计划、船舶昼夜电子化引航计划等。

2. 港口管理信息系统的开发

面对着商务应用的挑战和技术的革新，港口管理信息系统的开发应基于松耦合方式，建设以提供 Web 服务为中心的独立的产品体系构架。港口管理信息系统能保证用户在任何地方、任何时间使用任何设备，访问企业信息资产、处理商业业务、报告商业信息，并具备企业间信息共享、商务处理协作和服务协作的能力，通过与协作企业的 Web Services 集成，形成了统一的协同商务应用系统。在动态价值链上实现了企业供应链战略计划、供应执行的整体协作。

港口管理信息系统不仅仅是为用户提供功能强大的企业管理软件，更多的是考虑要为用户提供一个开放的平台，一个集应用和开发于一体的软件平台。港口管理信息系统统一管理业务对象，实现业务流程的控制、应用之间的通信、数据库的访问等技术操作。港口管理信息系统真正为用户提供了一个信息平台，从应用角度来看，它是一套优秀的企业管理软件；从技术和开发的角度来看，它实际上是一个开放的平台，基于这个平台，用户可进行系统定制、二次开发、应用集成。

3. 港口电子商务系统的建设

港口电子商务系统通过广域网实现港口与内陆货运代理及转运站之间信息流、商务流和资金流的"无缝"链接，建设目标是吸引尽可能多的船舶停靠，不间断地进行装卸作业，增加收入，降低成本，提高工作效率。港口电子商务系统将准确、实时地提供和处理港口营运下的集装箱、船舶、货物、机械的所有交易、活动、运作的信息，能提供策划、管理、跟踪和控制码头的所有营运活动。港口电子商务系统通过先进、合理、优化的方式来提高运作和管理效率，提高生产力。港口电子商务系统改进和提高客户的服务质量和满意度，提供一个可与其他计算机系统相连接的开放性系统，通过以国际协议标准的电子数据交换加速港口与航运公司间的信息交换。

4. 港口现代物流信息系统的建设

港口企业不仅应该致力于整个物流链条的优化，还应该努力保持物流链条稳定，为港口带来稳定的货源。在整个物流链条中，港口不仅是重要的节点，也是整个物流活动信息汇集的中心。港口为了稳定物流链条，获得竞争优势，可以与物流链中的其他企业通过多种方式进行合作、联盟，将各参与方利益捆绑到一起，实现利益共享、风险共担。

通过港口现代物流管理信息系统的建设，可以实现从企业内部到社会物流的货物运输信息发布、业务洽谈、交易合同、货物运输、跟踪监控和配送服务等全过程的信息化管理，进而减少中间流通环节和储运成本，从而使企业在物流环节上取得降低成本方面的经济效益。此外，基于港口现代物流管理信息系统条件下的透明的操作、合理的价格，使企业取得资金流环节上的经济效益。通过港口现代物流管理信息系统的建设改变口岸各环节信息被动式服务的局面，提高口岸通关效率和区域物流运作效率，降低物流成本，增加贸易机会，而且大大促进口岸经营环境的改善，推进口岸现代物流发展和大通关建设，提高口岸物流数字化水平，加快实现电子口岸建设步伐，实现相关政府部门高效地服务和监管，各类企业方便地开展标准化、电子化的国际贸易和电子商务，提升港口对外服务的水平、服务质量和辐射范围，增强港口综合竞争实力，从而使物流的速度大大加快，使整个地区的物流、资金流的周转效率得到提高，取得物流方面整体的经济效益。

总之，港口是联结铁路、公路和水路的节点，也是物流设施建设的重点。港口现代物流信息系统的建设必将促进运输公司、仓储公司、装卸公司、中转站及货运代理等各种单位的信息化及电子商务应用水平，从而提升整个供应链的效率，带动区域经济的发展。

（六）港口物流信息化建设的必要性

在现代社会中，信息化及相关产业的发展已成为推动各国经济和社会发展的强大动力。以信息技术为代表的高新技术突飞猛进，渗透到社会的各个领域，迅猛地改变社会活动和政府运作方式，形成了当今最具潜力的先进生产力。以信息化带动传统产业的改造升级，促进社会经济跨越式发展，已是摆在我们面前的重要历史使命。重视信息化建设，注重应用信息技术已成为世界各国和社会各界的共识。

港口的发展与其物流的发展紧密联系，两者相互影响，相互促进。现代港口物流是指以建立货运中心、配送中心、物流信息中心和商品交易中心为目的，将运输、仓储、装卸搬运、代理、包装加工、配送、信息处理等物流环节有机结合，形成完整的供应链，能为用户提供多功能、一体化的综合物流服务。港口要又快又好地发展，全面推进信息化建设已迫在眉睫。

1. 港口物流信息化是提高港口作业效率的有效手段

电子数据交换技术的应用，使得港口作业单证由纸质转换成电子，集装箱堆场自动化管理、船舱箱位、集卡运输定位等信息技术，极大地提高了集装箱进出港速度，并为客户提供了快捷查询；自动化控制及计算机管理系统在港口作业的应用，大幅度提高了生产效率，减少了货物周转时间，最大限度地满足了客户、船方的要求。

2. 港口物流信息化是促进港口物流做大做强的有力引擎

现代物流是信息化的产物，通过以信息技术为核心的现代物流管理信息系统，对物流客体的种类信息实施远程、实时、全天候管理，同时把物流、销售、港口、代理、银行、海关、商检、边防等部门连成一体，从而对各类物流信息实现共享，信息化在现代物流当中充当了重要角色。纵观发达国家各大型港口均以"区港联动"发展物流园区，这些物流园区的背后，都有物流信息平台作支撑。因此，尽快建立起一个先进、高效、集中的港口物流信息平台，为港口和航运物流产业的发展提供技术保障，不仅符合国家发展海洋经济、加快提升港口综合实力和竞争能力的要求，具有重大的战略和现实意义，而且也符合科学发展观的根本要求。

3. 港口物流信息化是增强港口竞争力的助推器

产业全球化，中国已经成为世界制造的加工厂，世界各大港口为了增强自己的竞争能力，保持自己的发展优势，都在增强港口对腹地的辐射能力，抢占航运中心位置。为此，各港以先进的信息技术作为纽带，为货主、船方、客户提供最快速、最便捷、最低廉的全程服务成为竞争的焦点。可以说港口的信息化水平代表港口综合营运能力，港口物流信息化是增强港口竞争力的助推器。

4. 港口物流信息化有利于提高港口监管能力和处理突发事件的能力

构建和谐港口是港口管理部门的重要职责，也是港口管理能力的体现。这就要求港口管理部门要把握港口经济发展规律，提高驾驭港口的能力。实时掌握各类港口业务动态数据，通过科学分析，从中发现规律，制定港口管理决策，是港口管理能力提升的重要途径。信息化技术正是实现这一目标的技术手段。实时的港口物流业务数据，能及时反映港口经济运行的轨迹，为决策提供第一手数据；实时的视频监控，能及时发现各类突发事件的发生，通过与管理部门联动、与事件现场互动，在第一时间应对突发事件。

5. 信息化是转变港口形象，服务公众的内在需求

"以公众为中心"是全球电子政务的趋势，"以公众为中心"是制定电子政务战略的重要出发点。当前，我国网民数已达到 3 亿人，互联网普及率达 21%，宽带网络规模全球第一，且正以 20% 以上的速度增长，发展势头迅猛。网络应用日益深入到社会经济各个领域，网上办公、网上购物、网上娱乐、网上教育等深入民心，网络影响日益深远，而网民通过互联网影响政府行为也日益增多。面对势不可挡的网络力量，正确认识网络给政府管理部门带来的冲击，顺势借助网络力量，利用网络舆论引导，让公众了解更多的真相，是信息时代政府部门打造"高效、廉洁、亲民"政府形象所面对的新课题。港口管理部门要顺应潮流，势必要树立以公众为中心的电子政务，为港口管理部门与公众创造对话平台，提供更多的网上服务，主动公开政府信息，让公众关注港口、了解港口，促进港口管理透明化、提升港口管理服务意识、增强社会对港口的监督能力，这是新时期打造服务、透明型政府的内在要求。

总之，港口是联结铁路、公路和水路的节点，也是物流设施建设的重点。港口现代物流信息系统的建设必将促进运输公司、仓储公司、装卸公司、中转站及货运代理等各种单位的信息化及电子商务应用水平，从而提升整个供应链的效率，带动区域经济的发展。

第二节　港口物流信息化的技术基础

一、条形码技术

条形码是一组黑白相间的条纹，这种条纹由若干个黑色"条"和白色的"空"组成。其中，黑色条对光的反射率低而白色的空对光的反射率高，再加上条与空的宽度不同，就能使扫描光线产生不同的反射接受效果，在光电转换设备上转换不同的电脉冲，形成了可以传输的电子信息。

条形码技术至今已有 50 多年的历史。20 世纪 40 年代，条形码技术在美国产生，20 世纪 70—80 年代在国际上得到了广泛的应用。随着国外条形码技术的应用，我国于 20 世纪 70 年代末到 80 年代初开始研究，并在部分行业完善了条形码管理系统，如邮电、银行、连锁店及各大企事业单位等。1988 年 12 月我国成立了"中国物品编码中心"，并于 1991 年 4 月 19 日正式申请加入了国际编码组织 EAN 协会。目前，商品使用的前缀码有"690"、"691"和"692"。

信息的收集和交换对于港口物流货物配送管理来说是至关重要的。由于传统的收集和交换信息的方法是通过手工来完成的，导致了效率低下并且容易出错。条形码技术作为自动化识别技术，能够快速、准确并且可靠地收集进出口货物信息，使得这种现象出现的可能性大为降低，而且实现了港口物流配送货物入库、销售、仓储和自动化管理。港口企业运用条形码技术，并借助于先进的扫描技术、POS（Point of Sale）系统和 EDI 技术，能够对货物进行跟踪，获得实时数据，作出快速有效的反应，同时还减少了不确定性并除去了缓冲库存，提高了服务水平。条形码技术同时也是实现 ECR、QR，连续补充、自动化补充等港口物流管理策略的前提和基础。

二、射频识别技术

射频识别技术 RFID 是利用无线电波对记录媒体进行读写的一种识别技术。RFID 发出的无线电波或微波被人们称为"永不消失的电波"，它可以穿透某些障碍物，不局限于视线的范围，被广泛应用于自动识别。无线射频识别技术最突出的优点是：可以非接触识读，可以识别高速运动物体，抗恶劣环境能力强，一般无垢覆盖在标签上不影响标签信息的识读，保密性强并且可以同时识别多个对象等。射频识别技术起源于第二次世界大战的军事通信，在军事物流中起到了非常重要的作用。美国和北约组织曾吸取了"沙漠风暴"军事行动中因大量物资无法跟踪而造成重复运输的教训，在波斯尼亚的"联合作战行动中"，建成了复杂的通信网，完善了识别跟踪军用物资的新型后勤系统。在美英联军对伊拉克的战争中更是广泛使用并不断加以完善。无论物资是在采购、运输途中还是在某个仓库存储，均可由接收装置收到无线射频信息。

从 1985 年开始，射频识别技术就进入了物流领域的运用，它非常适用于物料跟踪、运载工具、仓库货架以及其他目标的识别等要求非接触的数据采集和交换的场合。由于无线射频标签具有可读写能力，对于需要频繁改变数据内容的对象尤为适用，它发挥的作用是数据采集和系统指令的传达，广泛用于供应链上的仓库管理、运输管理、生产管理、物流跟踪、运载工具和货架识别，特别适合用在商店特别是超市中的产品防盗等场合。

射频识别技术在港口物流运作中主要有以下两个方面的应用。

1. 智能托盘系统

一些大型的港口仓储配送企业为了高效解决用户生产原料在其仓库中装卸、处理和跟踪问题，使用了以射频识别技术为核心的智能托盘系统，此射频识别系统解决了原材料流通相关信息的管理。系统组成中的射频识读器安装在托盘进出仓库通道口的上方，每个托盘上都安装了射频标签，当叉车转载着托盘货物通过时，识读器使计算机了解哪个托盘货物已经通过。当托盘装满货物时，自动称重系统自动比较装载货物的总重量与存储在计算机中的单个托盘重量进行比较并获取差异以便了解货物的实时信息。

2. 仓储管理

射频识别在港口货物自动化仓储中的应用形式可以多种多样，可以将标签贴在货物上，由叉车上的读写器和仓库相应位置上的读写器读写，也可以将条形码和电子签配合使用。对于后一种来说，射频卡贴在货物要通过的仓库大门边上，读写器天线放在叉车上，每个货物都贴有条码，所有条形码信息都被存储在仓库的中心计算机里，该货物的有关信息都能在计算机里查询到。当货物被装车运往别地时，由另一读写器识别并告知计算机中心它被放在哪个拖车上。

三、GPS 全球定位系统

全球定位系统（GPS）是 20 世纪 70 年代由美国陆海空三军联合研制的新一代空间卫星导航定位系统。其主要目的是为陆、海、空三大领域提供实时、全天候和全球性的导航服务，并用于情报收集、核爆监测和应急通信等一些军事领域，是美国独霸全球战略的重要技术支撑。经过 20 余年的研究实验，耗资 300 亿美元，到 1994 年 3 月，全球覆盖率高达 98% 的 24 颗 GPS 卫星星座已布设完成。

全球定位系统由以下三部分构成。

（1）地面控制部分，由主控站（负责管理、协调整个地面控制系统的工作）、地面天线（在主控站的控制下，向卫星注入寻电文）、监测站（数据自动收集中心）和通信辅助系统（数据传输）组成。

（2）空间部分，由 24 颗卫星组成，分布在 6 个道平面上。

（3）用户装置部分，主要由 GPS 接收机和卫星天线组成。

全球定位系统具有性能好、精度高、应用广的特点，是迄今为止最好的导航定位系统。随着全球定位系统的不断改进，软硬件的不断完善，其应用领域正在不断地开拓。目前全球定位系统已经遍及国民经济各个部门，并开始逐步深入人类的日常生活中去。

GPS 在港口物流领域的应用主要是在海运船舶自动定位、跟踪调度等方面。在船舶自动定位和跟踪调度方面，港口管理部门可以利用 GPS 的计算机信息管理系统，通过 GPS 和计算机网络实时、全程地收集船舶所运货物的动态信息，从而实现船舶、货物跟踪管理和船运调度。

四、EDI 电子数据交换技术

EDI 是英文 Electronic Data Interchange（电子数据交换）的缩写，它是一种新颖的电子化商业贸易方式。通俗地讲，EDI 就是标准化的商业文件在计算机之间从应用到应用的传送和处理。当你使用 EDI 时，你和你的贸易伙伴不需要具有相同的文件处理系统。当你的贸易伙伴发送一个文件时，EDI 翻译软件将其专用格式转换成一个共同标准格式。当你接收这个文件时，你的 EDI 翻译软件自动将其标准格式转换成你的文件处理软件能识别的专有格式。关于共同的标准格式，目前国际上通用的有：联合国 EDIFACT、美国 ANSIX12 等，我国采用 EDIFACT 标准。

所谓港口物流 EDI 是指货主、承运业主以及其他相关的单位之间，通过 EDI 系统进行物流数据交换，并以此为基础实施物流作业活动的方法。港口物流 EDI 参与单位有货主（如生产厂家、贸易商、批发商、零售商等）、承运业主（如独立的物流承运企业等）、实际运送货物的交通运输企业（铁路企业、水运企业、航空企业、公路运输企业等）、协助单位（政府有关部门、金融企业等）和其他的物流相关单位（如仓库业者、专业报送业者等）。

EDI 以计算机应用、网络应用和标准化三大要素为基础，将港口企业与港口企业之间的商业往来文件，以标准化、规范化的文件格式，无需人工介入，无需纸张文件，采用电子化的方式，通过现代通信网络在计算机应用系统与计算机应用系统之间直接地进行信息业务的交换与处理。相对于传统的订货和付款方式，传统港口贸易所使用的各种单证、票据全部被计算机网络的数据交换所取代。EDI 系统的大范围使用，可以减少港口物流、海洋货运业务数据处理费用和数据重复录入费用，并大大缩短交易时间，降低库存和成本，提高效率。EDI 是港口物流、海洋货运业务中高效率进行国际结算与国际通关的最佳通道。

五、电子商务技术

港口物流电子商务是指：利用 Internet 和 EDI 等现代信息传递和处理工具，以港口物流过程的信息流管理为起点，进行低成本网络营销，同时大规模集成港口物流中的所有供应链环节，进而提高港口物流作业效率和反应速度，向客户提供物流全程的信息跟踪服务，从而在大幅度降低服务成本的同时，又提供了前所未有的信息跟踪和反馈服务，使港口物流业做到真正意义上的即时反应，使企业实现零库存成为可能。

（一）港口物流电子商务涉及的内容

港口物流电子商务从总体来说，所涉及的主要是以下 3 个方面的内容。

1. 为传统商务或传统行业的电子商务提供高水平的物流管理技术

港口物流管理是一门专业性非常强的技术，但是，从物流过程的处理方法和实施路径来说，可以认为 80% 的物流执行程序上有相当程度的相似。通过技术手段，可以设计一套港口物流专家管理系统，通过一定方式供物流需求对象使用（比如设在国际互联网网站上，供用户下载和升级）。用户利用这套专家管理系统，录入生产和销售等与企业物流环节有关的参数后，此系统可自动给出一套专家型的企业特定物流管理方案，供企业参考运行。同时，根据企业相关计划的调整或物流业相关情况的调节，通过对系统进行调整或升级实现物流管理方案的修正。

2. 在物流需求和物流服务商之间搭建低成本的信息交换平台

该平台使得物流需求方在选择物流服务商时，可以大范围地选择合适的对象，减少盲目性，同时也可大幅度降低物流企业的销售成本。通过在国际互联网上建立交易平台的方式即可解决这个问题，有物流需求的企业可以通过此平台提交物流需求，通过网络寻求合适的物流服务商；反之，物流服务商也可通过此平台进行全球低成本网络营销，借助网络的互动性，实现网上宣传和网上营销的一体化。

3. 为港口物流企业提高自身的物流效率和管理水平、实现内部资源整合提供解决手段

港口物流所涉及环节众多，地域和时间跨度大，如何提高物流效率、减低管理成本和提供物流过程的信息反馈是企业能否吸引客户和盈利的关键。在港口物流电子商务中通过技术手段，建立物流企业的 ERP（Enterprise Resource Plan）企业资源规划系统和 CRM（Customer Relationship Management）客户关系管理系统，来完善企业管理软件，进而实现企业内部管理的电子商务化。

（二）港口物流电子商务"三流"（信息流、物流和资金流）的统一

随着 Internet 在全球的飞速发展，港口物流电子商务的社会基础日趋成熟，为传统商务中的各个环节（如商流：商务交易过程中的所有单据和实务操作过程；物流：商品的流通过程；资金流：交易过程中资金在企业和银行间的流通过程等）在运作层面带来极大的变革。

根据目前的社会网络环境，港口企业利用电子商务已涉及和可以进行的业务包括：利用在国际互联网上建立主页、E-mail 和 EDI 等，向已有客户和潜在客户宣传企业形象、在售前和售后向客户提供所销售产品和服务的有关细节、产品的使用技术指南、回答客户的咨询和意见、销售过程的全程信息反馈和处理；在交易后采用电子资金转账、信用卡、电子支票、电子现金等多种方式进行电子支付：在物流环节中，可以对客户所购买的商品进行发送管理、货物跟踪，直接用电子化的方式来传送产品，如，软件、图像和咨询方案等。

从港口物流电子商务的运作模式上看，相对于传统商务模式中交易前的准备、贸易磋商、合同与执行、支付与清算、货物交割等，港口物流电子商务实现了通过 Internet 提供网上交易和管理的全过程服务，是以信息流的快速反应和执行为前提，对商务活动中的信息流、资金流和物流的有机统一。

因为港口物流电子商务网络没有时间和空间的限制，是一个不断更新的系统，无论是供求信息的更迭，还是商品和资金的流转，对于买卖双方来说，每一时刻都预示着有新的商机和新的竞争出现，只有做到物流、资金流和信息流在高速流动中，从技术和管理上实现三流的高度统一，才能使物流电子商务相对于传统商务具有不可比拟的强大生命力。

从横向看，在港口物流运作过程的几大分流中，信息技术都在发挥着重要的作用。

信息技术应用于物资流方面：条形码标签印刷，条形码扫描，仓库管理系统、网上货物跟踪系统，网上订舱、订车辆、订车皮、网上船期表查询等。

信息技术应用于文件流方面：无纸化电子传送文件、网上提单传输、网上商业信息的发布、以 CDROM 方式储存文件一次锁定减少差错。

信息技术应用于信息流方面：在从原材料到最终产品的整个过程中对所有重要事件的信息实行网上订单跟踪、网上报告；查询行业知识资料库，及早了解产品状况（所处位置、状态等），以便更好地安排资源和能力。

信息技术应用于资金流方面：用于网上信用证电子结算、供应链成本分析、生产商/客户财务结算。

从上述信息技术在港口物流中的作用可以看出，在港口物流的商业过程中，电子商务具有巨大的潜力，它将在重塑物流服务的过程中发挥巨大的作用。

第三节　港口物流信息化建设

一、目标规划

（一）建设目标

根据交通部《公路、水路交通信息化"十一五"发展规划》和港口物流发展需求，以构建适应"数字港口"发展需求为导向，从基础网络建设、数据库建设和应用建设三个方面将港口物流信息化系统建设成为以服务为核心、标准为基础、应用为关键的，具备较完善的信息化安全保障体系，具有网络化、标准化全自动信息采集、存储和管理功能的，集数据、语音、视频和电子政务为一体的"数字港口物流"管理系统。

（二）建设内容

港口物流信息化建设是一项围绕港航实现信息化实践发展的战略工作。按照物理系统的兼容性、应用系统的逻辑关联性和数据的完整性，用规范化的设计方法指导信息化建设，避免系统建设的盲目性、分散性和拼凑性，以免产生时间、资源和财力的浪费①。港口物流信息化建设要与交通部及省、市信息化规划相衔接，与周边港口信息化建设及发展方向相对接，与港口物流实际情况相连接，使港口物流信息化建设呈现动态螺旋式递进。

港口物流信息化建设内容是建成"2 网 1 库 5 平台 2 门户"（简称 2152 方案）。

---

① 彭亮等：《我国现代物流信息化思路探讨》，《物流技术》，2003 年第 3 期。

"2 网"是指安全、快速、稳定、可靠的计算机内、外网络。内网主要指联接港务系统的内部业务网。外网建立港航企业网络群,将港口作业自动化和港口管理信息化的各个节点组成整个港口物流信息网,以业务数据为中心,实现港口物流生产信息化。

"1 库"是指建设一个性能优异、安全可靠的分布式数据库,实现信息、数据、资料的集成分析和快速查询。建成生产管理数据库、船舶资料数据库、地理信息数据库、航运信息数据库、财务管理数据库、工程管理数据库。形成前端平台登陆、后台数据运作的模式,各方的业务数据集中存放、集中处理,所需数据从数据库中抽取,提高数据共享性和利用率。

挖掘、开发、利用港口物流系统相关各部门的内部信息,建立健全港口物流数据信息公开制度,编制港口物流信息公开目录。对外信息公开则充分利用物联网站平台,为公众提供便捷的政务信息。整合相关物流部门的业务数据,以数据流为中心,进一步厘清物流部门间的业务流程和信息流程,通过统一的信息交换体系,实现业务数据的互联互通,促进纵向、横向部门间协同业务的开展,逐步实现业务流程的优化,提高港口物流各部门对综合事务的处理能力、市场监管能力、应急联动能力。以港口、航道、船舶三大数据源为重点,逐步建成港口物流中心数据库,使得港口物流业务数据集中存放,集中抽取,推进港口物流数据实时性、共享性。

"5 平台"是港航指挥中心平台、港口管理平台、航运管理平台、行政管理平台和港口物流平台。其中:

港航指挥中心平台是以港口物流生产指挥、港口服务指挥和港口监管指挥为主要功能的共享平台,对港口物流生产全过程进行可视化监控管理,以便港航企业和管理部门实时了解船舶状态、生产进度及货物流向,并且对进出港船舶、货物数据充分共享,同时,将营运船舶定位监控纳入港航指挥中心平台,实行港口物流生产统一监管、指挥;

港口管理平台是为港务管理局行使港口管理职能而提供的数据共享平台,把港口行政管理职能,通过信息化建设的集成,在港口管理平台实现数据的录入、交换、输出,实现港口管理数字化;

航运管理平台以船舶为主线,将水运管理系统和船检系统相对独立的两大系统,通过船舶数据库的形式相关联,形成港航船舶数据库,为水运管理系统和船检管理系统提供数据服务;

行政管理平台在港航现有系统的基础上,根据港航综合管理职能需求,完善各个管理系统，实现内部行政事务的综合管理；

港口物流平台以互联网为基础，连接港航生产经营单位，依托物联网站，构建物流、信息流、资金流为一体的港口服务平台。

"2门户"是指内网门户网站和外网门户网站。内网门户网站主要建设内容是：建成面向港口物流系统内部单位的集业务办公、信息发布、数据展示功能的应用平台。外网门户网站主要建设内容是：建成面向社会公众、服务功能较强、以为公众办事、公众服务为主的服务型网站。

（三）港口物流业务需求分析

港口物流业务对信息化需求主要体现在港口物流生产信息掌握和港口物流生产服务、航运业服务、港口物流系统数据交换4个方面。

1. 港口物流生产方面

生产信息是全方位的信息，它包括进出港船舶的信息、货源信息、外贸船舶联检信息、船舶引航信息、港口企业作业动态信息等，这些信息有数据信息、视频信息等。港口物流生产对信息化需求主要体现在以下几个方面。

（1）船舶进出港信息需求

包括内贸和外贸船舶到港信息和离港信息。信息主要为船舶基本参数、货种、数量等。信息来源为船舶代理企业或船运公司，通过船舶进出港申报，为港航管理部门提供数据。这些数据可面向港口企业共享，为港口助航助泊、引航、港口生产作业及货主所服务；数据面向管理部门共享为港口生产动态监管提供数据。

（2）企业作业动态信息需求

如拖轮使用情况、货物计量情况、船舶靠离泊情况、生产作业进度等。管理部门能通过企业作业信息及时掌握企业码头泊位使用情况及船舶作业实时进度，为船舶作业计划安排提供依据，同时，货主能及时掌握货物流向和装卸进度，便于货源组织。

港口物流生产信息形式是多样的，表现为申报资料的静态性和港口物流生产作业的动态性。目前，国内很多港口生产信息还是通过传统的进出港纸质申报形式和电话询问港口企业生产进度来捕获，生产指挥信息化程度还相当低。随着港口快速发展，特别是港口物流建设进程加快，港口信息将产生大量数据交换和实时共享性，现在传统的生产方式已经跟不上港口发展的步伐，亟须建立一个全面、高效的生产管理平台，各港口企业、各级管理部门能实时、直观地掌握各类信息和数据，全面掌控进出港域的船舶动态、装卸作业动态以及航道、锚地等相关信息，并建立一站式港口生产服务平台，为企业申报提供一次输入，全系统共享的信息管理平台，提高港口生产审批效率和监管能力，改善港口的服务环境。

2. 港口物流服务方面

港口物流服务主要围绕港口生产而体现，涉及的领域有：为船方服务的外轮代理、船舶引航、助航助拖等，服务货方的单位有外轮理货、货代、二程船转运等，港口综合服务的银行、税务等。在信息化建设方面主要体现如下。

（1）公众服务的需求

公众获取行政管理部门服务公众的信息，包括政务信息、管理信息、船期信息、行业安全信息等。

（2）行业与企业间服务的需求

包括企业信息、物流信息服务、业务受理信息等。

（3）行业间服务的需求

包括金融行业服务、水路与公路的信息服务、水路与港口的信息服务、各监管单位围绕港口信息服务等。行业间的服务是一种信息联动服务。

港口服务是全方位的服务，它应该围绕港航生产的客户作为服务对象，为他们提供便捷、高效的服务。在这方面信息化有强烈的需求和迫切的愿望，也有广阔的发展前景，并且具有深远的意义。但目前，港口服务信息化由于缺少统一的领导，还各自为政，未能形成统一的服务平台，港口物流平台还有待建设。

3. 航运管理需求分析

航运业服务对信息化的需求是多方面的，从行业管理出发，需要掌握市场动态，检查、督促、指导水路运输企业的安全管理工作。需要靠信息化建设来提高管理的工作效率，提升行业管理水平，增强行业管理的能力，主要需求体现在以下几个方面。

（1）船舶基础信息管理；

（2）水运企业管理；

（3）水路运输市场管理；

（4）水运从业人员管理；

（5）营运船舶动态管理；

（6）内部资源管理。

4. 港口物流系统信息交换需求分析

港口物流系统中的港口物流生产、港口物流服务与口岸系统的相关单位有着密切的联系，在联系过程中，产生大量的数据交换。目前港口物流系统业务数据往来相关单位主要是港务管理局、外代、外理公司、轮驳、货代、物流公司、供应商等企业单位和海关、检验检疫、海事局、边检等涉外监管单位，港口物流系统数据交换需求概括起来主要包括以下几个方面。

（1）信息共享和数据传递方面

目前，国内港口大部分口岸单位对信息化建设具有较高的重视程度，通过一段时间的信息化建设，已经具备了一定的信息化基础。但是，各企业和单位的信息系统相对独立，"信息孤岛"现象严重，信息共享和数据传递还是以传统的电话、传真、EMAIL和纸面单据等手工方式为主，其效率和准确性与业务发展要求相比明显滞后。

更重要的是，随着港口物流业务的开展必然会产生海量的业务数据，将会对整个口岸的信息共享和数据传递的便捷性、准确性和可靠性提出更高的要求，如果没有一个先进的信息传递平台支持，必然会对港口物流业务的正常运作带来严重的影响。因此，各口岸单位，尤其是与港口物流相关的企业和部门在信息共享和数据传递方面的需求十分迫切。

（2）口岸通关方面

港口物流业务系统中海关、国检、海事局和边检等口岸监管单位的信息化应用水平相对较高，申报、查验和监管等业务都有相应的应用系统支持，但是由于没有统一的信息共享和数据交换平台的支持，目前还是通过纸张单据和客户端输入的方式完成数据采集。随着港口物流业务的增长，将会对现行通关、申报等业务的运作方式带来巨大冲击。同时，各物流企业也将面临着数据重复输入的巨大压力，导致业务效率严重下降。

（3）公共信息发布方面

港口物流是一个信息密集型的行业，目前一些国内港口口岸尚无动态的公共信息发布平台。通过港口EDI系统平台实现公共信息发布、信息查询和业务动态跟踪将会给各相关单位带来极大的便捷。同时，物流企业也可通过EDI系统平台进行信息发布和资料查询，对港航物流和对外经贸的发展都将具有积极的促进作用。

二、总体结构

港口物流信息化实现目标是建成"2网1库5平台2门户"。港口物流信息化总体框架具体见图8-1所示。

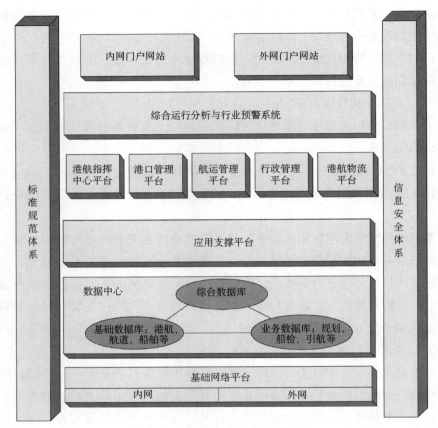

图 8 - 1　港口物流信息化总体框架

"2152 方案"的总体框架结构是指信息化建设的基本模型、关键技术以及基本工作框架。从逻辑结构上可划分为信息基础网络平台、数据库平台、应用支撑平台、业务应用平台和决策支持系统组成的完整体系。

"2152 方案"实施要根据港口物流自身业务发展需求及行业监管特点，以基于面向服务架构（SOA）的实现方法论为技术支撑手段，确保在构架上可持续、稳定扩展，应用上协同、共享，实施上灵活、快速。通过图 8 - 2 所示的展现层、业务应用层、应用支撑层、数据层及网络层的技术体系架构来实现"2152 方案"目标。

其中，网络层将进一步优化基础信息通信网络资源，加强网络管理，提高网络带宽利用率；对信息系统核心交换实现双机备份，确保通信网络可靠不间断运行。数据层在现有数据库的基础上，建立系统数据中心，利用应用支撑层提供的各种实现手段，实现异构环境下的信息交换、共享，实现数据分析、检索服务。业务应用层则面向港航业务管理，进行"五大平台"的建设，并基于应用支撑层进行业务的

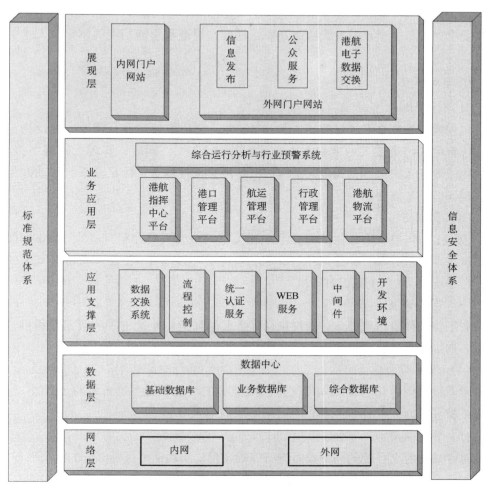

图 8 - 2 港口信息化 "2152 方案" 技术体系框架

协同互动；以此构建以数据中心为核心、应用支撑层为实现手段的港航综合运行分析与行业预警系统，为管理决策、跨部门协同、公众服务提供服务。展现层将以灵活、直观、快速为宗旨，对数据中心、业务应用层所产生的数据进行展现整合。

三、基础设施建设

（一）计算机系统

港口物流信息化建设包含硬件和软件两大部分建设。其中，硬件建设包括：港口物流系统相关单位办公台式机、笔记本电脑、打印机及数码设备；数据中心建设工程涉及的服务器及基础软件；港口物流信息系统基础网络建设；港航指挥中心建设等。软件包括：港航业务应用系统开发和整合；综合数据库构建；信息采集系统；信息安全保障；电子政务系统功能开发；标准、规范和管理制度的制定；人才引进及培养等。

1. 硬件建设

（1）计算机

实现港口物流全系统计算机配置率100%。为适应无线办公需要，港口物流业务系统有关部门负责人的笔记本电脑配置达到100%，同时，实现无线网络接入，港口物流业务系统部署无线接入系统，出外配置无线网卡，满足全系统移动办公和执法现场监管的需要。

（2）打印机

根据工作需要，港口物流业务系统相关部门负责人打印机配置率100%，部门打印机按办公室分布，配置网络打印机，各办公室配置1～2台。有特殊需求的部门，考虑配置A3以上幅面打印机。

（3）数码设备

有图像制作、信息采集、会议录音等需求的部门，配置相应的数码照相机、录像机、扫描机、录音笔等数码产品。

（4）服务器

随着港航信息化建设深入，信息系统数量的增加，服务器部署将考虑小型机，便于维护和管理。

（5）网络设备

对港口物流全系统的网络设备进行完善建设，实现网络基础部分的冗余和备份，增添网络安全设备，建设计算机机房，构建绿色机房环境，确保全系统网络的安全、可靠、稳定，为港口物流业务系统应用提供良好的网络环境。

（6）业务系统配套的硬件建设

包括港航指挥中心码头视频监控、AIS监控、营运船舶监控、EDI、集装箱车辆定位、射频信息采集系统等建设。

2. 软件建设

（1）应用系统开发

港口物流业务管理实现电子化，管理系统覆盖港口物流的各项业务，内部交换处理实现数字化、无纸化。

（2）信息安全保障

建设信息安全保障体系，主要包括内外网络隔离、入侵检测系统、漏洞扫描系统、冗余服务器系统、冗余交换机系统、容灾系统①。数据标准、规范和管理制度的制定。身份认证系统的建设。

（3）信息标准建设

遵循国家信息化标准、交通运输部信息化行业标准，对港口物流业务系统开发应用的数据进行规范，细化港口物流数据字典，为系统二次开发、系统接口开发提供依据。

（4）人才引进及培养

现代港口物流信息系统是一个涉及多学科、多领域的增值服务体系，大型港口物流企业必须加速培养（吸纳）造就一批高素质的专业人才队伍，以配合自身的竞争发展战略②。建设一支 20～30 名专业技术人才的信息化队伍，队伍结构合理，专业水平突出，拥有网络工程师、软件工程师、硬件工程师及管理人才的一批博士、硕士人员。

（二）网络系统

港口物流网络平台建设以不断增加的业务信息应用为基础，以提高信息综合利用、共享为目的，在"统一规划、统一标准、统一平台、分步建设"的原则指导下，实现整个系统站点（窗口、码头）的 IP 宽带互联，要求网络结构稳定、安全可靠、扩展性强。

1. 系统网络结构

系统网络是全部港口物流系统的信息汇集和交换中心，并在系统内全部成员单位之间起到承上启下的作用。系统网络总体结构采用国际标准的以太网星型结构，应用 VLAN 技术把网络环境划分为多个安全域，采用冗余组网提高网络的可靠性③。整个网络由内网、外网组成。

内网主要联接省一级交通专网、物流系统节点及基层站点（码头），是内部业务应用和办公网络。内网总体结构分三层：接入—汇聚—核心，基层站点和码头为网络接入层，相关管理机构网络为汇聚层，汇聚所辖的基层站点和码头网络，港务管理中心为核心层，优化基础信息通信网络资源，提高网络带宽利用率，对重点业务系统传输通道及设备实现备份，确保通信网络可靠不间断运行，实现系统部门间数据快速交换，并接入交通专网和其他业务网络。

外网主要运行对外服务业务，连接港口城市电子政务外网和电信 Internet，以城

① 雷波：《构建物流信息系统的成功因子研究》，《物流技术》，2005 年第 4 期。
② 张杰：《中国物流信息化调查》，《中国计算机用户》，2003 年第 2 期。
③ 李天剑等：《号脉中国物流信息化》，《软件世界》，2002 年第 3 期。

市港航网为依托，以业务数据为中心，以需求为导向，随着港航业务的发展，借助互联网最终建立港航企业网络群，实现港航生产信息化①。内外网通过网闸实现业务数据的实时交换。

2. 网络建设标准

（1）广域网建设标准

广域网建设包括上联省级的交通互联网络、下联物流系统成员单位、基层港航检查站（码头）的互联网络。上联广域网按照《交通部网络建设规范》建设，链路主要采用 SDH 专线和 VPN 技术；下联物流系统成员的网络数据交换相对频繁，链路采用性能稳定的电信专线和 VPN 技术，基层港航检查站（码头）链路主要采用低成本、成熟的 VPN 或 VPDN 技术。

广域网络路由协议：各级广域网接入路由器都必须支持下述各种路由协议，即 IGP：OSPF、RIP 等，以及 EGP：EGP、BGP 等。配置路由器应考虑网络的规模、通信线路的质量、网络协议本身的开放性、国际标准性和对网络扩展的适应性及对网络带宽的占用情况等。

（2）区域网建设标准

区域网是系统各成员之间的数据交换、处理中心，也是其所辖范围内对下级港口物流管理机构采集信息的汇总、处理中心。区域网的处理能力必须保证既满足对下级港航管理机构信息系统的处理，又要胜任本级相关管理机构的办公信息化要求，达到各机构间信息共享。

区域网必须满足以下标准：

支持 TCP/IP 协议标准的以太网；

采用层次化（接入—汇聚—核心）和模块化架构组网；

应用交换机设备隔离带宽域，应用 VLAN 技术隔离广播域；

核心交换设备采用冗余方式（冗余设备和冗余链路）组网，应用 STP（RSTP/MSTP）和 VRRP 技术提高网络的可用性；

港口物流系统各成员单位的办公楼采用综合布线。各楼层区域网采用百兆/千兆星型以太网，使用智能可管理交换机组网，传输介质使用超 5 类双绞线；各楼层之间建议采用千兆以太网方式，使用高性能智能模块化可管理交换机组网，传输介质使用 6 类双绞线或多模光纤。

---

① 张宗成：《物流信息管理学》，广州：中山大学出版社，2006 年，第 24 页。

（3）IP 地址规划

内网 IP 地址规划主要按照国家的相关交通专网 IP 地址规划执行，根据业务和安全需要划分 VLAN。外网 IP 地址统一向港口所在城市政府信息中心申请，由政府信息中心规划。

3. 网络平台管理

随着港航信息化建设的逐步深入，建立港口物流网络系统的可靠性管理和维护体系显得至关重要，需要一个网络管理平台能够对整个网络系统的运行实施全面可视化管理。

（1）建立系统网管中心

建立系统网管中心，加强对全系统网络的监控和管理，提高网络资源的利用率、稳定性、安全性。各级网管人员可通过有限的权限在系统网管中心内监控自己及下属站点的网络状态。

（2）网管平台的功能要求

网管平台对网络配置、性能、差错、安全等各方面实施全面可视化管理，用地图模拟整个网络的分布、配置和运行情况。可管理所有基于 SNMP 的网络设备，并可完成市面上大部分网络产品的设置工作，包括端口管理、模块设置、网络分析、故障预警等，还应可以快速查询网络中设备的运行情况。

网络管理平台除了负责上述基础网络管理、系统操作及故障管理外，还应提供系统性能分析管理、配置管理与资产管理、网络容量分析与预测管理、数据库及应用系统管理、数据备份与恢复管理、网络管理报表和日志管理、流程管理等。能自动发现网络故障，故障信息可通过手机短信或邮件等方式实时发送给管理员。

（三）数据库平台建设

数据库平台建设是港口物流信息化建设的基础和前提，只有全面完成公共数据建设，才能实现真正意义上的港口物流信息化、数字化。数据库建设以港口物流各类数据为核心，依托成熟的数据库管理系统，按照统一的标准，建立集数据采集、数据管理、数据共享服务、数据处理等功能为一体的港口物流数据中心，提供业务系统运行所需的基础数据、管理数据支撑。

数据库平台建设的主要任务是构建数据中心体系，包括：数据库分类及建设、数据中心体系框架、数据中心系统构成等。

1. 基础数据库建设

基础数据库是可以为各类业务应用系统调用的公共数据库，建设的主要内容包括：

① 港航基础数据库：港口位置、规模、能力、设施、设备、港航企业名称、经营范围、地址、法人代表等基本信息；

② 航道基础数据库：位置、名称、等级、枢纽、航标、潮汐、潮位等基本信息；

③ 船舶基础数据库：船名、船舶类型，载重吨位等基本信息；

④ 组织结构基础数据库：部门名称、部门职责、姓名、年龄、性别、学历、联系方式等基本信息。

2. 业务数据库建设

业务数据库是港航业务管理系统产生的各类管理数据，建设的主要内容包括：

① 水运管理数据库：船舶年审、船舶营运证办理等管理信息；

② 船舶检验数据库：船舶新建检验、船舶图纸审核等管理信息；

③ 码头管理数据库；

④ 引航管理数据库；

⑤ 航道管理数据库；

⑥ 移动目标数据库：AIS、GPS 等信息；

⑦ 港口物流生产管理数据库：船舶、货物，船代、货代，生产调度等业务数据；

⑧ 行政执法数据库；

⑨ 公文流转数据库：发文、收文等过程及痕迹数据；

⑩ 稽征管理数据库；

⑪ 设备管理数据库；

⑫ 基本建设管理数据库；

⑬ 财务管理数据库；

⑭ 视频数据库：实时视频/音频数据。

其他业务管理数据库。

3. 综合数据库建设

融合港航指挥中心、港口管理、航运管理、综合行政管理、港口物流及外部系统的行业综合数据库，为决策分析系统提供数据支持。

4. 基础、业务和综合数据库之间的关系

基础数据库是港航基本的公共数据库，包括港航、航道、船舶等基本的数据信息，基础数据库通过数据交换平台进行数据采集、更新，为其他业务管理系统提供数据服务；业务数据库是港航管理系统产生的各类管理数据，直接支持各类业务应用系统，业务系统所需基本数据从相应的基础数据库中提取，共享基础数据库中的数据，确保基础数据的一致性、规范性和完整性；综合数据库数据来源于基础数据库、业务数据库和涉外数据库，定期从业务数据库中抽取数据，含对业务数据的抽取，数据分析、数据挖掘等。三者紧密联系，其总体结构如图 8 - 3 所示。

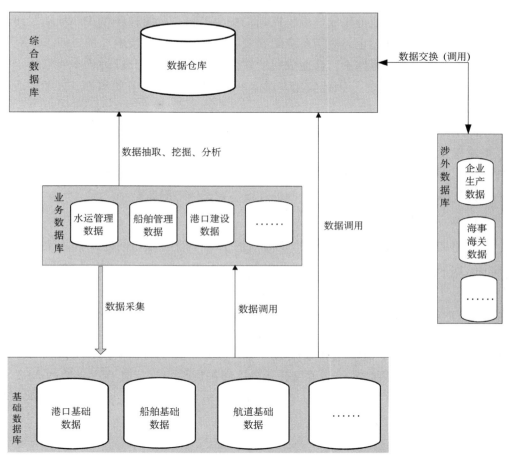

图 8 - 3　数据库之间的关系

5. 数据库建设方式

（1）制定数据标准和数据库建库指南。主要是完善省港航局制定的港航数据字典特别是港口方面的内容，按照统一标准完成各类基础数据的数字化建库。

（2）基础数据库和业务数据库的建设。目前，港口物流数据库建设以业务数据库为主，还没有统一的基础数据库，数据共享性差。为保护既有投资，现有的业务系统数据库架构保持不变，今后系统开发或整合时建立相应的可共享的基础数据库，逐步完善基础数据库的建设，为将来的系统整合打下基础。

（3）对于电子海图基础数据库，直接向有关单位定期购置。

（四）应用支撑平台建设

应用支撑平台为应用系统建设、运行、协同提供统一支撑，包括资源共享、信息交换、业务访问、业务集成、流程控制、安全控制、系统管理等各种基础性和公共性的支撑服务，同时也是应用系统的开发、部署和运行的技术环境。如果没有一个标准规范的应用支撑体系，会造成后续软件开发、维护及升级的成本非常高，而且容易产生"应用孤岛"。因此应用支撑体系必须具有开放性和扩展性，并能够适应业务需求的动态变化。

应用支撑平台建设包括应用集成架构、数据交换体系、统一的用户和权限管理、业务流程管理、港航业务模型、基础组件、中间件、数据资源配置服务和常用工具软件等。应用支撑通过为业务应用系统开发提供各类基础模块和软件工具，提高系统建设效率，同时解决业务应用之间的互通、互操作等问题①。

1. 应用集成架构

应用集成架构分为面向过程的架构、基于组件的架构和面向服务的架构三种架构。面向过程的架构是与处理过程相关的应用架构技术，其主体是中间件技术，包括消息中间件、交易中间件、数据访问中间件、远程例程调用中间件等，是最早出现的应用系统支撑技术。基于组件的架构是建立在组件对象模型及实现之上的架构，包括 OMG 组织的 CORBA、JCP 的 J2EE/EJB 和微软的 DCOM 等。目前的主流技术体系是基于 SOA 的体系架构，Web 服务是其中的一项核心支持技术。港口物流信息化应用集成平台必须具有开放性和扩展性，支持具有主导性的 NET 和 J2EE 服务器和开发工具，支持以上三种标准的应用集成架构，并能够适应业务需求的动态变化。

2. 数据交换系统

数据交换系统的基本功能是实现上下级数据中心间纵向的数据交换、同级应用系统间横向的数据交换，以及面向外部的数据共享交换服务。可定义多种数据源，包括结构和非结构化数据，可以制定数据交换策略、路由及数据格式，以实现不同业务系统中的数据交换。

（1）数据交换方式

数据交换通过两种方式来实现：一是通过统一的数据交换区在关系型数据库的

---

① 彭维德：《港口物流应用系统结构设计》，《集装箱化》，2007 年第 8 期。

支持下实现数据共享级交换；二是基于 XML 文件通过消息传递方式实现异步交换。

在第一种情况下，建立数据交换缓冲区，交换系统把要交换的数据放在各自的交换缓冲区，交换缓冲区间可以通过文件传输的方式实现数据传输，从而达到数据镜像与同步，实现系统间的数据交换。

在第二种情况下，系统提供数据交换适配器和数据交换工作站，部署在提交数据的应用系统中的交换适配器对源数据库中数据进行抽取，数据交换工作站对数据信息进行校验、加密、压缩和传输，部署在接收数据的应用系统中的交换适配器将接收的数据向目的数据库进行加载，从而实现数据的交换。

（2）网络物理隔离环境下的交换实现途径

在物理隔离环境下，采用两种交换方式：一是通过物理隔离设备（隔离卡、隔离网闸等）进行信息摆渡式交换；二是通过手工将需要交换的数据导入数据包，存入物理介质中，根据需要导入相关系统中。

3. 用户和权限管理

实现用户基本信息统一，避免同一用户在不同系统中存在不同的用户账号；支持单点登录，支持目录服务或数据库，实现用户一次登录，平台内通用，多个应用一次登录；提供权限门户，即所有系统管理用户认证、授权信息的统一入口。

4. 应用支撑平台的建设要求

（1）符合技术标准的开放性

① 基于 Web 应用程序开发标准；

② 符合 NET、J2EE 技术架构；

③ 基于 XML 的数据交换标准；

④ Web Service 标准。

（2）对平台集成性的要求

① 互联性：这是实现集成的基础，就是要使各种各样分立的设备、各种单元技术能通过"接口"连接起来，实现互联。

② 互操作性：指系统的各个组成部分中有关联的各应用软件与技术功能，能够互相发出对方能理解的指令，去激活相应的功能，共享或修改公共数据库等。

③ 语义一致性：指在数据单元、术语、含义等方面的一致和合理化。通过数据定义和格式的标准化，提供给用户的就是一个该组织数据一致和正确的视图。

④ 会聚集成：这是系统集成的最高阶段和最复杂形式，它包含了将技术与流程、知识以及人工效能之间的集成。

从单个应用系统的开发到应用平台化这种战略观的转变，意味着港航信息化进入一个崭新的阶段。总而言之，港口物流系统需要一种面向最终用户综合应用的、基于统一技术平台和基础环境的新型信息化建设架构，解决技术体系中同构和异构数据库之间和各应用系统之间的信息和数据交换，为各应用系统的互联互通提供支撑①。

四、港口物流业务应用平台建设

（一）港口管理平台

港口管理平台是为港务管理局行使港口管理职能而提供的数据共享平台，把港口行政管理职能通过信息化建设的集成，在港口管理平台实现数据的录入、交换、输出，实现港口管理数字化。平台采用模块式布置，对现有应用的港口系统进行整合，改造成港口管理平台的管理模块，并留有扩展、接口模块，便于日后的完善。主要包括以下模块。

1. 规划建设管理模块

管理港域岸线规划、岸线审批、港口工程建设审查、备案、试运行验收、竣工验收等。数据资源为港口行政许可、行政执法、港口开发、领导决策等提供共享。

2. 航道资源管理模块

管理港域航道规划、建设、维护、临、跨、拦航道审批、航道的基本情况等。数据资源为港口引航、行政执法、决策等提供共享。

3. 港政管理模块

管理港口企业的基本情况、行政许可、港口设施保安、企业的年检年审及预警等。数据资源为港口行政执法、领导决策等提供共享。

港口管理平台以规划建设作为数据源，港口行政许可引用规划建设管理数据，老码头数据进行补充完善，形成完整的港口资源数据库，实时反映港域建设、许可情况，动态掌握港域管理进程。

（二）港航指挥中心平台

港航指挥中心平台是以港口生产指挥、港口服务指挥和港口监管指挥为主要功能的共享平台，同时，结合航运监管职能，统一指挥港航生产监管。指挥中心平台突出港口生产的图像化、港口服务多样化、港口监管的立体化。指挥功能主要包含以下功能模块。

---

① 肖三亮等：《论区域物流平台的构建》，http://www.transonline.com.cn。

1. 码头视频监控

港域生产危险作业点多量大，旅客运输密集，对外开放码头保安任务重，决定了港域生产监管难度大、监管成本高，因此加快港域码头视频监控的布点，重点建设危化码头、客运码头、对外开放码头，最终形成纳入港口管理作业码头均有视频监控功能。视频资源为港口生产调度、港口引航、安全监管、行政执法、领导决策提供实时音像资料。

2. 船舶 AIS 监控

对进出港域的生产作业船舶实行 AIS 监控，及时准确查找船舶位置和行驶轨迹，为港口生产调度、港口引航、恶劣环境（台风、雾季）安全管理、领导决策提供依据。

3. 生产调度管理

管理进出港域船舶、货物，通过企业电子申报的形式，形成港域生产作业计划，并将作业计划延伸到引航管理、助拖管理、代理和理货，到港船期实时发布，相关企业网上查阅，并可对港域货物作业统计分析。数据资源为港口企业、港口引航、统计、决策提供实时共享。

4. 引航管理

管理进出港域需要引航船舶、安排引航计划、提供电子化引航环境及引航作业反馈等。引航管理既有为引航内部管理内容，又有为引航企业服务的信息，因此，信息共享关联船代、货代、港口企业、引航艇、引航员，引航数据来源船舶引航申报，船舶数据主要源于到港船舶申报，数据资源为引航站、港口企业、领导所共享。

5. 营运船舶监控

对营运船舶通过 GPRS 或卫星通信实行船舶定位，监管营运船舶安全状况，并通过语音实行预警。

6. 港域资源展示

关联港航管理平台，调用港航资源数据，实现港航静态数据和动态数据在港域电子地图上的展现。为港航规划、港航监管、港航生产、决策提供可视化环境。

（三）航运管理平台

航运管理平台包括水运管理系统、船检管理系统。

以船舶为主线，将水运管理系统和船检系统相对独立的两大系统，通过船舶数据库的形式相关联，形成舟山港航船舶数据库，为水运管理系统和船检管理系统提供数据服务。航运管理平台根据交通部要求统一建设。

（四）港口物流平台（EDI）

港口物流以港口作为整个物流过程中的一个重要节点，依托在这个节点上所形成的服务进行物流活动。传统的港口物流主要是提供装卸、仓储、转运服务，随着现代物流的发展，港口物流的内涵和外延都发生了深刻的变化。现代的港口物流是以最大限度地满足顾客需求为目标，建立货运中心、配送中心、物流中心和商品交易中心，将运输、仓储、装卸搬运、代理、包装加工、配送、信息处理等物流环节有机结合，形成完整的供应链，具备物流集散、货物存储、分拨配送、国际物流服务、市场交易、信息管理、服务咨询和增值性服务等功能，提升其物流综合服务能力。

现代港口物流的电子信息平台以互联网为基础网络，连接港航生产经营单位，以港口信息集成为触点，构建物流、商流、资金流为一体的港口服务平台①。推进EDI（电子数据交换）在港口生产经营中的应用，融合电子商务和现代物流方法，实现港口物流生产管理全面信息化，打造"数字化"港口。

通过纵向集成将港口与客户（承运商航运、供应商和经销商）紧紧地联系成一个动态联盟，并向供应链上、下游进行扩展，形成虚拟的流通中心，拥有部分供应商、经销商和消费者的功能②。通过横向集成与其他港口和本地或外地的提供物流服务的第三方物流企业达成动态联盟，通过信息和运作一体化，实现综合性的物流服务③。

物流信息平台主要是为物流企业的接入提供技术支持；向相应数据库抽取服务于物流企业的相关信息提供技术支持，并提供信息共享功能；为政府的物流决策，抽取园内物流企业的信息流、物流和资金流提供技术支持。对物流系统需求可通过选用不同功能模块的叠加组合，以满足不同类型物流企业对信息平台的主要功能需求。

1. 仓储管理信息系统

仓储管理信息系统的主要功能为：可以对所有的包括不同区域、不同属性、不同成本的仓库资源实现集中管理。采用条形码、射频等先进的物流技术设备，对出入库货物实现联机登录、存储检索、容积计算、仓位分配、损毁登记、状态报告等进行自动处理，并向系统提交图形化的仓储状态显示图等③。

---

① 郭成：《物流信息技术应用现状及趋势》，《中国储运》，2007 年第 3 期。

② 彭扬等：《物流信息系统》，北京：中国物资出版社，2006 年，第 185 - 187 页。

③ 徐燕：《物流信息管理》，北京：对外经济贸易大学出版社，2004 年，第 36 - 38 页。

2. 运输管理信息系统

运输管理信息系统的主要功能为：可以对所有可以调度的运输工具，包括自有的和协作的以及临时的车辆信息进行调度管理，提供对货物的分析、配载的计算，以及最佳运输路线的选择。系统支持全球定位系统（GPS）和地理信息系统（GIS），实现运输的最佳路线选择和状态调配。

3. 配送管理信息系统

配送管理信息系统主要功能为：以最大限度地降低物流成本、提高运作效率为目的，按照实时配送原则，在多购买商并存的环境中，通过在购买商和各自的供应商之间建立实时的双向链路，构筑一条顺畅、高效的物流通道，为购买、供应双方提供高度集中的、功能完善的和不同模式的配送信息服务。

4. 货代管理信息系统

货代管理信息系统的主要功能为：按照资源最大化和服务最优化的原则，满足代理货物托运、接取送达、订舱配载、联运服务等多项业务需求，完成物流的全程化管理，包括代理航空和船务，实现门对门、一票到底的最佳物流方式，成为托运人和承运人之间的桥梁和纽带。

5. 条形码数据采集管理系统

条形码数据采集管理系统的主要功能为：采用条形码技术对商品信息的采集、录入、分析、处理和归类保存，它是实现快速、准确而可靠地采集数据的有效手段。条码技术的应用解决了数据录入和数据采集的"瓶颈"问题，为供应链管理提供有力的技术支持。条形码的功能在于极大地提高了成品流通的效率、库存管理的及时性和准确性。条形码是实现 POS 系统、EDI、电子商务、供应链管理的技术基础，是物流管理现代化、提高企业管理水平和竞争能力的重要技术手段。

6. 射频（RF）数据采集管理系统

射频（RF）数据采集管理系统的主要功能为：采用射频（RF）技术对商品、运载工具和货架等射频标示签的数据进行采集、分析、处理、识别和传输交换等。主要用于商品跟踪、运载工具和货架识别等要求非接触数据采集和交换及需要频繁改变数据内容的场合。

7. 客户管理信息系统

客户管理信息系统的主要功能为：通过对客户资料的全方位、多层次的管理，使物流企业之间实现流通机能的整合，物流企业与客户之间实现信息分享和收益及风险共享，从而在供应链管理模式发展下，实现跨行业界限的整合。

8. 合同管理信息系统

合同管理信息系统的主要功能为：合同是业务开展的依据，系统通过对合同的数字化解析，充分理解甲方的需求，拟订物流服务的实施方案，并以此为依据，分配相应的资源，监控实施的效果和核算产生的费用，并可以对双方执行合同的情况进行评估以取得客户、信用、资金的相关信息，提交调度和政策部门作为参考。

9. 决策支持信息系统

决策支持信息系统的主要功能为：及时地搜集商流、物流、资金流和信息流所产生的信息并加以科学地利用，在数据库技术、运筹学模型的基础上，通过数据挖掘工具对历史数据进行多角度、立体的分析，实现对企业中的人力、物力、财力、客户、市场、信息等各种资源的综合管理，为企业管理、客户管理、市场管理、资金管理等提供科学决策和依据，从而提高管理层决策的准确性和合理性。

10. 统计管理信息系统

统计管理信息系统的主要功能为：统计工作作为企业管理的基础，按照物流行业的标准，针对物流企业的经营管理活动情况进行统计调查、统计分析、提供统计资料、实行统计监督，从而对企业的经营状况进行量化管理。

11. 结算管理信息系统

结算管理信息系统的主要功能为：充分利用本平台系统的服务功能和计算机处理能力，以大幅降低结算业务工作量、提高结算业务的准确性和及时性为目的，为物流企业的自动结算提供一套完整的解决方案，快速、准确、自动地为客户提供各类业务费用信息。

港口物流平台除为物流企业提供基础信息平台外，还包括物流相关信息发布和信息交换。物流信息发布利用港航网站，数据交换平台借助港口物流数据电子交换（EDI）系统，将港口物流业务数据统一接入，集中处理、分散交换，实现港口物流信息用户共享。

将对外服务平台数据与港口物流管理平台数据实时交换，灵活调取，建立港口物流内部数据保密，权限用户开放，告知信息公开的服务平台。

（五）港航行政管理平台

根据港航综合管理职能需求，逐步完善各个管理系统。建设系统宜以统一平台集中部署为主，建设系统接口，形成统一的综合管理平台。建设内容有：

（1）港口安全管理。为安全监管提供综合的管理系统。

（2）电子台账。为港航企业、站点、分局各类数据报送提供电子化环境。

（3）培训管理系统。培训报名、人员管理、证书打印实行计算机管理。

（4）后勤管理系统。会议安排、办公用品管理、车辆管理、设备管理等实行网络化。

（5）智能决策管理。实时的数据自定义抽取和展现，形成各种形式的分析报表，为领导决策提供依据。

（6）网络安全管理。实现全系统计算机、服务器、网络设备等远程管理。

（六）港航综合运行分析与行业预警系统

综合运行分析与行业预警系统将充分依托五大业务管理信息平台，对业务平台信息资源进行综合利用、整合、分析，提升信息系统在港航管理、决策中的作用。

综合运行分析与行业预警系统建立在通用商业智能平台之上，应用数据仓库、OLAP 分析和数据挖掘等技术，深度利用各业务数据库资源，实现水运业的航运市场分析、水运企业分析、涉港企业分析、规费征管分析、行业监管分析、安全事故分析、港航应急指挥与预警等功能，最终体现信息化服务于港口物流的根本宗旨，为科学决策提供全方位的参考。

五、港口物流信息系统一站式服务的模式

港口物流信息系统一站式服务模式是以海运为切入点，以船代、货代和港口经营单位为信息源头，将口岸物流链上的供需双方通过网络联接起来，利用港口物流信息系统向口岸查验单位提供一次性单向信息输入，运政部门向口岸查验与口岸服务单位及货代、船代、船公司、港口经营单位提供对船运公司、船舶、代理公司的经营资质认证，通过该系统实现双方业务信息的交换，数据一次性输入，信息全程不落地，从而达到让船代、货代等企业实现一次输入就可以完成报关、报检等查验单位所要求的手续的目的，提高口岸物流的整体效率，进而带动贸易量和物流量的增加，最终实现港口物流业务全程电子化、网络化、数字化。

港口物流信息系统业务模式见图 8-4 所示。

与物流信息系统连接的节点，彼此间可相互交换信息，政府部门、企业等均可在信息系统上发布自己的信息，运行自己的业务。贸易企业或生产企业将国际贸易中的相关货物信息，通过物流信息系统发送给相关政府部门、运输企业；水运、航空、铁路、公路等运输企业，以及一些码头、仓储、货运代理企业，通过口岸物流信息系统，将一些运输信息传递给政府监管部门及相关企业；海关、检验检疫、税收等政府监管部门，通过物流信息系统对企业的申报信息进行审批，并将审批信息反馈给相关企业；银行、保险等金融服务机构，根据以上信息为企业提供结算和投保业务。

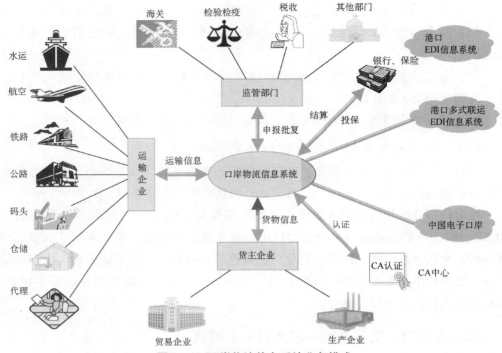

图 8 - 4 口岸物流信息系统业务模式

六、系统的搭建

(一) 功能结构

现代物流信息系统作为一个口岸物流平台主要部分有：数据传输系统、信息增值服务系统、电子商务应用系统、辅助决策系统、后台管理系统和安全管理系统。

1. 数据传输系统

电子单证的发送、数据转换、数据传输、数据接收下载复制与跟踪信息。支持多种通信和数据接入、采集、交互方式，将结构化数据转发、转换给目标用户，并转入中心数据库，经系统自动处理或汇总，再以多种格式提供给用户查询、下载复制、打印或直接传送至目标用户。电子报文符合相应的各种电子报文标准。

2. 信息增值服务系统

利用数据仓库技术，从运力、运价、货种、货运量、市场占有率、货源预测、货主信息等方面提供分析数据，为物流业务伙伴和广大客户提供有效的增值信息服务。采用统一消息方式实现信息的 Web 查询、语音服务、传真服务、短消息服务等。具体信息包括：新闻公告、政务指南及相关政策法规、作业信息和业务信息跟踪和查询、水路、公路、铁路运输价格、船期表、公路、铁路时刻表、货源和运力、统计信息的发布、会员信息及推荐、业务培训、广告服务、会员服务等。

3. 电子商务应用系统

包括船舶引航、码头作业、货物订舱、货物监管放行、船舶进出港管理和危险品货物管理、物流配送管理、集疏运管理、货物交易等。

4. 辅助决策系统

在信息传输和信息增值服务的基础上，提供运力分析系统、箱量分析系统、单证流转效率分析系统和货主行为分析系统等。

5. 后台管理系统

包含角色定义、权限管理、动态信息流程管理、信息管理、栏目管理、主页风格管理、用户管理、日志管理、报文传输的存证管理、计费、统计、备份管理等。

6. 安全管理系统

安全管理系统除以上系统管理中用户、口令、角色、权限的管理外，具备 CA 认证和电子印章与数字签名的功能，以便于单证的简单流转和必要的安全保护，并为服务信息系统提供应用用户的身份安全认证。

现代物流信息系统功能结构如图 8-5 所示。

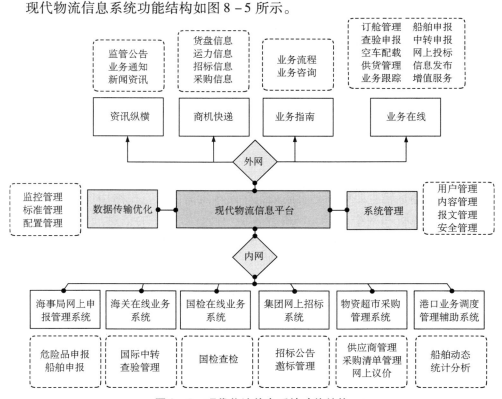

图 8-5 现代物流信息系统功能结构

（二）设计原则

在系统的设计中，以实用性为原则，兼顾系统的先进性、安全性、可靠性和容错性、开放性和标准化、可扩展性、可管理性、规范性和投资保护。

用先进的理念去构建整个系统平台的框架，按照实用的尺度来发展目前的应用范围和领域，使所开发的应用系统能够通过一个比较短的培育期和相对容易的使用方式为目标用户群体服务，同时所架构的系统平台成为一个可以不断包容各种应用、不断扩展功能的体系，为不断完善平台今后的功能打好基础。设计原则如图 8 - 6 所示。

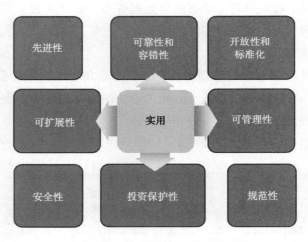

先进性　可靠性和容错性　开放性和标准化

可扩展性　实用　可管理性

安全性　投资保护性　规范性

图 8 - 6　设计原则结构

（三）增值服务

现代物流信息平台的主要服务对象是口岸物流行业的相关业务单位，该系统在实现国际集装箱运输主要单证电子报文的存储转发的同时，根据用户的要求，充分开发和利用计算机和网络系统、Web 的各项功能，对很多的信息进行采集、加工，实现行业经营信息和行业行政管理信息的增值服务，以及用户对这些信息的查询权限设定的增值服务。

（四）公共信息查询

通过对用户有关方面的信息进行收集、整理、加工后形成统一的公用信息在平台上发布供用户查询使用，解决以往用户查找困难，甚至查找不到的问题。

（五）业务个性化增值服务

现代物流信息平台本着为用户服务，保护入网用户利益的原则，在相关业务数据的采集、存储、加工时，尊重用户的意见和要求，实现为入网用户提供船、箱、货等方面的业务个性化增值服务。

七、设计思路

（一）分层的设计思路

1. 报文传输和数据接入，输出层的设计思路

实现电子单证的发送、数据转换、数据传输、数据接收、下载复制与跟踪信息。支持多种通信和数据接入、采集、交互方式，将结构化数据转发、转换给目标用户，并转入中心数据库，经系统自动处理或汇总，再以多种格式提供给用户查询、下载复制、打印或直接传送至目标用户。电子报文符合相应的各种电子报文标准。

2. 基于"J2EE 体系"的应用软件开发层的设计思路

系统采用"J2EE"技术标准、软构件、中间件、Web、XML 和 WebService 等技术，实现多层分布式应用基础。基于 MVC 开发模式、N 层构架、B/S 结构，支持 EAI 应用的定制和快速实施，系统采用模块化的结构设计，以便提升系统的可扩展性和可维护性。系统设计合理，技术先进。

3. 应用展示层的设计思路

根据应用系统设计的思路，制定美观大方的 PORTAL 层，全方面地将平台的功能展示给不同的用户。

（二）分角色的功能划分

物流网涉及的角色很多，不同的角色有不同的功能，各个角色的功能相互关联，构成一个庞大的体系。比如船舶申报系统涉及船代、码头、引航站、海事局等多个角色，不同的角色有不同的功能，多个角色的功能联系起来形成一个业务流程。分角色的设计按照业务流程划分功能，按照功能分配权限，提供不同角色的个性化服务。

（三）整体框架，插件式实施

基于物流系统的工作流组件和通用组件。灵活的、可扩展的物流工作流组件，功能完善，能处理复杂的应用，满足物流应用的需求，并且操作简单。通用组件的开发，将系统中能够归类的部分形成功能独立、完善的组件，能够提供开放的接口，具有较强的通用性和扩展性。物流平台在总体架构的基础上，根据用户现状和应用现状分步实施，分别开发不同的功能，以插件的方式增加到物流平台上，平台具有良好的可扩展性。

第四节　实例分析

一、舟山港口信息化建设现状

20 世纪 90 年代中期以来，在全球范围引发了新一轮的信息化浪潮，信息化及其产业的发展已成为推动各国各地经济发展和提高竞争力的强大动力。如以信息化带动工业化，提升城市化，推进市场化，发挥后发优势，实现社会生产力跨越式发展，是舟山市今后经济和社会发展的重要课题。近年来，在国内外信息化浪潮的推动下，舟山市信息化建设取得了长足的进步，主要表现在以下四个方面。

（一）电信行业快速增长

目前，舟山市已建成以光缆为主，微波为辅的电信传输网络。舟山市铺设光缆总长度达 726 千米，微波干线总长度达 1127 千米。舟山市电信公司完成 SHD2.5 宁波到舟山海底光缆传输网工程，使舟山市 DSH 设备总容量达到 5816 个接口，可以满足今后几年舟山通信增长的需求。截至 2007 年底，舟山市电信交换总容量达 100.64 万门，电话用户 52.68 万户，移动用户 64.2 万户。电信主线普及达 22.95 线/百人，居浙江全省第三位。舟山市所有行政村均实现电信传输数字化和程控化。Internet 接入网、数字数据通信网、多媒体通信网等各项信息服务已全面展开，网上用户总数已达到 21.8 万户，是 2011 年同期的 3 倍。舟山市电信业务总量达 25.5 亿元。

（二）广播电视网发展迅速

舟山市已形成有线、无线相结合的新型广播电视网络格局。现拥有广电台 1 家、电视台 4 家，1 千瓦以上电视发射台 1 座，转播台 8 座，卫星地面站 117 座。广播人口覆盖率达 98%，电视人口覆盖率达 92%。有线电视已发展 22.8 万用户，入户率达 65% 以上，其中市区和县城已实现家家通有线电视。市有线电视不仅实现与省级有线电视台和县（区）有线电视台的联网，而且也实现了舟山乡镇光缆大联网。2003 年成立的市广电局网络传输中心对原有有线电视网进行升级改造，已投入 2 000 万元，铺设光缆总长度达 130 千米，改造建成后的广播电视网实现了图像、数据、语音信息业务服务，大大加快了信息流通的速度，丰富了人们的业余文化生活。

（三）网络建设和信息应用初具规模

目前，覆盖舟山市的公众多媒体通信网已成为市内信息骨干网络，建设智能化小区的接入网工程已全面展开。舟山市各部门、各行业的计算机网络和应用系统，如经济、公安、银行、税务、统计等 20 多个系统不断拓展、升级，形成各自的用户群。中国经济信息网、中国科研网、中国教育科研网等均在舟山市有网络节点，并提供信息服务。水产、旅游、人才科技、航运等网络市场基本形成，有的网站在全国同类行业网站中具有一定知名度。特别是舟山市正在进行以"三网一库"为基本结构的党政信息网工程建设，最终将形成上连省委、省府，下连各县（区）委、县（区）政府和市政府直属各部门、各单位的政务信息专用网络。目前，党政信息网系统已完成联网工作。它的建成为舟山市信息化工作作出示范和表率，有力地推进了舟山市的信息进化程。

在信息资源开发利用方面，舟山市面向党政部门、社会各界提供公用和专业服务的数据库已有 22 个，在网上提供信息资源、发布信息的党政部门和企事业单位达 410 家。舟山信息港去年主站访问人数累计超过 250 万人次，成为舟山市访问量最大的网站。由舟山市政府对外新闻办主办的"中国舟山"网站在舟山国际沙雕节、舟山产品上海推介会、舟山市领导与市民对话等活动中发挥了其他媒体所不可比拟的重要作用。

（四）企业信息化迎头赶上

目前，舟山市应用 CDMA、ERP、MSI、CIMS 等信息技术改造传统产业成效显著。如市烟草公司企业资源解决方案、浙江天天惠超市信息管理系统、市电力公司营销管理系统大大提升了企业参与市场竞争的能力，工作效率明显提高。尤其是金鹰股份有限公司，该企业决策层非常重视信息化建设，早在 1996 年就与上海计算机公司合作完成了计算机应用系统的规划纲要和方案设计。目前该公司运用计算机应用系统工程技术子系统，先后开发完成了处于当代国际水平新工艺流程产品，仅整机设计工作效率就提高了 30%。对此，业内人士评价道，金鹰公司带来了中国纺织业的一场新变革。另外销售服务子系统同样发挥巨大的作用，目前该公司的纺织品价格虽高于同行业产品价格，但仍然供不应求。建立的财务管理子系统，精简了1/3 财务人员，财务计算精确度提高，为该公司股票上市赢得了宝贵的时间。

另外舟山市信息设备制造业稍有基础，舟山弘生集团生产的新型 SMD 石英谐振器是通讯器材、电子产品的零部件，被列入"科技部、财政部科技创新基金项目"。该公司生产产品 70% 外销，30% 内销，在竞争激烈的国内外市场占有一席之地。目前该企业正在积极争取成为信息产业部命名的全国电子百强企业[①]。

（五）舟山市港口信息化建设的不足之处

1. 条形码技术尚未完全普及

条形码作为商品标识技术，目前国内约有 60% 的制造企业的产品已经采用，相

---

① 钟继雷：《基于临港产业特色的舟山市物流信息平台研究》，上海海事大学硕士学位论文，2004 年，第 12－15 页。

对而言大中型企业的普及程度更高。根据 ANCC（中国物品编码中心）的统计，截至 2003 年年底，我国已经有 10 万多家企业申请使用了商品条形码。据中国物品编码中心的统计资料显示，到目前为止舟山申请注册商品条形码的企业有 1742 家，在自动销售结算和物流运输等领域应用广泛，为信息化技术的应用奠定了良好的基础。然而有 30% 左右的零售企业并没有完全实现条形码化，这不仅对零售企业利用 POS 系统实现销售效率提高有较大影响，而且影响了整个港口物流流程的信息、采集与反馈、物流企业与工商企业之间的信息共享和相互合作，以及物流作业自动化的开展。除商品条形码标识外，高效的港口物流活动需要对由销售单元组成的储运单元、货运单元及其在物流流程中的位置进行条形码标识。我国 75% 的企业的储运单元和货运单元都没有条形码标识，93.6% 的制造企业、100% 的批发企业和 97% 的零售企业都没有采用位置码。这三种企业条形码应用水平低，直接影响了计算机管理的物流系统的运作。如零售企业在接收供货商提供的货物时，由于没有储运单元标识，就需要拆开储运单元来获得销售单元的条形码，以产品的销售单元条形码开始相关的信息、管理活动，这就加大了手工操作的复杂性。同时也影响以计算机为基础的企业信息管理系统的运行效率，限制了仓库管理自动化的实现。

2. EDI（电子资料交换）技术的应用有待于进一步开展

EDI 作为一种有效的商业信息管理手段，可以提高整个物流流程的信息、管理水平和各个物流环节的协调发展。然而目前国内 EDI 的应用范围还非常有限，相对集中在进出口企业与海关、商检等管理部门之间的使用。舟山市真正意义上的 EDI 应用还远未开展。在一定意义上，EDI 应用水平低是制约工商企业利用外部资源和第三方物流企业的重要原因。

3. 网络技术尚在探索中

随着互联网技术商业化应用范围的扩大，网络技术为信息的处理、传输和共享提供了更为便捷的手段和工具。网络技术在舟山港口物流方面的应用还处在起步探索过程之中①。据调查显示，截至 2011 年，舟山建有局域网的企业，制造业为 44.7%，批发业为 31.3%，零售企业为 62.7%，从中可以看出，局域网在市内港口企业中的普及水平还不高，只有零售企业的使用情况还比较好。实际应用过程中，企业局域网目前还主要应用在信息共享、管理应用和打印服务等方面。此外，企业网站建设尚不普及，利用互联网开展电子商务、电子物流等仅在少数企业中开始探索。

据调查（见图 8-7，图 8-8），截至 2011 年许多企业建立的信息系统和网站显然

---

① 李天剑等：《号脉中国物流信息化》，《软件世界》，2002 年第 3 期。

已初具功效，然而对于已建管理信息系统和网站的企业来说，只有大约1/3的企业对系统满意，虽然只有大约7%的企业明确表示不满意，但高达60%的企业认为一般，表明企业信息化的效率和实施效果亟待增强。企业对信息系统不满意的主要原因如图8-9所示。

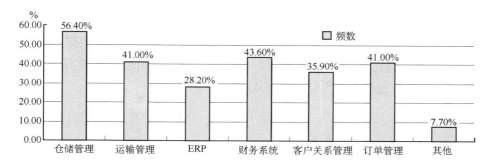

图8-7 舟山市企业信息系统具备功能

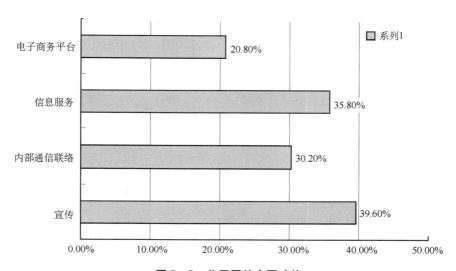

图8-8 公司网站主要功能

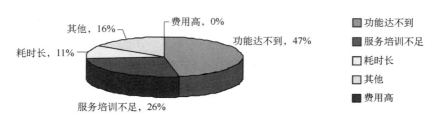

图8-9 企业对信息系统不满意的主要原因

4. 物流软件使用不足

信息、技术在港口物流领域广泛应用的另一个主要标志，是针对港口物流活动的需要开发的、使用大量信息技术支持的管理软件。目前应用十分广泛的物流系统集成软件，有制造资源计划（MRPⅡ）、企业资源计划（ERP）、供货商管理库存系统（VMI）、供应链管理（SCM）等。据调查显示，截至 2011 年，ERP、SCM 及 VMI 等集成系统软件在舟山企业中实施的尚不足 1/10，流通企业中实施 ERP 的比例目前则仅为 3% 左右。事实上，舟山市许多企业对于管理信息系统的需求是巨大的（图 8－10），对信息化的建设也有相当规模投入（图 8－11）。

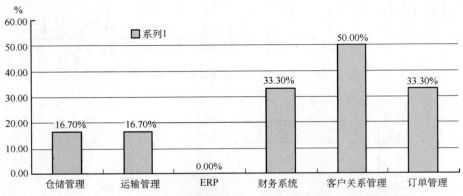

图 8－10　截至 2011 年舟山市未建管理信息系统的企业最主要的需求

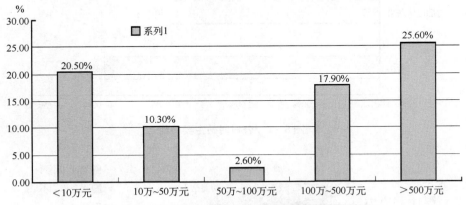

图 8－11　截至 2011 年舟山市企业信息化总计投资额

目前，在现代港口物流及第三方物流理念的冲击下，舟山的很多传统港口物流企业纷纷转型。在转型过程中，港口物流企业被拉开了几个层次，它们对港口物流信息化的理解和使用情况也有很大区别。港口物流信息化在企业中的应用大概分为三种。首先是已经有了信息化系统的企业，但其中仍有一部分不知道信息化的关键在哪里，这种企业占5%；其次是已经迫切需要运用信息化手段来解决一些发展瓶颈的港口物流企业，这些企业知道信息化能帮助它们，但却不知道自己的真正需求在哪里。这部分企业占70%～80%；最后是不知道信息化的，或者只把信息化当招牌的港口物流企业。但这些企业却占到总数目的15%～25%。

5. 企业体制影响信息化应用

目前，舟山港口物流产业总体规模还比较小。一个直接原因是大量的物流活动仍然停留在工商企业内部。以制造企业为例，近80%的原材料和成品的物流服务由企业自我服务系统和供货商承担，只有20%的物流服务是由专业化物流企业提供的。就工商企业内部的物流发展情况来看，由于工商企业普遍信息化水平较低，信息技术和信息管理在物流管理中的应用也比较少，物流活动还没有成为企业管理者关注的重点，分散的、低水平的物流管理活动比较多见。在调研过程中，笔者发现在一些港口物流企业中，传统仓库比比皆是，没有装卸平台，没有合理通道，仓库内没有托盘和叉车，大量的货物靠人力搬运，物流单据通过手工录入和电话传真的方式进行传递，这不仅严重阻碍了信息流的畅通，也大大增加了物流成本。

舟山的第三方物流企业，为工商企业提供的物流服务仍然是以运输和仓储为主，与发达国家第三方物流企业的服务内容与手段相比，舟山的港口物流企业不仅服务内容和手段过于简单，而且更为重要的是，在物流信息服务、订单管理、库存管理、物流成本控制、物流方案设计以及供应链管理等以信息技术为基础的物流增值服务方面，舟山港口物流企业还没有或根本没有能力全面展开。因此，可以认为，舟山多数港口物流企业离真正意义上的现代物流企业还有很大差距。

二、舟山港口物流信息化发展态势

由于不同的技术和市场环境，舟山的港口物流企业在物流信息系统方面将走出一条独特的发展路线。未来几年，舟山港口企业在物流信息系统的投资，将不再是以控制为中心，而是以创新的业务方案为中心，主要体现在 WMS 等提升运作效率的系统、CPFR 等提升供应链计划的系统以及企业间的信息协作系统三个方面[①]。

港口物流信息系统在舟山的应用才刚刚起步，发展的总体趋势和方向与其他

---

① 徐燕：《物流信息管理》，北京：对外经济贸易大学出版社，2004年，第36－38页。

地区不应该有什么不同。然而，在完全不同的市场环境、技术环境中，舟山的港口物流企业必然不会走完全相同的道路。因而，舟山应该遵循在发达国家已经得到验证的供应链理论、方法和技术，但是不应该照搬他们的具体方案和实施路线。舟山港口物流企业有机会采用更廉价、更成熟、更直接的技术和系统，在几年内跨越国外、国内其他物流企业几十年的发展路程。最显著的，"CPFR"、"协同计划、预测及补货"作为供应链的核心概念和相应的技术一定会在未来2～3年内成为舟山市场的主流。过去5年来，以管理规范化为主要目标，以 ERP 为主要工具的企业信息化在舟山已经取得了初步的成效。然而，管理规范化只能帮助企业控制现有的业务，在此基础上，企业必须加大在物流信息系统上的投资，这种投资将主要表现在三个方面：提升关键环节的运作效率，如 WMS；优化库存计划调度能力，如预测计划系统；实现跨企业的供应链协作，如 XDI。

今天，对于第三方港口物流企业而言，物流信息系统仅仅是他们提供服务的辅助手段。而不远的将来，物流信息系统将成为他们为客户提供业务方案的核心部分，而且，这些企业对信息系统的投资将超过对硬件设备的投资。

总之，舟山港口企业对物流信息系统的投资将更倾向于建立创新的业务方案，而不仅仅是解决今天业务模式中的问题。

（一）关注的重点：从控制到效率

到现在为止，国内企业物流信息系统投资80%以上是面向基本流程控制的，如库存控制系统、简单的 GPS 系统、跟踪查询系统等。下一步，舟山港口企业物流信息系统将更多地集中于解决物流运作的效率，而不仅仅是控制本身。尤其是以配送中心运作效率为核心的 WMS 将获得极大的普及，需求的驱动因素来源于两个方面：船舶制造业、分销和零售业的物流改革过程中，小规模、静态、数量多的仓库在很大程度上将被数量相对少，规模相对大、并且直接配送到客户的区域配送中心取代。为了支持高频率的订单运作和面向客户的配送，这些区域配送中心必须进入 WMS；为了确保增值服务能力，WMS 将成为第三方港口物流公司进入市场的基本配置。

（二）攻克库存难关：供应链调度系统

对于绝大多数舟山港口企业来说，降低物流总成本和提升竞争力必须大幅度降低库存水平，显著提升库存周转速度。尤其是在最终产品的分销过程中，库存水平和周转速度对于企业的成败具有致命的影响，要过这一关，必须建立创新的、适用于舟山物流运作环境和渠道环境的计划体系，因而必须建立支持这种体系的供应链调度系统，最终通过精准的销售预测、库存计划、补货计划等实现上述目标。绕开这样的计划体系变革，绕开这样的供应链调度系统，就不可能解决库存问题，因而，这样的系统必然获得发展①。

（三）港口企业间协作：虚拟企业

在物流运作层上，舟山港口企业间的协作可以大幅度减少运作成本和所需的时间；在物流计划层上，舟山港口企业间的协作可以大幅度降低库存成本和降价成本。虚拟企业作为一种供应链协作理念，近几年在国外得到普遍认同，其技术、实施方法论均进入了成熟应用阶段。通过 Internet，虚拟企业将在多种行业迅速得到普及应用②。

三、舟山港口物流业务需求分析

（一）港口生产方面

港口生产职能主要体现在港口生产的协调和港口生产服务，图 8－12 是目前舟山港口生产调度操作流程。港口生产业务范围包括：港口市场的运营，落实运营计划，负责全港客运业务到港船舶的调度、靠泊管理工作及本港域内生产组织，填报交通部港口生产快报系统信息。

分析舟山港务管理局生产作业调度流程，港口生产业务联系可分为两层含义：一是市涉外监管单位，舟山港务管理需要的是监管放行信息；二是港口企业，舟山港务管理局要求代理企业或港口企业实行客、货到港申报，并需要掌握码头作业情况信息，同时，根据船舶到港情况，安排港口作业计划和单船作业计划，协调轮驳公司安排拖轮的助航助泊，并下达港口生产作业计划，告知港口企业。

由于舟山港域主要生产港区分布在不同的岛屿（海域）和行政区域内，具有点多、线长、面广的特点，港口企业与舟山港务管理局的沟通与市级监管单位的联系大多采用电话、传真或纸质形式，办事效率低、纸质传输量大，并且办事成本高。

港口生产对信息化的需求体现在以下两方面。

一是进出舟山港域船舶作业计划安排实现电子化，与交通部水运公司能通过互联网实现港口生产数据快报。同时，舟山港务管理局又作为签约用户可随时登录舟山海洋气象台网站获取舟山港沿海实时风力（浪）预报，为港口作业气候条件提供依据。

二是各主要外贸作业区与舟山海关、检验检疫、海事、边检、船代、码头、堆

---

① 徐燕：《物流信息管理》，北京：对外经济贸易大学出版社，2004 年，第 36 页。
② 张宗成：《物流信息管理学》，广州：中山大学出版社，2006 年，第 24 页。

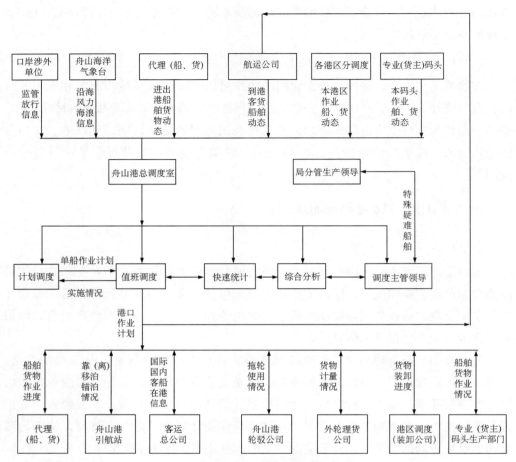

图 8 - 12　舟山港作业调度流程

场等实现光缆联网。

（二）港口服务方面

目前港口生产服务除了信息公开服务外，主要是船舶引航服务。主要包括对进出舟山港的外国籍船舶以及大型船舶实施引航，对提出申请的中国籍船舶提供引航及技术咨询服务。

舟山港为群岛型港口，引航区域大、范围广、航线长，引航作业点分散，港区水文条件复杂，航道交通密度大，引领的大部分是大型油轮、散货（矿）船只。目前主要依靠高频电话与海事、港口码头进行通信联系，利用纸质海图提供引航环境。

港口服务对信息化的需求包括以下两方面。

一是构建 AIS，到港船舶通过 AIS 数据实现船舶定位，准确把握需要引航船舶的确切位置，使得引航工作有的放矢，提高了引航工作效率，有效地节约了引航资源。

二是开发一套完善的数字化电子引航管理系统，将引航业务管理、引航船舶周边环境管理等集成一体，为引航业务开展提供良好的技术支持，为舟山引航服务水平提升创造条件。

（三）舟山航运管理需求分析

目前，由浙江省港航局开发建设的《水运管理系统》已在舟山水路运输管理部门全面推行，系统基本满足水路运输管理的需要。但管理部门与企业之间信息沟通渠道有待创新，如纸质报表大量存在。

航运管理对信息化的需求体现在船舶基础信息管理、水运企业管理、水路运输市场管理、水运从业人员管理、营运船舶动态管理等实现电子化。

（四）舟山港口物流综合管理需求分析

舟山港口物流系统各相关单位在港口物流管理过程中产生大量的业务数据，这些数据以纸质形式管理，已给查询、统计、决策等带来诸多不便，同时数据各自存放，相关职责部门要了解和掌握港口管理的业务数据造成及时性差，共享差，急需对舟山港口物流管理以信息技术方式进行采集、处理、交换。

舟山港口物流综合管理对信息化的需求主要体现在以下方面。

（1）全市港口物流安全生产的综合监督管理和港航事故的电子化统计、上报；港口安全评价、港口企业应急预案的电子化审核。

（2）舟山港域资源状况、岸线审批情况、港口工程建设情况实行电子化管理。

（3）实现港口企业、海关、海事、商检等部门业务网上申报、网上审批，作业数据存入数据库。

（4）通过 AIS 监控、视频监控对全市港口、水路运输现场实现远程监督管理，通过水运管理系统和港口管理系统对港口企业、航运企业的基本情况进行调取。

（5）实时监控码头的安全生产过程，实时传输视频，同时又有双向音频传输，能够在突发事故情况下，通过视频图像以及双向音频传输，达到对突发事故快速处置的要求。

四、舟山港口物流信息系统总体结构

关于港口物流信息系统总体结构的准确内容，目前国内还没有一种比较统一的看法。这里试图建立舟山市港口物流信息系统总体结构的基本框架，见图 8 – 13 所示。

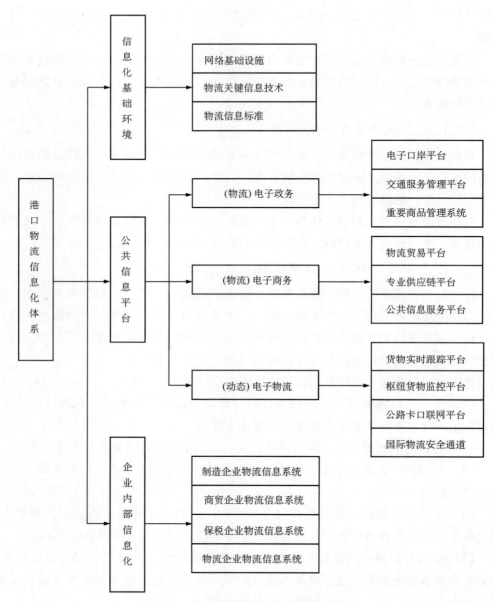

图 8 - 13　港口物流信息化系统结构

　　舟山港口物流信息化建设主要包括以下三个方面内容。

　　一是基础环境建设。包括制定物流信息化规划和相应的法律、法规、制度、标准、规范，开展物流关键技术的研发和应用模式的探索，以及通信、网络等基础设施建设。

二是物流公共信息平台的建设。公共信息平台是向各类用户提供信息交换与共享服务的开放式的网络信息系统。物流公共信息平台主要包括三类，即用于政府对物流监管的"物流电子政务平台"，用于各类网上物流商务活动的"物流电子商务平台"，以及用于对特定货物的运输流转过程进行实时跟踪监控的"物流电子监控平台"①。

三是企业内部信息化。这是物流信息化的重要基础。物流就是企业的供销业务，因此船舶制造业、商贸流通业、海运业、仓储业的企业信息管理系统（ERP），都包括对企业的物流信息化管理。这些内部信息系统的建设是物流领域全面信息化的重要基础，必须统一物流信息交换的接口标准和操作规范。

上述几个方面构成了舟山港口物流信息化的主要内容和总体框架。这三个部分是相互联系、相辅相成的：基础设施环境是底层建设，公共平台是重点，企业内部信息化是基础。当然在实际工作中这些内容可能会交织在一起，彼此渗透②。

（一）舟山市港口物流信息系统相关问题

1. 管理用户

舟山港未来的信息系统将有丰富的应用系统和信息资源为大量的用户提供服务，用户管理将成为十分敏感而又繁重的管理任务。在信息化早期，普遍采用分散的用户管理策略，每一个应用系统为自己的用户建立账号、分配权限和管理口令。随着联网应用的增多，一个用户可能要记忆多个账号和口令，而应用维护部门也将管理维护越来越多的看似重复，但是又不同的用户信息。如果不进行用户的集中管理，任由基层机构分散的应用系统添加用户，网络资源的共享和信息安全的管理将陷入困境③。

因此，用户管理问题涉及管理和技术实现两个方面的问题，集团要确定有关信息系统使用的管理制度和管理流程，如需要人力资源部门、信息化建设管理部门共同对新员工分配账号、授予角色权限，开启账号；在员工离职的时候关闭账号；而信息系统必须提供相应的程序支持，特别是要能实现每个用户只有一个账号，并最终实现单点登录，即登录系统后，只需要输入一次账户/口令就能够安全地访问所有获得授权的应用。

2. 应用管理

一方面，应用管理包括对相应应用系统进行安装、配置、优化、监视和日常运

① 何发智：《物流管理信息系统》，北京：人民交通出版社，2003 年，第 14 页。
② 欧阳文霞：《物流信息技术》，北京：人民交通出版社，2002 年，第 78 页。
③ 彭维德：《港口物流应用系统结构设计》，《集装箱化》，2007 年第 8 期。

行维护工作。其中包括对重要应用系统的运行监控，也可以借助主机监控软件辅助监控管理。

另一方面，要求应用系统利用支撑软件的公共服务来完成这些管理任务，逐步实现对应用的用户、权限、基础数据以及信息安全的集中化管理，就是使应用的管理维护组件独立于具体的应用系统，从而最大限度地降低管理维护成本。

3. 网络与系统管理

网络与系统管理包括对整个网络、服务器及数据库等基础软件系统以及电子邮件、Web 主页、FTP 等基本网络服务系统进行安装、配置、优化和监视与日常运行维护，如系统与数据的备份管理。配置网络和主机监控管理软件，可以辅助管理维护人员更好地完成管理维护工作。

4. 运行维护管理软件设计

与统一的运行维护和安全管理有关的基础数据模型、管理软件设计原理简述如下。

1）统一的组织模型

组织模型是企业组织架构在信息系统中的体现，它利用抽象的模型元素，构造出一系列关系，用以表达企业组织机构中实体的层次和隶属关系及职能和职责。显然，建立并维护一套独立于单个应用系统的组织模型将使应用更具柔性，能够更好地适应组织结构的变迁，同时也降低了维护代价；对于应用，意味着将依托统一的组织模型进行开发。

组织模型利用目录服务器和开放的目录服务接口标准来实现。对于每一个具体的应用系统，它可能应用了这个全局模型的全部，也有可能只用到其中的一个或几个分支。通过对统一的组织模型的管理，借助统一的标准化的应用接口，组织模型对象得以在企业范围的各应用系统中实现代码和数据信息的共享。

2）统一的资源管理

结合目录服务的安全性，使用与组织模型相同或相似的管理和应用接口，可以对信息资源环境中的计算机、打印机和其他设备等硬件资源以及各应用系统及相应的模块、功能等软件应用资源进行统一的管理。

3）统一的身份认证和授权

（1）分散的身份认证与授权管理的弊端

不仅浪费了开发者的人力，更会给系统管理人员和应用系统的最终用户带来繁琐的工作，影响系统的安全性。在部门和组织内部更是难以有效地控制庞杂的应用系统中的各类授权，并可能因此而放弃管理。

（2）统一的身份认证和授权体系

采用目录服务技术建立企业统一的组织模型和资源模型之后，可以将应用系统的认证和授权也构建于目录服务之上，形成统一的身份认证和授权体系。

（3）基于角色的访问控制方法（RBAC）

RBAC 有两大显著特征：减小授权管理的复杂性，降低管理开销；灵活地支持企业的安全策略，提高适应企业变化的伸缩性。此外，RBAC 具有开放的体系架构，可以方便地集成公钥密码体系（PKI/CA），实现数字身份认证。

（4）应用改造

舟山港将利用上述统一的组织和资源模型实施统一的身份认证和授权管理，首先在流程化管理应用和新型应用的开发项目中使用，并对原有的基于 B/S 模式的 Web 在线查询、内外网站等系统进行集成改造，最终可以实现集团范围的身份认证和授权的即时管理，排除重复手工维护产生的延迟和错误可能带来的安全风险。

（二）信息加密和数字签名

在一定的业务和网络环境下，信息加密和数字签名是信息应用必不可少的内容。PKI/CA 给电子世界带来的安全性和私密性的特点类似于传统的文本交易中人们通过物理档案、手写签名、密封等手段来建立可信任的关系一样。其特点如下。机密性：确保只有指定的接收者才能阅读文件或信息；数据完整性：确保文件或信息不会在不被察觉的情况下被更改；认证：保证一个电子交易中的双方就是他们所宣称的身份；不可否认性：防止用户否认参与了一个电子交易或发出了某项指令。

舟山港务物流集团在物流网站和 EDI 系统中已经开始使用 PKI 体系的成果，为了让信息系统和数据资源能够更加安全地为集团各级提供有效的服务，需要在特定的应用中使用加密和签名技术，而不仅仅是在某个程序中用于身份识别。

五、舟山港口物流信息系统的建设

（一）舟山港口物流信息化发展战略建议

根据舟山港口物流信息化发展的实际情况和存在的问题，借鉴日本、美国等发达国家发展现代物流信息化的经验做法，本章将从政府和企业两个层面提出一些建议。

1. 基于政府层面的建议

（1）发挥政府在物流信息化建设进程中的主导地位

基于港口物流产业的特点和舟山实际情况，政府应该加大对港口物流产业的扶植力度，特别是在港口物流信息化方面。投资大、涉及部门多、公共资源等特点决定了在物流信息化方面政府应该承担自己的职责，在规划、协调、资金、政策等方面发挥宏观管理优势。

港口物流业信息发展总体战略的制定是眼下政府信息化工作的重点，宏观上没有一个清晰的发展思路、明确的建设目标和有效的实施措施，港口物流信息化只能是盲目地重复投资和运行效率低下，最终造成社会资源的巨大浪费①。具体行动上，政府要加大财政对港口物流信息化的支持，把港口物流信息化当做国民经济信息化最重要的部分之一来对待，特别是在公共物流信息平台建设、信息网络建设、信息系统开发等方面要不遗余力地加以资金上的扶植。在引导信息化发展的政策制定上，力求解放思想、积极创新，创造性地制定侧重于激发民间资本投资于物流业及其信息化领域的热情的相关产业发展策略，使物流信息化成为引力十足的事业。

（2）充分调动大型国有企业、地方企业加强信息化建设的积极性

政府部门，特别是信息化行政管理部门应积极参与港口物流企业发展规划的制定，通过媒体大力宣传物流信息化的意义和作用，强势促进物流企业信息化意识的提高，鼓励和帮助物流企业积极参加物流信息化工作。

大型港口企业是物流信息化的重要力量，既包括物流企业也包括生产制造和商业企业。流通领域要侧重扶植具有独特优势的大型现代港口物流企业，集中力量打造几个经济实力强、科技含量高、组织结构科学的港口物流航母，力求在竞争日益激烈的全球物流市场占有一席之地。要通过各种方式鼓励、激发这些在本地区行业内影响力巨大的企业建设物流信息化的积极性。例如，对投资建立现代港口物流企业给予土地、工商、税务等方面的适当优惠，对经营收入用于信息化建设的部分免征税赋，鼓励银行对企业的信息化技术升级贷款，重点扶植个别市内有影响力的大型企业创立信息化示范工程，帮助企业通过资本市场筹集信息化建设资金等。信息技术的应用和发展归根结底是市场的需求，要通过宏观管理影响市场需求，扩大物流信息化市场的规模，树立和宣传信息化成功案例，增加信息化对现有企业的吸引力。

（3）加强物流信息化基础项目建设，取得突破

物流信息化需要全面进展，这就要求必须能有点的突破，在建设中产生效益，在建设中求发展。舟山经济与"长三角"其他地区相比还比较落后，资金相对紧缺，这就要求集中力量在一些标识物流信息化阶段性发展水平的重点项目上大胆投入，抓紧时间，确保质量。在当前中央倡导"东部率先发展"的大好时机下，未雨绸缪，早规划、早建设、早出效益，力求某些方面能走在全国前列。港口物流信息

---

① 彭亮，等：《我国现代物流信息化思路探讨》，《物流技术》，2003 年第 3 期。

化工作是有重点、有程序的系统工程，要优先发展现代物流中心、公共物流信息平台、GPS、GSM 等制约物流信息化发展的"瓶颈"环节，这些项目的建成将带动整个信息化进程①。此外，加快物流标准化建设。标准化是信息化的基础，标准化包括设备标准化、作业标准化以及信息标准化。要大力加强解决涉及各部门、各行业的资料编码标准、数据传输标准、信息系统标准、信息条形码标准、票据标准、运输器具标准等问题，严格执行国家标准，有能力的方面甚至可以参与国家标准的制定，唯此才能构筑畅通的物流、资金流、信息流和商流流通渠道。还应该支持建设一批具有示范效应的企业级物流信息系统应用项目，对中小物流系统的信息化可以采用通用商业软件包推广应用或建立应用服务商（ASP）等模式。同时，政府还应该注重培育、扶植或者引进优秀的物流管理软件供货商。软件商应响应政府号召和扶植，加大投入，深入企业或行业应用实践，推出低成本、适用易用、标准化、模块化的软件平台，既可满足企业当前应用，也可满足未来扩展与升级需要。只有这样，才能实现物流业与信息产业的共同发展。

（4）正视落后状况，高立意，低起点，做好基础性工作

要着眼于港口物流业发展全局，重点做好基础性研究工作，善于借鉴其他地区先进经验，解决信息化建设上的理论和技术难点，及时将研究成果转化为物流生产力。港口物流信息化基础理论和基础技术的研究工作是信息化建设成功的重要保证。例如，港口物流优化理论的成果可以直接用于物流软件的设计，由物流作业标准化、物流设备标准化和物流信息标准化构成的物流标准体系对物流信息系统的数据结构、资料仓库和软件设计都有根本性的影响②。

总之，把港口物流信息化的基础性工作做足，能使实际工作少走弯路，大大加快整个建设进程。港口物流信息化的起点不能太高，要切合当前经济和物流业的发展实际水平，要注重信息化与效益化的相互促进。

（5）提高风险意识，加强风险控制

信息技术应用存在一定的风险，信息系统的可靠性、实用性的好坏直接关系到信息化的结果。信息化进程中的风险可能会对整个进程造成巨大的损失和延误③。从根本上来说，建立完善的信息化开发建设制度并严格贯彻执行是前提条件，合理规划、科学决策、谨慎投资则是规避物流信息化建设风险的基本实践思路。

（6）加快港口物流信息化人才的培养与引进，从整体上提高港口物流信息产业

---

① 肖三亮，等：《论区域物流平台的构建》，http：//www. transonline. com. cn。

② 顾弘敏：《我国物流信息化应高起点定位》，《中国物流与采购》，2004 年 16 期。

③ 雷波：《构建物流信息系统的成功因子研究》，《物流技术》，2005 年第 4 期。

的技术水平

　　现代港口物流是一个涉及多学科、多领域的增值服务体系，大型港口物流企业必须加速培养（吸纳）造就一批高素质的经理人人才队伍，以配合自己的竞争发展战略①。政府应该鼓励教育科研单位，采取长期培养与短期培训相结合、正规教育和在职培训相结合的多层次、多方面培养方针，扩大高素质物流信息化人才的供给，加速舟山市现代港口物流信息化的发展。

　　引导信息化研究部门、大专院校等研究机构、物流行业协会通过物流沙龙、专题报告会、参观交流等方式，深入港口物流企业，帮助建立港口物流信息化体系，解决物流企业对信息化人才的需求，宣传相关标准，帮助物流企业围绕信息化做好各项工作，降低投资风险。

2. 基于企业层面的建议

　　（1）建立港口物流信息化系统是港口企业物流科学管理的基础

　　如何设计一个优秀的、能够充分体现现代化物流管理思想的物流管理信息化系统是企业管理过程中的一件大事。港口物流管理信息化系统是企业信息系统的一个组成部分，在处理物流信息的同时，应该注意营造综合资料环境。在此状态下，物流过程的所有技术资料和事务资料，对所有参与单位都具有高度可视性和可存取性。港口物流信息的可视化简化了物流系统的设计、建立和维护，增加了管理者对物流信息的理解，并加快了信息传递到部门和决策者手中的速度。生产型企业应重点搞好生产过程的物流信息化，建立从计划、采购到销售管理的集成化的信息系统；物流型企业重点搞好业务处理过程的信息化，既要开发企业各部门信息共享的内部集成化的信息系统，还要实现企业与业务伙伴或与客户间的信息自动交换。建立相应的物流信息化决策支持系统及资料仓库，是物流管理信息化的另一个重要内容。在物流管理信息系统的基础上，根据库存模型、预测模型等管理决策模型采用运筹学、人工智能等技术，解决半结构化和非结构化问题，实现物流决策支持系统，采集、利用好宏观信息、生产流通及价格信息等，提高企业的市场快速反应能力和企业决策的科学性和准确性。资料仓库及其相关技术可以大大提高物流决策过程的效率，改进企业资料分析的质量和灵活性，改善服务质量，增强企业物流决策的可靠性。

　　总之，港口物流企业应以现代物流为基础制定近、中、远期发展计划，然后有的放矢地分步实施。把信息化与流程改造、管理体制改革、营销物流网重组紧密结合起来，以实现提升企业核心竞争力、优化业务流程改造、降低物流成本，提高管

---

① 张杰：《中国物流信息化调查》，《中国计算机用户》，2003 年第 2 期。

理水平和服务水平①。

（2）因企制宜选择不同的发展策略

根据发达国家经验和现实情况，不同类型的物流企业信息化策略应该不同，这主要取决于企业的自身实力和核心竞争力。未来的港口物流企业主要有两种发展趋势：一种是大型化，做成航母级企业，成为行业主导的特大型甚至于跨国企业；另一种是小型化或者个体化，依附于物流行业组织或者前者。物流信息技术对于两种类型的企业意义显然差距巨大，航母级物流企业必须将物流信息处理能力作为企业的核心竞争力，唯此才能在同类型企业中保持竞争力；后者则可以将物流信息服务作为一种服务用购买的方式从其他渠道获取。总之，大型物流企业因为掌握着国家的流通命脉，企业物流信息化必须站在能够与国际物流巨头竞争的高度，高投入、高效率进行全面建设，还要善于通过借鉴先进经验、引进战略合作、项目引进等方式和途径建立起依托现代信息网络、功能先进、设备完善的企业物流信息系统。而其他大多数中小型物流企业要依托物流行业协会和政府相关部门建立的公共物流信息平台，利用参股建设、购买信息服务、作为会员加入等方式参与实现物流信息资源的集成共享。中小企业可以借助社会信息化的东风，降低自身单个企业信息化的投入成本，从而利用较少的投入共享物流信息化的规模化效益。

（3）充分重视物流标准化，特别是信息系统标准化的工作

现代港口物流具有信息化、网络化、自动化等特点，这些特点都建立在标准化的基础上，物流企业不但要做好物流设备、物流作业的标准化，更要重视物流信息本身的标准化和物流信息系统的标准化，积极采用国际上统一的物品标识系统和自动识别数据采集技术，确保物流、信息流和资金流的安全、准确、快速和同步。

（4）以港口物流信息化为契机，全面构建港口物流企业现代技术环境

港口物流信息化既是对传统物流企业的挑战，更是物流企业向现代物流转变的重大机遇。传统物流技术水平低下，设备实施落后，生产能力差，效率低下，因此科技含量低、物流服务质量差，社会物流效率远远跟不上国民经济发展的要求。但是信息技术与传统技术的升级具有联动效应，信息化可以促成物流机械化、自动化程度的提升。落后国家和地区可以充分发挥后发优势，实现工业化与信息化同步建设，将现代生产技术、流通加工技术、信息技术等有机结合起来，构筑全方位的企业技术平台，根本解决生产、流通、销售流程的技术障碍。物流信息化应该放在整个企业信息化、现代化的蓝图中进行规划，全盘考虑，逐步实现行业的 MRP、ERP和供应链的全方位管理。

---

① 雷波：《构建物流信息系统的成功因子研究》，《物流技术》，2005 年第 4 期。

（5）企业领导重视和支持

港口物流信息化建设是一项系统工程，涉及面广，不仅要投入大量人力和物力，还涉及企业的组织机构、管理体制、工作方法和工作基础等一系列重大问题。从某种意义上讲，港口物流信息化建设就是对企业的人、财、物资源及产、供、销环节在信息处理工作方式、管理机制和人们的思想、观念、习惯等方面进行一次彻底的创新和变革。

如何搞好港口物流信息化，企业领导和信息部门的负责人面临诸多的压力、冲击、挑战和机遇。毫无疑问，领导和业务人员的支持是微观环境下物流信息化建设的保证。为了真正发挥技术的优越性，就必须对组织机构、管理制度进行合理的、有计划的调整建立真正能够支撑信息化发展的技术、生产、物流体系。企业物流信息化建设涉及硬件、软件、物流管理等方方面面的问题，应该以与企业生产实际需求和发展目标相适应为依据，制定物流信息化建设的规划。

（6）推广虚拟企业模式，构建第三方物流企业

舟山第三方物流企业的市场满意度不高，根本问题是信息化水平较低，因此，不少企业考虑组建呼叫中心、管理信息系统、数据库等 IT 产品和系统，但问题并没有因此得到根本的解决，因为物流需要的是有效的沟通和联系。

虚拟企业可以有效地解决这个问题。虚拟企业要求企业之间是动态和合作的，因此，在信息化工具上，就要求系统是按照标准化接口设计的，可以实现任意企业间的瞬间互连和协同工作，在工作时，信息的流通如同是在一个企业内部一样，这样，物流业务所必需的各类信息就可以准确无误地进行传递了。一般来说，这些信息需要及时、准确、格式化，传统的手段根本无法满足要求，这也是某些没有实现信息化的第三方物流企业的一大弱点①。

港口物流企业的一个特点是变动性大，一旦和某些企业的合作结束后，马上转入和另一些企业的合作，而虚拟企业的工作也是这样的，因此，港口物流企业可以说是天然的虚拟企业。在虚拟企业的实施中，一般是有盟主来牵头的，而物流企业一般是不能成为盟主企业的，但虚拟企业的实施并不是仅仅由盟主企业来实现的。必须有其他跟进企业才行。而且，从某种程度上来讲，跟进企业虽然没有技术或市场品牌等方面的优势，但必须有 IT 技术平台方面的便利，否则就无法寻找机会。第三方物流企业就属于这种跟进企业，因此，它必须建造一个良好的信息化平台，将有关的呼叫联系、物流信息管理、资料存储计算等功能包括在内，并在 EXTRA-NET、Internet 技术的帮助下将自己的管理模式转变为虚拟企业式的管理模式。

---

① 曾勇：《第三方物流》，武汉：华中科技大学出版社，2002 年，第 84 - 85 页。

（二）舟山市港口物流信息系统实施步骤

由于舟山市现代港口物流信息化的最终实现涉及很多因素，既包括功能整合、组织整合、设施整合和信息整合，又包括内部协调和外部协调。所以港口物流信息系统的实现也不可能一步到位。从大的方面看，实施步骤建议分成以下三个阶段。

1. 以"物流企业"为示范的内部整合

2012年以前为第一阶段。由于舟山市EDI还没有开通，所以只能先以"港口物流企业"的内部业务为主线来开展物流信息系统的建设。这个阶段的特点是：随着舟山市"数字化港口"建设的启动，随着硬件基础设施、数据基础平台的逐步完善，基本上完成物流信息平台的功能开发；实现规范流程为主的信息采集、传输、存储、共享，在此基础上解决各物流业务流程的信息化问题，建立决策依赖信息、数据的机制；在条件成熟的环节，少量进行一些流程改造和作业优化的工作，成熟一个，实施一个，逐步完善。

2. 以"EDI"为接口的内外共享

2012年到2015年为第二阶段。以第一阶段已经积累的物流信息平台的使用经验为基础，随着EDI的开通，在更大的范围内和外部企业、政府机构实现数据信息和应用系统的共享。港口物流信息系统的业务活动从"物流企业"扩展到整个舟山市企事业单位。

这个阶段的特点是：在前面已经取得经验的基础上，更广泛地开展物流的流程改造和作业优化；将财务核算深入到各业务环节中去，实现比较精确的成本核算和效益分析；依靠物流信息系统的支持，实现统一的费率政策；全面整合舟山市内部资源和社会资源，极大地提高人员和车辆、仓库等物流设备和设施的利用率。

3. 以"电子商务"为依托的全面运作

2016年以后为第三阶段。随着舟山市"数字化港口"的初步建成，随着硬件基础设施、数据基础平台和物流信息平台的成熟和稳固，电子商务也进入了一个大发展的阶段。

这个阶段的特点是：通过提供各种物流增值服务，直接取得经济效益。舟山市可以通过现代港口物流系统为货主提供分拨、仓储、简单加工、包装、配送及物流信息等服务；积极为内陆货商提供船货代理、园区存货、车船配载、公路运输"一条龙"服务，方便内陆企业在港货物中转；以贸易为龙头，代理为基础，物流园区和公路运输为手段，形成自己的网络和供应链；寻求和大型企业的合作，利用港口的仓储优势，建立以物流为基础的大宗散货供应平台，形成采购联盟，并实现大宗散货的综合配送；利用形成的区域性大宗散货配送网络和散货运输新的工具，将高附加值产品纳入到区域物流供应链中去，并逐步将整个网络向外扩张和延伸，成为真正的第三方物流企业。

第五节　舟山港口物流信息化建设的保障措施

一、组织保障

提高认识、加强领导。信息化工作作为信息时代的新生事物，正潜移默化地影响着舟山港口物流系统各个业务运作环节，并随着信息化建设的深入，港口物流管理各项工作受信息化牵制程度更加突出。因此，舟山港口物流系统各级领导应充分认识信息化的重要性，相应了解信息化发展趋势，解放思想，转变观念，形成港口物流业务信息化的理念，尽可能地把港口物流管理与信息化工作有机地结合。同时，信息化又是一项涉及面广、综合性强、技术要求高的系统工程，为此，信息化工作必须加强领导，特别是单位（部门）"一把手"要加大信息化工作领导，要关心支持港口物流信息化建设和信息系统应用推进工作。建议舟山市成立港口物流信息化领导小组，负责港口物流信息化建设、规划和管理等重大事项的决策、协调，同时，以舟山市信息中心作为舟山港口物流信息化领导小组下设的职能机构，具体负责舟山港口物流信息化建设实施工作，对舟山港口物流信息化实行统一管理，以做到舟山港口物流信息化与交通部、省信息化的标准统一、平台统一、接口统一。

二、人员保障

加强信息化队伍建设。信息化建设的关键是应用，舟山港口物流信息化应用成功与否直接决定港口物流信息化的生命力。要确保港口物流信息化建设顺利进行，信息化智力支持是必要的保障。舟山港口物流信息化点多、面广，硬件设备或应用软件稍有差错势必影响全部业务系统的运作和公众行政审批办理，从而造成港口物流管理能力和公众服务形象不良影响，为此，确保应用系统安全、可靠、稳定运行是港口物流信息化日常维护工作的重点所在。建立培养一支港口物流信息化队伍，是港口物流信息化建设的必然要求。港口物流系统各单位应充分重视信息化队伍的建设工作，加大人才引进、培养力度，加快信息化队伍自身力量建设，为舟山港口物流信息化提供强有力的智力支持。

三、资金保障

加大资金保障力度，提高港口物流信息化水平。信息化建设必须坚持"以需求为导向，以应用促发展"和"建用并举"的原则，在港口物流信息化规划指导下，有目的、有计划地逐步推进港口物流信息化硬件建设和软件开发应用工作。为此，港口物流信息化建设资金应列入舟山市财政年度计划，并每年安排一定额度的资金，用于信息化建设。逐步完善舟山港口物流网络结构，更新老旧计算机设备，开发相应的业务管理系统，从而日益提高舟山港口物流信息化水平，为舟山港航跨越式发展提供良好的信息技术基础。

四、信息安全保障

信息安全保障体系的建设包括组织体系、管理体系和技术体系三部分。其相互关系和构成如图 8-14 所示。

安全目标									
机构建设	人员管理	制度管理	资产管理	风险管理	技术管理	安全评估	安全防护	入侵检测	应急恢复
组织体系		管理体系				技术体系			

图 8-14 信息安全保障体系

组织体系的建设是指建立决策层、管理层和执行层三层的工作关系，明确信息安全主管领导，明确信息安全管理职责，指定信息安全执行岗位；同时通过多种安全培训方式加强信息安全人才队伍的建设，提高信息安全工作人员的技能水平，提高员工安全意识。

管理体系的建设是指制定统一的信息安全策略和全面可操作的信息安全管理制度，指导和规范信息系统的安全规划与建设。重点是管理制度的建立，包括针对信息系统规划、开发建设、运行、维护各个阶段制定相应的安全管理流程；针对信息系统设备、软件、数据和技术文档等资产制定相应的资产管理制度，针对机房及机房环境等制定相应的物理控制措施和制度、系统灾难应急预案及演练；同时还需制定安全风险管理制度（如定期进行信息系统的漏洞扫描及风险评估）。

技术体系的建设是通过采用先进的安全技术和安全产品，进一步提高港航信息化系统在安全预警、防止入侵、攻击检测、加固系统和系统恢复等多个环节上的安全保护能力。

第九章
浙江港口物流产业化增进对策

港口是综合运输体系的重要组成部分，与其他运输方式有着密切联系。海上运输是港口发展现代物流、面向国内外资源和国内外市场的最重要的方式，两者有着互动、共荣、多赢的关系。因此，沿海港口发展现代物流，可以促进综合运输体系的发展，更可以发挥浙江省丰富的水运资源优势，优化水路运输系统，从而实现浙江省水运强省的战略目标。为充分发挥沿海港口对全省发展战略目标的基础性和支撑性作用，认真研究浙江港口物流业的发展路径、发展重点，具有十分重要的意义。

本章根据浙江省国民经济、对外贸易、产业结构，以及港口区位优势、口岸条件、运输网络、物流系统现状和发展趋势，分析了浙江港口物流产业化发展的路径是：社会化、专业化、规模化和标准化，并围绕发展路径提出了推进浙江省港口现代物流发展的保障措施。

第一节　浙江港口物流产业化发展的路径分析

一、浙江港口物流产业的社会化

浙江港口物流已转变为在一定社会分工条件下的专业化和社会化的生产方式。

港口物流产业的社会化是指港口物流供应链中的任何组织机构对物流的需求不再单纯地由自己内部完成而是由社会的其他专门的物流组织机构完成（主要是物流企业）。

港口物流产业社会化的动力来自于企业非核心竞争业务的外包。浙江港口物流外包水平决定自营物流的转化程度，决定了港口物流市场的规模，从而决定了浙江港口物流产业化的进程。港口物流业务外包在为企业培育核心竞争力的同时也为第三方物流培育市场。

生产制造业和商贸流通业是港口物流业发展需求的基础，但是浙江生产制造业和商贸流通业还存在大量"小而全"的企业，企业之间业务关联性和技术性不大，缺乏明确的产业分工和产业特色，加之内部资源缺乏有效整合，对物流外包多有疑虑，阻碍了港口物流产业链的延伸并危及集群自我发展和竞争力的提升。同时，浙江现有的港口物流企业提供优质、高效物流服务的能力还不强。为此，首先要强化浙江生产制造业和商贸流通业企业的外包意识，让企业认识到致力于发展企业的核心业务和专长，有助于降低成本和提高竞争力。同时，要注重培育集群内港口物流企业的诚信意识，使失信企业付出高额代价，从而使生产制造业和商贸流通业企业敢于把相关业务外包给物流企业。另外，需要引导浙江港口物流企业和工商企业进行密切合作，共建现代港口物流服务体系，实现双赢。通过这三方面的作用，促进企业的分工合作，带动相关产业的发展。以充足的物流需求促进港口物流企业进行服务功能的延伸和服务模式的创新，加强浙江港口物流产业集群内企业的分工，完善上下游供应链，通过低成本、高质量的物流服务，直接促进制造业和流通业的发展。

依托杭州湾产业带和温台沿海产业带、杭州、宁波、温州三大沿海都市圈以及杭州大江东产业集聚区、杭州城西科创产业集聚区、宁波杭州湾产业集聚区、宁波梅山物流产业集聚区、嘉兴现代服务业集聚区、绍兴滨海产业集聚区、舟山海洋产业集聚区、台州湾循环经济产业集聚区、温州瓯江口产业集聚区的建设，结合浙江港口物流产业实际，鼓励生产加工型企业及商贸流通企业的物流业务外包，延伸供应链，并引导布局分散的民营中小港口物流企业逐步集中到统一规划的港口物流园区内，改善加工型企业、商贸流通企业及港口物流业的空间布局，优化企业之间的生产协作，促进企业共享基础设施和公共服务，加快生产要素的集聚和资源的优化配置，降低经营成本，提升整个港口物流集群式供应链的竞争力。

综上所述，以港口物流外包为核心的浙江港口物流社会化能够使港口物流业成为一个真正的服务性产业，从而推动港口物流产业结构和港口物流企业业务结构的调整，使得全社会的物流资源得到优化合理的配置，浙江港口物流业实现产业化发展离不开更高程度的社会化。

二、浙江港口物流产业的专业化

港口物流产业的专业化与社会化一定程度上具有相通之处，只是角度不同。港口物流社会化是从社会化大生产的角度来分析，而物流专业化则更多的是基于技术分工角度而言的。社会分工导致了专业化，分工越深化，专业化程度越高。

就浙江港口物流产业目前发展状况来看，其专业化程度和欧美发达国家相比还有很大的差距，原因在于浙江很多企业仍然保留着"大而全"、"小而全"的经营模式，而已经出现的专业化物流企业中，普遍存在着规模偏小、实力不强、难以提供让顾客满意的服务等问题。因此，鼓励更多的浙江制造流通企业退出自营物流，培育强大的专业化港口物流企业，提高物流专业化程度是实现浙江港口物流产业化发展的有效途径。

三、浙江港口物流产业的规模化

规模经济最核心的涵义是指在投入增加的同时，产出增加的比例超过投入增加的比例，单位产品的平均成本随产量的增加而降低。对于浙江港口物流产业的发展而言，实现规模化发展以获取规模经济是节约成本的必然途径。规模化经营体现生产力的组合方式，规模化是与产业化紧密相关的。

浙江港口物流产业的专业化客观上要求物流产业进一步实现规模化发展。港口物流生产专业化，要求港口物流生产每个环节的产品和服务都由生产效率最高的物流企业进行，以保证物流生产的高效率并以最低的成本实现最高的效益，因此，它必然以规模化为前提，只有物流产业规模达到了一定程度，才能使物流生产中的分工成为可能，也才能使物流成本的降低成为可能。只有在产业规模比较大的前提下，科学技术才能更好地为物流生产服务。

通常产业的规模化离不开企业并购与资产重组，然而港口物流业有其特殊的地方。港口物流产业本身可分工性比较强，小企业虽然实力较弱，但其中也不乏在物流服务某一环节中拥有较强的管理及技术优势者。而并非所有企业都能在资产上实现成功的整合，通过构建港口物流园区吸引大量国内外著名的航运企业、物流企业参与经营服务，实现港口物流产业集群化显然是一种创新的整合途径——空间上的整合。

物流园区中港口物流产业集群的网络化效应正是把大小不同优势各异的物流企业连成一个有效的网络。在寻找市场机会时，面对市场的首先是产业集群自身，然后才是各具体企业。产业集群的整体规模大，市场势力强，集群内信息多且资源共享，各物流企业可以很好地节约寻找市场机会的成本，同时由于交易成本低，他们又可以强化分工，发挥各自的优势，为客户提供成本低而质量高的物流产品和服务。由此可以有效避免中小企业发展的先天不足，帮助中小企业培育核心竞争力，又可以将他们各自的优势整合起来，从而节约社会资源，实现物流行业的有效整合，将分散的中小企业集中起来，也有利于港口物流产业的规模化发展。

四、浙江港口物流产业的标准化

港口物流产业标准化是指以港口物流为运作系统，制定系统内部设施、机械装备、专用工具等技术标准和包装、装卸、运输等作业标准，以及作为现代物流信息突出特征的信息标准，并形成全省以及和全国、国际接轨的标准化体系。港口物流标准化是现代物流建设的重要组成部分，是提高物流效率的关键。

随着信息技术和电子商务、电子数据、供应链的快速发展，港口物流系统的标准化和规范化，已经成为先进国家提高物流运作效率和效益、提高竞争力的必要手段。物流标准化作为物流行业的一种基准，对物流业的发展有着深远的意义。

首先，港口物流标准化是实现物流管理现代化的重要手段和必要条件。随着物流专业化的发展，分工越来越细，对系统化、一体化的要求越来越高，因此，要使整个物流系统形成一个统一的有机整体，物流标准化起着纽带的作用。只有制定了统一的物流标准并严格执行，才能保证物流生产环节中企业分工合作的效率，整个物流大系统的各个环节才能有效地衔接起来。

其次，港口物流标准化能保证物流产品和服务的质量。物流标准化对运输、包装、装卸搬运、仓储、配送等各个子系统都制定标准，这些标准是物流的质量保证体系，只有严格执行了这些标准，才能保证物流企业所提供的服务让顾客满意。同时顾客对专业物流服务满意度也在一定程度上关系到他们对专业的物流商的信任度，从而关系到第三方物流业的发展。

最后，港口物流标准化还可以降低物流成本，提高经济效益。在整个港口物流系统实现标准化以后，可以加快运输、装卸搬运的速度，降低暂存费用，减少中间损失，提高物流作业的工作效率。

浙江省有很多港口物流行业协会和高校等机构，这些机构为联合研究制定物流技术标准、作业标准和物流信息标准提供了便利条件。

省政府职能机构应集中港口物流行业协会和高校研究港口物流的专家、学者，牵头成立标准制定机构，采集物流企业及各方意见，以物流信息标准、服务标准、物流设施标准和管理标准为切入点，参照国际通行标准，注重港口物流作业流程中各分系统和分领域中技术标准和工作标准的配合性，集中精力研究一批对浙江港口物流产业发展和服务水平提升有影响的物流标准，制定、修订物流通用基础类、物流技术类、物流信息类、物流管理类、物流服务类等标准，完善物流标准化体系。密切关注国际发展趋势，加强重大基础标准研究，形成与国际接轨的标准化体系。

加快港口物流管理、技术和服务标准的推广，支持浙江省重点骨干物流企业启动物流标准化示范工程，鼓励港口企业和有关方面采用标准化的物流计量、货物分类、物品标识、物流装备设施、工具器具、信息系统和作业流程等，加强物流标准工作的协调配合，充分发挥港口企业在制定物流标准中的主体作用。

通过对企业作业流程的实时监管，对港口物流产业集群内企业的生产和运营进行规范化管理，提高全省港口物流整体运作效率和效益，规范整个港口物流行业的发展，不断提高港口物流标准化水平。

第二节 浙江港口物流产业化发展的保障措施

一、强化现代物流理念

（一）树立现代物流观

现代物流和传统物流不同的地方在于现代物流摒弃了传统物流单一的、分割的经营模式，强调以客户为中心，以信息网络做支持，实施一体化综合物流服务，最大限度地进行资源整合，满足客户的服务需求。舟山的物流服务仅以提供单一的运输、仓储、装卸中转等业务为主，增值性服务较少，服务水平较低，整体水平仍停留在传统物流阶段。因此，浙江发展港口物流需要强化现代物流理念，认知现代物流内涵，并贯彻到实际工作中去。具体要强化以下几个观念。

（1）物流服务观

企业在提供传统功能服务的基础上，必须向客户提供更方便、更快捷、更优质和更符合实际的服务方式，要求物流企业通过强化"以客户为中心"的理念，提升服务质量意识。

（2）物流系统观

物流不是运输、仓储、装卸搬运等职能活动的简单叠加，而是一个具备特定目的的系统，且构成系统的功能要素之间存在着相互作用的关系。具体到港口物流系统规划中，要求浙江着眼于整个物流系统的发展，既兼顾物流的各类功能要素，又兼顾港口群的整体发展，从系统的角度去发展浙江的港口物流，推进港口综合物流管理系统不断优化。

（3）物流总成本最小观

物流管理追求的是物流系统的最优化，在成本管理上体现为实现物流总成本最小化。现代物流是通过物流各个功能活动的相互配合和总体协调达到物流总成本最小化目的。在发展浙江港口物流时，必须建立起浙江物流的成本优势，吸引物流企业和货主企业到浙江发展。

（4）物流信息化观

信息在实现物流系统化，实现物流作业一体化方面发挥着重要作用。准确地掌握信息，可以提高物流效率和物流服务的可靠性。必须意识到信息化对浙江港口物流发展的重大意义，积极推进港航 EDI 中心建设，提高港口信息化水平，进而提升浙江港口的竞争力。

（5）物流手段现代化观

在现代物流活动中，广泛使用先进的运输、仓储、装卸搬运、包装以及流通加工等手段。先进的物流技术为开展现代物流提供了物质保证。浙江必须利用现代化的物流手段对港口及相关设施设备进行改造，提高港口技术水平，进而提高港口的运行效率。

以上观念体现了现代物流的内涵，可为浙江港口物流发展提供可参考的理论依据。强化现代物流理念主要从以下方面入手。

1. 推行现代物流理念

第一，建议在全省政府管理机构和相关企业开展物流知识培训。浙江港口物流企业普遍存在从业人员学历过低，高级人才过少的问题，物流人才的匮乏限制了现代物流业的发展步伐。因此，要加强对相关机构和物流从业人员培训，推行现代物流理念，高起点、高标准地促成浙江港口物流业的发展。

第二，培育本地物流服务品牌。最近几年，浙江港口物流企业发展很快，但"散、小、差"的局面没有大的改变。要积极创造有利于物流企业发展的创业环境，鼓励企业培育物流服务品牌，尽快提高本地物流企业的供给能力和服务水平。

2. 推行国际物流标准体系

物流的标准化是现代港口物流、国际物流的一项重要标志。在浙江港口物流发展过程中，应积极按照国际通用标准规范物流设施和有关技术设备，对每一个环节实行统一的技术标准和管理标准。港口物流标准化是港口物流发展的基础，包括货物包装的规格化、系列化，物流信息的条码化，装卸、运输、储存作业的集装单元化，托盘、集装箱、卡车车厢尺寸的标准化等，这些是实现港口物流系统高效运作的基本前提，也是推行现代物流理念，满足客户需求的一种有效途径。

（二）完善港口物流管理体制

物流业是一个综合性很强的行业。它贯穿于生产、流通、消费乃至回收的整个过程，涉及多个部门，存在管理体制不统一、不协调等问题，严重制约了港口物流的发展。完善浙江港口物流的管理体制，主要从以下几个方面着手。

1. 积极推进港口体制改革

浙江港口物流发展的关键和核心在于提高港口的竞争力，以此带动浙江港口物流的整体发展。长期以来，政府和企业在港口建设投融资活动中缺少明确的界限，使得社会上的投资主体在港口经营性设施的投融资活动中缺乏主动性，一定程度上影响了港口运行效率。经过多年的努力，浙江港口陆续引进了多家外资企业参与港口的建设与经营，但浙江港口的管理体制仍然相对单一，存在垄断现象，一定程度上限制了港口投资多元化、融资渠道多样化的实现，影响了港口扩张的速度和质量。

坚持"政企分开"原则，积极推进港口管理体制改革，使得浙江港务集团真正成为自主经营、自负盈亏、自我约束、自我发展的经营主体。将港口经营性设施项目按照市场经营的方式进行操作，拓宽融资渠道，允许民间投资参与建设和经营，探索尝试以拍卖、租赁、托管、特许经营、资产证券化等多种方式，吸纳各类社会资金投资港口的建设和运营，提高港口运营效率。

政府应站在公平、公正、公开的立场引进竞争机制，开展一系列的政策引导和扶持措施等，提升港口经营的活力，可以尝试将货物装卸、存储、物流等业务放开，让有实力的民营企业参与到港口的经营中，充分调动物流企业积极性，增强浙江港口的市场竞争力。

2. 完善与港口物流发展配套的行政管理体制

浙江省政府要明确投资、建设、维护和管理港政、口岸管理公务设施和港口公用基础设施的管理机制，简化经营性设施投资项目审批、审核程序，解决多头多层执法的问题，理顺港口物流发展的行政管理体制。同时，政府各相关单位在工作中也要转变工作作风，树立服务意识，为项目引进和经营建立起良好的服务环境。

政府要协调引航、理货、拖轮、船供等海运辅助服务，协调口岸管理。通关环境作为一个投资环境的重要组成部分，对港口的综合竞争力有着举足轻重的作用，提高口岸的通关效率非常关键。政府要推进"大通关"建设，海关、海事、检疫、边检等口岸查验管理机关要在物流服务集聚区设立办公场所，采取集中办公的形式，提供"一条龙"服务。

二、加强组织领导，完善政策体系

成立由省政府主要领导挂帅，主要部门领导参加的浙江现代港口物流发展领导小组，负责全省现代港口物流业发展的全局工作，在省交通厅设立浙江省现代港口物流发展领导小组办公室，具体负责规划的落实、重大项目的推进。省有关部门和各港口城市要加强对现代港口物流业的组织领导，落实港口物流业促进政策，提高服务水平，营造良好环境，合力推进全省港口物流业的快速发展。

从浙江港口建设的实际情况来看，为保障其产业化发展的顺利实现，目前亟须在以下几个方面争取国家的政策支持。

（一）制定更加开放和自由的金融政策

改进多式联运保险、拓展航运港口基础建设保险等业务；支持符合条件的港口物流企业上市或发行债券融资；支持金融机构开展在建船舶抵押贷款等具备港口物流特征的业务，创新运用信托和租赁融资等融资工具，支持港航及集疏运基础设施建设。

鼓励物流企业运用多种渠道融资，或者鼓励物流企业积极利用资本市场进行融资，通过发行股票、债券募集资金，或者通过项目融资、设立"港口产业投资基金"等渠道获得资金，为港口开发建设提供资金支持。

鼓励本地金融机构加大对物流业的支持，对港口开发项目、航运企业规模化项目、物流园区建设项目和物流企业发展项目，在融资信贷方面进行倾斜。鼓励金融机构与符合条件的物流企业开展物流金融业务，鼓励金融机构与港口企业合作共同开展港口货权质押监管业务，既可以增加港口码头的服务费收入，拓宽盈利渠道，又为广大货主（特别是大宗产品进口商）盘活了存货，加快资金周转，提高资金使用效率。

争取中央财政在一定时期内对浙江宁波、舟山大宗商品交易平台的开发建设予以专项补助；提高国有商业银行对宁波、舟山等港口城市的授信额度，支持地方性银行开发海运金融产品。

（二）推进支持航运发展的注册和财税政策

争取船舶保税注册政策，在宁波、舟山保税港区试行国际船舶特殊等级制度，引导"方便旗"船舶移籍宁波、舟山。争取取消航运经纪公司设立限制。允许超过40万吨及以上货轮停靠制定的码头、促进国际中转业务和分拨配送业务发展。

继2012年1月1日国家在上海试点营业税改增值税改革，从2012年7月1日起，在宁波市、舟山市交通运输业和部分现代服务业开展营业税改征增值税试点。对注册在宁波、舟山市的港口、航运、船代、货代等物流企业向试点纳税人购买应税服务的进项税额可以得到抵扣，相应下降税负。

对注册在宁波、舟山保税港区的大宗商品进口商、贸易商以及航运、物流企业，从事国际航运业务取得的收入，以及从事货物运输、仓储、装卸搬运业务取得的收入，免征营业税；自获利年度起，由同级财政部门5年内全额返还企业所得税中的地方分享部分。

（三）制定促进临港制造业加快发展的税收政策

对于港口城市内制造业企业，以及石油化工、煤炭、钢材等进口原料就地加工内销的企业，减按10%税率征收企业所得税。

港口城市内企业在加工生产过程中产生的产品内销的，海关按内销时的实际状态返还各项税收。

（四）出台物流产业扶持政策

现代物流业是一个投资大的行业，政府可以出台关于港口物流业的扶持政策，吸引物流企业到浙江来发展。

1. 市场准入条件

物流企业办理注册登记时，除国家法律、法规和国务院发布的决定规定外，其他前置性审批事项可以考虑取消。

2. 规划、土地审批

对符合总体规划的物流项目，在规划、土地使用审批上可以优先考虑。

3. 供地方式

可以考虑物流用地与工业用地实行同等供地方式。

4. 技改贴息

每年安排适当技改贴息对物流项目进行倾斜，重点扶持物流信息平台建设和物流企业的技术改造。

5. 税收优惠

① 对新办从事物流技术、信息服务企业，发生的技术开发费可以适当抵扣当年应纳税所得额。② 物流企业承揽的业务外包给其他单位并由其统一收取价款的，可以考虑以该企业取得的全部收入减去其他项目支出后的余额，作为营业税的计税基数；货代企业的营业税，可以考虑按扣除支付给其他单位的代理费用后，计算缴纳营业税。③ 物流企业所需设备的技术改造、国产设备投资可以考虑抵免企业所得税；进口的信息设施设备，可以考虑减免关税。

6. 规费减免

① 经市政府投资主管部门批准的在建物流集聚区、运输场站，城市基础设施配套费、人防易地建设费和道路临时占用费可以减少征收。② 交通运输管理部门可以考虑减少车辆养路费、货物附加费、运输管理费，吸引车辆挂靠。③ 物流业的用水、用气价格实行与工业用水、用气价格并轨。

（五）下放资质审批和经济管理权限

对于浙江"三位一体"港航服务体系的重点大项目，建议国家采取备案制；适度向浙江省下放和放宽煤炭和成品油批发审批权限。

（六）加大基础设施建设扶持力度

浙江港口重点建设项目争取享受国家重大建设项目用地政策，实施重大建设项目补充耕地国家统筹办法和市场化方式，建立跨省域市场化补充耕地机制；增加新增建设用地年度计划指标，增加建设围海造地指标。实施陆海统筹资源利用，创新建设用海用地管理机制。

加快省内高速公路、疏港公路的规划建设；将浙江省铁路集疏运网络列入国家铁路规划，对港口建设项目用海，减免属于填海造地的海域使用金。

三、优化发展环境，吸引更多货源

（一）加强舆论监督、行业自律和市场监管

1. 加强社会舆论的监督

政府行政权力是强大的，具有天然的垄断性。在浙江港口产业化建设过程中，存在由于政府、企业不科学的行政管理行为导致各种资源浪费、环境破坏等社会问题发生的可能性，甚至可能会在某些问题上对港口的整体发展目标造成冲击，因此加强社会舆论监督与引导对促进港口和谐发展有着重要意义。

2. 强化物流行业自律和市场监管

政府在发展物流产业过程中，应充分发挥物流行业组织的作用：一是将政府的部分权力授予物流行业组织，实现物流行业的自律性管理；二是逐步引导物流行业组织以中介或第三方的形式出现，发挥经济作用，如由物流行业组织来组织物流基地的招商工作等。

（二）优化通关环境

1. 优化口岸通关流程

港口物流与大通关建设密切相关，应积极协调口岸相关部门，推动浙江口岸通关便利化，并不断增强服务意识，创新执法手段和服务举措，提高服务质量和效率，逐步简化通关手续，倡导人性化集中办理相关的单据，实现"一站式服务"，加快物流运作效率，实现浙江港口物流与场站物流（航空机场和公路等站点）对接的无缝化。特别是对经由浙江港口进出口的货物，要推行"5+2"工作制度，并要加快实行365天制受理进出口报关和预约制服务，延长口岸通关中心受理报关时间，提高服务质量，为浙江口岸货物、船舶及相关人员出入境提供便捷、高效的全程通关服务。

2. 实现口岸政策和保税政策向腹地延伸，吸引腹地货源

充分利用大通关平台，寻求与浙江港口腹地合作，积极探索和推进"区域通关"、"属地申报"、"口岸验放"的通关模式，简化货物的通关手续，提高货物进出

口的物流效率。同时，通过物流园区和腹地特殊监管区域实行有效的联动，实现"区间货物流通自由"，简化腹地特殊区域和保税物流园区之间流通的监管手续，提高区间货物流通的效率，从而提高浙江港口腹地的揽货能力。

（三）加大招商引资力度

发展港口物流需要巨大的资金投入，仅靠政府投资是远远不够的，也是难以为继的。要积极借鉴国外"地主港"筹资模式，对码头、航道、仓库、堆场以及周边土地实行捆绑式开发，通过土地运作，或者把码头、库场设施的租金收入等各种税费全部用于港口基础设施再建设，实现平衡支出，滚动开发。要加大招商力度，大力引进战略投资者，特别是大航运商、大码头运营商、社会财团投资或合作参与港口建设。

鼓励物流企业与在浙江发展的超大型企业（中石化等）建立战略合作关系，共同投资物流行业，成立公司承担这些企业的部分物流业务。

四、建设现代港口物流园区，培育港口物流产业集群

港口物流园区的建设在区域经济中扮演着越来越重要的角色。港口物流园区是港口物流集群式供应链柔性发展的主要途径。

通过加强对现代港口物流园区的建设，能够提供更便捷、更合理、更有特色的全方位港口物流服务，吸纳国内外更广泛的港口、航运界及生产、流通领域的企业参与物流园区发展，增强港口物流企业的配套增值能力，提高港口物流产业的整体服务水准，在现代信息技术平台上，运用现代组织和管理方式，延伸港口物流产业链，拓展港口物流业务新的市场和空间，为港口物流产业的发展带来大量商机。

港口物流园区的功能应定位于整个供应链环节，上下游的相关物流业务被吸引到园区内，港口物流园区通过参与客户企业销售计划、库存计划、订货计划、生产计划等整个生产经营过程，发挥资源和规模优势，整合运作，加强各物流环节的衔接和协调运作，促进供应链的信息化和网络化，集货物流、信息流、资金流和人才流于一体。

（一）积极培育保税物流园区，大力实施"区港联动"战略

在若干重要港口建设保税物流园区，将保税物流园区建设成港口物流产业集群的有效载体，是中央政府一个重要的决策，它对于形成港口物流产业集群，对于优化全球供应链，对于增强中国物流企业竞争力都有着重要意义。

根据《"长三角"地区区域规划纲要》，宁波—舟山港将与上海港形成错位发展、功能互补、共建国际航运中心的格局，且在大宗货物运输领域发挥独特的优势。

目前，上海国际航运中心范围内已形成两个集装箱保税港区，但在大宗商品保税港区方面还存在空白。

浙江省政府应抓住有利时机，及时出台相关配套政策，宁波、舟山市政府要完善"区港联动"规划，加强规划立法，强化规划管理；保持用地规划必要的灵活性，以适应市场的变化；保证有足够的土地供制造、出口加工、物流区使用，以满足市场需求。加快宁波梅山保税港建设，积极申请设立舟山大宗商品保税物流园区，完善保税港区服务功能，争取扩大保税港区范围，发展国际物流业务和加工贸易。

建设舟山保税港区，有利于发挥舟山在大宗商品储运中转方面的优势，实现宁波—舟山港与上海港在功能、体制、政策三方面的协同发展，全面提升上海国际航运中心的国际竞争力。同时有助于畅通大宗商品南北海运、江海联运通道，完善上海国际航运中心建设体系，充分发挥差异化比较优势，实现资源共享、优势互补、陆岛联动，进一步增强长三角区域竞争力，培育我国东部经济新的增长点。建设舟山保税港区后，通过实施通关制度改革，构建杭州关区通关一体化网络，可以实现进口货物落地批量分拨，出口货物属地订舱申报，使企业在当地实现一次报关，一次放行，大量降低异地通关成本，促进沿海和内陆地区国际物流业联动互补，相互支撑。

（二）建设重点港口物流园区

港口物流园区在物流节点网络体系中处于核心地位，推动物流园区发展是加快浙江沿海港口物流发展的重要抓手。建议积极开展项目前期的可行性研究及详细性规划，结合国家储运基地建设，健全扶持机制，以梅山、北仑、镇海、金塘、六横、老塘山、衢山等港口物流园区为重点，与有关地方政府紧密合作，积极推进北仑主物流园区、镇海物流园区、宁波梅山保税港物流园区、舟山本岛物流园区、金塘物流园区、六横物流园区、老塘山物流园区、衢山物流园区和洋山物流园区等主力园区建设，将北仑港区建设成集新型临港工业和现代物流业于一体的多功能综合性园区，进一步完善相关配套设施，构建港口物流的主体运作平台。吸引一批大宗货物供应商、贸易商、代理商和物流企业等进驻，拓展延伸港口物流多元化产业链，推动物流要素集聚、产业集群发展，提高港口物流业发展水平。

浙江港口物流园区的主体是物流企业，引进和培育什么样的企业，决定浙江港口物流园区的发展水平。必须从战略高度，大力引进和培育一批具有龙头作用和国际竞争力的物流企业，带动港口物流园区的建设，整合浙江的港口物流资源，推进港口物流企业跨区域、跨行业的战略重组，加速提升浙江港口物流业的专业化和国际化水平。

1. 凭借自身优势吸引国内外大型物流企业，促进浙江港口集群式供应链嵌入全球价值链中

拓宽视野，解放思想，强化物流领域的开放意识，提高招商引资质量，制定进区企业和投资项目标准，引进国内外具有国际或区域物流网络体系，集仓储、运输、配送、包装、装卸、流通加工、信息处理于一体，能够系统整合物流资源的大型港口物流企业、跨国经营集团进驻以宁波—舟山港为核心的浙江港口群。

一要加强政策支持和引导，促进已引进国内外物流企业在浙江开展港口国际物流业务，开拓国内外物流市场，提高市场开发能力和物流资源的整合能力。

二要加大引进力度，采取参股、独资等多种形式重点引进国外大型物流地产开发商、全球物流运营商和有实力的第三方物流公司进行整体开发建设，采取特别优惠政策，进行物流园区的开发和运营管理。

三要引进国内外中小配套物流企业入区发展，创造宽松公平的竞争环境，促进中小配套物流企业快速健康发展。

2. 培育本地的物流企业集团

一要大力促进港口企业转型，推动浙江沿海港口企业由单一的港口物流服务商向区域综合物流服务商转变。鼓励港务集团公司等一批国有物流企业，提高对区域物流、国际物流的集成和拓展能力，从国际物流业务源头做起，全面占领长三角场区物流资源，掌控物流资源的配置权。

二要鼓励浙江航运企业以市场运行机制为基础，以资产为纽带，通过资产重组和公司制改造等方式整合资源，提高产业集约化程度。积极培育、引导组建一批跨区域、跨行业、跨所有制的具有较强竞争力的大型航运集团或第三方物流公司，实现规模化、专业化、集约化经营，并引导这些企业大力发展国际物流业务，提高国际竞争力。

三要规范和激励中小港口物流企业间的资源整合，对现在从事港口物流领域的交通运输和商贸企业，按照现代物流的理念，采取兼并或联合等形式，优化整合现有的资源条件，把分散弱小的众多运输企业联合起来，分工合作，做精专业，形成特色优势，全面提升中小物流企业的专业服务水平。为大型工商企业提供个性化的物流服务，创立浙江港口对外物流服务的品牌。

（三）完善港口物流园区配套服务系统

围绕现代港口物流业发展需求，面向大宗商品的物流、交易，以重点港口物流园区建设为契机，以港口和物流园区经营主体为服务对象，完善金融服务支持系统，创新金融服务和产品，提供融资、租赁、保险、兑换、结算、融通等一系列相关金融服务，为港口发展创造便捷、发达的金融环境。构建适应国际竞争、具备高效服务功能的金融保障体系。

进一步完善与港口发展有关的口岸（海关、商检、边检、海事）通关软环境。同时加强代理、保险等物流公共配套建设，确保港口能够为客户提供全方位、一体化的物流服务。建成高效的生产经营管理系统，推广使用计算机网络等先进设备，引进堆场智能化管理系统，促进物流园区管理标准化、智能化，力争实现跨越式发展，提高物流园区保障系统服务水平。

（四）促进浙江港口物流园区与长三角地区其他物流园区的对接

长三角地区经济快速发展为长三角物流业的发展提供了坚实基础，长三角地区也是物流园区最集聚的区域。浙江资源、市场两头在外的经济特征，决定了推进浙江港口物流园区与长三角地区的物流集聚区进行业务互动合作，可以为浙江的制造业和流通业提供区到区的集成化物流服务。

五、夯实浙江沿海港口物流集群式供应链纵向环节

随着我国经济的快速发展和工业化、城镇化的快速推进，资源消耗快速上升，资源不足已成为制约我国经济发展的主要瓶颈。尤其是长三角地区，是我国重要的加工制造产业基地，每年消耗大量的石油、煤炭、铁矿石等大宗商品资源，而这些战略物资将主要通过海上运输从境外到达我国。因此，"十二五"时期建立重要的海上运输门户、建立充分利用国际大宗商品资源物流基地的任务十分迫切。

夯实浙江港口物流集群式供应链的纵向环节主要表现为供应链的纵向一体化，是港口与其所在供应链中上下游节点的合作。在全球供应链管理的条件下，港口变成了供应链中的一个环节，港口之间的合作和竞争正在逐步演变为港口所在供应链之间的合作和竞争，为了达到共赢和发展的目的，港口必须实行纵向的供应链内部合作。浙江港口可看做一个支持原材料生产、成品制造和分发的实体，是多个供应链的潜在成员，纵向合作对象涉及生产企业、海运企业、物流企业、金融贸易、服务等不同类型企业。因此，就浙江港口物流业而言，供应链的纵向一体化就是通过拓展大腹地，建设大港口、大船队、大基地、大平台等吸引大宗商品供应商、需求商、贸易商以及能够提供全供应链服务的跨地区龙头物流企业在宁波—舟山港及其他沿海港口集聚，引导发展流通加工、分拨配送、国际采购、转口贸易等增值服务，增强港口物流服务能力、提升港口质量；鼓励浙江沿海港口与航运企业、货主企业等通过合资、合作、联营、联盟和互相持股等方式，建立紧密的长期运输合作关系，共同扩大市场份额，实现人无我有、人有我优、错位发展，提升浙江沿海港

口物流供应链核心竞争力。

（一）拓展大腹地

浙江港口集装箱货源直接腹地主要分布在浙江省内的宁波、舟山、台州、温州、杭州、绍兴、嘉兴等地区。浙江应重点建设好温州昆灵集装箱码头、萧山堆场等一批基础设施项目，特别是要把嘉兴作为战略要地，作为巩固省内集装箱货源腹地的重中之重。同时积极推进义乌、金华、绍兴等"腹地无水港"建设，加快宁波—舟山港与省内温州港、台州港、嘉兴港构建港口联盟的进程。拓展沿海港口在江西、安徽等省外地区"无水港"的建设布局，引导周边地区货物向浙江省沿海港口集聚。

总之，浙江应该与上海、江苏错位发展，走特色化、专业化的途径，应通过"内地无水港"和"省内港口联盟"建设来巩固现有的优势箱源，将集装箱货源腹地拓展的重点放在省内及江西、安徽等省外地区。

（二）建设大港口

"长三角"及长江经济带的发展拉动了矿石、煤炭、原油等散货进口量的不断增加，而海上运输大宗散货的大型船舶要求港口必须具有深水航道及足够数量的深水泊位。

全球海运船队大型化趋势十分显著，且大型化进程不断加快，尤其是铁矿石运输船，是引领全球干散货船队大型化的主要动力。目前在役、在建和订造的 30 万吨级以上的超大型矿石船超过 55 艘：其中 38.8 万载重吨 4 艘，40 万载重吨 16 艘。

根据对不同船型单船成本比较分析，在同期建造、相同利率、相同油价条件下：40 万吨级运输船较 30 万吨船节约成本 10%；40 万吨级运输船较 17.5 万吨船节省成本 23%。

40 万吨超大型运输船的海运成本优势明显，宁波—舟山港的舟山港域是国内屈指可数的拥有深水码头、深水航道、锚地能够靠挂 40 万吨超大型散货船的深水港，其深水岸线资源优势明显。

因此，政府要采取各种措施，引进外资或驱动民间资本，进行港口物流配套基础设施的建设，特别是加快宁波—舟山港的舟山港域大型化船舶、深水航道、大吨位泊位等的建设进程，推进全天候深水航道、锚地、引航基地、港航配套设施及主要港口与物流园区之间的交通道路建设，将舟山港域深水岸线资源优势转化为低海运成本的核心竞争优势，提升港口物流通过能力，确保大宗散货畅流。

在引进港口项目时，要把港口物流资源本地化运输作为条件之一，特别重点引进能依托港口进行深加工的项目，提升港口对地方经济的带动作用，促进港口物流业的发展。

（三）建设大船队，加快发展航运业

浙江各港口城市应以港口货源为依托，以龙头航运企业为核心，加大港航联动力度，区域联动组建一支船舶大型化、船队专业化、经营集约化的现代化船队。考虑到浙江港口的货物种类，应该重点发展通用型、大灵便型散货船以及巴拿马型国际集装箱船。大力推进沿海运输、江海联运和国际航运发展，做大做强现代航运业。

浙江各港口城市应以政策为导向，积极出台鼓励航运业做大做强的政策措施，鼓励、支持航运企业通过租赁、联盟、兼并、收购等方式走规模化发展之路。在兼并、收购过程中，涉及股权转让、资产整体转让、资产并购的税费，政府应给予税费返还。

积极建设现代航运服务业，支持航运业的上下游企业进行垂直整合，促使航运业做大产业链。

通过提供财政补助或贷款贴息，鼓励企业进行船舶升级和改造，加快发展滚装运输、江海直达运输、集装箱联运等先进运输方式。

以航运业发展担保公司等政策为宏观调控手段，搭建好企业与金融机构的桥梁，并运用金融杠杆等手段，加快航运业运输结构调整的步伐，推动企业管理现代化、运输体系综合化、企业发展规模化步伐；以航运业为核心发展港口物流业，加强航运业与港口业的对接联动；加快现代科技手段的运用，使航运企业走规模化、低碳化、节能化之路；鼓励企业走出去，积极利用"国内、国际"两个市场，走国际化之路，力争在"十二五"末，初步形成特色明显、有一定规模的国际化船队。

（四）建设大基地

经济社会发展的阶段性特征和资源国情决定我国战略性资源物资需要大量进口，长三角及长江流域是消耗资源物资的主要区域。而这些战略物资将主要通过海上运输从境外到达我国。建设港口，加快浙江沿海深水港口群和配套港口物流体系的开发，对增强国家大宗战略物资储备中转能力，确保我国特别是长三角地区大宗战略物资储运中转安全，将起到十分重要的作用。

目前我国对石油、煤炭、金属矿砂、粮食等战略性资源物资的需求量迅速增长，进口量逐年增加。"十二五"期间，浙江应按照国家整体部署，首先对沿海港口实施全面开放和更为自由的贸易政策，利用宁波—舟山港、温州港、台州港等沿海港口地处三江入海口的区位优势和深水岸线资源，依托强大的国际一程运输低成本优势和便捷高效率的二程运输江海联运配送优势，以铁矿石、石油等大宗商品为主要服务对象，统筹规划战略物资储运基地，设立石油化工、矿石、煤炭、粮油、建材、

工业原材料、船舶等交易区，以及集装箱物流平台，重点建设舟山大宗战略物资交易服务平台和宁波生产资料交易服务平台。激活地区产业升级发展，突出进口、强化中转，形成一个面向长三角，服务全中国的货物通关顺畅、综合成本合理、配套服务完善、管理运作规范的国际物流服务中心，提高国家大宗战略物资的供给及保障能力。同时积极推进走出去战略，提高我国在国际大宗商品市场的话语权，从而保证我国的能源、物资安全和经济发展需要。

（五）搭建大平台

浙江港口在产业化发展过程中，要改变传统的物流产业构成，从单一的装卸存储运输结构，向现代港口物流综合体系转变，延伸港口散货物流产业链，健全与大宗货物"水水中转"相关的营销、交易和结算服务业，开展与液化品、煤炭、铁矿石等交易市场紧密联系的融资、代理、通关、保险等商贸与金融一体化增值服务，基于多元化的现代港口物流发展视角提升散货港口物流产业水平，努力从处于国际物流价值供应链的低端向中端尤其是高端迈进，从而最终确立以宁波—舟山港为核心的浙江沿海港口集群在世界航运市场上的全新领先地位。

2010年，浙江省委、省政府提出构筑集大宗商品交易平台、港口集疏运体系、金融和信息等支撑系统"三位一体"的港航服务体系，核心就是建设大宗商品交易平台。浙江应充分发挥港口物流优势和市场优势，以大宗散货战略储备为基础，以港区、物流园区和物流公共信息平台为载体，建设石油化工、矿石、煤炭、粮食四个大宗商品现货交易平台，应用现代信息技术完成商品交换、交割、仓储、配送实体运行系统及电子商务网上虚拟运行系统的同步运行，实现物流、资金流、信息流三维度运行的一体化管理，构建大宗商品电子交易中心，为大宗商品交易提供电子撮合交易、现货挂牌交易、现货竞价交易服务；先以发展有形市场为主，聚集交易双方的数量，将货物以经济、快捷、准确、安全的方式，进行物流配送和分拨服务，逐步发展中远期电子化交易，建成大宗商品交易价格指数与价格信息发布、供需信息发布、交易自动撮合、资金结算、大宗商品在港储存信息发布、船舶到港预告等的虚拟网上信息平台。构建金融服务中心，为大宗商品交易提供支付结算、融资管理、保险担保、资金监管等金融配套服务功能；构建口岸通关服务中心，缩短大宗商品进出口报关审批流程和报关周期；构建港口物流信息服务中心，为港口及物流企业提供港口物流计划调度、订单合同、货物运输跟踪调配管理；构建船舶交易中心，统计船价指数、优惠金额和新增运力等数据为进一步地市场分析提供正确有效的依据。

（六）优化海陆联动集疏运网络，为港口物流集群式供应链的发展提供良好的硬件条件

加快浙江港口物流产业化进程，集疏运网络建设是一项至关重要的工作。发达的立体集疏运网络是实现港口物流功能的关键，对于拓展更大腹地，连接物流通道，推动港口、城市联动发展极为重要。浙江加强集疏运网络建设应遵循先行与适度超前原则以及建设规模与经济发展协调原则。

优化海陆联动集疏运网络，核心在于推进多式联运系统建设，重点解决沿海港口与铁路、公路、航空、内河水运等枢纽衔接问题，增强江海、海陆和海空联运能力，加快镇海的海铁联运枢纽、舟山的江海联运等大型枢纽建设，形成结构优化、有机衔接、运转高效的综合运输体系，实现多种运输方式无缝对接。

六、夯实浙江沿海港口物流集群式供应链横向环节

浙江港口物流集群式供应链的横向环节较为单薄，没有形成"大势"，特别是浙江省沿海港口尚未建立横向联接紧密的港口联盟。浙江沿海港口中仅宁波港域具有发展成为第四代港口的条件与实力，并且正在向第四代港口逐步迈进，而省内其他港口基本上处于第一代与第三代港口之间，硬件、软件设施在短时间内很难取得大幅提升，不能适应国际物流供应链发展趋势，也与浙江省外贸发展对沿海港口物流深层次需求存在差距。

夯实浙江沿海港口物流集群式供应链的横向环节，必须弱化沿海港口同质竞争，实现错位异构发展，寻求各合作方之间的互补，提高省内港口群的整体运行效率，实现"1＋1＞2"的协同放大效应。

首先，通过整合省内沿海港口岸线资源，建立沿海港口战略联盟，促进宁波—舟山港、温州、嘉兴、台州港横向互动，推动浙江沿海港口在功能定位、布局规划等方面分层发展。

现阶段，浙江沿海港口合作以项目开发、业务合营为主，项目开发也是以投资1:1为主，还没有上升到港务集团双方签订深层次的联盟协议，集团相互参股的层面，相互之间的协同性、风险分担、运作速度等有待提高。宁波—舟山港虽然在名称、规划上实现了统一，但是管理、开发、建设、运营等尚未实现统一。

浙江港口联盟建设面临的首要任务是实现真正意义上的宁波、舟山港的深度融合，而港口的准公共产品特性，使得政府在"省内港口联盟"建设中举足轻重。宁波、舟山港一体化建设的必备条件是需要保证两个地方政府及港务局在一体化以后能够得到的收益大于一体化之前的收益，否则没有积极性去参与一体化进程。鉴于

舟山市主要是港口岸线资源投入和可能资金投入，宁波市主要是资金、技术与管理的投入，建议浙江省政府进一步加大宁波、舟山港的一体化整合力度，通过分析计量，找出双方不同资源投入的可比量化值，通过可比量化值公平地确定双方股份，再配以民营资本投入的股份，最终形成一个合理确定参与各方股份、收益按股份分享的、国有民营多方股份运作的建设模式。建立这种建设模式是突破当前一体化建设瓶颈的极其重要和首要的任务，这个利益分配问题不解决，其他一切将无从谈起。

其次，在建立沿海港口战略联盟的基础上筹划建立以宁波—舟山港集团为核心，其他港口为喂给港，优势互补、层次分明、可持续发展的金字塔式母子公司控股集团，统筹浙江沿海港口的开发与管理，并发挥其辐射带动作用，积极争取浙江港口企业在全球港口行业应有的地位，从而使浙江沿海港口集群式供应链的横向环节变得结实、丰满。

最后，浙江港口集群应从长远的利益出发，充分利用自然条件良好、深水岸线资源较丰富这一优势，发展自身的深水港业务，将一些临近港口无法作业的业务引入到以宁波—舟山港为核心的港口集群，从而回避与周边上海、江苏等港口的恶性竞争，共享各自的优势资源，形成合作共赢的横向一体化，降低成本，使各自更富竞争力，实现协调发展，充分发挥长三角区域经济的整体优势。

七、加强物流技术创新，保障港口物流集群式供应链运作

浙江港口应用现代物流技术与先进港口相比，还存在很大的提升空间，迫切需要企业开展技术创新，提高企业和物流园区的自动化和信息化水平。一方面，结合物流公共信息平台的建设，应用现代信息技术整合基础设施网络；另一方面，对已有港口要根据实际情况进行技术改造。

（一）开展港口物流信息化建设

保障浙江港口物流集群式供应链运作流程并行，打造"三位一体"港航服务体系，发展现代港口物流，必须以港口物流信息化作为柔性供应链运行的重要支撑，最大限度地提升港口物流供应链的反应速度、增加供应链的柔性，并更好地满足多变化、多样化、个性化的市场需求。

港口物流信息化以海运为切入点，以供、需双方需求为信息源头，将港口物流链上的各节点通过网络联接起来，数据一次性输入，信息全程不落地，实现信息的同步交换。

建设港口物流信息化系统，应以沿海管理部门、港口企业、物流企业等相关信息为基础，完善港航、口岸、经贸电子数据交换系统，形成一个开放的有机整体；

以政府为主导，协调海关、海事、商检等口岸部门，联合相关企业，建设统一的标准化、广覆盖、高时效的港航数据交换平台。

应利用物联网技术建设标准化、广覆盖、高时效的数据交换平台和公共服务平台，实现全省港口信息的共享与交换、港口业务的动态化和协同化管理。以 CA 认证及数字证书加密为基础，应用 VPDN 技术，以物联网技术连通全港区所有设备，基于北斗卫星定位系统的地理信息系统 GIS、全球定位系统 GPS、遥感系统 RS 和多网互联系统监管港区各个单元，形成覆盖全行业的港口信息网络，以一网连通港口物流的所有节点，形成港口与港口、港口与货主、港口与供应商连接的有机整体。

以浙江电子口岸建设为核心，优化口岸业务流程，提高一体化水平，同时加强港口安全监管。以大宗商品交易平台为核心，完善第四方物流信息平台、船舶交易信息系统，大力发展电子商务。加快舟山、温州、嘉兴、台州港口物流信息服务平台建设。推进以企业为主体的专用物流信息系统建设，开发应用先进物流业务运营信息系统。加快交通运输物流公共信息共享平台建设，扩大物流公共信息的互通服务。最终实现浙江省港口城市通关、物流、贸易管理与计算机系统的互联互通和信息共享以及异地信息流、资金流、货物流等信息化服务功能，建成贯通全省大通关、大物流、大外贸的统一信息平台。

（二）科技创新，研究与开发港口物流重大关键技术和现代管理技术

以对浙江港口建设发展具有战略性、关键性作用的港航信息管理、智能化、大型化、自动化为核心的港航机电装备、船舶引航、特种物资储运设备等领域的重大技术为切入点，攻克关键性技术，依靠科技进步，发展急需的港口高效低耗装卸、运输装备，开发智能化船舶装载技术，形成港口码头群多智能体协同运营管理技术、现代港口物流江海联运网络系统优化技术、基于 DEA 的港口现代物流效率评价及风险预警技术，加速港口科技创新，优化科技资源配置。

（三）加强物流新技术的开发和应用

大力推广集装技术和单元化装载技术，推行托盘化单元装载运输方式，大力发展大吨位厢式货车和甩挂运输组织方式，推广网络化运输。完善并推广物品编码体系，广泛应用条形码、智能标签、无线射频识别（RFID）等自动识别、标识技术以及电子数据交换（EDI）技术，发展可视化技术、货物跟踪技术和货物快速分拣技术，加大对 RFID 和移动物流信息服务技术、标准的研发和应用的投入。积极开发和利用全球定位系统（GNSS）、地理信息系统（GIS）、道路交通信息通信系统（VICS）、不停车自动交费系统（ETC）、智能交通系统（ITS）等运输领域新技术，加强物流信息系统安全体系研究。加强物流技术装备的研发与生产，鼓励企业采用

仓储运输、装卸搬运、分拣包装、条形码印刷等专用物流技术装备。

（四）积极培养和引进现代物流人才

现代的港口已远远地脱离了纯粹的海运概念，向着综合物流中心的方向发展，因此人才就成为影响港口竞争力最重要的因素之一。高素质人才是现代物流发展的关键因素。针对浙江港口目前物流专业人才匮乏、现代港口物流管理意识不强的问题，要采取各种形式加速人力资源的开发和培养。

一是进一步健全专业化、信息化、产业化、国际化的人才市场服务体系。一方面，积极探索开放人才中介市场，推进人才中介机构产业化、市场化，引进或培育"猎头公司"，并建立健全社会人才中介机构各项管理制度，明确社会中介机构的准入规定，规范和发展人才、劳动力代理等中介服务；另一方面，探索政府部门所属人才服务机构产权制度创新，不断增强发展活力。充分发挥市场机制的基础性作用，促进人才市场与劳动力市场和其他要素市场的贯通，努力形成政府部门宏观调控、市场主体充分竞争的运行格局。此外，建立人才需求预测指标体系，完善人才市场供求信息查询制度，编制并定期发布包括产业、行业、专业分布和地域流向的人才需求目录，建立人才信息库，加强信息引导，促进人才合理配置，逐步形成面向社会、市场贯通的人才公共信息服务网络。

二是建立培训中心，提供包括基本知识培训、实用技术培训和应用技能培训等服务，在此基础上提供企业发展所需求的各类管理人才、技术人才和技能工人的培训。通过长期培养与短期培训，学校培养与在职培训等多种方式，培养和造就一批熟悉物流业务，具有跨学科综合能力的物流管理人员和专业技术人员。

三是挖掘本地现有高教资源潜力，根据港口物流集群式供应链的发展需求，进一步加强与省内外高校、科研院所的合作，通过设立博士后流动站、产学研合作基地等形式，集聚创新创业人才，为企业发展提供充足的人力资源保障。物流研究咨询机构、大专院校和社会团体组织应面向市场和企业的实际需求，切实做好有关咨询、研究、培训、服务等项工作。这样，逐步建立信息快捷、反应灵敏、服务周到、反馈及时的人才服务体系。

参考文献

阿尔弗雷德·韦伯. 工业区位理论. 北京：商务印书馆，1997.

埃德加·M·胡佛. 区域经济学导论. 北京：商务印书馆，1990.

奥古斯特·勒施. 经济空间秩序——经济与地理间的关系. 王守礼，译. 北京：商务印书馆，1995.

曹有挥. 安徽省长江沿岸港口体系规模组合与空间结构分析. 地理科学，1998，18（3）.

陈邦杆. 建立港口联盟，做大做强浙江港口经济. 港口经济，2010，（7）.

陈艳，等. 浅论港口城市物流信息平台的建设. 商场现代化，2007，（12）.

陈再齐，曹小曙，闫小培. 广州港经济发展及其与城市经济的互动关系研究. 经济地理，2005，25（3）.

崔忠健，陈璐. 港口现代物流业信息化的发展与建设. 港口装卸，2006，（4）.

戴勇，钟宝嵩. 物流信息化发展现状研究. 物流技术，2004，（11）.

登尼森. 工业区位理论. 曼彻斯特学报，1937.

邓超，敖宏，胡威，王翔. 基于关系型贷款的大银行对小企业的贷款定价研究. 经济研究，2010，（2）：83-95.

丁井国，钟昌标. 港口与腹地经济关系研究——以宁波港为例. 经济地理，2010，30（7）.

董代，真虹. 第4代港口的概念与内容. 水运管理，2008，30（1）：15-17.

董红阳. 物流信息化与物流平台. 中国物流与采购，2004，（1）.

董洁霜，范炳全. 国外港口区位相关研究理论回顾与评价. 城市规划，2006，（2）：83-86.

董洁霜，范炳全，刘魏巍. 港口区位势模式及其增长机制. 系统工程理论方法应用，2006（6）：215-217.

董洁霜，范炳全，刘魏巍. 现代物流发展与港口区位合作博弈分析. 经济地理，2005（1）：113-116.

董洁霜，范炳全. 现代港口发展的区位势理论基础. 世界地理研究，2003（6）：47-52.

董雷. 区域物流信息平台的构建研究. 物流科技, 2005, (3).

董千里, 朱长征. 产业供应链及其物流信息化问题研究. 物流技术, 2007, (2).

葛泽慧, 姚彩红. 企业竞合问题初探. 中国商贸, 2010, (29).

顾弘敏. 我国物流信息化应高起点定位. 中国物流与采购, 2004, (5).

顾亚竹. 港口物流园区战略管理. 北京: 中国物资出版社, 2008.

郭成. 物流信息技术应用现状及趋势. 中国储运, 2007, (3).

何晓颖. 港口物流基地与信息化建设状况分析——以浙江省舟山市为例. 特区经济, 2008, (3).

河野伸明. 物流信息化机遇与挑战并存. 物流技术与应用, 2004, (1).

赫连志巍, 毕兰. 论如何提升港口核心竞争力. 商场现代化, 2008, (3).

黄曼慧. 物流信息化——提升物流业竞争力的有效途径. 商场现代化, 2005, (44).

黄中鼎. 现代物流管理. 上海: 复旦大学出版社, 2005.

惠先宝. 美国现代物流业给我们的启示. 江苏交通, 2002, (6).

吉阿兵, 朱道立. 基于极效率 DEA 模型的港口绩效评价. 系统工程, 2005, (4): 119 - 122.

兰永红. 物流企业服务定价博弈分析. 物流科技, 2004, (1).

朗宇, 黎鹏. 论港口与腹地经济一体化的几个理论问题. 经济地理, 2005, (6): 767 - 770.

雷波. 构建物流信息系统的成功因子研究. 物流技术, 2005.

黎继子, 刘春玲. 集群式供应链理论与实务. 北京: 中国物资出版社, 2008.

李光荣. 物流信息化: 我国物流业实现跨越式发展之路. 重庆邮电学院学报 (社会科学版), 2004, (5).

李红卫, 工建军, 彭涛, 等. 珠江三角洲城镇空间历史演变与趋势. 城市规划学刊, 2005, (4).

李宁. 我国港口为核心的供应链物流服务模式探讨. 才智, 2008 (8).

李向文. 我国港口物流信息化建设现状调查. 中国物流与采购, 2007, (16).

梁双波, 曹有挥, 吴威, 等. 全球化背景下的南京港城关联发展效应分析. 地理研究, 2007, 26 (3).

梁小萌. 规模经济和产业集聚及区域协调. 改革与战略, 2001 (5).

廖馨. 我国现代物流信息化问题及策略研究. 湖南城市学院学报, 2005, (4).

刘波, 朱传耿. 国内港口—腹地经济一体化. 水路运输文摘, 2006, (8): 54 - 58.

刘桂云, 真虹, 赵丹. 港口功能的演变机制研究. 浙江学刊, 2008, (1):

183－186.

路永和，常会友，崔丽平．港口物流信息化管理的问题与解决方案．物流科技，2003，（5）．

马士华，林勇，陈志祥．供应链管理．北京：机械工业出版社，2000．

牟春燕．第三方物流信息技术应用研究．江苏商论，2006，（6）．

彭勃．港口物流信息化建设．水运管理，2011，（6）．

彭勃．基于产业集群模式的港口物流柔性供应链：概念及运作机制．科技管理研究，2012，（3）．

彭勃．基于港口区位理论的舟山群岛新区港口物流发展战略研究．经济地理，2013，（4）．

彭勃．浙江港口发展与综合竞争力提升的动态关联效应．经济地理，2012，（5）．

彭亮，等．我国现代物流信息化思路探讨．物流技术，2003．

彭维德．港口物流应用系统结构设计（上）．集装箱化，2007，（7）．

彭维德．港口物流应用系统结构设计（下）．集装箱化，2007，（8）．

彭扬，倪志伟，胡军．物流信息系统．北京：中国物资出版社，2006．

施欣．水运企业现代管理理论方法与应用．北京：人民交通出版社，2000．

宋俪，欧俊松．物流信息化及其趋势探讨．集装箱化，2006，（2）．

宋先忠．物流企业信息系统设计研究．大连海事大学硕士学位论文，2003．

隋丽丽，王泽宇．大连经济发展对大连港口经济发展的拉动效应分析．海洋开发与管理，2006，（1）．

汤世强，周敏．供应链战略合作伙伴关系治理的研究．北京：中国物资出版社，2010．

田甜，徐邓耀．港口邻居效应试析．中国水运，2008，6（1）：44－46．

田学军．美国物流与信息化状况及其启示．水路运输文摘，2004，（5）．

王伯恩．港口现代物流信息化发展的思考．物流科技，2002，（3）．

王春江，李平．物流标识技术的研究与应用．科技信息（学术版），2007，（5）．

王道平．企业物流管理信息化问题及对策研究．价值工程，2006，（2）．

王建．现代物流概论．北京：北京大学出版社，2005．

王健，方佳林．美、日、欧现代物流发展的比较与启示．东北亚论坛，2005，（3）．

王林，曾宇容．面向现代物流的物流企业信息化研究．科技管理研究，2005，（5）．

王宪明．日本东京湾港口群的发展研究及启示．国家行政学院学报，2008，1：99－102．

王晓慧．水运类上市公司财务杠杆效应的应用性研究．中国水运，2010，（4）．

王晓慧. 我国沿海港口物流效率测度与分析. 浙江海洋学院学报，2013，（1）.

王耀中，黎谧. 中国沿海港口物流对经济增长的作用研究. 湖南大学学报（社会科学版），2009，23（5）.

魏伟忠，张旭昆. 区位理论分析传统述评. 浙江社会科学，2005，（5）：184－192.

吴传均，高小真. 海港城市的成长模式. 地理研究，1989，8（4）.

熊孟英. 无线射频识别技术 RFID 及应用. 科技与产业，2005，（11）.

徐燕. 物流信息管理. 北京：对外经济贸易大学出版社，2004.

徐永健，阎小培，徐学强. 西方现代港口与城市、区域发展研究述评. 人文地理，2001，16（4）.

薛浩，田大钢. 第三方物流服务产品的定价. 企业经济，2005，（7）.

杨吾扬，梁进社. 高等经济地理学. 北京：北京大学出版社，1997.

姚泽有. 物流信息化的功能及其新思路. 物流平台，2006，（12）.

于宝琴，赵家俊. 现代物流信息管理. 北京：北京大学出版社，2004.

于冰. 基于物流服务质量的物流企业服务定价研究. 北京交通大学，2009.

俞宏生. 构建港口服务供应链 提高港口物流效率. 港口科技，2008，（5）.

袁春晓. 供应链变迁与企业组织形式的演化. 管理世界，2002，（1）.

约翰·冯·杜能. 孤立国同农业和国民经济的关系. 吴衡康，译. 北京：商务印书馆，1986.

臧媛媛. 论国际物流的信息化发展及对中国的启示. 吉林大学硕士学位论文，2006.

张弘. 发达国家现代物流的发展及其借鉴. 国际经贸探索，2004，（9）.

张璟. 城市老港区的游憩功能改造与文化传承——以上海十六铺地区为例. 旅游学刊，2006，21（1）.

张云波. 面向敏捷制造的供应链柔性管理. 经济体制改革，2003，（3）.

真虹. 第 4 代港口的概念及其推行方式. 交通运输工程学报，2005，（4）.

真虹. 集装箱运输学. 大连：大连海事大学出版社，1999.

郑迎东. 河南省物流信息化发展对策研究. 华中科技大学硕士学位论文，2005.

钟继雷. 基于临港产业特色的舟山市物流信息平台研究. 上海海事大学硕士学位论文，2004.

周昌林. 基于港口的物流产业集群形成机理与政府作用研究. 商业经济与管理，2006，（11）.

宗术. 我国港口信息化建设与展望. 交通建设与管理，2007，（2）.

A Gounasekaran, E W T Ngai. The successful management of a small logistics company. International Journal of Physical Distribution & Logistics Management, 2003.

Albert Y. Ha, Lode Li. Price and delivery logistics competition in a supply chain. Review of Network Economics, Vol 3, Issue 3, September 2004.

Albert Y. Ha, Lode Li, Shu-Ming Ng. Price and delivery logistics competition in a supply chain. Management Science, Vol. 49, No. 9, September 2003, pp. 1139 – 1153.

Bardi E. J, Raghunathan T. S, Bagchi P. K. Logistics information systems: the strategic role of top management. Journal of Business Logistics, 1994, Vol. 15, No. 1.

Barros C. P, Athanassiou M. Efficiency in European seaports with DEA: evidence Greece and Portugal. Maritime Economics & Logistics, 2004, 6 (2): 122 – 140.

Bird J H. Seaports and seaport terminals. London: Hutchinson, 1971.

Bird J H. The major seaports of the United Kingdom. London: Hutchinson, 1963.

Bowersox D. J, Daugherty P. J. Logistics paradigms: the impact of information technogy. Joumal of Business Logistics, 1995, Vol. 16, No. l.

Cullinane K, Ji P, Wang T. The relationship between privatization and DEA estimates of efficiency in the container port industry. Journal of Economics and Business, 2005, 57 (5): 433 – 462.

Cullinane K, Song D. W., Wang T. The application of mathematical programming approaches to estimating container port production efficiency. Journal of Productivity Analysis, 2005, 24 (1): 73 – 92.

Choy K. L, Stuart C. K. So, Henry C. W. Lau, S. K. Kwok, Felix T. S. Chan International Journal of Business Performance Management, 2006.

Deng Chao, Ao Hong, Hu Wei, Wang Xiang. A study on loan pricing of the big banks based on relationship loans to small enterprises. Economic Research, 2010, (2): 83 – 95.

Estache A., Gonzalez M. and Trujillo L. Efficiency gains from port reform and the potential for yardstick competition: lessons from Mexico. World Development, 2002, 30 (4): 545 – 560.

Fox T. Logistics inforrmation system design, in Robeson, J. F, Capacino, W. C (Eds). The Logistics Handbook, Free Press, New York, NY, 1994.

GIeave M B. Port activities and the spatial structure of cities: the case of Freetown. Sierra Leone Journal of Transport Geography, 1997, 5 (4).

Gustin C. M, Daugherty P. J, Stank T. P. The effeets of information availability on logistics integration. Journal of Business Logistics, 1995, Vol. 16, No. l.

Harrington L. H. Integrated logistics systems: still more talk than action. Traffic World,

1992, Vol. 230, No. 5.

Introna L. D. The impact of inrormation technology on logistics. International Journal of Physical Distribution & Logistics Management, 1991, Vol. 21, No. 5.

Jeffery H. Dyer, Harbir Singh. The relational view: cooperative strategy and sources of interorganizational competitive advantage. Academy of Management Review, 1998, 23 (4): 660 – 679.

Lewis I, Talalayevsky A. Logistics and information technology: a coordination perspective. Journal of Business Logistics, 1997, Vol. 18, No. 1.

Liu Z. The comparative performance of public and private enterprises: The Case of British Ports, Journal of Transport Economics and Policy, 1995, Vol. 29, No. 3, 263 – 274.

Marino AP, Edwards DJ. Give logistics its own place in the price equation. Hosp Mater Manage, No. 18, 1999.

Martinez E. , Diaz R. , Navarro M. A study of the efficiency of spanish port authorities using data envelopment analysis. International Journal of Transport Economics, 1999, (26): 237 – 253.

Maryer H. M. The Port Geography Research Papers of Chicago and the St. Lawrence Seaway. Dept of Geography, 1957.

Masaaki Kotabe, Xavier Martin, Hiroshi Domo-To. Gaining from vertical partnerships: knowledge transfer, relationship duration and supplier performance improvement in the U. S. and Japanese automotive industries. Strategic Management Journal, Vol. 24, No. 4, April 2003, pp. 293 – 316.

Mats Abrahamsson, Niklas Aldin, Fredrik Stahre. Logistics platforms for improved strategic flexibility. International Journal of Logistics, 2003.

Roll Y. , Hayuth Y. Port performance comparison applying data envelopment analysis (DEA). Maritime Policy and Management, 1993, 20 (2): 153 – 161.

Sabri E H, Beamon B M. A multiobjective approach to simultaneous strategic and operational planning in supply chain design. The International Journal of Management Science, Vol 28, 2000, pp. 581 – 598.

Sachish A. Productivity functions as a managerial tool in Israeli ports. Maritime policy and Management, 1996, 23 (4): 341 – 369.

Slack N. The flexibility of manufacturing systems. International Journal of Operations and Production Management, Vol 7, 1987, 35 – 45.

StengerA. J. Information systems in logistics management: past, present and future. Transportation Journal, 1986, Vol. 26, No. 1.

Suzuki T. Economic and geographic backgrounds of land reclamation in Japanese ports. Marine Pollution Bulletion, 2003, 47.

Talley W K. Optimum through put and performance evaluation of marine terminals. Maritime Policy and Management, 1998, 15 (4): 327 – 331.

Tomas. The Quest Continues, Logistics Management & Distribution Report, 1998.

Tongzon J. L. Efficiency measurement of selected australian and other international ports using data envelopment analysis. Transportation Research Part A: Policy and Practice, 2001, 35 (2): 113 – 128.

Turner R K, et al. Coastal management for sustainable development: analysing environment and socio economic changes on the U K coast. The Geographical Journal, 1998, 164 (3).

Valentine V. F. , Gray R. The measurement of port efficiency using data envelopment analysis. Proceedings of the 9th World Conference on Transport Research. South Korea, Seoul, 2001: 22 – 27.

Wang T F, Song D W, Cullinane K. Container port production efficiency: A comparative study of DEA and FDH approaches. Journal of the Eastern Asia Society for Transportation Studies, 2003, (5): 698 – 713.

Wilson P, Gorb P. How Iarge and small firms can grow together. Long Range Planning, 1983, 16 (2): 19 – 27.

后　记

　　本书是在浙江海洋学院崔旺来教授的精心指导与鼓励下完成的。崔教授不仅是海洋管理领域的一位专家，而且是一位非常注重学科交叉与融合的学者，尤其是在海洋经济方面有积极的研究。因此，他对我的指导，不是仅仅限于本论著部分章节的个别领域，而是贯穿于本书写作的全过程。崔旺来教授渊博的专业知识、严谨的治学态度和宽广坦荡的胸襟令我敬佩。在本书完成之际，谨向崔旺来教授表示衷心的感谢。

　　在本书出版之际，我要感谢我的父母和家人。多年来，他们在物质和精神上给予我支持和关怀，他们的爱始终伴随着我的写作岁月。无论在生活上还是专业上，我的家人都给予我信任、支持和鼓励，使我得以潜心研究和写作从而顺利完成此书。

　　另外，本论著得以顺利完成还得益于我的朋友和同事们。他们有的在学术方面给予我无私的帮助，有的替我分担了很多重担，有的帮我收集资料、画图等，对于他们给予我耐心的指导和热心的帮助，在此深表敬意和感谢！我还要感谢本书所列参考文献的每一位作者。最后，我要感谢在我的写作之路上给予我关心、支持和帮助的每一位朋友！

　　由于本人学识有限，论著不免存在局限和不足，有些方面的研究不够全面，本人愿意在今后的工作中就本研究中存在的不足及新的有关热点问题展开进一步研究。本书不足之处，望各位老师、专家给予批评和指正。

浙江海洋学院　彭勃

2013 年 2 月